KB112649

내 살고픈 세상

내 살고픈 세상 들뢰즈 경제학의 철학적 토대

발행일	2018년 5월 11일

지은이	강 윤 호		
펴낸이	손 형 국		
펴낸곳	(주)북랩		
편집인	선일영	편집	권혁신, 오경진, 최승헌, 최예은, 김경무
디자인	이현수, 김민하, 한수희, 김윤주, 허지혜	제작	박기성, 황동현, 구성우, 정성배
마케팅	김회란, 박진관		
출판등록	2004. 12. 1(제2012-000051호)		
주소	서울시 금천구 가산디지털 1로 168, 우림라이온스밸리 B동 B113, 114호		
홈페이지	www.book.co.kr		
전화번호	(02)2026-5777	팩스	(02)2026-5747

ISBN	979-11-6299-130-5 03100(종이책)	979-11-6299-131-2 05100(전자책)

이 도서의 국립중앙도서관 출판예정도서목록(CIP)은 서지정보유통지원시스템 홈페이지(http://seoji.nl.go.kr)와
국가자료공동목록시스템(http://www.nl.go.kr/kolisnet)에서 이용하실 수 있습니다.
(CIP제어번호: CIP2018014231)

내 살고픈 세상

들뢰즈 경제학의 철학적 토대

강윤호 지음

북랩 book Lab

존경하는 들뢰즈 님과 사랑하는 정두선 님에게

책머리에

"근대 없는 탈근대는 사유를 방황케 하고, 탈근대 없는 근대는 사유를 질식시킨다."

이 책은 사유하기에 관한 책입니다. 근대의 아버지라 일컬어지는 데카르트는 사유가 인간 존재의 더 이상 의심할 수 없는 궁극적 전제임을 분명히 했습니다. 그런데 우리는 과연 사유하는 것과 존재하는 것에 관하여 얼마나 알고 있을까요? 현대사회를 탈근대사회라 하는데 그렇다면 데카르트가 규정한 사유에 무슨 잘못된 점이라도 있었던 것일까요? 근대와 탈근대는 어떻게 무엇을 사유하는가에 따라 근본적으로 구분된다고 할 수 있습니다. 이 시대는 사유하기에 관한 근본적인 성찰과 재정립이 필요한 시기입니다. 사유와 존재에 대해 다시 생각해 보는 것이 이 책의 목적입니다. 그리고 그 결론에 따라 우리의 행동이 어떠해야 하는지를 생각해 보려 합니다.

지금 한국은 혁명의 와중에 있습니다. 촛불혁명이라 불리는 게 그것입니다. 나는 이것을 코리아혁명이라 부르고 싶습니다. 그리고 그 과정이 어떻게 전개되어 갈지는 모르지만 프랑스혁명이나 러시아혁명 못지않은 의미를 가질 것이라 예상해 봅니다. 나는 이 시점에서 확신합니다. 한국에서의 이 혁명이 인류사의 새 시대를 열 것이라는 것을. 그 근거는 다른 것이 아니라 시간과 공간의 조화입니다. 21세기 한반도. 이것이 모든 것을 설명해 줍니다. 사유를 강요하는 전례 없는 사태들이 한반도를 중심으로 하는 동북아시아에서 벌어지고 있습니다. 새로운 사유의 발생을 위한 필연적 환경이 조성되고 있는 것입니다. 다시 말해 첨단기술과 새로운 사유가 접목되어 새로운 시대를 만들어 갈 잠재적 힘이 한반도를 중심으로 형성되고 있는 것입니다. 이는 한국인으로서의 내가 바라보는 국수적인 생각이 아닙니다. 어쩔 수 없는 인과적 사슬의 매듭이 지금 여기에서 만들어지고 있는 것일 뿐입니다. 나는 그것의 의미를 이렇게 해석합니다.

프랑스혁명과 러시아혁명이 근대적인 몰적 혁명이라면 촛불혁명으로 대변되는 코리아혁명은 탈근대적 혁명이며, 분자적인 영구 혁명의 전형이라 할 수 있습니다. 새로운 세계관, 인간관과 새로운 사회경제적 관점을 토대로 새로운 혁명의 주체와 목적과 수단을 제시하고 있습니다. 몰적 계급이 아닌 분자적 다양체로서의 다중(多衆, multiplicité, multitude)이 사회 구석구석에서 권력의 새로운 작동 방식의 계기를 만들어 가고 있습니다. 그리고 코리아혁명의 궁극적 지향점은 이 책이 주장하는 결론으로서의 참된 욕망의 정립과 실질적 자유민주주의의 실현이라고 할 수 있습니다. 물론 근대적 혁명으로서의 프랑스혁명과 러시아혁명도 전 시대와는 다른 새로운 권력의 작동 방식을 제시했습니다. 모든 혁명은 몰적 요소와 분자적 요소를 가지고 있습니다. 양자가 적절히 갖추어졌을 때 성공할 수 있습니다. 하지만 근대적인 두 혁명은 또 다른 중심주의와 위계적 지배체제의 확립으로 귀결되었고 그것으로 만족했습니다. 탈근대적 촛불혁명은 다릅니다. 모든 중심주의와 모든 지배체제의 타파를 영속적으로 추구합니다.

이 시대의 혁명을 이끌어 갈 사고의 틀이 필요하다고 생각합니다. 생각은 자유라고 하죠. 생각하는 데 돈도 들지 않습니다. 이 책은 내가 제시하는 미래에 대한 청사진입니다. 미래에 대한 나만의 설계도입니다. 감히 너

따위가 라고 말하지 말기를 바랍니다. 나는 자유인이고 미래의 상을 제시할 자격을 갖춘 이 사회의 주인입니다. 어떤 말도 어떤 표현도 나는 할 수 있고 어떤 글도 쓸 수 있습니다. 여러분 모두 마찬가집니다. 여러분들도 회고록을 쓸 수도 있지만 미래의 이상향도 마음껏 제시할 수 있습니다. 그런 기회가 많아지기를 기대합니다. 말할 수 없는 쾌감을 느낄 수 있을 것입니다. 새로운 시대의 세계를 선도할 새로운 사유가 필요하다고 봅니다. 촛불혁명, 코리아혁명의 성공을 위한 사유의 도구를 나는 들뢰즈의 철학과 들뢰즈/가타리의 사회사상에서 찾고자 합니다. 이유는 단순합니다. 내가 그들의 철학과 사상에 가장 크게 공감하기 때문입니다. 여러분은 여러분의 독자적인 사유를 전개하기 바랍니다. 이 책에서 나는 하나의 길을 소개하는 것일 뿐입니다. 공감을 많이 얻게 되기를 바라지만 나의 생각이 지배적이 되거나 하는 것은 전혀 바라는 바가 아닙니다. 어떤 사상도 도그마가 되어서는 안 됩니다. 나는 이 시대가 새로운 제자백가의 시대가 되었으면 좋겠습니다. 그 중심에 한반도가 있습니다. 새로운 지도 국가로 떠오르는 중국도 차원 높은 사유를 선도하는 국가가 되기를 바랍니다.

여러분 모두 사유에 있어서만은 고정된 정주민이 아니라 자유로이 사유의 나래를 펴는 탈주하는 유목민이 되기를 바랍니다.

글을 쓴다는 것은 매번 새로운 생성, 새로운 창조를 이루는 것입니다. 글을 쓴다는 것은 들뢰즈가 말하는 생산적 욕망이 실현되는 과정의 표본입니다. 그 사람의 잠재적 역량이 구체적으로 발현되는 순간인 것입니다. 글을 쓴다, 적성에 맞지 않고 능력이 따르지 않는 일을 하느라 힘들기도 했지만 과정 내내 기대하지 못했던 신선한 재미와 기쁨을 느꼈습니다. 즐거운 시간이었습니다. 끊임없이 반복되는 유레카의 시간이었습니다.

이 책과의 만남으로 인하여 당신이 뭔가 느끼는 것이 있다면, 뭔가 가슴 속에 꿈틀거리는 것이 일어난다면, 뭔가 머릿속에 떠오르는 것이 있다면, 뭔가 생각할 수밖에 없게 되고 무언가를 묻지 않을 수 없게 된다면, 그리 하여 어떤 본능적 욕구가 발동되는 것이 아니라 어떤 힘의 의지로서의 생 산적이고 창조적인 욕망이 촉발된다면, 그리하여 궁극적으로 이 책을 읽기 전의 당신과 후의 당신이 조금이라도 달라질 수 있다면, 즉 스피노자 식으 로 말해 당신의 역량이 증가하는 기쁜 만남이 된다면, 그리고 니체 식으로 말해 당신의 힘이 최대한 발휘되도록 하는 데 이 책이 일말의 도움이 된다 면, 그것으로 이 책은 의미가 있고 가치를 가질 것입니다. 아무쪼록 조금 이나마 그러한 결과를 가져오기를 바라면서 이 책-기계를 세상에 내놓습 니다.

"글쓰기의 행위가 모험의 경험이 아니라면 글쓰기처럼 무가치한 일도 없다."(모리스 블랑쇼)

강윤호

이 책은 2017년 10월 POD(주문형 출판) 방식으로 출판했던 것을 수정·보완하여 새로이 출간한 것입니다.

차례

인물소개

강규석 평양대학교 경제학과 조교수. 들뢰즈 경제학, 평양학파 경제학의 대표 학자.
·
여민철 주식투자 전문가. 자유로운 행동가. 강규석과 고등학교 동기 동창. 들뢰즈 경제학회에서 활동.
·
최영준 제2 검찰 프리랜서 검사. 강규석, 여민철과 고등학교 동기 동창.
·
주상호 기자. 강규석의 고등학교 후배.
·
김유진 평양대학교 경제학과 대학원 박사 과정.
·
대통령 제2 검찰 신설한 대통령과 그 이후의 연이어 당선된 자유민주당 출신의 대통령들을 통칭.
·
선생님 평양학파의 사상적 원조. 들뢰즈 경제학회 고문.

I 토대

평양 시내 한복판 찌는 듯이 더운 어느 여름날. 강규석과 그의 제자 김유진, 그리고 그의 친구들과 후배인 여민철, 최영준, 주상호 다섯 사람이 만났다. 강규석과 최영준이 평양대학교에서 한 학기 강의를 마치고 며칠 지나 한 술집에서 모임을 가진 것이다. 오랜만의 만남으로 할 말이 많은 그들이다. 대화는 밤늦도록 이어진다.

김유진　처음 뵙겠습니다. 김유진이라고 합니다.

여민철　이 어여쁜 처자는 누구?

강규석　우리 과 대학원생이야. 오늘 만남이 유진이한테 유익할 거 같아서 데리고 왔어. 북한 발전에 이바지할 전도유망한 인재라고 할 수 있지.

주상호　오호! 대환영입니다. 오늘 만남이 훨씬 밝아질 거 같네요. 칙칙한 중년 남자들 사이에 이런 화사한 분이 계시다니. 우후!

여민철　평양 출신이십네까?

김유진　네, 그렇습네다.

여민철　평양 아가씨들은 유진 씨처럼 다 그렇게 예쁩네까? 남남북녀드만.

김유진 맞습니다. 그 중에서도 제가 좀 특출난 편이디요.

강규석 흐흐. 우리 유진이가 자뻑하는 재주도 있구나. 다시 봐야겠는데. 근데 이게 얼마만이냐 우리가 다 모인 게? 선생님 칠순 때 이후로 한 5,6년은 더 된 거 같은데. 백수인 민철이는 그 사이 서울에서 몇 번 봤고, 영준이는 여기서 최근에 봤지만, 이렇게 한꺼번에 보니 아주 좋구나. 모두들 그동안 엄청 바빴지? 상호도 눈코 뜰 새 없었을 테고. 그 동안 일이 얼마나 많았냐 남북 모두가?

최영준 오랜만이기도 한데 만나는 장소가 평양 한가운데라니 실로 감개가 무량하구나. 이런 날이 올 줄이야. 자 우리 모두 잔을 들자. 남북 모두의 발전을 위하여!

일 동 위하여!

강규석 민철아, 상호하고 너는 어떻게 왔니? 민간인인데도 오는 데 불편한 건 없었지?

여민철 경의선 고속철도 타고 오니까 30분 정도 밖에 안 걸리더라구. 이제 평양도 서울 근교라고 할 수 있겠어. 돌아갈 땐 모르겠지만, 올 땐 평화선 넘으면서 신분 확인 한번 하고 그냥 무사통과했어. 1민족 2국가 체제가 확실히 자리잡았더라구. 우리도 이제 독일하고 오스트리아나 남미 국가들처럼 된 거 같애.

김유진 그래도 북한 주민들은 남한과 하나가 될 것을 간절히 바라고 있습니다. 아직 민족주의가 북한에서는 강하게 남아 있어서요. 그리고 경제적으로도 그렇고요.

최영준 통일 문제는 북한이 어느 정도 개발이 이루어지고 난 후에 남북한 주민 전체의 선택에 맡길 문제라고 생각합니다. 북한이 경제적으로 안정되고 민주주의가 확산되는 것이 지금으로서는 가장 시급하다고 할 수 있죠.

여민철 너희들 평양 생활은 어때? 불편한 점은 없어?

최영준 규석이는 온 지가 오래됐으니까 적응이 되었겠지만, 온 지 몇 개월밖에 안 된 나는 불편한 게 한두 가지가 아니야. 제일 불편한 게 교통인데 서울에서는 무인자동차로 돌아다니다 여기서는 손수 운전해야 하니까 죽겠더라구. 지방은 말할 것도 없고 평양도 아직 무인운전 시스템이 안 갖춰진 것은 물론이고 다른 교통 인프라도 아주 낙후된 상태야. 그 밖에도 서운 십다 여기 오니까 많이 불편한 거는 사실이야. (유진을 흘깃 쳐다보며)하지만 평양 거리와 사람들은 왠지 정이 많이 간다. 어릴 때 고향 모습 같기도 하고. 학생들도 순수하고 열정이 있는 것 같아서 좋고.

강규석 남한 젊은 애들 하고는 많이 다르지. 유진이처럼.

주상호 난 처음부터 알아봤어요. 유진 씨처럼 지덕체를 갖춘 분은 드물죠.

김유진 절 언제 보셨다고 그런 말씀을?

주상호 지와 체는 이미 증명이 되었고 덕은 느낌으로 아는 거죠. 많은 시간이 필요합니까? 자, 다들 반갑습니다. 모두 다 이 기쁜 만남을 위하여 잔을 드시죠.

여민철 주상호, 깝죽대지 마라. 유진 씨, 얘 조심해요. 생긴 게 이런데도 아무 여자한테나 막 들이댑니다.

김유진 (시크한 웃음)

                                   ……

주상호 자~, 오랜만에 인재들이 모이셨는데 회포는 대충 풀었으니 이제 세상 돌아가는 말씀들 한마디씩 하셔야죠. 그래야 저 같은 기자가 주워 먹을 수 있는 떡고물이라도 떨어지지 않겠어요? 요즘 세태가 어떻게 돌아가는 겁니까? 기자라는 게 겉으로 드러나는 사건만 쫓아다니느라 바빠서 깊은 곳에서 어떤 일이 벌어지고 있는지 심층적으로 파악하기가 어렵네요.

여민철 세상이 그야말로 카오스야. 변화와 안정이 조화를 이뤄야 하는데 지금은 거리가 먼 거 같애.

최영준 아직 세계적으로 헤게모니가 정립되지 않았으니 그럴 수밖에.

여민철 나는 오늘날과 같이 탈근대 바람이 불고 있는 세계체제에서 새로이 리더 국가로 떠오른 중국이 어떤 국가 전략을 채택하는가가 아주 중요하다고 생각해. 미국을 경제적으로 앞지른 중국이 어떤 윤리와 가치를 가지고 세계를 주도하느냐에 따라 세계 질서는 크게 좌우될 것으로 봐. 여기서 가장 중요한 것은 중국이 패권주의를 포기하는 것이라고 생각해. 철학적으로 말하면 들뢰즈나 데리다가 주장한 중심주의의 포기와 같은 거지. 미국 중심의 세계 질서를 대체하여 중국 중심의 세계 질서를 새로이 구축하는 게 아니라 중심이 없는 상호존중의 세계 질서가 자리잡아야 한다 이 말이지. 한 국가가 패권을 추구하면 다른 모두에게뿐만 아니라 패권을 추구하는 그 나라에게도 좋지 않다는 것이 그 동안의 역사가 보여 준 사실이야. 이런 의미에서 지금은 그야말로 새로운 시각과 관점을 토대로 하는 신기원을 열 수 있는 혁명적 순간이라고 볼 수 있을 거 같아. 단순히 헤게모니가 한 국가에서 다른 국가로 옮겨가는 수준 이상의 변화를 세계인 모두가 함께 만들어 내야 한다는 것이 내 생각이야.

최영준 전적으로 동감이다. 그런데 경제적으로는 이미 미국을 앞질렀고 군사적으로도 세계 최강으로 부상할 것이 확실한 중국이 그러한 질서를 받아들이려 할까? 과거 세계를 지배한 국가들의 역사를 볼 때 그게 가능한 일일까?

여민철 그러니까 중국 지도자와 국민들의 각성이 필요한 거지. 무엇보다 역사로부터 배워야 해. 역사상의 패권 국가들이 패권을 유지하기 위해서 들인 희생이 어떠했는가를 직시하고 세계를 중국 중심이 아니라 세계 전체의 관점에서 바라보고 가장 바람직한 것이 무엇인가를 항상 고민해야 할 거야. 그게 세계의 리더 국가가 갖추어야 할 새로운 자세라고 생각해. 그것이 들뢰즈가 우리에게 가르쳐 주는 교훈 아닌가? 나만의 성장이 아닌 모두의 동반 성장이 나에게 가장 유익하다는 것 말이야. 중국은 세계와 자신을 분리된 것으로 보지 말고 세계 속의 중국으로 봐야 한다. 미국도 중국의 부상을 인정하고 새로운 질서 속에서 자신의 입지를 찾는 것이 미국의 이익을 위해서 가장 좋은 일이 될 거야. 자신의 패권을 지키겠다는 무리한 대응으로 전체의 피해를 가져오는 우를 범하는 일이 없어야지. 새로운 세계체제, 무역체제와 금융체제에 다 같이 협조함으로써 누가 1등 국가가 되는가에 상관없이 자신들의 이익을 극대화할 수 있을 거라고 본다. 자신이 2등이 되는 것을 참지 못하는 이전의 패권 국가가 있는 한 전체가 불행해질 수밖에 없어.

최영준 중국에 민주화 바람이 거세게 불고 있는 게 아주 다행이야. 공산당 이외의 정당도 가능해졌고. 스무 개가 넘는 성들과 자치구들이 각자 개성에 맞게 다양한 전략들을 취하는 과정에서 어떤 국가적 합의가 도출될지가 매우 기대되는 상황이야.

강규석 이런 상황에서 한국과 북한의 역할이 매우 중요할 거 같다. 한국에서의 치열한 사상 논쟁, 그리고 그 결과를 바탕으로 이루어질 백지 상태에서 시작하는 북한의 발전 과정, 이런 것들이 중국에 시사하는 점이 많을 것 같다. 한반도와 비슷한 규모의 인구와 면적을 가진 중국의 각 성과 자치구들이 지금 한국과 북한을 예의 주시하고 있는 중이다. 경제적으로는 이미 오래 전부터지만 동북아의 평화가 정착된 이후로는 사상적으로도 교류가 매우 활발히 진행되고 있다. 중국의 리더들도 이제는 민주화를 넘어 탈근대 사조에 빠르게 동조하고 있다. 아마도 한국이 걸어가는 길이 세계의 운명에 지대한 영향을 미칠 거 같다.

여민철 바로 그런 면에서 우리가 어떤 사상을 바탕으로 이 국면을 헤쳐 나갈 것인가가 무엇보다 중요하다. 그 과정에서 들뢰즈의 철학과 사상, 그리고 그것을 토대로 하는 들뢰즈 경제학의 가르침이 많은 도움이 될 거란 게 내 생각이야.

주상호 근데 그러한 방향으로 가는 것이 중국이나 미국 단독의 의지만으로 가능하기는 할까요? 세계를 지배하는 다른 힘이 있다는 말도 많잖아요. 형님들은 어떻게 생각해요?

최영준 프리메이슨, 일루미나티, 로스차일드, 빌더버그 등등 세계를 지배하는 그림자 정부가 존재한다는 주장이 있지만 아직은 뚜렷한 증거가 없으니 음모론 수준에 불과하다고 봐야지. 그 중 빌더버그 회의는 매년 열리고 있고 또 로스차일드 가문이 영국과 나폴레옹의 전쟁 과정에서 영국 금융계를 장악했던 사실은 유명하지만 그래도 그들이 세상을 지배한다고 단정 지을 수 있게 해 주는 증거들은 아직 확실한 것이 없어. 그런 단체들의 비밀주의가 사라지고 세상이 좀 더 투명하고 밝아진다면 그 정체가 드러나겠지. 하지만 구린 냄새가 나더라도 아직은 음모론 수준의 단서를 가지고 결론을 내리기는 어렵다고 생각한다. 각자 생각 나름이겠지만 합리적 토론과 예측을 하기에는 적절치 않은 주제라고 할 수 있지.

그것들과는 다르지만 분명히 역사적으로 실재했던 힘의 근원지들이 있기는 하다. 그것은 몽펠르랭협회, 워싱턴 컨센서스 같은 것들이다. 이러한 실체들이 초국적 기업들과 연결된 세계적 네트워크 하에서 미국의 세계 지배 전략을 체계적으로 뒷받침해 온 것이 사실이야. 이들의 배후에서 정보와 돈줄을 쥐고 흔드는 사람들이 음모론에 등장하는 주인공들일 가능성은 있을 수 있다고 본다. 음모론이든 어쨌든 드러난 사실만으로 볼 때 저들이 지금까지는 학문적으로나 정책적으로나 실제로 세계를 주도해 왔다는 판단이 가능하다.

여민철 이 지점에서 한 가지 말하고 싶은 것은 돈줄에 관한 문제인데, 많이 약화된 상태이기는 하지만 달러화가 아직도 기축통화의 가장 큰 축을 유지하는 한 여전히 미국의 FRB, 즉 연방준비이사회가 세계 돈의 흐름에 큰 역할을 하고 있다는 것을 주목해야 돼. 정부 조직이 아니기 때문에 정부의 통제보다는 월스트리트를 중심으로 하는 민간 거대 자본의 영향을 더 받을 수밖에 없을 것이라는 추론이 가능하지. 연준이 어떤 생각과 의도를 가지는가가 세계 정치와 경제의 운명에 중요할 수밖에 없다는 게 내 생각이야.

최영준 중요한 지적이다. 돈줄을 쥐고 있다는 것은 가장 큰 권력을 가지고 있다는 것을 의미하니까. 당연히 그 사람들이 정보에 제일 가깝다고 할 수 있고. 돈과 정보를 가진 자가 바로 권력을 가진 자다.

주상호 연준한테 아직 그런 힘이 남아있을까요? 달러가 여러 주요 통화 중의 하나로 지위가 떨어진 지가 언젠데요?

여민철 그렇기는 한데 썩어도 준치니까. 문제는 미국이 아직도 미련을 버리지 않고 있다는 점이야. 그 영향력은 아직도 살아있다고 봐야지. 가볍게 봐서는 안 돼.

강규석 영준이가 미국과 중국의 현 상황을 아는 데까지 말해 봐라. 네가 그래도 정보통이잖아. 정치 쪽에 줄도 많고.

최영준 에잇, 무슨 소리? 이래도 나 깨끗한 검사로 자부하는 사람이다. 줄 타는 사람 아니다.

강규석 아하! 그런 뜻이 아니고.

최영준 그래, 아는 데까지만 썰을 풀어 보겠다. 요즘 미국은 경제 규모가 중국에 역전되어 세계 최대 경제국의 지위를 잃게 되자 기축통화국으로서의 지위도 흔들리고 있다. 이에 대한 미국의 반응은 두 가지로 예상된다. 하나는 기축통화국으로서의 지위를 연장하기 위해 공격적으로 중국의 금융시스템을 위기로 몰아넣는 것이고, 다른 하나는 대세를 인정하고 미국의 경제 체질을 서서히 바꿔 나가는 것이다. 가능성이 크진 않지만 전자의 방법이 선택된다면 달러화와 유로화 세력이 연합하여 핫머니를 비롯한 투기 자금의 대량 이탈을 유발해서 중국 금융시스템의 붕괴와 그로 인한 중국 경제의 파탄을 가져올 수도 있을 것이다. 끝장을 보자는 것이지. 누가 승자가 되던 쉽게 헤게모니를 넘겨 줄 수는 없다는 것이다. 나는 이런 전략이 선택될 가능성도 작지만 성공할 가능성은 더욱 작다고 본다.

중국 경제의 위상이 그리 쉽게 붕괴되기에는 너무 커버렸다는 게 포인트다. 게다가 중국 경제가 붕괴되는 것을 대부분의 나라가 바라지 않고 있기도 하다. 유로존의 핵심 국가인 독일과 프랑스는 중국의 지위를 오래 전부터 암묵적으로 인정해 오고 있고, 중국과 지속적으로 가까이 지내 왔던 에너지 강국 러시아는 물론, 경제적으로 잘 나가고 있는 일본마저도 중국과의 불화를 원치 않고 있다. 일본은 금세기 초 이웃 한국과 중국과의 사이에 영토 분쟁으로 인한 갈등이 심화되자 미국과의 동맹을 굳건히 하며 탈아시아적 자세를 오랫동안 견지해 왔다. 하지만 중국의 경제 규모가 미국을 추월하고 결정적으로 남북한의 통일이 눈앞에 다가오자 경제뿐만 아니라 정치적으로도 불가피하게 아시아를 중시할 수밖에 없는 처지가 됐지.

이런 상황에서 미국은 후자의 방향으로 갈 수밖에 없을 것으로 생각된다. 그 근거로는 이상의 대외적인 요인도 있지만 미국 내에서 민주주의가 회복되고 있다는 것을 들 수 있다. 미국 민주주의가 신자유주의적 조류 하에서 극심한 퇴행적 현상을 보인 바 있으나 2008년의 금융위기 이래로 꾸준히 그 순수함을 회복해 왔다. 물론 그 과정에서 반동과 역전의 굴곡은 있었지만. 그리고 정보통신기술 최강국인 한국에서 21세기형 실질적 자유민주주의가 뿌리내리자 미국도 이를 적극적으로 수용했다. 자연스럽게 민중의 각성이 뒤따랐으며 자신들의 경제체제에 대한 개혁 의지도 왕성하게 분출됐다. 미국은 건국 이후의 급속한 성장을 발판으로 20세기에 결국 세계 지도국으로 부상하여 1세기 가깝게 누려 왔던 과도한 소비와 지출에서 벗어나 이제는 절제하는 방향으로 나아가는 것이 자신들의 몫이라는 자각을 하기에 이른 것이다. 그 결과 미국은 그 동안의 소비 위주의 적자 국가에서 차근차근 제조업을 중심으로 하는 흑자 국가로의 변신을 시도해 왔다. 자기보다 규모가 더 커진 중국을 위시한 새로운 경제 강국들의 등장, 들뢰즈 경제학을 중심으로 하는 탈근대적인 새로운 경제 사조의 흐름, 국민들의 각성, 이 모든 것이 한데 어우러져 이제는 미국도 헤게모니 국가로서의 패권 전략이 아니라 세계 경제의 일 회원으로서 중국과의 협력을 바탕으로 성장 위주에서 벗어나 지속가능한 경제로의 발전을 추구하게 된 것이다. 음모론의 주인공으로 지목된 배후의 은밀한 세력이든 연준을 중심으로 하는 월스트리트 금융기업들과 다국적 대기업, 그리고 친기업적 관료들로 얽혀 있는 기득권 세력이든 그들은 모두 민주주의의 적들이다. 민주주의가 실질적으로 발전해 갈수록 그들의 힘은 빠지기 마련이다. 그들의 권력을 유지하기 위해서는 정보의 독점이 필수적이다. 그러나 민주주의는 정보를 투명하게 하고 정보의 비대칭을 해소하는 것을 목표로 하는 이념이다. 기술과 사회가 발전할수록, 민주주의가 진화할수록 정보의 독점은 약화될 수밖에 없다. 따라서 갈수록 저들의 힘이 빠지고 국민이 실질적인 국가의 주인으로서 자리잡을 것이다. 그에 따라 미국은 결국 패권 유지 전략을 버리고 현실을 인정하는 쪽으로 갈 것이라 본다.

중국의 상황은 그리 복잡하지 않다. 경제가 순조로이 세계 최강으로 진입함에 따라 민족 간의 갈등도 줄어들고 착실히 민주화도 진전되고 있다. 경제체제에 관해서는 금세기 초부터 사회주의 시장경제를 추구하는 충칭모델과 자본주의 시장경제를 추구하는 광둥모델이 대립해 오다가(『프티부르주아 사회주의 선언 : 자유사회주의와 중국의 미래』 추이즈위안, 한국어판: 김진공 옮김, 돌베개, 2014 참조) 이제는 한국과 더불어 들뢰즈 경제학에 입각한 논의가 활발히 전개되고 있다. 한국에서와 마찬가지로 기본소득과 잔여수익분배청구권을 중심으로 하는 분배 구조를 기반으로 한 경제발전 모델이 활발히 연구되고 있다. 조만간 새로운 표준으로 정착되리라 예상한다. 한국에서의 정착이 큰 힘이 되고 있다. 한국이 세계 경제에 기여하는 바가 실로 엄청나다고 할 수 있다. 새로운 모범을 창조하고 있는 것이다. 중국이 이러한 모델을 성공적으로 정착시킨다면 들뢰즈 경제학을 이론적 토대로 하는 서울·평양모델이 세계적인 대세가 되었음을 입증하는 것이 될 것이다.

주상호 와, 열변을 토하는 영준 형의 모습 대단하네요. 영준이 형의 진단을 보니 세계의 앞날이 밝아 보이네요. 그렇지만 너무 낙관적으로만 바라보는 것은 아닐까요? 아직 미국이 중국에 순순히 패권을 넘겨줄지도 의심스럽고요. 들뢰즈 철학에 입각해 보더라도 그리고 현대의 광속도로 진행되는 기술 발전에 입각해 보더라도 앞으로의 상황이 인류에게 좋게만 전개될지는 의문시되는 부분이 많습니다.

강규석 그건 그렇고 상호야, 요새 기자 노릇 할 만하지 않냐? 언론 자유가 강물처럼 흘러넘치니 얼마나 기자들은 좋겠어?

주상호 머 그렇다고 볼 수 있죠. 민주주의가 제대로 되니 언론에 종사하는 사람들이 살맛이 나게 마련이죠.

최영준 거꾸로가 아닌가? 언론이 제대로 작동을 하니까 민주주의가 제대로 굴러가는 거 아닌가?

주상호 허, 쑥스럽지만 그렇다고 해야겠네요. 역시 최 검사님은 예리하시단 말야! 율사답게 논리가 확실하시거든. 그게 순서가 맞죠. 언론의 자유 그 중의 핵심인 표현의 자유와 국민의 알 권리가 확립되어야 진정한 민주주의라고 할 수 있으니까요.

최영준 표현의 자유, 알 권리는 언론 기관의 자유와 민주화 없이는 불가능하다고 봐야지. 그런 면에서 자네들과 같은 언론인들이 피와 땀을 바쳐 언론 기관의 독립을 쟁취한 결과라고 할 수 있겠지. 얼마 전까지만 하더라도 얼마나 언론 환경이 열악했었나? 메이저 언론사들이 모두 다 권력에 장악된 상태에서 소수의 작은 신문들과 인터넷 방송들이 민주주의에 기여한 바는 실로 엄청난 것이었지.

여민철 그랬었지. 모두가 후배님과 같은 강직한 언론인들이 그 엄혹한 환경에서도 버텨 온 까닭에 오늘의 언론 자유가 있게 된 것 아니겠습니까?

주상호 아니 웬 존대를? 그리들 생각해 주시니 기분이 업되는군요. 한 잔씩 하시죠.

기본적으로 언론이 살아 있었기에 오늘의 세상이 가능했겠지만 돌이켜 보면 이 모두가 민주 정부의 개혁 성공의 결과인 것도 사실입니다. 그 중에서도 가장 큰 개혁의 성공은 역시 검찰 개혁이라고 할 수 있죠. 제2 검찰 설립 당시 그에 대한 저항이 상상을 초월할 정도였다는 것은 형들 모두가 익히 아시는 것일 테고. 하여간 대통령을 중심으로 한 개혁 세력이 검찰 개혁을 유일한 타깃으로 삼고 모든 역량을 결집해서 그 목표를 이룬 것은 실로 우리 역사 5천년 동안의 가장 큰 개혁 중의 개혁이라고 할 수 있죠. 그 성공으로 말미암아 연속적인 개혁의 선순환을 가져왔으니까요. 앞으로도 이 소중한 결과를 잘 지켜 나가는 것이 중요할 테지만 지금이 역사상 가장 수준 높은 민주주의와 번영을 누리고 있는 중이라고 할 수 있습니다.

최영준 옳은 말이다. 검찰 개혁의 성공이 관건이었다. 기소독점주의와 기소편의주의를 타파하여 검사들이 자기들의 권력을 남용하거나 직무를 유기하는 폐단을 없애고 정의로운 검사들이 얼마든지 자유롭고 소신 있게 수사를 할 수 있게 해서 부정부패를 일소하는 데 성공했다. 이는 저절로 사회의 다른 여타 부문의 연달은 개혁과 정화를 가져왔지. 정의로운 검사들의 활약으로 정경유착, 권언유착 같은 것들이 발을 못 붙이게 됨으로 해서 국세청, 금감원, 군부, 정보기관 등의 정부 부문의 부패가 사라지고 자연히 그와 더불어 재벌을 위시한 경제, 언론, 사학, 종교 등 부패로 얼룩져 온 공적, 사적 부문 전 부문에 이르기까지 한국 사회 전체를 정화할 수 있었다.

여민철　역시 최 검사의 정리는 깔끔하다니까. 검찰과 언론이 개혁됨으로써 사회 전 부문의 정화가 차례대로 원만히 이루어졌다는 말씀.

주상호　바로 그겁니다. 그래서 민주 정부의 검찰 개혁이 대단히 중요한 의의를 가진다는 것이죠. 부패에 대해 수사하고 단죄할 수 있는 권부를 철저히 뜯어고칠 수 있었다는 것이 가장 큰 성공의 열쇠였습니다. 그로 말미암아 그동안 권력에 빌붙어 기생했던 언론사들이 정리될 수 있었던 것이죠. 그리고 재벌 개혁과 같은 경제의 개혁도 자연스레 병행되었기 때문에 자본의 지배에서 벗어날 수 있는 기회가 와서 권위주의 시대를 악착같이 버텨 왔던 언론인과 언론기관들이 그 세력을 규합해서 오늘날과 같은 민주적 언론사들을 키울 수 있었던 것입니다.

자, 이제 무거운 얘긴 이쯤 하시고요. 다시 돌아가서 정다운 얘기 좀 더 나눌까요? 민철이 형은 그 새 돈 좀 버셨어요? 평양 오는데 30분밖에 안 걸리니까 제대로 물어 볼 시간도 없었네요. 오늘 술값 형이 내는 거죠? 잘 먹겠습니다.

여민철　야, 너는 항상 날 물주로만 보냐? 요새 용돈이나 벌면서 근근이 생계유지하고 있는 형편이다.

강규석　너는 만날 엄살이냐? 주식해서 돈 벌었다는 사람 없다는데 너도 마찬가지구나.

주상호　민철이 형은 주식 거부예요. 금융위기 이후 지수가 그동안 몇 배가 올랐는데요. 몰라도 축적한 재산이 엄청날 걸요.

여민철　거부 같은 소리하고 자빠졌네. 저렇게 기자라는 녀석이 뻥을 잘 치니 …….

강규석　나는 상호가 이 시대의 진정한 기자라고 생각하는데. 정보도 밑을 만하고. 나는 상호를 더 믿는다.

여민철 너는 내 친구냐, 상호 친구냐? 술사는 사람은 나다!

주상호 사긴 사는군요. 역~시!

최영준 민철아 너는 언제까지 주식하면서 친구들 술이나 사는 낙으로 살아갈 거냐? 더 좋은 일을 많이 할 수 있을 텐데.

여민철 영준이가 나 주식하는 거 탐탁지 않게 생각하는 거 잘 안다. 하지만 언젠가도 말했듯이 주식이 내 적성에 딱 맞는 걸 어쩌니. 능력이 받쳐 주지 않아서 오랫동안 힘들었지만 친구들에 술 한 잔 살 정도는 벌게 됐어. 운이 좋은 편이었지. 금융위기 이후로 그래도 주식 활황이 오래 지속돼서 나 같은 사람도 어느 정도 성공할 수가 있었지. 시대가 나를 구제해 준 거지.

최영준 그래서 죽을 때까지 할 생각이냐? 결혼도 안 하고?

여민철 뭐 그럴지도. 기본소득도 보장된 마당에 인생을 머니게임에만 몰두하며 종친다는 것이 그리 바람직해 보이지는 않겠지만 이렇게 살면서 다른 좋은 일도 하도록 생각해 봐야지. 나 같이 샤이하고 인간관계에 서투른 사람한테는 주식이 제격이야.

강규석 주식투자가 어때서. 경제가 원활히 돌아가는 데 한 몫 하는 거잖아. 민철이는 국가경제에 이바지하고 있는 거라구.

최영준 주식투자 자체가 문제라기보다 그것을 전업으로 한다는 게 그렇다는 거지.

강규석 나는 적성에 맞으면 그것을 어떤 식으로 하던 상관없다고 생각해. 민철이도 말했듯이 나름대로 여러 생각 중이라잖아. 자신의 의지와 욕망에 따라 결정한 거라면 괜찮다고 봐. 난 솔직히 민철이 라이프스타일이 부러울 때도 많아.

최영준 나도 그렇게는 생각하지만 민철이는 더 생산적인 일을 얼마든지 할 수가 있는데 아까운 생각이 들어서 그런 거다.

여민철 아, 경제학자와 검사님께서 그렇게들 말씀해 주시니 몸 둘 바를 모르겠구만. 어쨌거나 주식으로 번 돈은 불로소득인 측면이 많다고 봐. 내가 과연 이러한 소득을 가질 만한 것인지 항상 성찰해 가면서 살지. 그래서 기부도 많이 하면서 살고 싶어.

주상호 민철이 형 좌우명이 꼴리는 대로 살자는 거 아닙니까? 단, 절제와 사칠을 건드여서 맞죠?

김유진 호호. 표현이 좀 그렇네요. 구체적으로 알고 싶은데요.

주상호 민철이 형. 그 때 말했던 거 다시 한번 읊어 주세요.

여민철 한번 사는 인생인데 하고 싶은 것 하면서 내가 가진 것을 모두 불사르고 가자는 말이지. 하나도 남김없이. 가진 것을 모두 불사른다. 그것은 바로 자신의 잠재적 역량과 욕망을 모두 구현하는 것이라고 할 수 있지. 그건 단순히 세속적이고 인간적인 욕구를 추구하면서 사는 것을 의미하는 것이 아냐. 들뢰즈의 말대로 존재하는 것은 무엇이든 그 자신의 에너지, 즉 말로 표현하기 어려운 역량과 의지가 있는 것이고 그것이 바로 그 존재의 진정한 욕망이라고 할 수 있지. 하나의 존재로서 인간으로서 제대로 산다는 것, 그것은 바로 자신의 주어진 역량을 자유로이 실현하고 그 역량을 더욱 고취시키는 것이라고 생각해. 그게 한 생을 사는 멋이 아닐까? 그렇지만 자신의 역량을 과대평가하는 순간 모든 비극이 시작되는 거야. 분수를 지키라는 말은 이럴 때 필요한 거라고 생각해. 자신의 역량을 마음껏 불사르되 그 역량의 품을 넘어서는 곤란하겠지. 그리고 항상 성찰하기를 멈춰서는 안 돼. 나의 행동이 남의 역량을 감소시키거나 남의 역량을 훔쳐서는 안 되지 않겠어? 성찰하는 것은 다른 게 아니라 사유하는 것이고, 흔히 말하듯이 철학을 가지라는 것이지. 철학을 가지라는 것도 어려운 게 아니라 나와 나 아닌 것, 즉 나와 세계와의 관계를 끊임없이 염두에 두면서 생활하라는 것일 뿐이야. 예전에 선생님께서 섬세하고 예민하게 삶을 대하라고 당부하셨던 것을 내 나름대로 새로이 해석한 것이지. 그러한 성찰이 있어야만 외부의 조건으로부터 자유로운 나의 참된 욕망이나 의지의 정립도 가능할 것이고, 나에게 진정한 쾌락을 줄 수 있는 것이 무엇인지도 발견할 수 있을 거야. 가진 것을 모두 다 불사르라고. 갈 때 미련이 남지 않도록. 다만 절제하고 성찰해 가면서.

최영준 치열하고 사려깊게 살라는 것이 선생님의 당부의 말씀이셨지.

김유진 음 ······.

최영준 과연 민철이는 들뢰즈 추종자답다. 난 아직 따라가려면 멀었어. 하핫.

여민철 영준이 너야말로 근대와 탈근대가 균형과 조화를 이룬 들뢰즈 사상의 총아가 아닐까 생각하는데.

최영준 과찬의 말씀.

주상호 쳇, 주거니 받거니 잘들 놀고 계시네요.

강규석 민철이 말이 무슨 뜻인지 알겠다. 그게 바로 들뢰즈가 말하는 독특한 삶이 아닐까? 독자적이면서도 특이한 삶 말야. 그것이 또한 니체가 말한, 각자 자신의 역량을 최대한 발휘할 수 있는 삶이라 할 수 있지. 각자 자신이 가진 역량이 독특하듯이 그것을 가능한 최대한으로 실현한다면 그것도 당연히 독특한 것이 되겠지. 나도 나답게 독특한 삶을 산다면 그것으로 족할 거 같애. 하나의 존재로서 그 이상 더 무엇을 바라겠어? 그게 현실적으로 힘들어서 그렇지.

여민철 내 말이 ……. 역시 규석이는 나와 잘 통한다니까!

최영준 맞는 말이다. 각자가 그걸 실현할 수 있는 여건을 마련해 주는 것이 국가의 역할이다. 그리고 그것이 정치의 궁극적인 목적인 것이고. 나머지는 각자가 알아서 하면 될 일이고. 자유민주주의란 게 그런 게 아니겠어? 그런 면에서 지금의 정권은 제대로 일을 하는 것 같다.

강규석 민철이 넌 주식하면서 원칙이나 좋은 기법 같은 거는 없어? 좋은 기법 있으면 추천도 좀 해 봐라.

여민철 원칙이나 기법은 자기 취향에 따라 하면 되지 일반적인 것은 없다고 생각해. 내가 원칙으로 삼는 것은 구체적인 기법은 아니고, 다만 빚내서 투자하지 않을 것, 또 하나는 공매도나 파생투자는 하지 않는다는 것 정도야.

강규석 제로섬이나 마이너스섬 게임은 하지 않겠다는 거야?

여민철 그렇지. 시장이 안 좋을 때도 물론 종목으로 수익을 낼 수 있지만 시장이 안 좋은 것을 이용해서까지 수익을 내는 것은 피하자는 게 내 생각이야. 특히 잔여수익분배청구권이 널리 확산되어 누구나 주식을 보유하고 주식투자가 일반화된 상황에서 시장이 안 좋다는 것은 국민 모두가 고통을 느끼고 있다는 것을 의미하는데 그런 상황을 이용해서 이익을 챙긴다는 게 내키지가 않더라구.

또 주식을 하다 보면 성공의 중요한 요건이 돈과 시간이라는 것을 절실히 느낄 수 있는데 우리 개인들이 가진 것은 시간 밖에 없다구. 그런데 빚을 지면 유일한 약자의 무기인 시간으로 버틸 수가 없게 되거든. 어떤 형태의 부채든 상환해야 할 기한이 있으니까.

주상호 형은 부동산에는 관심이 없죠?

여민철 부동산에는 구미가 안 당기더라고. 토지가 공유재산이라는 관념이 머리에 박혀서인지는 몰라도 그 외의 건물 같은 것에도 관심이 없어. 예전 같으면 평생 저축한 돈으로 은퇴 후 건물 하나 장만해서 임대료 받으며 노후를 유지하는 것도 한 가지 방법이라고 보았는데 기본소득이 정착된 지금은 그것도 그리 좋아 보이지 않고. 기본적으로 부동산이라는 게 우리 주거생활과 관련된 것인데 그것을 기본자산으로 머니게임을 한다는 게 내 취향은 아냐.

주상호 까다롭기도 하셔.

최영준 나는 민철이가 까다로운 게 아니라 민감한 탓이라고 본다. 아까 나온 말대로 절제와 성찰에 투철한 게 아닐까? 그 민감함, 예민함이 맘에 든다.

주상호 뭐가 그래요? 이 형은 그냥 까다로운 거예요. 죽은 뒤에 비석 하나도 필요 없다는 사람인데요.

강규석 무슨 말이야?

여민철 뭐 그냥 내 생각인데, 죽어서까지 공간에 대한 미련을 버리지 않는 것은 인간밖에 없는 거 같더라구. 살아서 얼마든지 누렸으면 됐지 죽어서까지 그럴 필요가 있나 해서. 그냥 죽은 뒤에는 아무 흔적도 없이 떠나는 게 좋지 않나 싶어. 썩은 뼈다귀가 되어 공간을 차지하고 널브러져 있는 게 뭐가 좋겠어? 요즘은 화장이 대세가 된 지 오래여서 그 같은 일은 아주 일부겠지만. 그래도 난 납골 같은 흔적도 남기고 싶지 않아.

김유진 그래도 남아있는 사람들을 생각하면 선생님 생각이 너무 지나친 거 아닌가요?

여민철 나는 유족이 없을 거 같은데요. 그나마 한 가지 바람이 있다면, 나를 알거나 마주쳤던 모든 이들의 가슴 속에 작은 흔적으로라도 좋은 기억으로 남아 있는 거예요. 나는 기억이라는 게 사람의 가장 정직한 부분이라고 생각해요. 나를 오래 기억해 주는 사람이 있으면 그것으로 내 마음은 고마울 거 같애요. 없으면 그만이고.

김유진 참 특이하신 분이네요.

여민철 나보다 더 특이하고 괴짜인 녀석이 바로 처자의 스승이신 강 교수니라오. 자우 명이 글쎄 저자 인생을 사는 것이라네요.

김유진 선생님 이게 무슨 말씀이에요?

강규석 별 거 아냐.

여민철 별 게 아닌 것이 아니라 대단한 철학이라오. 일생을 살면서 남들에게서 받는 것보다 더 많이 남들에 주겠다는 얘기지. 경제학자가 어떻게 그런 생각을 다 하는지! 자기 역량을 다 바쳐 모든 것을 주겠다는 저 거룩한 생각. 존경스러울 뿐이오.

김유진 그런 깊은 뜻이 있으셨군요. 우리 선생님 짱!

강규석 민망하구만. 너는 술만 들어가면 말이 많아지더라.

여민철 술 좋은 게 뭐냐? 사교의 윤활유잖아. 사람을 부드럽게 그리고 너그럽게 만들잖아. 나 같이 샤이한 사람을 과감하게 만들기도 하고.

강규석 누가 들으면 주당인 줄 알겠다. 소주 한 병이 주량인 녀석이.

여민철 모든 게 과하면 안 되지. 절제의 미학이 그래서 중요한 거 아니겠어? 내 좌우명처럼. 나도 술이 과하면 너희들만큼 주사가 엄청나잖아.

주상호 주사는 진짜 주당이신 영준이 형을 아무도 못 따라가죠. 잘 취하지는 않아도 한번 취하면 대단하시죠. 내 주위에는 왜 다 이상한 사람들만 수두룩한지 몰라. 내가 이상한 건가?

최영준 니가 제일 성격 파탄이야.

일 동 (웃으며 잔을 든다.)

여민철 세상 돌아가는 얘기나 더 해 보자. 주식하는 데 정보도 필요하고. 요즘 세태가 너무 빠르게 돌아가지? 이러다 세상이 어떻게 되는 거야?

주상호 지금 가장 두드러진 게 의료·생명과학이 혁명기를 맞고 있다는 거예요. 의학과 헬스케어 기술의 발달로 수명도 얼마나 늘어날지 예상이 안 될 지경이에요. 소형 MRI 기기가 개발돼서 가정에 보급되고 원격진료가 성행한 지는 이미 오래 됐고요. 핸드폰이 몸에 달고 다니는 의료 장치가 된 지도 한참 됐죠.

김유진 북한도 머지않아 그렇게 되겠죠? 남북한 기대수명 차이를 보면 너무 창피해요.

주상호 시간문제일 뿐이죠. 의학 전반적으로 보면 유전자 분석에 의한 예방의학의 발달로 암이나 다른 질병의 발생 자체가 줄어들고 있죠. 또한 조기 발견이 수월해져서 거의 모든 질병에 대한 치료 가능성이 엄청 높아지고 있어요. 줄기세포 기술도 성숙기에 접어들어 웬만한 조직이나 장기의 이식은 거의 다 할 수 있게 됐구요. 이제 요즘 의학이 해결해야 할 마지막 과제는 바이러스와의 전쟁이라고 할 수 있습니다. 의학이 진화하는 만큼 바이러스도 진화해서 인류 최대의 적은 바이러스가 되었고 그에 따라 바이러스의 변이에 대응하는 능력이 의술의 선진화 여부를 좌우하는 척도가 됐습니다. 그러니까 형님들 하고 유진 씨도 바이러스 감염에만 조심하면 천수를 누리실 수 있을 겁니다. 특히 민철이 형 인생 비관하지 마시고 즐거이 오래 사세요.

여민철 어허, 비관이 아니라 비호감이다.

주상호 그게 그거죠.

여민철 무딘 자식!

강규석 아주 흥미로운 게, 머지않아 인공자궁이 개발될 것으로 예상되는데 이것이 실현된다면 진정 완벽한 남녀평등이 이루어질 거야. 임신으로부터 여자가 해방된다면 아마 남자와 생활패턴이 거의 같아질 게 분명하잖아.

김유진 근데 많은 여자들이 어떤 선택을 하게 될지는 두고 봐야겠죠. 임신을 여자의 특권이자 축복으로 생각하는 사람도 많으니까요.

강규석 아, 그런가? 우리 유진이도 그리 생각하는가 보군.

김유진 (수줍은 표정으로) 아직은 잘 모르겠네요.

주상호 조만간 미립자 수준의 컴퓨터 혹은 로봇이 등장해서 모든 병의 치료가 가능한 무병시대가 열린다네요. 주기적으로 몸속 바이러스를 검사하고 죽이고, 세포를 청소하고, 정말 신기한 세상이 되는 거죠. 불노장생의 시대가 오는 건가요?

최영준 조만간에 아기를 공장에서 찍어내듯 만들고 인간이 늙지도 어쩌면 죽지도 않을 수도 있겠군.

강규석 게다가 컴퓨터가 인간보다 더 똑똑해진다는 거 아냐. 양자컴퓨터 같은 초스피드의 계산 능력을 가진 하드웨어가 빅데이터와 같은 무한한 자료와 결합해서 컴퓨터가 자체적으로 인간이 사고할 수 있는 영역 이상을 사고할 수 있게 된다고 하네! 그 결과 인간은 극도로 컴퓨터에 의존하게 된다는 거지. 새로운 아이디어 개발, 새로운 정책 개발, 새로운 비전의 제시까지도 인간보다 컴퓨터가 더 잘 할 수 있게 된다는 거야. 지구상 모든 지식과 지혜를 합치더라도 컴퓨터의 그것들을 앞서나갈 수 없게 되는 거야. 인간은 컴퓨터가 설계하는 구조 속에서 다른 기계들과 통합된 체계내 존재로서 그야말로 들뢰즈가 말한 하나의 기계로서의 지위만을 갖게 될지도 모를 일이야. 인간의 인식능력을 추월하는 컴퓨터가 나올 날이 머지않았어.

여민철 그래서 빅데이터와 양자컴퓨터의 결합으로 사회주의적 계획경제가 아닌 자본주의적 계획경제가 가능해진다느니, 경제활동에 있어서 개별 경제주체들에 대한 거의 완전한 정보가 빅데이터로 포착되어서 미래 경제에 대한 계획이 거의 완벽하게 이루어질 수 있다느니, 결과적으로 추상적이고 일반화된 경제주체가 아닌 구체적이고 개별적인 경제주체들의 성향을 파악하는 것이 가능해진다느니 하는 말들이 학계에도 무성하다던데.

강규석 양자컴퓨터 기반의 무진장한 계산 능력과 분석 능력을 가진, 인간을 넘어서는 초지능 기계를 활용해서 미래에 대한 계획과 정책의 개발이 거의 완벽히 이루어는 세상이 올지도 몰라(『기술이 인간을 초월하는 순간 특이점이 온다』 레이 커즈와일, 2005, 한국어판: 김명남/장시형 옮김, 김영사, 2007 참조). 그런데 세상이 완벽해질 수 있을까? 아직 오지 않은 미래에 대한 것인데 당연히 오차가 발생할 수밖에 없을 거야. 하지만 그 오차는 강력한 자기보정적 시스템에 의해 매년 스스로 축소되는 방향으로 발전해 갈 거야. 기본소득 액수와 같은 정책변수들이 컴퓨터에 의해 자동적으로 책정되고 컴퓨터의 예측에 의해 극도의 미세조정이 가능해지면서 버블과 공황이 반복되는 급격한 경기변동은 거의 사라지게 될 날도 올 것 같애. 양자컴퓨터에 의한 정교한 시뮬레이션이 이뤄져서 미래에 대한 정교한 시나리오들이 제시되고 이에 대한 선택에 있어서도 컴퓨터 스스로가 합리적 근거를 제공하게 될 거야. 이런 환경이라면 인간은 컴퓨터가 제안하는 바를 그대로 수용하는 것이 특별한 예외적 돌발 상황이 없는 한 정상적인 것이 된다고 봐야지.

하지만 돌발적 사태들에 대한 대비와 함께 또 시대적인 근본적 한계도 항상 염두에 둬야 할 거야. 아무리 컴퓨터가 발달한다 해도 지금은 탈근대 시대야. 사회가 발전되어 감에 따라 주체와 대상의 구분이 곤란해지고, 정체성의 파악이 불명확하고 애매모호하게 되는 것이 탈근대의 특징이지. 단, 계산과 통계에 의한 유한한 일반성보다는 보편적 무한을 사유한다는 면에서 탈근대적 사유가 모호하지만 좀더 엄밀하다고 할 수 있는 거지. 근대적 사유가 추구하는 정확성과 함께 탈근대적 사유의 엄밀함을 동시에 갖춰야 우리의 사유는 더 완벽에 가까워질 수 있다고 나는 생각한다. 우리는 "근대 없는 탈근대는 사유를 방황케 하고, 탈근대 없는 근대는 사유를 질식시킨다."고 하신 선생님의 말씀을 잘 새겨야 해.

주상호 규석이 형의 학자적 풍모가 여지없이 발현되는 순간이네요. 아직까지도 나는 잘 이해가 안 되지만 무조건 잘 새기겠습니다.

강규석 왜 이러시나, 탈근대 유목민의 대표 주자인 우리 주 기자님께서?

여민철 요즘 새로이 정립되고 있는 들뢰즈 경제학이 소수자적이면서도 보완적인 성질을 가지는 것이 그런 이유 때문이지? 기본소득, 잔여수익분배청구권 같은 주요 정책들이나 자본주의에 대한 들뢰즈 경제학의 분석들을 보면 일반적이고 통계적인 사고로부터 발생하는 오류나 왜곡이라는 근대경제학의 태생적 한계를 근본적으로 극복해 보려는 시도가 왕성하게 전개되고 있던데.

강규석 역시 우리 민철이는 백수면서도 학문적 조예가 대단해. 아까운 녀석이야.

여민철 백수 좋은 게 뭐야? 갖은 게 시간밖에 없거든. 하하.

요즘은 그래서 실생활도 그런 사조를 많이 타는 거 같아. 근대적 생활패턴 하고 탈근대적 생활패턴이 막 뒤섞여 있잖아. 전통 마을에서 더 이상의 기술 진보를 거부하고 의료기술 외에는 모든 면에서 전통적인 라이프스타일을 고수하는 사람들이 있는가 하면, 첨단 마을에서 지속 가능하고 환경 친화적인 기술 진보를 추구하면서 최첨단의 최신식 기술을 향유하는 사람들도 있고. 천태만상이야. 21세기형의 새로운 부족국가 시대가 오고 있어. 국가 내에서뿐만 아니라 세계적으로도 촘촘하게 네트워크로 연결된 부족 연합체들의 시대가. 이제는 달까지 포함해야지. 세계화는 예전에 이루어졌지만 이제는 극단적인 지역화의 시대가 온 거 같아. 각자 취향에 따라 자신의 생활권의 선택이 자유롭게 이루어지는 거는 좋은 현상인 거 같은데.

주상호 사회 전반적으로 자유민주주의가 정착되면서 가정에서도 해체가 진행되고 있어요. 가정 내에서의 억압이 사라지고 완전한 개성적 삶이 가능해졌어요. 오히려 복고적으로 대가족, 3대, 4대가 같이 사는 가족도 있지만 1인 가구가 대세를 이룬 지 오래됐구요. 이성 간의 자유로운 교제와 동거가 자연스러워지고, 공동육아와 공동봉양이 뒷받침되면서 가족을 이루어 살 필요성도 점차 사라지고 있어요. 기술적으로도 가상체험 기술이 발달해서 여행 같은 것도 같이할 필요가 없어요. 민철이 형 같은 백수들이 혼자 사는 게 더 이상 불편할 게 없어요. 각종 체험방 같은 것도 우후죽순 생기고 있구여. 흐흐.

여민철 무슨 말을 하려는 거야? 왜 나를 꼭 집어 말하는 거지? 숙녀분도 계신데. 더 이상은 그만. 자, 술 마시자.

최영준 세상이 도대체 어디로 흘러가는 건지 모를 지경이구만. 그래도 자유가 확산되고 평등이 더욱 공고해지는 이상 긍정적으로 보는 것이 옳겠지? 아직도 테러와 같은 폭력이 완전히 사라지지는 않았지만 막대한 파괴력을 지닌 각종 무기 기술의 발달로 역설적으로 전쟁의 가능성은 거의 사라진 만큼 어쨌든 평화의 정착도 이뤄졌다고 할 수 있고. 이제 전쟁을 한다는 것은 양자 공멸의 상황을 각오해야 하니까. 나는 사회의 모습이 어떤 식으로 전개되든지 개인의 의사와 선택이 존중받는 방향으로 진전되는 것은 바람직하다고 본다. 그것이 진정한 자유민주주의의 척도라고 할 수 있으니까, 복고로 회귀하든 더욱더 첨단을 추구하든, 홀로 개인주의적으로 살든 새로운 유형의 공동체를 만들어 협동적으로 살든 간에 모두 개인의 자유로운 선택에 의한 것이라면 말릴 이유가 없다고 생각한다.

이제 세계적으로 남아있는 문제는 각 나라들을 평준화하는 것이다. 잘 사는 나라들이 더 잘 살도록 하는 것은 이제 큰 의미가 없다. 아직도 세계적으로 남북문제가 존재한다는 것은 수치스러운 일이다. 예전에 외계인이 없을 수도 있지 않을까 하는 얘기도 우리끼리 나눈 적이 있지만 언젠가 외계인을 만난다면 지구인으로서 굉장히 창피할 것 같다. 우주 밖으로의 개척을 비전으로 하는 시대에서 이제 지구인 전체의 차원에서 정책을 개발하고 제도를 구비해야 할 것이다. 새로운 리더로 부상하고 있는 중국이 어떤 태도를 취하는가가 너무도 중요하다.

여민철 (엄지를 추켜올리며) 최 지사, 옳소.

주상호 영준이 형은 스케일이 대단해서.

최영준 비아냥거리지들 말지.

주상호 결국은 세상이 어떻게 될까요? 인공지능과 로봇 기술의 발달로 대부분의 전통 산업에서 로봇이 생산을 담당하게 되고. 불노장생하는 인간은 경제적 생산에서 해방되어 철학과 예술 같은 형이상학적인 것들에 시간을 보내고 그렇게 되는 건가요? 정치는 정보기술의 극단적 발달로 인해 고대 아테네에서와 같은 이상적인 직접민주주의가 실현되고. 아테네 노예의 역할은 로봇이 대체하고. 미래에도 희소한 재화와 용역은 여전히 존재할 테지만, 자유로운 개인들의 치열한 토론을 통해 분배의 문제에 대한 합의에 도달하고. 벌써부터 블록체인 기술이 세상을 바꾸고 있습니다. 투명하고 효율적인 화폐와 정부시스템이 정착되고 있습니다. 블록체인 투표시스템으로 수시 투표, 실시간 투표가 가능해져서 직접민주주의가 점차 강화되고 있죠. 이제 사람들은 무슨 낙으로 살까요? 뇌과학이 급속도로 발달해서 재화와 용역으로부터의 직접적 효용 창출의 필요성도 감소하고 있다네요. 무슨 말이냐면 감정도 창조가 가능하다는 거예요. 효용과 만족의 창조와 함께 엑스터시나 오르가즘의 인공적 생산도 가능하다네요. 가까운 미래에는 생명 유지를 위한 생산의 필요성은 지속되나 정신적 만족과 쾌락을 위한 생산은 뇌산업이 대부분을 담당하게 될지도 모른다는 거죠. 참으로 놀라운 세상이 펼쳐지고 있습니다.

바야흐로 우리 시대에 인류의 시초부터 그토록 염원하던 인간 해방이 이루어지는 걸까요? 아니면 누구도 예측하지 못하는 새로운 국면이 펼쳐질까요? 비관적으로 보면 인공지능이나 뇌과학이나 생명공학이 인류의 비극적 파국을 불러올지도 모르죠. 이런 때일수록 인간과 삶에 대한 성찰이 더욱더 필요할 거 같습니다.

일 동 (성찰 중)

김유진 그런데 남한의 대통령은 과거에 무슨 일을 하셨던 분입니까? 어떻게 그리 어려운 관문들을 헤치고 여기까지 오셨는지 궁금하네요.

주상호 지자체장 출신이신데요. 기개와 능력을 겸비하신 분이죠.

여민철 난 요즘 선생님 건강이 너무 걱정이다. 줄기세포 기술이 이리 발전했는데도 아직 폐의 재생은 어려운가 봐. 들뢰즈도 폐가 문제였는데 선생님도 그러시네.

강규석 선생님도 담배를 너무 태우셔서 말야. 더 오래 건강히 사셔야 하는데.

최영준 그러게 말야.

주상호 저는 아직도 선생님의 강의를 잊을 수가 없어요. 형들과도 처음 진지하게 함께한 시간이었죠. 그리고 제 인생관이 분명히 확립된 계기가 된 순간이기도 하죠. 그립네요.

지금으로부터 약 20여 년 전 선생님이 어느 대학교 허름한 강의실에서 들뢰즈 사상에 대한 공개 강의를 하고 있다. 강규석, 여민철, 최영준, 주상호를 비롯해서 다수의 학생들과 일반인들이 수강 중이다. 이 모임은 들뢰즈 사상에 관심 있는 사람들이 재야의 들뢰즈 권위자인 선생님을 초빙해 만든 자리다. 강의는 이틀에 걸쳐 진행될 예정이다.

철학 전반

선생님 들뢰즈 사상에 본격적으로 들어가기에 앞서 철학 전반에 대하여 잠깐 짚고 넘어가기로 합시다. 동서와 시대를 구분하지 않고 가장 단순하고 가장 근원적인 차원에서 시작하기로 하죠.

철학은 다른 학문이나 예술과 마찬가지로 사유의 한 모습이라고 할 수 있는데, 기본적으로 사유의 내용 혹은 대상에 있어서 과학이나 예술과 구별되는 것이죠. 철학도 학문의 일종인 이상 중구난방 식의 생각과는 다른 일정한 절차와 형식을 필요로 합니다. 사유의 절차와 형식, 즉 사유의 방법에 있어서의 다양한 갈래가 철학에 대한 동서고금의 다양한 사조와 학파들을 결정한다고 할 수 있습니다. 사람들이 살아가면서 품는 의문들로부터 사유가 시작되고, 그 중에서도 근본적인 것들을 사유하는 것이 철학입니다. 근본적이고 근원적인 문제에 대하여 연구하는 것이 형이상학이라는 용어의 흔히 하는 규정이죠. 따라서 철학이 곧 형이상학, 즉 메타과학이라고 할 수 있습니다. 과학과 철학, 그리고 예술과 철학의 관계에 대해서 수많은 논의가 전개되고 있지만, 형이상학, 즉 근본적인 것들에 대한 사유란 점에서 철학은 과학으로서의 타 학문들과 구별되고, 진리와 가치에 대한 사유란 점에서 철학은 아름다움을 탐구하는 예술과 구별된다고 할 수 있습니다. 사유하는 것은 문제에 직면하여 그에 대한 답을 찾는 것입니다. 따라서 우리는 무엇보다도 먼저 가장 근원적인 질문을 던짐으로써 철학을 시작할 수 있습니다. 근원적인 것 중에서도 가장 근원적인 것은 있는 것들에 관한 질문, 즉 존재에 관한 질문이라고 할 수 있으며, 그것에 대한 철학적 연구가 존재론입니다. 도대체 뭐라도 있어야 사유가 가능하고, 일이 일어나고 사건이 벌어지고 할 것 아니겠어요? 따라서 가장 좋은 의미의 형이 상학이 바로 존재론이라고 할 수 있습니다. '이 세계는 어떻게 무엇으로 이루어진 것인가?' 이것이 존재론의 근원적 질문입니다. 이것으로부터 철학은 시작합니다. 이 질문에 대한 사유의 결과로 세워지는 관점이 각자의 세계관입니다. 이 세계관으로부터 '자연과 인간이란 무엇인가?'하는 자연관과 인간관, '진리란 무엇이고 어떻게 알 수 있는가?'하는 진리관, '나는 어떻게 살아야 할 것인가?'하는 가치관과 윤리관이 잇따라 도출되고 정립될 수 있습니다. 이러한 과정들이 존재론과 함께 인식론과 실천론 혹은 가치론으로서 철학의 각 분과를 이루는 것입니다. 학문의 편의상 이러한 구분을 하고 있으나 실제로 이 세 가지 분야는 서로 불가분의 관계에 있습니다. 왜냐하면 존재, 즉 세계를 어떻게 보느냐 하는 세계관에 따라 자연과 인간에 대한 인식이 좌우될 수밖에 없고 그에 따라 진실이 무엇인지, 옳은 것이 무엇인지에 대한 관점이 정립되고 그것을 토대로 하는 우리의 결정과 행동이 실천으로 나타나기 때문입니다.

철학은 사유의 일종이라고 말했듯이 이같이 서로 얽혀 있는 철학의 각 분야들에서 공통적인 것은 바로 사유입니다. 그런데 우리가 철학적 사유에 있어 토대로 삼고자 하는 들뢰즈와 그의 대표적인 사상적 스승이라 할 수 있는 니체에 의하면, 현대철학에서 사유한다는 것은 의미를 해석하고 가치를 평가하는 것이라 할 수 있습니다(『니체와 철학(Nietzsche et la philosophie)』 질 들뢰즈, 1962, 한국어판: 이경신 옮김, 민음사, 2001, 이하 '니철'로 약칭, p15 참조). 들뢰즈는 다음과 같이 말합니다. "인식이라는 이상과 참된 것의 발견이라는 목적을 니체는 해석과 가치평가로 대체하고 있다. 해석은 어떤 현상의 '의미'를, 항상 부분적이고 단편적인 '의미'를 정한다. 가치

평가는 여러 의미들 간의 위계상의 가치를 결정하며, 여러 단편들을 그것들의 다양성을 약화시키거나 폐기시키지 않고 연관 지운다."(『들뢰즈의 니체(Nietzsche)』질 들뢰즈, 1965, 한국어판: 박찬국 옮김, 철학과현실사, 2007, 이하 '니체'로 약칭, p29) 존재 혹은 생성, 그리고 사건들에 직면하여 그 의미를 해석하고, 해석된 의미들의 가치를 평가하여 취사선택을 결정하고 행동하는 것이 사유와 실천입니다. 우리는 들뢰즈 사상을 공부하면서 의미의 해석과 가치의 평가를 사유의 핵심에 놓고 논의를 전개해 갈 것입니다.

들뢰즈의 사상

들뢰즈의 사상은 순수한 철학사상과 그것을 확대 적용한 사회사상 두 부분으로 나눌 수 있습니다. 특히 들뢰즈의 사회사상은 가타리를 만난 후부터 본격적으로 전개됩니다. 들뢰즈의 사상적 선배들에 대한 철학사적 연구 결과인 다수의 저작들과 함께 그의 존재론과 인식론을 집대성한 『차이와 반복(Différence et répétition)』(질 들뢰즈, 1968, 한국어판: 김상환 옮김, 민음사, 2004, 이하 '차반'으로 약칭)과 『의미의 논리(Logique du sens)』(질 들뢰즈, 1969, 한국어판: 이정우 옮김, 한길사, 1999, 이하 '의논'으로 약칭)가 그의 철학사상을 대표하는 책들입니다. 그리고 펠릭스 가타리와 공동 저술한 『안티 오이디푸스 : 자본주의와 분열증(L'anti-OEdipe : capitalisme et schizophrénie)』(질 들뢰즈/펠릭스 가타리, 1972, 한국어판: 김재인 옮김, 민음사, 2014, 이하 '안오'로 약칭)부터 들뢰즈의 구체적인 실천론이라 할 수 있는 사회사상이 시작되었다고 할 수 있는데, 그 후로『천 개의 고원 : 자본주의와 분열증 2(Mille Pla-teaux : capitalisme et schizophrénie 2)』(질 들뢰즈/펠릭스 가타리, 1980, 한국어판: 김재인 옮김, 새물결, 2001, 이하 '천고'로 약칭)에서 그 결실을 이루었다고 할 수 있습니다.

다른 위대한 철학자들도 마찬가지지만 들뢰즈의 철학과 사상을 한마디로 규정하는 것은 특히나 무척 힘든 일입니다. 현대 형이상학을 집대성한 철학자로 인정되고 있느니만큼 그의 핵심 사상을 지칭하는 개념들도 다음과 같이 여러 가지로 제시할 수 있습니다. 차이의 철학, 일의성의 존재론, 수 위지 켠힌론, 잡제성의 천하, 내재성의 철학, 사건의 존재론, 리좀의 철학, 다양체의 철학, 배치의 존재론, 욕망의 철학, 생성존재론, 되기의 철학, 소수자 철학, 소수자 정치학 등등. 이론철학과 실천철학 모두에 걸쳐 그의 사상은 광범위한 영역을 넘나들고 있습니다. 이러한 개념들 속에는 철학의 요소인 존재, 인식, 실천 등에 관한 논의들이 서로 관련되어 뒤섞여 있습니다. 각 개념들을 이해하는 데 있어 이러한 요소들과의 관련성들을 잘 파악하는 것이 중요합니다.

들뢰즈의 철학 개념

각 개념들을 파악하기에 앞서 우선 들뢰즈가 말하는 철학이란 무엇인지부터 알아보도록 하죠. 들뢰즈와 가타리 공저의 『철학이란 무엇인가(Qu'est-ce que la philosophie?)』(질 들뢰즈/펠릭스 가타리, 1991, 한국어판: 이정임/

윤정임 옮김, 현대미학사, 1995, 이하 '무엇'으로 약칭)를 보면 그에 대한 답을 짐작할 수 있습니다. 그러나 사람들이 보통 예상하는 철학에 대한 답일 것이라 기대한다면 큰 오산입니다. 다른 철학 개론서와는 다른 독특한 책입니다. 이 책은 가타리와의 공저의 형식을 취하고 있지만 들뢰즈가 단독으로 쓴 것으로 알려져 있습니다. 가타리와의 협력 작업을 거치면서 사상적으로 더욱 풍성해진 말년의 들뢰즈가 다시 원류로 돌아가 자신의 철학에 관한 독특한 시각을 새로이 정리한 것으로서 그의 사유 체계 전반을 한눈에 알 수 있게 해 주는 철학사의 걸작입니다. 이 책의 출판은 철학이란 무엇인지에 대한 사유, 사유라는 게 무엇인지에 대한 사유의 새로운 이정표를 제시해 주는 획기적인 사건이라고 할 수 있습니다.

이 책의 내용을 이해하기 위해서는 들뢰즈 사상 전반에 대한 이해가 전제되어야 합니다. 이 책에서 제시하는 철학의 개념을 이해한다는 것은 들뢰즈의 철학사상과 들뢰즈/가타리의 사회사상 전체를 이해한다는 것과 큰 차이가 없다고 할 수 있습니다. 그 정도면 여러분은 이 강의를 더 이상 안 들어도 괜찮다고 할 수도 있어요. 들뢰즈가 규정하는 철학의 개념은 지금으로서는 너무 생소하고 무슨 말인지 잘 모를 수 있겠지만 뒤로 가면서 차차 이해하게 될 것이니 지레 겁먹지 말기 바랍니다. 이 강의가 끝날 때 즈음이면 여러분은 완벽한 이해까지는 아니더라도 철학을 바라보는 새로운 안목을 가지게 될 것이고 사유의 즐거움을 새로이 깨닫게 될 것입니다. 그러니 당장 이해는 안 되더라도 잘 들어 두기 바랍니다.

들뢰즈는 카오스(Chaos)를 재단하는 구도들 상에서 산출된 현실들을 카오이드(Chaoïde)라고 지칭하면서 예술, 과학, 철학의 세 가지 사유 혹은 창조의 형식들로서의 카오이드들을 제시합니다(무엇 p300 참조). 철학은 혼돈과 무질서 상태인 카오스를 재단하고 재편하는, 사유 혹은 창조의 형식들 중의 하나입니다. 카오스를 코스모스로 변환시키는 방식으로서의 세 가지 범주가 철학, 과학, 예술인 것이죠.

철학은 카오스를, 세계를, 존재를 무한으로서 사유합니다. 무한을 절대 놓치지 않는 것이 과학과 들뢰즈의 철학이 구별되는 가장 큰 차이점이에요. 들뢰즈의 철학은 과학의 외부를 구성합니다. 이로써 형이상학(metaphysics), 메타과학으로서의 철학과 일반적인 과학의 구분이 명확히 드러납니다. 철학이 사유 대상으로 하는 무한은 사건들(événements)의 무한을 의미떼 (1. 모두 것은 욱직이며 변화합니다. 들뢰즈의 세계에서 영원히 고정된 것은 아무 것도 없습니다. 들뢰즈는 존재를 생성과 변화로서 바라보며, 생성이란 바로 사건입니다. 모든 것이 사건입니다. 미립자의 움직임에서부터 인간사를 거쳐 우주의 팽창에 이르기까지, 빅뱅에서부터 현재와 그리고 미래에 이르기까지 사건이 아닌 것이 없습니다. 앞에서 사유하는 것은 의미를 해석하고 가치를 평가하는 것이라 했습니다. 이러한 무한한 사건들에서 의미와 가치를 포착해 내어 그것을 개념으로 규정하는 것이 철학의 임무입니다. 개념의 창조는 의미 있고 가치 있는 사건을 하나의 개체로서 규정하는 일입니다. 개체로서 규정하는 것, 즉 개체화하는 방식에는 두 가지 양태가 있습니다. 하나는 현실태로서의 몸체(corps, 영어로 body)를 개체로서 규정하는 것입니다. 형식화와 표상화가 이루어져 지각 가능한 개체입니다. 이 경우의 개체는 명확하고 고정적인 본질을 가집니다. 다른 하나는 잠재태로서의 몸체, 즉 '이것임'(heccéité, 영어로 thisness) 혹은 비물체적 변형(transformation incorporelle)으로서의 사건을 개체로서 규정하는 것입니다. 이 경우의 개체는 모호하지만 엄밀한, 과정 중에 있는, 변주 상태에 있는 유동적인 본질을 가집니다. 후자의 개체화를 실행하는 것이 들뢰즈가 말하는 철학의 과업으로서의 개념의 창조입니다. 이로 인하여 우리는 연속적 변이(variation continue) 혹은 연속적 변주의 과정에 있는 무한을 사유할 수 있게 됩니다. 무한한 사건들의 연속 속에서 의미 있고 가치 있는 부분을 개체로서 추출하여 그것에 개념을 부여하는 것이 철학이 하는 일입니다. 이것이 들뢰즈가 정의하는 철학입니다.

한마디로 들뢰즈가 정의하는 철학은 '개념들을 창출해 내는 학문'(무엇 p13)입니다. "개념은 본질이나 사물이 아니라 사건"(무엇 p35)입니다. 여기서 사건은 일반성이나 특수성과는 다른 단독성, 특이성 혹은 이 두 단어를 합친 독특성이라는 단어로 표현될 수 있는 순수한 사건입니다. 특수성은 아무리 특수해도 일반성에 포함되는 부분집합일 뿐이죠. 그러나 특이성은 단독적이고 독자적인 성격으로서 다른 것들과의 유사성이 아니라 그것들과의 차이가 부각됩니다. 그것의 대체될 수 없는 하나밖에 없는 특성인 것이죠. 예를 들어, "한 마리 어떤 새에 대한 개념은 그가 속한 류와 종에 있는 것이 아니라, 그 새의 자세와 빛깔, 소리 등의 구성"(무엇 p34), 즉 그 한 마리 새만의 독특성인 것입니다. 뒤에서 특이성을 더 공부하면서 알게 되듯이 우리는 한 개체의 이러한 대체할 수 없는 특이성에서 그것의 의미와 가치를 찾을 수 있습니다. "사물들과 존재들로부터 하나의 사건을 추출해 내는 것"(무엇 p52)이 철학의 과업입니다. 독특성으로서의 사건은 시간적으로 고정된 어떤 본질, 공간적으로 고정된 어떤 사물과는 다른 것입니다. 사건은 고정되어 있지 않고 항상 유동적입니다. 잠시도 가만있지 않고 항상 흐르고 변화합니다.

개념은 존재하는 것들에 대한 규정입니다. 따라서 개념의 창출은 새로이 존재를 드러내는 것들에 대한 개념 규정이라고 할 수 있습니다. 뒤에서 들뢰즈의 존재론을 본격 논의함에 따라 차차 알 수 있듯이 들뢰즈가 사유하는 존재는 생성이며 사건입니다. 존재하는 것들, 즉 연속적으로 변주를 거듭하며 무한한 생성을 반복하는 사건들을 포착하여 개념으로서 창출해 내는 것이 들뢰즈가 바라보는 철학의 역할입니다. 결론적으로 들뢰즈에 있어서 하나의 개념은 분리 불가능한 변주들로 이루어진 하나의 다양체라고 이해할 수 있습니다(무엇 pp299,52,27 참조). 다양체(multiplicité, 영어로 multi-plicity)라는 말은 들뢰즈가 일자와 다자의 대립을 벗어나기 위해 사용한 개념입니다. '하나'도 아니고 다수도 아닌, 무언가 여럿으로 구성되었지만, 복수가 아닌 하나의 개체로서 성립될 수 있는 어떤 것'이 우리가 정의하는 다양체입니다. 들뢰즈의 존재론이 다양체의 존재론이라고 불릴 정도로 들뢰즈에게 다양체의 개념은 중요합니다. 다양체의 개념은 『천 개의 고원』에서 배치의 개념으로 발전되어 그의 사회사상을 설명하는 핵심 개념이 됩니다. 잘 기억해 두기 바랍니다. 다양체는 그 안에서 연속적인 변주가 일어나는, 일자도 다자도 아닌 하나의 개체입니다. 들뢰즈의 철학적 개념은 고정된 일자도 아니고 다자로 이루어진 집합체도 아닙니다. 그것은 무한한 연속적 변이를 포괄하는 하나의 다양체입니다.

"철학은 개념의 창조이며 동시에 구도의 설립이기도" 합니다. 들뢰즈 "철학의 절대적 토대를 이루는 것은 바로 내재성의 구도(plan d'immanence)이며, 그 위에서 철학은 개념들을 창조"합니다(무엇 p64). "개념은 사건들이지만, 구도는 사건들의 지평, 순수하게 개념적인 사건들의 저장소"입니다(무엇 p57). 내재성의 구도는 발생적 사유의 이미지입니다(무엇 p58 참조). 사유의 이미지는 말 그대로 생각하는 방식, 사유의 모양을 말합니다. 사유의 이미지가 발생적이라는 것은 사유의 구도가 내재적이라는 말과 같습니다. 사유는 어떤 미리 정해진, 외재적이거나 초재적인 틀에 박혀 하는 것이 아닌, 스스로 생겨나는 것이라는 것을 의미합니다. 사유의 내용뿐만 아니라 사유하는 방식도 정해진 틀이 없습니다. 아무런 전제도 없다는 것이죠. 들뢰즈의 표현에 의하면 "내재성의 구도는 그 구도를 통과했다가 다시 돌아오는 무한한 운동들을 감싸지만, 개념들은 매번 단지 자신 고유의 구성요소들만을 주파하는 제한된 운동들의 무한한 속도들"입니다(무엇 p56). "철학의 문제는 사유가 잠겨 있는 무한을 놓치지 않으면서 어떤 일관성을 획득하는 것"입니다(무엇 p66). 이러한 구도 하에서의 사유의 이미지에서는 "니체가 주지시켰듯이, 사유는 창조이지 진리에의 의지가 아니"(무엇 p82)라고 할 수 있습니다. 사유, 생각하기, 즉 철학하기는 고정된 진리를 찾겠다는 의지를 불태우는 것이 아니라 우연히 마주치는 일상의 낯섦에 느닷없이 작동하는 우리의 진지하고도 신중한 창조적 대응입니다. 들뢰즈에게서 철학과 창조성이 특히 요구되는 예술의 친화성이 강조되는 이유를 여기서도 볼 수 있습니다. 나중에 보겠지만 들뢰즈는 철학함에 있어서도, 그리고 삶에 있어서도 '신중함의 기예'를 요구하는데 이것은 창조적인 탈영토화와 탈주의 선을 만들어 감에 있어 예술과 같은 섬세하고도 신중한 태도가 필요함을 강조한 것입니다.

주상호 아~, 무슨 말씀인지 도통 모르겠네요. 철학이 무엇인가 하는 물음에 대해 이렇게 특이하게 답하는 것은 처음 봅니다. 일반적인 개론서와는 많이 다르네요. 저 같은 범인이 알아들을 수 있도록 더 쉽게 설명해 주실 수는 없나요?

선생님 지금은 몰라도 된다니까요. 지금 말한 것들이 앞으로 전개될 들뢰즈 사상의 전체적 윤곽이라고 할 수 있어요. 당장은 이해하지 못해도 상관없어요. 그리고 지금뿐만 아니라 나중에라도 다 알려고 하지 마세요. 여러분도 느끼듯이 철학자라는 타이틀을 가진 사람들 치고 그리 친절한 사람을 보기가 쉽지 않아요. 칸트, 헤겔, 하이데거, 사르트르 등도 그렇지만 들뢰즈도 더하면 더했지 덜하지 않아요. 들뢰즈가 하는 말을 모두 다 자세히 알 필요는 없어요. 그의 주장의 큰 줄기만을 공감할 수 있으면 됩니다. 공감이 중요한 거예요. 그가 누구든지 주요한 핵심적인 면에서 그와 느낌을 공유하면 되는 거죠. 추상적 개념 하나를 가지고도 각자 개개인이 공감하기가 어려운 법인데 한 철학자의 전체 사상 체계를 모두 정확히 알기는 불가능한 것이고 그럴 필요도 없어요. 그가 생각하는 중요한 부분에 공감하며 나의 생각을 그것에 덧대면서 삶을 일궈 나가는 것이 우리 같은 범인이 할 일이죠.

강규석 선생님도 범인이시라구요? 어떻게 그런 심한 말씀을 ……?

선생님 들뢰즈 같은 사람에 비하면 나도 범인일 수밖에요. 그의 생각을 나도 반이나 이해하고 있으려나? 그냥 공감하려고 노력할 뿐이죠. 내 취향과 욕망, 의지에 비추어 볼 때 들뢰즈의 생각과 궁합이 좀 맞는다고 할까요? 그것이 전붑니다.

들뢰즈 사상 자체도 크게 보면 하나의 대상일 뿐입니다. 들뢰즈에 의하면 하나의 대상으로 인식되는 것은 고정되어 있지 않아요. 항상 모든 것은 변화한다는 것이 들뢰즈 생성론의 핵심이자 들뢰즈의 정신적 스승 스피노자와 니체의 가르침이죠. 마찬가지로 들뢰즈의 사상도 고정된 하나가 아닙니다. 보는 사람에 따라 그 수만큼의 들뢰즈 사상이 존재한다고 할 수 있는 것이죠. 우리에게 필요한 것도 우리 나름대로 들뢰즈 사상을 해석하고 평가하여 그에 따라 자신의 삶에서 창조적인 변주를 이끌어 내는 것입니다. 이것이 니체의 관점주의(perspectivisme)라는 것입니다. 우리가 어떤 대상을 인식한다는 것은 단지 그것을 해석하고 평가한다는 것을 의미할 뿐이죠. 그 대상의 변함없는 본질을 파악한다는 것은 대단한 착각입니다. 본질은 없다고 해도 과언이 아닙니다. 우리가 본질이라고 하는 것은 하나의 이상적 관념이거나, 아니면 어떤 대상에 대한 한순간의 포착일 뿐인 것을 그것인양 말하는 것입니다. 한 대상을 보는 우리의 관점이나 해석 체계는 사람마다 다르고 같은 사람에게서도 시간과 공간에 따라 차이가 날 수밖에 없습니다. 여기에서 관건이 되는 것은 니체의 저 유명한 '힘의 의지'입니다. 개개의 그 시점에서의 의지가 중요합니다. '힘의 의지'라는 개념 자체를 해석하는 과정에서도 관점주의가 작동합니다. 어떤 관점, 어떤 해석으로는 권력을 추구하는 힘에의 의지로 볼 수도 있는 반면, 다른 쪽의 관점에서는 어떤 개체의 잠재적 역량의 총체로 해석될 수도 있습니다. 'Wille zur Macht'라는 독일어를 직역한다면 전자가 더 적합한 해석으로 볼 수 있지만, 니체의 전체적인 사상을 배경으로 할 때는 후자의 해석이 더 바람직하다는 것이 들뢰즈의 생각이죠. 그래서 들뢰즈는 이에 대한 프랑스어 번역으로 'volonté de puissance'를 사용합니다. 모든 인식 과정에 힘의 의지가 작용합니다. 중요한 것은 대상의 고정된 본질, 즉 '그것이 무엇이냐?'가 아니라 '누가 어떤 상황의 어떤 관점에서 그것을 파악하느냐?' 하는 것입니다.

여민철 그렇게 되면 혹시 가치상대주의에 빠지게 되는 건 아닌가요?

선생님 학생이 말하는 상대주의라는 것이 단지 관점의 차이를 지적하는 것이라면 들뢰즈의 주장이 상대적인 것이 맞습니다. 절대적 해석과 절대적 가치를 주장하는 것에 반대하는 의미로서의 상대주의라면 말이죠.

그러나 의미의 해석과 가치평가가 관점에 따라 이루어지는 것이라는 말은 이것도 옳고 저것도 옳다는 식의 가치의 포기를 의미하는 게 아니에요. 들뢰즈의 인식론과 가치론은 가치의 평가를 결코 포기하지 않습니다. 존재하는 모든 것은 일의적 존재로서의 평등성을 갖고 있지만 그 하나하나의 작용과 반작용에는 가치가 부여됩니다. 당연히 인간의 행위에도 가치가 부여됩니다. 단지 하나의 관점으로 가치를 평가하는 것은 피하자는 것이죠. 가치평가의 기준이나 척도를 선택하는 것은 각자의 몫입니다.

앞으로 논의하겠지만, 탈영토화와 탈주의 과정으로서의 의미 있고 가치 있는 생성 혹은 되기, 바람직한 리좀을 만들어 가기, 충만한 탈기관체로 가는 것, 새로운 배치를 창조하기 등이 들뢰즈가 그리는 우리의 바람직한 모습들입니다. 이 모든 과정에서 들뢰즈는 앞서 언급한 '신중함의 기예'를 강조합니다. 마치 예술 작품을 창조할 때처럼 지고한 신중함을 발휘할 것을 요구합니다. 이는 그만큼 가치를 평가함에 있어 그리고 삶을 선택함에 있어 최선을 다해 자신의 양심과 양식에 입각한 판단을 할 것을 주문하는 것입니다. 그렇게 한다면 자신의 올바른 기준이 확립될 것이고 그 기준에 따른 평가와 선택은 다른 이들의 그것과 동일하지는 않을지라도 그들의 공감이나 납득을 얻을 수 있을 것입니다. 요컨대 고정되고 항구적인 절대적 가치가 없다는 것이지, 가치의 평가는 누구에게나 어느 시대에나 항상 존재합니다. 절대적 가치가 없다고 곧바로 가치 체계가 허물어지는 것은 아닙니다. 들뢰즈의 사상은 이분법적 사고가 아닙니다. 둘 사이 또는 다수의 사이에 존재하는 무한을 사고합니다. 고정된 절대를 추구하지는 않지만 매 순간 완벽함과 엄밀함을 추구합니다. 무한의 미세함을 놓치지 않으려는 세심하고 신중한 노력이 들뢰즈 사상의 가장 큰 특징 중의 하납니다. 들뢰즈도 관점주의에 관해 직접 언급한 바 있습니다. 들뢰즈는 관점주의는 "하나의 상대주의이지만, 그러나 그것은 우리가 믿는 그런 상대주의는 아니"라고 합니다. "그것은 주체에 따른 진리의 변동이 아니라, 변동의 진리가 주체에 나타나는 조건"이라는 것입니다(『주름 라이프니츠와 바로크(Le pli-Leibniz et le baroque)』질 들뢰즈, 1988, 한국어판: 이찬웅 옮김, 문학과지성사, 2004, 이하 '주름'으로 약칭, p41). "상대성의 진리로서의 관점주의"(주름 p44). 고정된 것은 없습니다. 진리도 변하고 주체도 관점도 변합니다. 주어진 조건과 상황에서 항상 최선을 다하려 노력하는 것만이 우리가 할 일입니다.

차이의 철학

자, 이제 들뢰즈의 사유 체계로 본격적으로 들어가 볼까요? 앞서 말했듯이 그의 사상은 한두 마디로 요약할 수 없으며 그럴 필요도 없습니다. 들뢰즈의 사상은 이해하기 어려울 뿐만 아니라 그 풍요로움이 실로 엄청납니다. 그래서 그의 철학을 지칭하는 말도 그리 다양한 것이죠. 들뢰즈의 사상을 지칭하는 개념들을 쉽게 풀어 가는 과정에서 그의 사상에 공감하는 씨앗들을 찾을 수 있을 것입니다. 그 씨앗에 자기 자신만의 물과 양분을 추가하여 튼튼한 줄기를 세우고 무성한 사유의 가지와 뿌리들을 펼쳐 가면서 자신의 생각을 정립하기 바랍니다.

모든 사유의 시작이라고 할 수 있는 존재론에서 출발합시다. '이 세상이 어떻게 무엇으로 이루어져 있을까?'라는 물음이 존재에 관한 근원적 물음입니다. '왜 그렇게 존재하는가?'라고는 여기서 묻지 마세요. 존재론에서 '왜?'라는 문제는 철학적으로 해결할 수 있는 것이 아니죠. 이 세상이 왜 이렇게 이루어졌는지는 종교에 기대어 풀어야 할 문제죠. 철학적으로는 단지 존재가 어떻게 운동하는 것인지, 세계가 무엇으로 구성되어 있는 것인지가 사유 대상입니다. '어떻게?'와 '무엇으로?'에 대한 답이 하나만 있을 수는 없습니다. 존재를 구성하고 수식하는 많은 용어들에 따라 수많은 존재론이 존재합니다. 따라서 존재론의 시작, 아니 철학의 시작은 어떤 공리와 같은 합의점의 도출이 아니라 어떤 관점의 정립일 수밖에 없습니다. 존재는 신의 의도와 창조의 산물이라는 것도, 플라톤의 이데아와의 유사성과 원근에 따라서 존재는 구별된다는 것도, 데카르트의 생각하는 나가 의심할 수 없는 존재의 시작이라는 것도, 존재는 칸트의 주체가 세계를 구성한 결과라는 것도, 그리고 헤겔의 절대정신의 실현 과정이 세계의 운동 법칙이라는 것도 모두가 하나의 주장이나 관점일 뿐이지 모든 사람이 동의하는 궁극적인 해답은 아닙니다. 하나의 관점은 설득력을 갖추고 공감을 얻을 수 있어야 합니다. 그런데 그것을 판단하기 위한 가장 큰 척도는 이제까지 축적된 과학적 지식과의 적합도가 될 것입니다. 과학적 지식의 축적을 기반으로 하여 그 이상의 근원을 파고드는 것이 철학이 하는 일이니만큼 과학적 지식과 거리가 있을수록 철학적 주장의 설득력은 떨어질 수밖에 없겠죠. 자연과학과의 친화성이 프랑스 현대철학의 가장 큰 강점 중의 하납니다. 그 중에서도 들뢰즈의 사상이 특히 그렇다고 할 수 있습니다. 그러한 특성이 강의가 진행될수록 차차 밝혀질 것입니다.

'이 세상이 어떻게 무엇으로 이루어져 있을까?'에 대한 첫 번째 들뢰즈의 답이 차이의 존재론, 차이의 철학입니다. 들뢰즈의 철학은 차이의 철학입니다. 동일성이나 유사성의 철학이 아닙니다. 모든 것이 차이로부터 시작한다는 것이 들뢰즈의 생각입니다. 차이에 대한 그의 생각을 정리한 책이 『차이와 반복』입니다. 『차이와 반복』은 이전의 들뢰즈의 철학사 연구의 흐름들의 합류점이자 이후의 그의 사상들이 뻗어나가는 분기점이 되는 저서입니다. 이 책으로부터 그의 모든 정치, 경제를 비롯한 사회사상과 그의 과학론, 예술론 등이 화려하게 펼쳐집니다. 이후의 그의 새로운 영감과 이론은 모두 이 책으로부터 그 원류를 찾을 수 있고, 이러한 사정은 펠릭스 가타리와의 만남에 의한 새로운 사고의 전개에 있어서도 마찬가지입니다. 『차이와 반복』은 이처럼 들뢰즈 사상의 기본 토대를 이루는 대표작일 뿐만 아니라 철학사 전체의 이정표로 남을 현대철학의 걸작입니다. 미셸 푸코가 『의미의 논리』와 함께 이 책을 평하면서 20세기는 들뢰즈의 세기로 알려질 것이라고 말했다는 사실은 유명하죠.

이런 위상을 가지는 『차이와 반복』에서의 차이의 논리는 다른 논의들의 토대가 되는 가장 근본적인 역할을 수행합니다. 들뢰즈에게 있어서 차이는 존재의 원천이자 인식의 근거입니다. 이 한마디로 모든 것이 설명될 수 있습니다. 차이의 철학을 토대로 하여 뒤이어 논의할 들뢰즈 철학과 사상의 요체라 할 수 있는 모든 것들, 즉 존재의 일의성, 초월적 경험론, 잠재성의 철학, 사건의 존재론, 내재성의 철학, 욕망과 기계의 존재론, 배치의 존재론, 생성존재론, 소수자-되기론 등이 차례로 구축됩니다. 따라서 우리는 들뢰즈의 차이의 철학을 이해하는 데 다른 무엇보다도 더 심혈을 기울여야 할 것입니다.

차이의 철학을 공부하는 데 있어서 우선 우리는 두 가지 상식을 전복시키는 것에서부터 시작해야 합니다. 그 전복되어야 할 상식 중의 하나는 차이는 동일한 것의 반대나 부정이라는 생각이고, 다른 하나는 반복은 동일한 것이 되풀이되는 것이라는 생각입니다. 들뢰즈의 차이와 반복은 이런 상식을 뒤집습니다. 들뢰즈에게서 직접 사사를 받은 우노 구니이치에 의하면 "반복이란 차이를 반복하는 것이고, 차이란 반복되는 차이입니다."(『들뢰즈, 유동의 철학(ドゥルーズ, 流動の 哲學)』우노 구니이치, 2001, 한국어판: 이정우/김동선 옮김, 그린비, 2008, 이하 '유동'으로 약칭, p100)『차이와 반복』의 주제는 차이의 반복이고, 이는 차이에 대한 긍정이며, 변화와 생성에 대한 긍정을 의미합니다. 동일함, 동일한 것, 고정된 것을 전제로 하는 차이와 반복으로부터 벗어나야 합니다. 차이와 차이 나는 것에서부터 모든 사고와 판단을 시작해야 하고, 그러한 것들의 되풀이 혹은 회귀로서의 반복을 사유해야 합니다. 오히려 이 세상에 똑같은 것은 하나도 없으며, 반복되는 것들이라도 엄밀히 똑같은 것은 없다는 것이 상식이라고 해야 할 것입니다. 유일하게 동일한 것은 차이 나는 것이 반복한다는 사실뿐입니다. 이로부터 들뢰즈 사상의 모든 것이 시작됩니다. 이 점을 항상 놓치지 않고서 그의 철학과 사상을 공부해야 합니다.

들뢰즈의 『차이와 반복』이 던지는 메시지를 한 마디로 압축한다면, 차이의 영원회귀, 즉 차이 나는 것들의 발생이 영원히 반복된다는 것인데, 그것의 논리를 따라가는 것이 그리 쉽지는 않습니다. 과학적 마인드보다 인문학적 마인드가 많이 부족한 사람은 아인슈타인의 상대성원리나 막스 플랑크의 양자역학의 논리를 이해하는 것보다 더 어려움을 느낄 수도 있을 것입니다. 그러나 들뢰즈의 차이에 대한 이해를 포기하지 않아야 할 이유는 차고 넘친다고 할 수 있습니다. 동의하지 않는 사람이 있을지 몰라도 나는 들뢰즈가 우리에게 알게 모르게 미치는 정신적 영향력을 생각한다면, 현대 문명에서 차지하는 그의 위치는 아인슈타인이나 플랑크의 그것 이상이라고 봅니다. 아직 들뢰즈라는 이름을 들어 보지도 못한 사람들이 많을 테지만 이미 학문적 영역을 넘어 들뢰즈의 사상은 우리 생활에 지대한 영향을 미치고 있죠. 그의 탈영토화와 탈주의 사고, 유목적 사유, 소수자적 윤리학과 정치학은 현대의 사유와 실천에 커다란 나침반의 역할을 톡톡히 하고 있습니다. 삶을 살아가는 데 있어 지침이 되는 철학의 세계에서 대표적 위상을 가진다는 점에서 들뢰즈 사상의 가치는 그 누구의 학문적 업적보다도 더 크다고 할 수 있습니다. 인생의 의미와 가치는 자연과학보다는 인문학, 그 중에서도 철학과 세계관에 의존하는 바가 훨씬 더 크기 때문이죠. 고대의 플라톤과 아리스토텔레스, 근대의 칸트와 헤겔을 거쳐 들뢰즈는 현대적 사유의 토대를 집대성한 철학잡니다. 이러한 들뢰즈의 사유를 정초해 주고 있는 것이 바로 차이의 철학입니다.

이제 본격적으로 들뢰즈의 차이의 논리로 들어가 봅시다. 들뢰즈가 '차이 자체', '즉자적 차이'라고 부르는 것은 어떤 사물 혹은 개별자들이 현실적으로 존재하게 만들어 주는 내적 원인으로서의, 발생 근거로서의 내적 차이를 말합니다. 이 내적 차이는 뒤에 잠재성의 철학에서 자세히 논의할 잠재적인 것들을 포괄하는 것입니다. 현실적인 모든 것들의 잠재적 원인을 대변합니다. 니체의 힘의 의지, 한 개체의 잠재적 역량, 순수기억 등이 모두 들뢰즈의 차이를 의미하는 것들이죠. "개별자들 사이에 성립하는 경험적 차이는 이미 개체로서 우리 경험 가운데 나타난 개별자들 사이에 성립하는 외적 관계라는 뜻에서 외적 차이인 반면, 차이 자체는 하나의 개별자가 그 개별자로서 발생할 수 있게 해주는 근거가 되는 차이라는 뜻에서 내적 차이라고 불립니다."(『들뢰즈의 철학』 서동욱, 민음사, 2002, 이하 '들철'로 약칭, p21) 따라서 들뢰즈의 차이는 여러 사물들 사이의 외적 차이, 상위의 개념을 매개로 하는 개념적 차이와는 다릅니다. 가령 너와 나의 차이, 사람과 사물의 차이, 그리고 유적 개념을 매개로 하는 종적 차이 등과는 다른 것입니다. 이러한 차이의 개념들은 동일성을 전제로 하는 것들입니다. 우리는 차이를 생각할 때 보통 공간적인 차이를 생각하는 경우가 많지만 들뢰즈의 차이는 시간과의 연관 하에서 생각해야 합니다. 이 점을 유의해야 합니다. "들뢰즈에게 있어서 차이에 관해 생각하는 것은 곧 시간에 관해 생각하고, 시간 속의 차이에 관해, 시간으로서의 차이에 관해 생각하는 것입니다."(유동 p36) 시간과 연관된 내적 차이라는 이러한 성질로부터 들뢰즈의 차이는 동일성의 반대나 부정이 아니라 동일성보다 먼저라는 것을 쉽게 이해할 수 있습니다. 동일성이나 유사성이 차이의 결과이지 그 반대가 아닙니다.

들뢰즈의 차이는 결과로서의 다양성이나 다원성을 의미하는 것이 아닙니다. 차이를 '존재의 발생 원천이자, 인식의 근거'로 보는 것이 들뢰즈의 생각입니다. 들뢰즈의 철학은 잠재성을 사유합니다. 잠재적인 것들이 분화하여 현실적인 것으로 되는 것이 그의 생성존재론 혹은 되기의 존재론이고, 잠재적인 것들을 근거로 하여 인식을 구축하는 것이 그의 초월적 경험론입니다. 잠재적인 것들을 포괄하여 지칭하는 개념이 그의 차이 자체, 즉자적 차이입니다. 이러한 차이의 개념은 앞서 언급한 외적 차이나 개념적 차이에 익숙한 우리들이 직관적으로 받아들이기는 어려울지 모르지만, '계속되는 불일치(dispars)', 즉자적 비동등 혹은 불균등성(disparité)이라는 말로 표현하면 어느 정도는 이해하기에 도움이 될 것입니다(차반 pp133역주,146,270,477,477역주4 참조). 근원적인 어긋남, 불균형으로서 그로부터 동일성이나 유사성이 결과로서 파생되는, 결과가 아닌 원인으로서의 차이가 들뢰즈의 차이입니다. "존재는 즉각적으로, 내부적으로, 그 자신과 다르다"(『들뢰즈 사상의 진화(Gilles Deleuze : An Apprenticeship in Philosophy)』마이클 하트, 1993, 한국어판: 김상운/양창렬 옮김, 갈무리, 2004, 이하 '진화'로 약칭, p76)는 마이클 하트의 표현이 차이의 내적 차이로서의 성질을 명확히 보여 줍니다. '즉각적으로 그 자신과 다르게 된다는 사실', 그것이 '차이 자체'인 것입니다. 그것이 존재 발생의 원천이고 인식의 근거입니다. 그래서 '차이 자체'가 잠재적 역량이나 힘의 의지라는 다른 이름으로도 규정될 수 있는 것입니다. 존재하는 것들은 시시각각으로 내적인 차이, 내적인 잠재적 역량, 힘의 의지에 의해 운동하고 변화해 갑니다. 차이는 부단한 탈중심화와 발산의 운동이자, 차이의 역량 또한 발산과 탈중심화일 뿐입니다(차반 pp19,603 참조). 어떤 존재의 정체성은 변하지 않는 동일성이 아니라 차이 자체에 의해 규정됩니다. 이로부터 들뢰즈의 생성존재론이 도출됩니다. 존재는 생성입니다. 존재는 상태나 정지가 아닙니다. 나는 고정된 내가 아닙니다. 나의 동일성이나 정체성은 한시도 고정되어 있지 않습니다. 나뿐만 아니라 너도, 새도 바위도, 육체도 정신도 이러한 차이에 의해 끊임없는 변화와 생성의 과정에 놓여 있습니다. 차이와 동일성의 관계를 닭이 먼저냐 달걀이 먼저냐 하는 문제와 다른 게 뭔지 혼동하는 사람이 많을 것입니다. 동일성의 사유에 얽매여 있다면 그렇게 생각하는 것도 무리는 아니겠죠. 그러나 엄밀히 말해서 '차이는 원천이자 근거이고 동일성은 결과입니다.' 이것은 우리 강의의 최종적인 마지막 결론이기도 합니다. 강의 후반에 논의할 들뢰즈와 가타리의 사회사상의 결론도 이 말의 동어반복에 불과합니다. 사회를 포함한 모든 존재의 운동은 차이를 의미하는 탈영토화와 탈주에 의해 규정됩니다. 동일성을 의미하는 재영토화와 공리화는 결과로서의 일시적 현상에 불과한 것입니다. 다시 한번 강조합니다. '존재는 즉각적으로 그 자신과 다릅니다.'

들뢰즈의 내적 차이는 두 가지 단계로 제시됩니다. 첫 번째 단계는 이념적 차원으로서 개체 이전의 전(前)개체적 차이이고, 두 번째 단계는 강도(强度)적 차원으로서 감각 가능하고 느낄 수 있는 것으로서의 차이, 개체화한 차이, 개체적 차이를 말합니다. 우리는 이념적인 것으로서 차이 자체, 즉자적 차이를 사유하지만, 실질적으로 존재와 인식을 위한 직접적 근거로서의 차이는 강도적 차이라 할 수 있습니다. 존재의 발생 원천으로서의 차이를 구체화하고, 경험적 종합, 즉 경험적 인식의 근거인 감각적인 것들로서의 자격을 갖추기 위해서 차이 자체, 즉자적 차이라는 이념적 혹은 이상적 상태로서의 차이는 강도적 차이로 규정되는 개체화의 과정을 거쳐야 합니다. 따라서 들뢰즈의 차이 자체, 즉자적 차이는 이념적 상태의 순수한 미분(微分)적 차이의 의미와 강도적 상태의 개체화한 차이의 의미 양자의 성격을 모두 가지는 것으로 볼 수 있습니다. 미분과 강도의 구체적 의미에 대해서는 뒤에서 존재의 운동을 설명할 때 자세히 알아볼 것입니다.

들뢰즈는 플라톤, 칸트와 마찬가지로 어떤 기원이나 궁극적인 근원을 가리키는 말로 이념(idée, 영어로 idea)이라는 용어를 사용합니다. 그러나 그 의미에는 차이가 있습니다. 플라톤의 이데아와 칸트의 이념은 어떤 이상적 모범이나 인간의 인식을 초월하는 물자체 혹은 신 등을 의미하죠. 그러나 들뢰즈의 이념은 초재적 존재가 아닌, 단지 근원적인 것으로서의 잠재적인 것들을 의미합니다. 들뢰즈의 "이념은 순수한 잠재성입니다."(차반 p584) 한편 강도(intensité, 영어로 intensity)란 것은 질, 양 이전의 차이라고 할 수 있습니다. 들뢰즈는 다음과 같이 설명합니다. "강도는 감성적인 것의 이유에 해당하는 차이의 형식이다. 모든 강도는 변별적이며 차이 그 자체다. 모든 강도는 E-E'이고, 이때 E 자체의 배후에는 e-e'가 있고 e의 배후에는 다시 ε-ε'가 있으며, 이런 과정은 계속 이어진다."(차반 p476) 각각의 강도는 하나의 차이로 이루어지고 하나의 강도는 다른 하위의 강도들로 이루어지는 무한한 중층적 구조를 이루는 것이 강도적 차이의 세계입니다. "이념이 전개체적인 미분적 차이를 보여 주고 있다면, 그러한 차이가 개체로서 실현되려면 강도의 배정을 거쳐서 느껴질 수 있는 것이 되어야만 합니다."(유동 p127) 이론적으로 말하면 강도는 어떤 의미에서 규정자의 역할을 한다는 것인데, 강도는 전개체적인 이념 안에서 무분별한 채 남아 있는 어떤 미분비와 어떤 특이점을 어떤 판명한 질과 어떤 구별된 연장 안에서 구현되도록 규정합니다(차반 p523 참조). 강도는 이념이 현실화되는 흐름을 인도하며, 강도의 역량은 이념의 잠재력 안에 근거를 둡니다(차반 pp521 참조). 즉 존재는 이념의 차원을 원천으로 해서 강도의 차원인 개체화 과정을 거쳐 현실의 차원으로 구현된다는 것인데, 이러한 과정은 잠재성을 논의할 때 자세히 다룰 것입니다. 차이의 철학이 들뢰즈 철학의 논리적 기초라 한다면 들뢰즈 철학의 몸통에 해당하는 것은 잠재성의 철학이라고 할 수 있습니다. 우리는 잠재성의 철학을 논할 때 차이의 의미를 분명하게 이해할 수 있는 기회를 갖게 될 것입니다.

이 강도적 차이로서의 개체는 현실적 대상들의 실질적 뿌리이지만 재현이나 표상 가능한 형상을 지니지 않습니다. 강도적 개체는 어떤 질도 아니고 어떤 외연도 아닙니다. 개체화는 어떤 질화나 종별화도 아니고 어떤 부분화 또는 유기적 조직화도 아닙니다. 오직 개체의 개체성은 본성을 바꾸지 않고는 절대 분할되지 않는다는 강도량(quantité intensive)의 속성에서 유래할 뿐입니다. 강도는 길이, 넓이, 부피와 같은 외연량(quantité extensive)처럼 단적으로 분할 가능한 것도 아니고, 질처럼 단적으로 분할 불가능한 것도 아닙니다. 온도나 속도가 강도량의 대표적인 사례인데, 20도의 온도가 10도의 온도 두 개로 구성되는 것이 아니고, 20킬로의 속도가 10킬로의 속도 두 개로 구성되는 것이 아니죠. 온도나 속도 같은 강도량은 분할될 수는 있습니다. 하지만 분할될 때는 반드시 본성이 바뀝니다. 반면 강도량과 대비되는 외연량은 분할이 계속되어도 분할되는 것의 본성에는 아무런 변화가 없죠(차반 pp507,524~526,539,582 참조, 유동 p128 참조). 이해를 위해 차이에 관한 들뢰즈의 표현들을 소개해 보죠. "모든 현상의 배후에는 그것을 조건 짓는 어떤 비동등이 자리한다. 모든 잡다성, 모든 변화의 배후에는 그 충족이유로서 어떤 차이가 자리한다."(차반 p476) "강도의 차이 안에, 차이로서의 강도 안에 감싸여 있고 그 안에서 규정되는 불균등화가 감성적인 것의 이유이자 나타나는 것의 조건이다."(차반 p477) "일어나는 모든 것, 나타나는 모든 것은 어떤 차이들의 질서들, 가령 온도차, 압력차, 장력차, 전위차, 강도차 등의 상관항이다."(차반 p476) 앞서 표시한 E-E', e-e', ε-ε' 등이 이러한 차이들을 나타내는 것입니다. 차이 자체가 강도의 특징을 가짐으로써 비로소 개체성을 띠게 됩니다. 차이 자체, 즉자적 차이라는 추상적이고 잠재적인 것이 어떤 정도를 나타내는 강도로 표현되면서 하나의 개체화를 이루는 것입니다. 이념으로서의 차이 자체, 즉자적 차이를 강도적 차이로 개체화 또는 구체화함으로써 차이가 감성적으로 그리고 직접적으로 존재의 발생과 실재적 경험의 근거가 됩니다. 이로써 우리는 차이가 들뢰즈의 존재론과 인식론의 토대임을 확인할 수 있습니다. "차이는 모든 사물들의 배후에 있습니다. 그러나 차이의 배후에는 아무것도 없습니다."(차반 p145) 우리가 지각하지 못하고 언어로 표상할 수 없는 잠재적 세계를 들뢰즈는 이와 같이 설명하고 있습니다. 특히 존재와 인식의 직접적 근거로서 들뢰즈가 묘사한 강도적 차이의 세계는 이 세계가 어떻게 무엇으로 이루어져 있는지에 대한 엄밀하고도 구체적인 답변을 제시한 것으로 그야말로 현대철학의 백미라 할 수 있습니다.

요약해 보죠. 존재의 근원에는 차이가 있다는 것, 이러한 차이는 개체화 이전의 전(前)개체적인 이념적 차이와 질과 양으로 분화 혹은 현실화되기 이전의 비인칭적인 개체의 특성을 가진 강도적 차이로 나눌 수 있는데, 존재의 궁극적 원인은 잠재적 역량으로서의 이념적 차이라고 할 수 있지만, 존재 발생과 인식의 직접적 원인은 느껴질 수 있도록, 감각될 수밖에 없도록 개체화한 강도적 역량으로서의 강도적 차이라는 것.

강도적 차이 또는 강도적 역량은 존재 발생과 인식의 직접적 원인이라는 점에서 잠재적 세계와 현실적 세계를 연결하는 징검다리 역할을 하는 중요한 개념입니다. '강도'라는 용어는 들뢰즈 철학뿐 아니라 들뢰즈/가타리의 사회사상 전체를 이해하는 데 있어 가장 중요한 핵심적인 용어 중 하납니다. 반드시 잘 기억해 둬야 합니다.

존재의 일의성

들뢰즈의 차이의 철학으로부터 직접적으로 존재를 바라보는 중요한 하나의 관점이 도출됩니다. 존재의 일의성(一義性, univocité)이 그것입니다. 존재의 일의성을 주장하는 것, 즉 일의적 존재론은 존재한다는 것은 하나의 의미를 가지며 존재 그 자체에는 위계가 있을 수 없다는 주장입니다. 존재의 일의성은 말 그대로 존재는 언제 어디서나 무엇 혹은 누구에 대해서나 한 가지의 목소리만을 가진다는 것입니다. 물질이 존재한다, 정신이 존재한다, 새가 존재한다, 바위가 존재한다, 내가 존재한다, 네가 존재한다고 말할 때 존재한다는 의미에는 어떤 차이도 있을 수 없다는 것입니다. 존재한다는 측면에서 어떤 위계도 가질 수 없습니다. 존재의 일의성은 존재의 평등성을 내포합니다. 존재라는 것은 하나의 의미를 가지며, 어떤 존재자에 대해서도 동일한 의미를 가진다는 것이 들뢰즈의 기본적 세계관입니다. 일의적 존재론과 그 대척점에 있는 유비적 존재론 혹은 다의적 존재론은 존재에 대한 세계관을 양분하는, 사유의 커다란 두 흐름을 형성하고 있습니다. 따라서 존재의 일의성이 들뢰즈만의 주장은 아닌 것이죠. 다만 들뢰즈가 일의적 존재론의 계보를 이어받아 현대의 존재론을 집대성한 학자이기에 그의 존재론의 가장 큰 특징 중의 하나로서 거론되는 것입니다.

존재의 일의성이란, 존재는 한 가지 의미로 언명된다는 것입니다. 다시 말해 존재하는 방식은 개개 존재자에 관계없이 똑같다는 것입니다. 그런데 그 한 가지 의미라는 것은 여러 가지 양상으로 나타날 수 있습니다. 가장 기본적으로 "존재는 차이 자체를 통해 언명됩니다."(차반 p103) 이는 들뢰즈의 차이의 철학의 당연한 결과입니다. 들뢰즈의 차이 자체는 내적 차이로서 존재의 발생 원천이라 했습니다. 존재는 즉각적으로 그 자신과 다르다고 했습니다. 모든 존재자들은 차이 자체를 자신의 발생 근거로 가진다는 점에서 동일합니다. 모든 존재자들은 강도적 차이의 역량에 의한 생성의 과정에 놓여 있다는 점에서 동일합니다. 차이의 논리에서 말한 것처럼 모든 존재자들은 강도적 차이의 역량에 의해 존재가 규정된다는 의미에서 아무런 차이도 없습니다. 존재하는 모든 것들이 존재한다고 말할 때 그 존재하는 모습은 앞에서 들뢰즈가 묘사한 강도적 차이의 세계와 같다는 것입니다. 모든 차원의 규정 가능한 개별자들은 강도적 차이들의 중층 구조를 가집니다. 역량의 정도야 존재자 각자마다 다르겠지만 역량의 존재라는 면에서는 다르지 않습니다. 차이의 철학으로부터 시작해서 니체와 스피노자의 영향을 받아 차이의 의미가 새로운 차원으로 변형되어 힘과 역량의 존재론으로, 가타리를 만난 이후 정신분석을 비판하고 극복하는 과정에서 욕망의 존재론으로, 그리고 기계(machine)의 존재론과 사건의 존재론, 배치의 존재론까지 들뢰즈의 일의적 존재론이 일관성 있게 펼쳐집니다. 누차 말하지만 차이, 특히 개체화한 강도적 차이는 힘과 역량, 그리고 욕망의 개념을 모두 포괄하는 들뢰즈 존재론의 토대가 되는 개념입니다. 들뢰즈에게 있어서 존재하는 모든 것은 강도적 차이로서의 잠재적 역량을 가진 생산적 욕망이자 기계이고 배치이자 사건입니다. 이 명제는 우리 강의의 최종 결론이기도 합니다. 차차 여러분은 그 의미를 깨닫게 될 것입니다.

"존재의 일의성은 또한 존재의 동등성을, 평등을 의미합니다."(차반 p106) 이 명제가 내가 들뢰즈 철학에서 가장 큰 매력을 느끼는 부분 중의 하나입니다. 들뢰즈는 존재하는 모든 것들에 대해 경의를 표합니다. 여기서 들뢰즈의 비인간주의(non-humanism)가 파생되는데 들뢰즈 사상과 근대의 인간중심 사상과의 차이가 여실히 드러나는 지점입니다. 인간도 세계 내의 한 부분일 뿐이며 다른 모든 존재자와 마찬가지의 존재 가치를 가진다는 것입니다. 이는 들뢰즈 사상이 생태환경주의는 물론이고, 인간사회로 국한해서 보자면 진정한 자유민주주의의 근간이 될 수 있음을 보여 주는 것입니다. 모든 사물은 그것이 아닌 것과의 상호작용 하에 변화 발전해 간다는 내재성의 사상과도 일맥상통하고, 더불어 모든 중심주의, 가령 인간중심주의, 서양중심주의, 남성중심주의, 백인중심주의, 언어중심주의 같은 것들의 해체를 주장한 데리다의 해체주의와도 연결되는 것이 존재의 일의성 개념입니다.

최영준 선생님께서는 들뢰즈 사상이 진정한 자유민주주의의 근간이 된다고 하시는데 현대 자유민주주의는 사회민주주의, 사회주의 등에 대항하는 이데올로기로 보수적인 서구 자본주의를 옹호하는 데 이용되고 있지 않습니까? 더 들어가면 네오콘이라 불리는 신보수주의자들과도 연결되어 비판받기도 합니다. 그렇다면 들뢰즈의 사상은 보수 우익적인 사상이라는 말씀이신가요?

선생님 뒤에서 들뢰즈의 정치사상에 대해 자세히 논의할 테지만 질문이 나온 김에 간단히 언급하고 넘어가도록 합시다. 들뢰즈의 사상은 영미적인 포스트모던과는 다르지만 어쨌든 흔히 말하는 넓은 의미의 포스트모던에 해당하는 사조의 하납니다. 포스트모던의 가장 큰 특징 중의 하나는 말 그대로 모던, 즉 근대적인 것을 넘어선다는 것이죠. 근대사상의 특징 중의 하나는 분류의 명확함입니다. 근대사상의 시조라고 할 수 있는 데카르트가 주장하는 명석·판명함을 추구합니다. 그래서 사상도 극우, 우익에서 좌익과 극좌로, 진보니 보수니 하는 것으로 구분해서 니편, 내편 등으로 편가르기를 좋아하죠. 그러나 포스트모던, 즉 탈근대의 사조는 이러한 명확한 나누기, 편가르기를 추구하지 않습니다. 들뢰즈의 사상도 마찬가지에요. 들뢰즈의 사상은 어떤 틀에, 어떤 유형으로 가둘 수 없습니다. 한마디로 탈영토화와 탈주의 사상입니다. 기존의 것에 안주하기를 거부하는 창조의 사상입니다. 좌우익, 진보, 보수 등으로 특징지을 수 없습니다. 근대적 사고를 잣대로 삼아 들뢰즈를 옹호하거나 비판하는 자들이 억지로 이런 틀을 들이대어 들뢰즈를 재단하려 할 뿐입니다.

자유민주주의란 게 무엇입니까? 수많은 학자들과 사상가들이 논의해 왔죠. 그만큼 이 용어는 수많은 의미로 해석되어 왔으며 그 과정에서 의도적으로 또는 본의 아니게 수없이 왜곡되기도 하고 오염되기도 했습니다. 우리는 순수하게 기본으로 돌아가야 합니다. 그리고 단순해야 합니다. 복잡할수록 왜곡과 오염에 노출될 위험이 커지는 법입니다.

자유민주주의는 자유주의와 민주주의가 결합된 것이죠. 이를 해석하면서 자유가 주니, 민주가 주고 자유는 수식어일 뿐이니 등 말들이 많지만, 단순해야 한다고 했죠? 정직하다면 비비꼬아 말할 필요가 없어요. 자유민주주의는 자유와 민주가 다 중요하다는 것입니다. 자유주의는 존재는 모두가 자유로워야 한다는 것입니다. 민주주의는 한 조직이나 집단의 주인은 그 구성원 모두가 되어야 한다는 것입니다. 더 이상 무슨 설명이 필요한가요? 자유민주주의는 모든 분야와 영역에서 모든 구성원은 자유로운 주인이어야 한다는 것입니다. 정치적, 경제적, 사회문화적, 기타 모든 분야에서 각 개인 모두가 자유로운 주인의 지위를 가져야 한다는 것이죠. 자유민주주의 개념은 그 속에 자연스럽게 평등과 정의를 포함합니다. 자유와 평등은 긴장 관계에 있지 않습니다. 자유와 평등의 관계, 그리고 정의에 관한 논의도 수없이 많은 시대에서 많은 사상가들에 의해 논의되어 왔으나 순수한 눈으로 본다면 그리 복잡하지가 않습니다. 모든 사람이 자유롭고 모두가 주인인 사회는 평등한 사회일 수밖에 없습니다. 구성원 모두가 자유롭고 평등한 사회가 정의로운 사회입니다. 나는 정의란 '자유와 평등의 조화'라고 단언합니다. 이론적으로 정치함을 추구한다고 복잡하게 말하는 것은 어쩌면 지적 허영일 수 있으며 본의 아니게 특정 세력에 이용당할 위험도 있습니다. 단순할수록 진실에 가깝습니다. 평등하다는 것은 차별받지 않는 것입니다. 구성원 중의 일부가 차별을 받는다면 그 일부는 자유롭지도 않은 것이며 주인도 아닌 것입니다. 일부만 자유로운 것은 진정한 자유주의가 아닙니다. 그 사회는 정의롭지 못합니다. 원하는 것을 선택함에 있어, 또 희소한 가치를 목적으로 경쟁을 함에 있어 자유로이 할 수 있고 주인처럼 행할 수 있는 기회와 여건이 똑같이 주어져야 합니다. 그것이 평등사회입니다. 에티엔 발리바르가 말한 평등한 자유, 즉 에갈리베르떼(égaliberté)가 바로 이런 의미입니다. 평등한 자유가 실현된 사회가 정의로운 사회입니다. 복잡하게 생각할 것 없습니다. 더 이상 언급해 봤자 사족에 불과합니다.

존재의 일의성은 인간사회로 한정할 때 이러한 자유민주주의 사상으로 필연적으로 귀결됩니다. 이 세계 내의 모든 존재자들의 동등성을 전제하는 들뢰즈의 사상은 모든 개별자들을 각자의 독특한 차이, 즉 내적인 강도적 역량 그 자체로서 존중하며, 모든 인간의 자유와 평등을 추구하는 진정한 자유민주주의와 결합됩니다. 펠릭스 가타리와의 협력 하에 이루어지는 욕망의 이론과 배치의 존재론 그리고 소수자 정치론 등이 들뢰즈의 사회사상과 정치사상입니다. 이것들은 모두 탈영토화와 탈주, 즉 차이의 역량인 발산과 탈중심화를 핵심으로 하는 민주적이고 개방적인 사상들입니다. 이것들 모두 차이의 철학에 기반하는 존재의 일의성을 대전제로 합니다. 들뢰즈 사상에 정통한 마이클 하트도 다음과 같이 평한 바 있습니다. "아마도 자유민주주의 이론의 가장 중요한 하나뿐인 교의는 사회의 목적들이 미결정적이며, 따라서 사회의 운동이 그 사회의 제헌적인(constituent) 구성원들의 의지에 열려 있다는 것이다. 들뢰즈가 발전시키는 것은 민주적 사회에서의 목적들의 개방성을 긍정한다는 점에서 자유주의적 비전과 일치한다."(진화 pp312,313)

최영준 그래서 선생님께서는 자유민주당이라는 명칭을 가진 새로운 정당을 만들 것을 주장하신 거군요. 지난 세기 자유당에 대한 나쁜 기억과 일본 자민당의 존재로 많은 반대가 있었음에도 불구하고 말이죠.

선생님 자유와 민주라는 아름다운 단어가 너무나도 많이 오염되어 왔습니다. 자유주의와 민주주의도 결점이 없지 않지만 아직까지 그리고 앞으로도 두 사상을 뛰어넘을 만한 이념을 찾기는 어려울 것입니다. 절대적 가치를 추구하지 않는 탈근대적 입장에서 보더라도 마찬가집니다. 자유와 평등, 정의 그리고 민주주의를 실현하는 구체적인 방법론에서 견해가 갈릴 뿐이죠. 순수하고도 진정한 자유민주주의는 우리가 영원히 추구해야 할 이념임에 틀림없습니다. 그래서 나와 나의 동지들은 자유민주당이라는 이름을 앞에 걸고 정치적 행동에 나서려고 하는 것입니다. 일본의 자민당은 신경 쓰지 않아도 되요. 창당 시기에는 어땠는지 모르나 그 취지가 이미 퇴색되어 자유민주주의의 본질과는 멀어진 지가 이미 오래예요. 우리의 자민당과 구분하여 앞으로 일본 자민당은 일본식 발음 그대로 지민또라고 불러 주기로 합시다.

다의적 존재론과 대조하면서 존재의 일의성을 정리해 봅시다. 존재의 다의성의 의미는 존재는 여러 가지 의미로 이루어진다는 것입니다. 즉 존재하는 방식에서부터 존재하는 것들 사이에 위계가 존재한다는 것이죠. 불연속적이고 통약 불가능하기에 모든 것을 아우를 수가 없다는 것입니다. 그러나 존재의 일의성에서는 존재라는 말은 한 가지 의미입니다. 존재하는 모든 것은 존재한다는 그 이유 하나에 있어서만은 동등한 의미를 가집니다.

학 생 존재는 여러 가지 방식으로 있을 수 있다는 말이 직관적으로 맞는 거 같습니다. 사람과 동물들, 물질들을 동격으로 취급하는 것은 아무리 생각해도 아닌 것 같은데요. 존재론적으로 위계가 있다는 말이 맞지 않습니까?

선생님 그 같은 생각이 바로 인간중심주의인 것입니다. 인간을 중심으로 생각하면 그러한 생각이 당연히 들 수 있습니다. 그러나 들뢰즈는 모든 중심주의에 반대합니다. 존재 자체에 위계가 있다는 생각은 인간과 비인간 사이에서뿐만 아니라 인간 사이에서도 작용하여 서양중심주의, 백인중심주의와 같은 문명 간의 차별이나 인종차별로도 연결될 수 있는 위험성을 갖고 있습니다.

들뢰즈는 위계의 측정에 있어 두 가지 의견이 있다고 합니다. 하나는 존재자들을 측정하되 그것들의 역량과 한계의 크기에 따라 측정하고 하나의 원리에 대한 멀고 가까움의 정도에 따라 측정합니다. 다른 하나는 그 역량의 정도와 한계의 크기가 어떠하든 자신이 할 수 있는 것의 끝에까지 이르고 이로써 자신의 한계를 넘어서는지를 아는 것이 중요하다고 합니다(차반 p105 참조). 전자가 존재의 다의성 하에서 존재자들의 위계를 바라보는 관점이고, 후자는 일의적 존재론이 바라보는 존재자들의 위계로서 니체의 힘의 이론에 근거한 것입니다(니철 p120 참조). 주어진 역량의 상대적 크고 작음, 플라톤의 이데아와 같은 어떤 초월적 존재나 원리에 대한 원근에 따라 위계가 설정되는 것이 아니라, 자신의 역량을 최선을 다해 발휘하고 그 한계를 극복하고자 하는 노력이 중요하고 가치가 있다는 것이 들뢰즈의 생각입니다. 따라서 짐승보다 못한 인간이라는 말도 가능한 것이고, 어느 시인이 말한 대로 다 불타고 난 연탄재도 소중히 여기라는 주장도 설득력을 갖는 것입니다(안도현 <너에게 묻는다>). 인간에 국한해서 말한다면, 사람은 태어날 때부터 위계나 등급이 결정되는 것이 아닙니다. 그가 그의 역량을 가지고 인생을 어떻게 전개해 나가느냐에 따라 그가 고귀한지 아니면 비루한지가 결정되는 것입니다.

초월적 경험론

이제 인식론의 영역으로 들어갑시다. 들뢰즈의 인식론은 초월적 경험론이라 불립니다. 초월적 경험론을 설명하기에 앞서 인식과 경험적 종합에 대해 잠시 언급하고 넘어가죠. "인식은 표상들의 종합입니다."(『칸트의 비판철학(La philosophie critique de Kant)』질 들뢰즈, 1963, 한국어판: 서동욱 옮김, 민음사, 2006, 이하 '칸철'로 약칭, p21) 표상(représentation)을 단순히 나타난 것이 아니라 나타난 것을 다시(re) 파악하는 것을 함축하는 것으로 본다면 표상(re-présentation) 자체가 나타난 것의 종합, 즉 인식이라고 할 수도 있습니다(칸철 p28 참조). 종합이란 이같이 나타난 것들을 결합하고 짝을 지어, 파악하고 포착한 뒤 어떤 판단을 내리는 것이라 할 수 있습니다. 종합은 경험에만 의존할 경우 경험적 종합이라 하며, 경험과 독립한 보편적인 특성을 도입하여 종합에 활용하는 경우는 선험적 종합이라 합니다. 칸트는 선험적 종합을 인식으로 보았으나 들뢰즈는 칸트의 불완전성을 지적하면서 인식에 있어서 경험적 종합의 중요성을 부각시킵니다.

칸트와 들뢰즈의 인식론은 모두 초월적(transcendantal, 영어로 transcendental) 철학의 특성을 가지는데, 그 의미는 양자간에 차이가 있습니다. 칸트에서 이 '초월적'의 의미는 경험을 필연적으로 우리의 선험적 표상들에 종속시키며, 또 이와 상관적으로 선험적 표상을 경험에 필연적으로 적용하는 원리를 가리킵니다(칸철 pp36,37 참조). 들뢰즈의 이러한 설명은 칸트 철학의 선험적 특성을 다시 강조한 것입니다. 범주와 같은 선험적 개념을 사용하여 대상에 대한 판단을 내리는 것, 즉 선험적 종합을 인식으로 보는 것을 달리 표현하는 것에 불과합니다. 들뢰즈는 칸트에게서 선험적 종합이 이루어지는 근거의 불완전함을 비판하며 '초월적'의 의미를 새롭게 제시합니다. 들뢰즈는 칸트가 가능한 경험들의 보편적 근거로 제시하는 범주들을 비판합니다. "범주들은 실재에 비해 너무 일반적이고 너무 크다. 범주의 그물은 너무 성겨서 대단히 큰 물고기도 빠져나가 버린다"(차반 p165)는 것입니다. 우리는 가능한 경험 일반이 아니라 구체적인 실재적 경험의 조건들을 탐구해야 합니다. "이 실재적 경험의 조건들은 조건화되는 것보다 더 크지 않으며, 범주들과는 본성상의 차이를 지닙니다."(차반 p166) 들뢰즈는 종합판단의 근거 또는 조건으로서, 다시 말해 종합을 가능하게 하는 요소로서 의식되지 않는, 표상되지 않는, 즉 확실한 정체성을 가지지 못하는 비표상적이고 잠재적인 것들을 제시하는데, 이러한 것들을 규정하는 용어로 '초월적'이라는 말을 사용합니다. 이것의 의미는 인식주체나 인식대상 자체가 초월적이라는 것이 아니라 인식을 가능하게 하는 근거가 초월적이라는 것입니다. "선험적인 것은 단순히 경험에 앞선다는 의미만을 갖지만, 초월적인 것은 경험에 앞설 뿐 아니라 경험의 실질적 조건이자 발생 원천이라는 의미도 담고 있습니다."(차반 p38역주) 주체나 대상의 초월성은 내재적(immanent)이라는 말과 대비되는 초재적(transcendant)이라는 말로 표현하는 것이 들뢰즈의 철학에서는 정확한 용어의 사용입니다. 경험에서 초재적인 것은 주체와 대상입니다. 초월적 장은 어떤 대상도 지칭하지 않으며, 어떤 주체에도 속하지 않는다는 점에서 경험 또는 경험적 재현과 구별됩니다. 그것은 주체나 대상 같은 모든 초재로부터 벗어납니다. 이러한 점에서 초월적 경험론은 보통의 경험론과 구별됩니다. 그러나 초월적인 것들도 의식되지 않고 정체성이 확실하지 않을 뿐이지 결국은 경험으로부터 나올 수밖에 없습니다. 인식의 근거가 결국은 경험이라는 것에서 이것도 경험론입니다. 그래서 우리는 들뢰즈의 인식론을 초월적 경험론이라 칭하는 것입니다.

들뢰즈의 인식론이 언뜻 역설적으로 보일 수도 있는 초월적 경험론이라는 명칭을 갖게 된 이유를 더 자세히 알아봅시다. 초월적 경험론도 경험론입니다. 들뢰즈는 다음과 같이 말합니다. "사유되어야 할 것으로 이르는 길에서는 진실로 모든 것은 감성에서 출발한다. 강도적 사태에서 사유에 이르기까지, 우리에게 사유가 일어나는 것은 언제나 어떤 강도를 통해서다."(차반 p322) 우리의 사유는 감성적 경험에서 출발하되 그것은 강도적 사태를 통해서라는 것입니다. 강도적 사태로부터 우리는 인식을 할 수 있다는 것입니다. 관건은 강도적 사태의 이중성에 있습니다. 우리는 강도적 차이와 역량이 한편으로 질과 양으로 실현되기 이전의 잠재적 차원에 속한다는 것과 다른 한편으로 인식의 직접적 근거라는 면에서 느껴질 수 있는 것, 감각 가능한 것으로의 배정을 담당하는 규정자의 역할을 한다는 것을 알고 있습니다. 강도의 잠재적이면서도 감성적인 이러한 이중적 성격으로부터 초월적 경험론이 도출되는 것입니다.

들뢰즈의 철학은 잠재성의 철학이라 불릴 만큼 잠재성의 의미는 들뢰즈에게 중요합니다. 뒤에서 더 자세히 논할 것이지만 우선 그 대략적 의미만 언급하자면, 실재하지만 현실적이지는 않은 모든 것이 잠재적인 것입니다. 이는 언어로 표상되지 않는 것, 질과 양으로 인식되기 이전의 것을 말합니다. 이는 다시 감각할 수 없지만 동시에 감각밖에 될 수 없는 어떤 것, 경험할 수 없지만 경험밖에 될 수 없는 어떤 것이라는 들뢰즈의 역설적인 표현으로 요약됩니다. 인식능력의 경험적 실행이나 경험적 사용에 의해서는 인식될 수 없는 세계를 말합니다. 인식능력의 초월적 실행 혹은 초월적 사용이 요구되는 영역입니다. 이 같은 역설적 의미를 이해하기 위해서 사유의 또 하나의 측면인 예술 부문에서의 창조 과정을 예로 들어 보겠습니다.

들뢰즈가 화가 프란시스 베이컨의 회화론을 바탕으로 자기의 철학 세계를 전개한 책 『감각의 논리(Francis Bacon-Logique de la sensation)』(질 들뢰즈, 1981, 한국어판: 하태환 옮김, 민음사, 2008)에서 우리는 그 힌트를 얻을 수 있습니다. 들뢰즈는 클레가 말한 '보이는 것을 보여 주는 것이 아니라 보이지 않는 것을 보이도록 한다'는 유명한 공식을 인용하며 회화와 음악의 임무를 규정합니다. "회화의 임무는 보이지 않는 힘을 보이도록 하는 시도로 정의될 수 있다. 마찬가지로 음악도 들리지 않는 힘을 들리도록 하기 위해 노력한다."(앞의 책 p69) 그리하여 베이컨의 그림들도 보이지 않는 힘을 보이도록 시도한 가장 훌륭한 사례들 중의 하나라는 것입니다. 이러한 베이컨의 시도를 우리는 초월적 감각의 구현을 위한 시도 중 하나로 볼 수 있으며 "이때의 감각은 결코 재현적 주체가 자신으로부터 분리된 객체를 대상으로 얻는 인식으로서의 경험이 아닙니다. 베이컨이 구현한 감각은 주체와 객체가 분리된 현실적 경험 이전 차원의 감각, 선경험적 또는 선험적 차원의 감각입니다. 그것은 주체와 객체가 분리되지 않은 수준에서의 감각, 즉 선이성적, 선합리적 감각인 것입니다."(『철학자 들뢰즈, 화가 베이컨을 말하다』 박정태, 이학사, 2012, p207)

이러한 인식 과정을 들뢰즈는 일상적인 경험적 실행(exercice empirique)과 구분하여 인식능력들의 초월적 실행(exercice transcendant)이라고 명명하는데(차반 p312 참조), 초월적이라는 것은 결코 인식능력이 세계 밖의 어떤 대상들과 관계한다는 것을 의미하지 않습니다. 그것은 오히려 인식능력이 그 자신을 이 세계에 낳아 주는 어떤 것을 파악한다는 것을 의미합니다. 인식능력의 초월적 실행은 각각의 인식능력을 그것이 고장 나고 새로이 정립되는 극단적인 지점으로까지 고양시킴으로써 어떤 상식이나 양식의 관점에서는 결코 파악될 수 없는 것들을 포착할 수 있게 합니다(차반 p318 참조).

사유의 이미지

주상호 선생님, 인식능력의 초월적 실행이라는 말이 선뜻 와 닿지 않습니다. 알기 쉽게 설명해 주세요.

선생님 『차이와 반복』에서 들뢰즈가 일상적인 말로 설명하려고 꽤나 노력하고 있음을 볼 수 있어요. 마주침, 강요, 폭력 같은 단어들로 우리를 깨우치려 부단히도 애쓰고 있죠. 하지만 우리는 앞서 언급한 바 있듯이 들뢰즈의 사상을 정확히 이해할 필요는 없어요. 그의 핵심 주장과 의도를 이해하고 공감하면 되는 거죠. 그리고 우리의 관점을 소신대로 정립하면 되는 것입니다. 여하튼 말 자체에서 알 수 있듯이 잠재적인 것, 언어로 표상하기 곤란한 것을 사유하고 설명하는 것에는 한계가 있을 수밖에 없습니다. 여러분이 들뢰즈 철학이라는 사태에 조우하여 여러분이 느끼고 상상하고 생각하는 모든 과정들 자체가 인식능력의 초월적 실행 과정의 한 단면이라고할 수 있어요. 세상에는 사유하도록 강요하는 어떤 사태가 있어 우리와 우연히 마주치는 경우가 있습니다. 이 사태들은 인식능력의 경험적 실행이 감당할 수 없는 다방면의 폭력을 행사하여 칸트가 분류하여 제시한 감성, 상상력, 기억, 지성, 이성 등과 같은 인식능력들을 헝클어지게 하고 그 극단적인 한계에 도달케 하여 감각 안에서 새로운 감성을 분만시키고 사유안에서 새로운 사유하기를 발생시킵니다. 경험적 실행은 인식능력들을 수렴시켜 어떤 대상의 재인이나 식별을 가능케 합니다. 그러나 초월적 실행은 인식능력들을 발산시킵니다. 사유하도록 강제하는 것의 폭력에 의해 인식능력들은 자신의 한계를 시험하게 되고 그 과정에서 새로운 창조의 영역이 개척될 수도 있습니다. 이것이 인식능력들의 초월적 실행 혹은 초월적 사용입니다.

예를 들어, 인식의 직접적 근거라고 한 강도적 차이에 대해서 생각해 봅시다. 감성의 고유한 한계를 구성하는 것이 바로 강도이자 강도 안의 차이입니다. 인식능력들로 하여금 자신들 각각의 한계에 이르도록 할 수 있는 것은 차이 그 자체의 자유롭거나 야생적인 상태들입니다. 이러한 상태들이 감성을 자극하는 강도들이고, 상태들과의 우연한 마주침에서 강도를 직접적으로 포착하는 것이 초월적 감성의 실행입니다. 하나의 개체화된 차이로서의 강도는 인식능력의 경험적 실행의 관점에서는 감각 불가능한 것, 감각될 수 없는 것입니다. 왜냐하면 그것은 어떤 질이나 연장에 의해 감추어져 있기 때문이죠. 그러나 감성의 초월적 실행의 관점에서는 강도는 오로지 감각밖에 될 수 없는 것입니다. 왜냐하면 인식의 근거로서 강도는 감각을 낳고, 이를 통해 기억을 일깨우며, 또 사유를 강요하기 때문이죠(차반 pp320,506 참조). "강도는 감각 불가능한 것인 동시에 오로지 감각밖에 될 수 없는 것"(차반 p494)이라는 점을 잊지 말기 바랍니다. 이것이 강도의 역설적 이중성입니다. 이와 같은 과정을 거쳐 이루어지는 사유의 방식, 사유의 모습이 앞에서 말한 발생적 사유의 이미지이고, 그 위에서 개념들이 창조되는 내재성의 구도인 것입니다.

현대의 여러 철학자들이 다르게 생각하기, 새로이 사유하기 등의 모토를 가지고 다종다기한 철학과 사상을 전개해 나가는 와중에서 들뢰즈는 새로이 사유하는 방식, 새로운 인식론을 체계적이고 포괄적으로 제시해 주고 있습니다. 창조적 사유의 방법론을 보여 주는 것입니다. 이러한 방법으로 우리는 실재에 대한 인식에 다가갈 수 있습니다. 현실적인 것들뿐만 아니라 잠재적인 차원에까지 사유의 지평을 넓혀 감으로써 존재에 대한 인식과 세계의 운동에 대한 이해를 더욱 심화할 수 있습니다. 우리는 어떻게 생각하기 시작하는 걸까? 사유는 어떤 방식으로 이루어지는 걸까? 사유를 하는 목적은 감추어진 고정된 진리를 발견해 내는 것인가, 아니면 생각은 목적에 따른 것이 아니라 어떤 우연한 상황에 직면하여 불가피하게 촉발되는 것인가? 이러한 질문들에 답하려는 것이 들뢰즈의 '사유의 이미지'에 관한 논의이고 그의 진리론입니다.

"시작한다는 것은 모든 전제들을 배제한다는 것을 의미합니다."(차반 p289) 생각을 시작하는 것도 마찬가집니다. 아무런 전제조건 없이 생각하게 될 때 생각, 즉 사유가 발생하게 되는 것입니다. 그러나 기존의 철학은 명시적인 전제는 하고 있지 않지만 암묵적으로 주관적인 전제를 벗어나지 못하고 있으며, 그 대표적인 것이 데카르트의 코기토입니다. '나는 생각한다, 고로 나는 존재한다'라는 유명한 명제. 더 이상 의심할 수 없는 모든 회의의 종착점. 이는 "모든 사람들 각각이 개념에 의존하지 않고도 자아, 사유, 존재 등이 무엇을 의미하는지 알고 있다고 가정합니다."(차반 p290) 개념이 주어지기 이전에 이미, 그리고 선-철학적인 방식으로 모든 사람들은 알고 있다는 것입니다. '모든 사람들은 알고 있다. 어느 누구도 부정할 수 없다.' 바로 이것이 재현의 형식이고 재현적 주체의 이야기 형식입니다. 다만 이런 전제들은 암묵적이거나, 주관적이기 때문에 어떤 자연스런 사유의 모습을 취하고 전제들 없이 철학이 출발하는 듯한 인상을 주게 됩니다(차반 pp291~292 참조). 코기토에 대한 비판은 여러 가지 측면에서 제기될 수 있지만, 우선 코기토가 철학의 출발점이 될 수 없다는 것이 들뢰즈의 주장입니다. 이러한 전제들을 가지고는 진정한 사유의 시작이 일어날 수 없다는 것입니다. 데카르트의 방법적 회의는 철저하지 못합니다. 의식 바깥의 존재하는 것들에 대한 회의와 의심에서 멈추고 사유, 이성과 같은 의식 자체에 대해서는 의심하지 않습니다. 탈근대적 코기토는 의식과 이성 자체에 대한 회의로 이행합니다(『니체, 프로이트, 맑스 이후』 김상환, 창비, 2002, 이하 '이후'로 약칭, p159 참조). 들뢰즈는 기존의 철학이 암묵적으로 전제하는 것들을 정리하여 여덟 개의 공준으로서 제시합니다. 그리고 이러한 명제들을 전제로 하는 사유 과정을 하나의 사유의 이미지로 개념화하는데, 이것을 그는 독단적 혹은 교조적, 도덕적 사유의 이미지라 칭합니다. 모든 사람들 각각이 사유한다는 것의 의미를 알고 있다고 간주되는 것도 바로 이런 사유의 이미지 위에서입니다(차반 pp294~295 참조). 들뢰즈는 철저하고 엄밀합니다. 그는 진정한 철학의, 사유의 시작을 원하고 추구합니다. 그는 어떠한 전제도 없는 사유, 이미지 없는 사유를 사유합니다. 그는 말합니다. "사유가 사유하기 시작할 수 있고 또 언제나 다시 시작할 수 있는 것은 오로지 그 선-철학적 이미지와 그 공준들에서 벗어나 자유를 구가할 때뿐"(차반 p296)이라고. 이러한 생각은 그의 독특한 진리론과 연결됩니다.

사실상 "우리 인간이 실제로 사유한다는 것은 드문 일이고, 또 어떤 고양된 취미 안에서 사유한다기보다는 어떤 돌발적인 충격 속에서 사유하게 되는"(차반 p296) 것이 일반적입니다. 그러나 이러한 사실상의 이유 외에도 이론적으로도 독단적 사유의 이미지는 비판의 도마 위에 놓일 수밖에 없습니다. 사유할 수 있는 역량으로서의 양식(bon sens)이 모든 사람들에 잘 분배되어 있고, 인식능력들이 자연발생적으로 조화롭게 일치되어(sens commun) 참된 것을 추구하는 사유 주체의 선한 의지(bonne volonté)에 따라 진리가 발견될 수 있다는 것은 그럴 수도 안 그럴 수도 있는 임의적 사태일 뿐입니다. 우리는 어쩔 수 없이 사유가 촉발되는 필연적 사태를 상정해야 합니다. 이로부터 우리는 진리에 더 가까이 다가갈 수 있습니다. 이러한 사고의 차이는 진리를 무엇으로 보는가에 대한 견해의 차이에서 기인하는 것이라 할 수 있습니다. 들뢰즈의 사유하기는 근원적인 잠재성의 세계를 파고듭니다. 독단적 사유의 이미지가 전제하는 재현(représentation)의 세계. 혹은 재인이나 식별(récognition)의 모델에서는 경험적 현실의 세계를 사유합니다. 이 같은 차이로 말미암아 진리를 보는 관점도 다를 수밖에 없습니다. 후자의 관점, 즉 아리스토텔레스 이래의 서양철학의 기존의 전통적 진리 이해는 진리를 말과 사실, 사유와 대상, 주관과 객관 사이의 일치로 정의해 왔습니다. 이러한 의미의 진리를 찾으려는 것이 재인 혹은 식별의 활동입니다. 그러나 니체 이후 현대 유럽철학의 관점에서는 진리의 본성을 식별이나 정확한 일치가 아닌 생산과 창조의 역량에서 찾습니다(차반 p341여주 참조). 니체에 의하면 전통적 의미의 진리는 결국 순수과학의 대상일 뿐입니다. 그는 진리를 "어떤 순박하고 안락한 생활을 즐기는 피조물"로 비유하면서 "이 피조물은 확립된 모든 권력에 대해 자신이 그 누구에게도 하등의 곤란을 초래하지 않을 것임을 끊임없이 확신시킨다."고 비판합니다 (『반시대적 고찰』「교육자 쇼펜하우어」 3절, 니체, 차반 p303에서 재인용). 들뢰즈는 니체를 이어 받아 "그 누구에게도 아픔을 주지 않는 사유, 사유하는 자에게도 그 밖의 다른 이들에게도 일체 고통을 주지 않는 사유는 도대체 사유일 수 있을까?"(차반 p303) 의문을 제기합니다. 새로운 가치를 창조하지 못하고 기존의 확립된 가치나 질서에 부응하고자 하는 것은 진정한 사유일 수가 없다는 것입니다. 다음은 사유에 대한 들뢰즈의 사유들입니다. "사유한다는 것은 창조한다는 것이고, 그 밖의 다른 창조는 없다. 하지만 창조한다는 것은 무엇보다 사유 속에 '사유하기'를 낳는 것이다."(차반 p328) "사유는 선천적이지도 후천적이지도 않다. 사유는 다만 생식적이다. 사유는 후천적으로 습득할 필요도 없고 선천적 능력인 양 행사할 필요도 없다. 오히려 필요한 것은 사유 자체 안에서 사유하는 활동을 분만하는 것이다."(차반 p257) "사유는 사유 안에서 태어난다. 사유하기의 활동은 다만 사유의 생식성 안에서 분만될 뿐이다. 이런 사유는 이미지 없는 사유다."(차반 p368)

들뢰즈는 이러한 사유의 과정을 그의 독특한 기호해독의 과정으로 이론화합니다. 들뢰즈는 『프루스트와 기호들(Marcel Proust et les Signes)』(질 들뢰즈, 1964, 한국어판: 서동욱/이충민 옮김, 민음사, 2004, 이하 '기호'로 약칭)에서 사유하기를 기호해독으로서 제시합니다. 들뢰즈에게 있어 진리는 앎이나 지식(savoir)이 아니라 배움(apprentissage)입니다(차반 pp362~363,420~421 참조). 현상은 어떤 기호라 할 수 있고, "배운다는 것은 필연적으로 기호들과 관계하며, 기호는 시간이 흐르는 동안 배워 나가는 대상이지 추상적인 지식의 대상이 아닙니다. 모든 배우는 행위는 기호의 해석입니다."(기호 p23) "기호는 두 가지 측면을 가지는데, 한 대상을 지칭하기도 하며, 또 그 대상과는 다른 어떤 것을 의미하기도 합니다."(기호 p54) 우리는 기호가 의미하는 것을 기호가 지칭하는 대상과 혼동하면 안 됩니다. 여기서 기호는 앞에서 설명한 하나의 강도적 사태라고 할 수 있습니다. 기호는 아직 개념으로서 대상화하지 않은 단계로서 해독되어야 할 것이고, 이것은 강도적 차이의 정의와 상통합니다.

"진리는 결코 미리 전제된 선의지의 산물이 아니라, 사유 안에서 행사된 폭력의 결과입니다. 명시적이고 규약적인 의미(signification)는 결코 근본적인 것이 아닙니다. 외현적(外現的)인 기호가 감싸고 있고 그 기호 속에 함축되어 있는, 그런 의미(sens)만이 오로지 근본적입니다."(기호 p41) 한편으로 기호(signe)는 의미(sens)를 표현합니다(expresser). 그리고 다른 한편으로 기호는 대상을 지시합니다. 대상을 지시한다는 것은 그 대상의 명시적이고 약속된 의미(signification)를 가리키는(indiquer) 것입니다. 의미(sens)는 기호가 감싸고(envelopper) 함축하고(impliquer) 있는 것입니다. 표현한다는 것은 전개하고(développer) 펼치며 설명하는(expliquer) 것입니다. 진실을 찾는 것은 의미를 해석하고 기호를 해독하고 설명하는 것입니다(기호 p42 참조). 이 과정이 사유의 과정입니다. 기호가 사유하도록 강요하고 사유에 폭력을 행사합니다. "사유함이란 언제나 해석함입니다. 다시 말해 한 기호를 설명하고 전개하고 해독하고 번역하는 것입니다."(기호 p145) 들뢰즈에 의하면 진리를 찾는 데 있어 기호가 지시하는 대상의 명시적 의미(signification)를 규명하는 것보다 기호가 감싸고 있는 함축적 의미(sens)를 해석하고 펼쳐 내는 것이 더 근본적입니다.

이상의 논의로부터 우리는 질문의 방식을 바꿔야 한다는 것을 알 수 있습니다. 우리는 진리를 추구함에 있어 아름다움이란 무엇인가?, 사랑이란 무엇인가?, 정의란 무엇인가?, 민주주의란 무엇인가?처럼 '무엇?(Qu'est-ce que?, What?)'의 형태로 질문하는 데 익숙합니다. 이는 플라톤으로부터 내려오는 형이상학의 전통입니다. 이러한 문제제기의 형태는 고정된 진리, 확립된 가치를 찾는 방식입니다. 들뢰즈는 이러한 질문의 형식들을 '누가?(Qui?, Who?)' 혹은 '어떤 것이?'로 바꿀 것을 제안합니다. "본질은 단지 사물의 의미와 가치일 따름이기 때문"(니철 p145)입니다. 가치를 평가하는 것은 절대적이거나 보편적으로 이루어질 수는 없는 일입니다. 어떠한 초재적 존재도 인정되지 않는 내재성의 평면에서는 "해석학(解釋學)적 관점들만이 사태를 해명할 수 있는 유일한 근거가 됩니다. 진리는 어떤 대상에 대한 지배적 해석으로 정의되며, 지배적 힘이 바뀔 때마다 낡은 가치는 새로운 가치에 의해 전도됩니다."(『들뢰즈 사상의 분화』 소운서원 엮음, 「들뢰즈와 니체 :

『가면의 철학』 한정헌, 그린비, 2007, 이하 '분화'로 약칭, p47) 이러한 진리론에서 우리는 니체의 관점주의를 잘 이해할 수 있습니다(니철 p167 참조). 아름다움, 사랑, 정의로움, 민주주의 같은 것들의 정의는 절대적으로 고정되어 있을 수 없고 누가 해석하는가, 누가 그것들을 의지하는가에 따라 규정됩니다. 여기서 우리는 힘의 의지를 강조하는 니체의 사유가 힘을 발휘하는 것을 볼 수 있습니다. 들뢰즈의 진리에 대한 생각은 이러한 니체의 방식을 따르고 있습니다.

사유한다는 것은 물론 처음부터 진리를 발견하려는 인간의 능동적인 활동일 수 있습니다. 앞서 보통의 평범한 인간이 실제로 사유한다는 것은 드문 일이고 돌발적으로 사유하게 되는 것이 일반적이라고 말한 바 있지만, "재인이나 식별의 활동들이 실제로 존재하고 또 우리의 일상적 삶의 커다란 부분을 차지하고 있다는 것도 분명한 사실입니다."(차반 p301) 철학의 어원이 지혜에 대한 사랑을 의미하는 philosophie인 것처럼 인간이 참된 것에 대한 선의지를 가지고 사유를 시작할 수도 있는 것이죠. 하지만 사유의 진정한 시작은 우리의 인식능력들을 무질서하게 헝클어뜨리는 우연한 폭력적 만남으로 인해 필연적으로 촉발되는 것이라 할 수 있으며, 이로 인해 기존의 가치를 대체할 수 있는 새로운 가치를 창조하는 것이 사유의 과정입니다. 들뢰즈는 마치 새로운 가치의 창조가 없는 재인 또는 식별의 활동은 사유로서의 자격도 없다는 듯이 말합니다. 사유는 사유하도록 강요하는 사태로부터 시작됩니다. 그런데 재인의 대상들은 사유를 가만히 내버려두는 사태라는 것입니다. "대상을 재인할 때 사유와 사유의 모든 인식능력들은 얼마든지 동원될 수 있고, 사유는 대상을 재인하는 데 얼마든지 열중할 수 있지만, 이런 열중과 동원은 사유한다는 것과는 아무런 상관이 없다."(차반 p309)고 주장하기까지 합니다. 이러한 입장으로부터 발생적 사유의 이미지라 할 수 있는 들뢰즈의 '이미지 없는 사유'(차반 pp295,368)가 도출됩니다. 들뢰즈는 인식능력의 초월적 실행을 재인에서의 인식능력의 자연적 일치와는 다른 인식능력들의 불화적 사용이라 하여 자세히 설명합니다 (차반 pp311~315 참조). 이는 미처 예상하지 못하는 사태에 직면하여 감성으로부터 시작되는 인식능력들의 혼란이 사유로까지 이어지는 과정을 설명한 것인데, 결론은 그러한 과정에서 새로운 문제가 설정되고, 새로운 진리와 가치가 창조된다는 것입니다. 이러한 과정이 바로 우리에게 각성이 일어나는 시간, 니체이 망치로 머리를 맞는 듯한 깨달음의 순간이라고 할 수 있습니다. 들뢰즈가 말하려는 진정한 사유란 이런 것입니다.

잠재성의 철학

지금까지 들뢰즈 철학을 논하는 데 단골로 등장했던 주요한 개념인 잠재성에 관한 논의를 본격적으로 할 때가 됐습니다. 이제 존재론의 근원적 물음인 '이 세상은 어떻게 무엇으로 이루어져 있는가?'에 대한 들뢰즈의 전체적 답을 제시할 때가 된 것입니다. 들뢰즈 철학의 핵심은 잠재성을 사유하는 것입니다. 들뢰즈의 존재론, 인식론, 사회사상은 모두 잠재성에 대한 사고로부터 출발합니다. 들뢰즈 철학의 시작인 차이 자체는 존재의 잠재적 역량에 다름 아니며, 초월적 경험론에서의 초월적이라는 것도 현실적이 아닌 잠재적이라는 뜻이고, 이후에 논의할 주제인 사건의 철학에서 우리가 인식하는 사건들은 잠재적 순수사건들이 구체적으로 현실화한 것들입니다. 존재의 운동과 생성은 잠재에서 현실로 가는 분화의 과정입니다. 들뢰즈와 펠릭스 가타리의 사회사상에서도 잠재적인 추상기계들이 구체적으로 현실화한 배치들이 사회를 구성하는 것으로 이론이 전개됩니다. 들뢰즈의 잠재성에 관한 이론은 모호한 측면이 없지 않아 이해하기가 쉽지 않습니다. 그러나 그의 이론은 정치하고 엄밀합니다. 들뢰즈의 잠재성의 철학은 존재와 세계의 운동을 묘사하는 빼어난 이론입니다. 현대 형이상학을 집대성한 철학자로서의 들뢰즈의 면모를 여실히 보여 주는 대목이기도 합니다.

존재론은 실재하는 것(le réel)에 관한 철학적 이론입니다. 불어 réel, 영어 real을 '현실'이라고 번역하는 경우가 많은데, 우리의 논의에서는 이것들을 '실재'라고 번역하고 뒤에 올 불어 actuel, 영어 actual을 '현실'이라고 번역하기로 합니다. 실재는 실제로 진실로 존재하는 것입니다. 실존(exister)이라는 말과는 구분해서 사용해야 합니다. 실존이라는 말은 특별히 사르트르를 대표로 하는 실존철학이 주로 사용하는 용어죠. 들뢰즈의 철학에서는 현실적으로 존재하는 경우를 일컫는 말로 사용합니다. 현실적으로 존재한다는 의미의 실존과 대조적으로, 들뢰즈는 잠재적으로 존재한다는 의미로 존속(subsister), 내속(insister)이라는 용어를 사용합니다. 실재는 현실적으로 존재하는 것(l'actuel)과 잠재적으로 존재하는 것(le virtuel)을 모두 포함하는 용어입니다. 있다는 것은 현실적으로 또는 잠재적으로 그렇다는 것입니다. 없다는 것은 현실적으로뿐만 아니라 잠재적으로도 그렇다는 것입니다. 우리는 잠재적으로 존재하는 것들에 예민해야 합니다. 그래야만 세계를 이해하는 데 잘못을 범하지 않게 됩니다.

잠재적인 것은 무엇일까요? 현실적으로 존재하는 것을 적극적으로 정의할 수 있는 것과 달리 잠재적인 것은 잠재적이라는 말이 상징하듯이 소극적으로 정의할 수밖에 없습니다. 그것은 실재하지만 비현실적인 것으로서, 언어로 표현하기 힘든 비언어적인 것이며, 머릿속에 그리기 힘든 비표상적인 것이며, 의식적으로 지각되기 어려운 무의식적인 것입니다. 하지만 보거나 들을 수 없고, 만질 수도 없는 비감각적이고 비가시적인 것과는 다릅니다. 정신이나 영혼, 그리고 자연법칙이나 사회적 관행 같은 것은 우리가 눈으로 볼 수도 만질 수도 없지만 현실적으로 언어로 명확히 표현되고, 의식적으로 재현하거나 표상할 수 있는 것입니다. 잠재적인 것으로 번역되는 불어의 le virtuel은 따라서 물체나 신체뿐만 아니라 정신체나 영혼체 등과도 다른 것으로서, 뒤에서 보게 될 비몸체적인 것 혹은 비물체적인 것으로 번역되는 불어의 l'incorporel에 상응하는 용어입니다.

들뢰즈의 이론에서는 순수라는 수식어가 붙은 것이 잠재적인 의미를 가지는 경우가 많습니다. 순수사건, 순수과거, 순수기억 같은 것들입니다. 잠재적인 것은 순수하고 근원적이며 총체적입니다. 그것은 현실의 경험을 조건 지우는 근원적인 것이며, 현실화 혹은 분화되기 이전의 총체적인 것이고 또한 현실 자체와 대비되는 의미에서 이상적이고 순수한 것입니다. 프로이트가 발견하고 이론적으로 발전시킨 무의식의 세계가 잠재적인 것의 대표적인 예입니다. 이러한 것들은 실재, 즉 실제로 존재합니다. 다만 현실적으로만 존재하지 않을 뿐이죠. 다시 말해 현실화하여 우리가 오감으로 지각하거나 의식적으로 표상할 수 있는 것이 아니라는 말입니다. 우리가 지각하고 의식하기 위해서는 질과 양으로 표상될 수 있어야 합니다. 그러나 잠재적인 것은 강도적 개체에서 설명했듯이 질화 또는 양화되기 이전의 세계입니다. 실재하는 것은 현실적인 것과 잠재적인 것으로 나뉩니다. 잠재적인 것은 현실적이지 않기 때문에 우리가 경험적으로 파악할 수는 없지만, 즉 질과 양으로 지각할 수는 없지만 실제로 존재하여 우리의 삶에 지속적으로 영향을 미칩니다. 어느 한 시점의 사건, 과거, 기억은 우리가 의식적으로 인식할 수 있습니다. 따라서 그 자체로 현실화하여 존재합니다. 그러나 현실화하기 이전의 순수사건은 우리가 미처 감각할 수 없는 무수한 독특성들, 특이점들로 서로 뒤엉켜 있는 세계입니다. 순수과거 혹은 순수기억도 마찬가집니다. 현재에 이르기까지의 모든 시간 동안 무한한 단계와 층들로 누적된 과거와 기억의 복합체인 것입니다. 그것은 우리가 언어로 표현할 수 있는 재현이나 표상 이전의 혹은 그 너머의 차원입니다.

현실적인 일상적 의미에서의 기억은 넓은 의미의 지각의 일종으로서 과거의 한 순간을, 한 단편을 표상한 것에 불과합니다. 그러나 잠재적인 것으로서의 순수기억은 과거의 체험 전체가 응축된 것입니다. 순수기억은 지각과는 본성적으로 다른 것으로서 무한한 과거의 연쇄와 상호 침투로 이루어져 있습니다(유동 p37 참조). 단순한 과거는 지나간 현재로서 현재와는 불연속적으로 분리되어 있는 것이지만, 잠재적인 것으로서의 순수과거는 현재와 동시적으로 공존합니다. 실재하는 것은 지금 존재하는 것입니다. 잠재적인 것도 현실적인 것과 마찬가지로 실재적인 것으로서 지금 현재 존재합니다. 단지 표현하거나 지각하기 곤란한 것일 뿐 현실적인 것들과 함께 공존하는 것입니다. 순수기억도 우리가 명확히 하나의 단편으로서 기억하지 못하는 것일 뿐 우리의 무의식 속에 현재 잠재적으로 존재합니다.

들뢰즈의 순수기억과 순수과거에 관한 논의는 베르그송과 프루스트에게 많이 빚지고 있습니다(『베르그송주의(Le Bergsonisme)』 질 들뢰즈, 1966, 한

국어판: 김재인 옮김, 문학과지성사, 1996, pp72~79 참조, 기호 pp96~100 참조). 핵심은 이러한 잠재적인 것들이 현실적인 현상으로 나타나는 것들의 근거이자 조건이 된다는 것입니다. 다시 말해, 우리의 경험적 종합과 판단의 근거로서 잠재적인 것들이 현실적인 것들의 원인이 된다는 것입니다. 들뢰즈가 프루스트로부터 유도해 내는 기호해독이라는 관점에서 본다면, 우리는 기호로서의 한 사건의 의미를 해석하면서 항상 그 원인으로서의 잠재적인 것들을, 즉 순수사건으로서의 그 의미를 해독해 내야 합니다. 잠재적인 것과 잠재적인 것이 현실화된 것으로서의 현실적인 것은 닮지 않았습니다. 순수기억이 현실화되어 기억이 되고 순수과거가 현실화하여 과거가 되는 것이 아닙니다. 순수과거나 순수기억은 그 자체적으로 존재하면서 우리의 현실적인 경험들과 인식의 원인으로서 작용합니다. 이러한 설명의 사례들로서 들뢰즈와 학자들은 프로이트의 엠마에 대한 정신분석, 프루스트의 소설에서의 여러 장면들을 들고 있는데, 우리는 뒤에서 들뢰즈의 반복에 대한 논의와 연계해서 그것들을 살펴볼 것입니다.

여민철 선생님, 질문 있습니다. 들뢰즈 철학에서는 잠재성이라는 단어를 영어로는 virtual, 불어로는 virtuel로 쓰는 것을 볼 수 있습니다. 그런데 우리가 흔히 잠재적이라는 의미로 영어의 potential, 불어의 potentiel이라는 말을 쓰지 않습니까? 이러한 차이는 어디서 오는 건지 설명해 주시겠습니까?

선생님 좋은 질문입니다. 그 차이는 이제 막 들어가려는 존재의 운동을 설명하면서 동시에 알아보도록 하죠.

세계의 움직임을 의미하는 존재의 운동은 잠재적인 것에서 현실적인 것으로 향하고 현실은 다시 잠재의 세계에 영향을 주게 되는 일종의 순환 혹은 반복으로 설명됩니다. 들뢰즈는 존재의 운동을 존재의 적극적 유출이라고 하여 잠재적인 것(virtuel, 영어로는 virtual)의 현실화(actualisation)로 요약합니다(차반 p456 참조, 진화 p77 참조). 들뢰즈는 또한 현실화와 같은 의미로 분화(différenciation)라는 단어를 새로 만들어 사용합니다. 이는 그의 이론에서의 미(微)분화(différentiation)라는 단어와 구분하기 위한 것입니다. 원어에서는 보다시피 c와 t의 차이가 있을 뿐입니다. 미분화란 말은 앞서 설명한 강도적 개체화 이전의 상태를 규정하기 위해 사용하는 것인데, 현실화 또는 분화는 미분화를 통해 발생한 잠재적 역량이 현실적 대상으로 탈바꿈하는 과정입니다. 잠재적 역량이 강도적 역량으로의 개체화 과정을 거친 뒤 구체적 재현이 가능한 현실적 대상으로 분출되는 과정입니다.

들뢰즈는 차이 자체, 즉자적 차이로 대표되는 잠재적 세계를 이념의 세계로 부른다고 했습니다. 들뢰즈의 이념은 플라톤의 이데아 그리고 물자체, 신과 같은 칸트의 이념과는 앞서 말한 것처럼 구체적 의미가 다르지만, 이것들 모두는 인식 가능성의 한계 혹은 경계를 내포하는 초월적 의미를 가지고 있는 것들입니다. 이는 구체적 의미는 다르지만 어쨌든 들뢰즈 철학에서 잠재성의 개념이 플라톤과 칸트의 철학에 있어서의 이념적인 것들과 마찬가지로 이 세계의 근원적인 토대의 의미를 가지고 있음을 보여 주는 것입니다. 들뢰즈의 "이념은 미분적 요소들, 이 요소들 간의 미분적 관계들, 그리고 이 관계들에 상응하는 독특성들로 구성된 어떤 다양체"(차반 p583)로 정의할 수 있습니다. 이념의 세계는 현실의 세계와 대비되지만 단순한 무질서의 세계가 아닙니다. 현실의 세계와 마찬가지로 어떤 식으로든 규정된 세계입니다. "우리는 이념의 잠재적 내용이 규정되는 과정을 미(微)분화(différentiation)라 부릅니다. 그리고 우리는 이 잠재성이 서로 구별되는 종이나 부분들 안에서 현실화되는 과정을 분화(différenciation)라 부릅니다."(차반 p446) 들뢰즈는 이념적 차원에서의 규정을 수학적 용어를 차용하여 설명합니다. 그 중에서도 특히 미분법에 크게 의존합니다. 잠재적인 이념의 세계도 현실 세계와 같이 어떤 구조로서 규정되는데(차반 p400 참조), 구조는 수학의 방정식체계와 유사하게 관계와 그 요소들로 이루어진다고 할 수 있습니다. 이러한 요소들로 이루어지는 비율적 관계를 들뢰즈는 미분적 관계 혹은 미분비로, 그에 상응하는 독특한 점들을 특이점이라고 부릅니다. 미분(la différentielle) 혹은 미분적인 것(le différentiel)은 차이소 혹은 차생소(분화 1105)라 고도 불리는데, 차이의 요소, 차이 짓는 것, 차이를 만들어 내는 것인 변별적 차이소를 말하는 것으로 이념적 구조를 구성하는 기본단위라고 할 수 있습니다(차반 p18역주2 참조). 이러한 변별적, 즉 구별 짓는, 차이 짓는 요소가 존재의 잠재적 역량, 힘의 의지로서 존재의 운동의 시발점, 생성의 원천적 요소가 됩니다. 미분비는 미세한 변화, 미세한 차이를 의미하는 미분들 간의 비율적 관계를 말하고, 이러한 관계들의 상호작용의 결과 나타나는 특이한 값을 특이점이라 하는 것입니다. 들뢰즈는 이와 같이 미분법과 특이점의 이론을 차용하여 잠재적 세계인 이념의 구조를 무질서가 아닌 하나의 규정된 질서로 묘사하고 있습니다.

이러한 이념적 구조들에 대한 훌륭한 사례들을 들뢰즈의 후기 저서인 『주름 라이프니츠와 바로크』에서 찾을 수 있습니다. 들뢰즈는 여기서 "모든 문제는 어떻게 사람들이 미세 지각들에서 의식적 지각들로, 분자적 지각들에서 몰적 지각들로 이행하는지를 아는 일"(주름 pp159~160)이라고 합니다. 이것이 들뢰즈의 초월적 경험론이 말하는, 초월적 근거에서 경험적 종합 또는 인식이 도출되는 과정입니다. 들뢰즈는 감성에서 일어나는 미세 지각들을 차이소로 하여 지성의 의식적 대상 혹은 개념이 발생하기까지에서 강도적 사태, 즉 강도적 개체화의 과정이 어떻게 이루어지는가를 다음과 같은 사례들로 설명합니다(주름 p161 참조).

녹색이 있다고 합시다. 노란색과 파란색은 경험적으로 지각 가능하죠? 그러나 만일 이것들의 지각이 미분적 요소(d노랑, d파랑)들의 작은 지각으로 되면서 의식적으로 지각할 수 없을 정도가 된다면, 노란색과 파란색은 그 자체로 지각될 수가 없죠. 그러나 이것들이 녹색을 규정하는 미분적 관계(d파랑/d노랑)를 무슨 이유로든 형성하는 상황이 생길 수 있습니다. 또한 노란색 또는 파란색 그 각각도 또 다른 두 색 또는 두 명암의 정도의 미분비(dy/dx)에 의해 규정될 수 있을 것이며 이러한 과정은 무한히 지속될 수 있습니다. 이는 앞서 모든 강도는 E-E'이고, 이때 E 자체의 배후에는 e-e'가 있고 e의 배후에는 다시 ε-ε'가 있으며, 이런 과정은 계속 이어진다고 했던 강도의 누층적, 중층적 과정의 모습과 같은 것입니다. 녹색의 강도의 변화는 노란색의 강도의 변화들과 파란색의 강도의 변화들 간의 비율적 관계들로 볼 수 있습니다. 파란색의 강도가 커질수록 청록색으로 농도가 기울어질 것이고 노란색의 강도가 상대적으로 더 커지면 녹색의 농도는 반대 방향으로 커지겠죠. 이러한 다양한 농도가 강도의 적절한 예가 됩니다. 이러한 과정은 무한히 지속됩니다. 그리고 우리는 이러한 무한한 지속의 와중에서 어느 한 순간을 포착하는 것입니다. "모든 의식은 문턱입니다."(주름 p161) 이 문턱을 넘어야 하나의 현실적 대상이 성립하게 되고, 이 문턱 이전의 사태가 대상 이전의 형태 또는 부스러기들로서의 강도적 사태인 것입니다(주름 p171 참조, 들철 pp26,34~35,46 참조).

다음으로, 허기가 있다고 합시다. 우리가 의식적으로 느끼는 배고픔은 우리가 의식적으로는 느끼지 못하는 설탕의 부족, 기름의 부족 등이 원인일 수 있습니다. 설탕의 부족, 기름의 부족 등등이 상호 작용하여 허기를 두드러진 것으로 규정하는 어떤 미분비들을 형성하게 되었을 때 우리는 배고픔을 지각하게 됩니다. 또 바닷가의 소리가 있다고 합시다. 최소한 둘의 물보라가 생겨나고 이질적인 것으로 미세하게 지각되어야만 하는데, 이는 세 번째의 지각을 규정할 수 있는 관계 안으로 들어가기 위해서이며, 여기에서 이 세 번째는 다른 것들보다 두드러지고 의식적인 것이 됩니다. 잠자는 사람의 자세가 있다고 합시다. 몸의 미세한 곡선들, 굴곡들은 이것들을 통합할 수 있는 좋은 자세로서의 하나의 태도, 습성, 커다란 몸의 주름을 생산하는 관계들 안으로 들어갑니다. 거시적인 형상들은 언제나 미시적이고 비형상적인 강도적 개체화의 과정에 의존해서 발현됩니다.

"미세 지각들은 의식적 지각의 부분들이 아니라, 발생적 요건들 또는 요소들, 의식의 차이소들입니다."(주름 p162) 단지 작은 지각들, 작은 인식들이 합쳐져서 큰 지각, 큰 인식을 형성하는 것이 아닙니다. 우리가 의식할 수 없는 미세 지각들 혹은 미시적인 과정들의 상호규정에 의해 어떤 관계들이 생성되고, 그리고 그 과정에서의 어떤 두드러진, 주목할 만한 특이점, 독특한 점들이 튀어나오게 되고 그러한 것들이 강도적 사태로서 우리가 인식할 수 있는 대상 이전의 부스러기들을 형성합니다. 들뢰즈 존재론에서의 생성과 운동은 이런 식으로 이루어집니다. 들뢰즈의 잠재성의 철학은 이런 식으로 이루어진 이념으로서의 잠재성의 세계를 그리고 있고, 이러한 잠재적인 강도적 사태를 인식의 근거로 삼습니다. 이 철학은 현대의 철학을 대표합니다. 현대의 어느 사상도 세계를 이렇게 엄밀하고 포괄적이며 또한 설득력 있게 그려 주고 있지 못합니다. 하지만 나의 이러한 생각에 공감하는

가의 여부는 여러분 각자의 몫이에요. 데카르트적 사고방식에 따라 들뢰즈의 이론이 명석·판명하지 못하다고 비판할 수도 있습니다. 그러나 잠재성을 사고하는 철학에 대해 그렇게 비판하는 것은 난센스죠. 아니면 들뢰즈를 제대로 이해하지 못한 것입니다. 들뢰즈의 이론이 한편으로 애매하고 한편으로는 모호할 수도 있습니다. 그러나 명석하지도 않고 판명하지도 않은 것이 아닙니다. 그것은 엄밀하고 정치(精緻)합니다. 구상화보다 추상화가 세계와 사물을 더 잘 묘사할 수도 있는 법입니다.

요컨대, 들뢰즈의 이념적 차이의 논의는 실재적으로 존재하는 잠재적 세계를 수학적, 미분법적 용어로 엄밀하게 이론화한 것으로 보아야 합니다. 단순한 비유가 아니에요. 우리는 이념적 세계를 현실적인 것처럼 재현하거나 표상할 수 없습니다. 그러나 직관적으로 그 세계도 어떤 관계에 의한 작용이 이루어지는 나름의 질서가 있는 세계라고 생각할 수 있습니다. 들뢰즈는 그 직관을 수학적 표현을 빌려 이론화한 것입니다. 들뢰즈는 이념의 유형들을 물리학적, 생물학적, 사회적으로 나누어 차례로 예를 들고 있습니다(차반 pp402~406 참조). 고대 원자론에서의 클리나멘, 유기체에 있어서의 유전자, 사회에 있어서의 경제학적인 것들이 그 구조를 규정해 주는 미분비나 특이점들의 역할을 수행하는 것으로 보고 있습니다. 이러한 사유는 들뢰즈가 가타리를 만나 배치의 존재론을 펼치기 이전의 생각들입니다. 배치를 논의할 때 많은 것이 더 엄밀하고 명확해질 것입니다.

잠재성의 세계가 이와 같은 구조를 가지는 이념으로 구체화됨으로써 사유한다는 것, 의미를 해석하고 가치를 평가하는 것에 대하여 우리는 더 명확하게 이해할 수 있습니다. 들뢰즈는 다음과 같이 말합니다. "철학 자체에 대해 독특한 것과 규칙적인 것, 특이한 것과 평범한 것 등의 개념은 재현과 상관적인 참과 거짓의 개념보다 훨씬 커다란 존재론적, 인식론적 중요성을 지닐 공산이 크다. 왜냐하면 보통 의미라 불리는 것은 이념의 구조 안에서 빛을 발하고 있는 독특한 점과 규칙적인 점들, 특이한 점과 평범한 점들의 구별과 분배에 의존하기 때문이다."(차반 p584) "사유의 문제는 본질보다는 오히려 평가나 할당과 연계되어 있다. 중요성을 지니는 것과 그렇지 못한 것의 평가, 그리고 독특한 것과 규칙적인 것, 특이한 것과 평범한 것의 할당과 연계되어 있는 것이다."(차반 p412) 가령 진리를 탐구하는 데 있어서, 우리는 차이소들 혹은 미분적 요소들이라 할 수 있는 물리학적 입자들이나 다른 입자들, 생물학적 유전자들, 언어학적 음소들이 어떠한 비율적 관계에 있는지 물어야 하고, 그리고 그 비율적 관계들의 값들에 상응하여 독특한 점과 규칙적인 점들, 특이한 점과 평범한 점들의 구별과 평가, 그것들의 분배와 할당이 결정되어야 합니다(차반 p583 참조). 쉽게 말해서 무한하게 이루어지는 관계들 속에서 두드러지고 독특한 것들을 추출해 내어 그것에 의미를 부여하고 그 가치를 평가해야 한다는 것입니다.

이쯤에서 학생의 질문에 대답하고 나서 다음 논의를 계속하기로 하죠. "운동은 다만 잠재적인 것에서 그것의 현실화로 향하고, 이런 운동은 그 중간 단계로 어떤 규정적 지위에 있는 개체화를 경유합니다."(차반 p534) 지금까지 설명한 것을 요약하면 미분화, 개체화, 현실화의 순서로 존재의 운동이 이루어진다는 것이죠. 이러한 존재의 운동은 잠재-현실 관계에 의해 이해되어야 합니다. "잠재는 현실적일 수는 없지만 그럼에도 불구하고 실재적입니다. 잠재성들은 언제나 실재적이며, 현재 속에서 현실화될 수 있습니다."(진화 p83) "잠재적인 것의 실재성은 미분적 요소와 비율적 관계들 안에, 또 이것들에 상응하는 독특한 점들 안에 있습니다."(차반 p450) 잠재적인 것은 이같이 완결적으로 규정된 체계로서 실재합니다. 심층의 잠재적인 것들의 상호작용이 누적적으로 쌓여 표면으로 분출되어 현실적인 것으로 구체화하는 과정이 존재의 운동입니다. 이와는 달리, 존재의 운동을 가능성과 실재성의 관계로 설명하는 논리가 있습니다. "가능한 것은 비록 현실적일 수 있지만 결코 실재적이지는 않습니다. 동시대적인 현실적 가능성들 가운데 몇 가지가 미래에 실현될 수 있을 뿐입니다."(진화 p83) "가능한 것은 실재적인 것에 대립"합니다. 반면 "잠재적인 것은 그 자체로 어떤 충만한 실재성을 소유"합니다. "잠재적인 것의 절차는 현실화(actualisation)"이지만, "가능한 것의 절차는 실재화(réalisation)"입니다(차반 p455). 가능성과 실재성의 관계에서의 가능이라는 말이 우리가 일상적으로 흔히 쓰는 포텐셜에 해당되는 말입니다. 가능한 것은 존재가 그렇게 될 수도 있다는 추측을 나타내는 것일 뿐 지금 실재하는 것이 아닙니다. 그러나 철학적 의미의 잠재적인 것은 언제든지 나의 행동의 원인으로서 작용할 수 있는 실재적인 것입니다. 가능과 현실은 닮았지만, 즉 창조적이지 않지만 잠재와 현실은 유사하지 않습니다, 즉 창조적입니다. 이것이 가능과 잠재를 쉽게 구별하는 방법입니다. "현실적 항들은 자신들이 현실화하는 잠재성과 결코 유사하지 않습니다. 즉 질과 종들은 자신들이 구현하는 미분비들을 닮지 않습니다. 부분들은 자신들이 구현하는 독특성들을 닮지 않습니다. 이런 의미에서 현실화, 분화는 진정한 창조입니다. 현실화는 어떤 선재하는 가능성의 제한을 통해 이루어지는 것이 아닙니다."(차반 p456)

"모든 현실화 과정은 질적이고 외연적인 이중의 분화입니다. 그리고 분화의 범주들은 아마 이념을 구성하는 미분적인 것들의 질서에 따라 구분될 것입니다. 즉 질화와 부분화는 어떤 물리학적 현실화의 두 측면이고, 종별화와 유기적 조직화는 어떤 생물학적 현실화의 두 측면입니다."(차반 p522) "분화는 언제나 동시간적으로 진행되는 종과 부분들의 분화, 질과 연장들의 분화입니다. 즉 질화나 종별화의 과정인 동시에 또한 부분화나 유기적 조직화의 과정인 것입니다." 그리하여 잠재적인 이념적 세계에서의 미분비, 즉 비율적 관계들은 현실적 세계에 상응하는 질이나 종으로 구현되고, 독특성, 특이점들은 유기적으로 조직화된 부분이나 물리적 부분들로 구현됩니다. "예를 들어 미분비들의 체계에 해당하는 유전자는 어떤 한 종 안에서 구현되는 동시에 그 종을 구성하는 유기적 부분들 안에서 구현됩니다."(지반 p452)

이러한 구현의 과정 중간에 개입하는 것이 강도적 개체화의 과정입니다. 앞서 논한 바와 같이 강도적 성질을 가지는 개체, 강도적 개체는 미묘한 이중적 성질을 가집니다. 강도는 감각 불가능한 것인 동시에 오로지 감각밖에 될 수 없는 것이라고 했습니다. 인식능력들의 경험적 실행에 의해서는 감각될 수 없는 것들입니다. 하지만 인식능력의 초월적 실행에 의해서 감각밖에 될 수 없는 것들입니다. 개체화의 과정을 통해 우리는 존재의 측면에서나 인식의 측면에서 모두 잠재성의 세계와 현실성의 세계를 연결할 수 있게 됩니다. 개체성의 단계를 거침으로써 이념의 단계에서 현실의 단계로 나아가는 운동을 설명하고 인식할 수 있게 되는 것입니다.

개체화의 과정을 설명하기 위해 들뢰즈는 세계를 하나의 알에 비유합니다. "세계는 어떤 알입니다."(차반 p533) 그 알은 우리에게 미분화-개체화-분화로 이어지는 과정의 모델을 제공합니다. 알 속에 함축되어 있는 강도의 차이는 현실화해야 할 잠재적 질료에 해당하는 어떤 미분적 관계, 즉 미분비들을 표현합니다. 개체화가 일어나는 이 강도적 장은 자신이 표현하는 이 비율적 관계들이 그 관계들에 상응하는 어떤 종들 안에서. 그리고 그 관계들의 특이점들이 그 점들에 상응하는 어떤 조직화된 부분들 안에서 구현되도록 규정합니다. 현실화 혹은 분화를 명령하는 것은 언제나 개체화 입니다. 들뢰즈에 의하면, 알 속의 배아가 어떤 강도를 지닌 하나의 잠재적 개체의 대표적인 예로 볼 수 있는데, 핵과 유전자들이 가리키는 것은 단지 미분화된 질료, 즉 현실화되어야 할 전(前)개체적 장을 구성하는 미분비들 로 볼 수 있고, 이 미분비들의 현실화는 오로지 구배(勾配, gradient)들과 개 체화의 장들을 갖춘 세포질에 의해서만 규정된다고 할 수 있습니다(차반 p531,533 참조). 발생학(embryology) 이론에 의하면, "세포핵에서의 전(前)개 체적인 차이화, 즉 미분화가 기관을 형성하려면, 세포질 속의 구배와 역 (閾)으로 이루어진 장을 통과해야만 한다고 합니다. 환언하면, 전개체적인 차이가 '강도'라고 하는 또 하나의 차이의 형태에 의해서 표현되어야 하는 것입니다."(유동 p126) 구배라는 말은 어떤 기울기, 경사의 뜻을 가진 말인데 발생학에서는 어떤 농도의 차이를 의미하며 그에 따라 세포분화의 양상에 차이가 나게 된다고 합니다(유동 p127 참조). 역이라는 말은 원래 문지방, 문 턱을 이르는 말로서, 어떤 한계나 경계를 의미하는 것입니다. 앞서 말한 바 있는 미세 지각에서 의식적 지각으로 넘어가는 문턱이라고도 볼 수 있습니 다. 들뢰즈의 예를 정확히 이해하려면 이처럼 다방면의 풍부한 지식이 요 구됩니다. 흠~.

요컨대, "하나의 종은 유전자들 간의 어떤 미분비들로 만들어지고, 유기 체의 부분들과 물체의 연장은 현실화된 어떤 전개체적 독특성들로 만들어 집니다."(차반 p585) 이념의 차원에 속하는 유전자 내에서의 어떤 비율적 관 계가 변함에 따라 다양한 생물 종들이 분기되어 생성됩니다. 그리고 관계의 독특성들에 상응하여 신체의 유기적 기관들이 만들어진다고 할 수 있습니다. 우리는 줄기세포의 예에서 유기체로의 분화의 전형을 볼 수 있습니다. 줄기세포는 그 잠재적 역량에 따라 신체 조직으로 분화됩니다. 잠재적 역량은 어떤 비율적 관계와 특이성으로 이루어져 있습니다. 우리는 인공적으로 그러한 관계와 특이성에 영향을 줌으로써 장기나 다른 신체 조직을 만들어 낼 수 있을 것으로 봅니다. 생물학적인 유기체에서뿐만 아니라 화학적인 신 물질이나 신약을 개발해 내는 데 있어서도 이러한 논의가 적용될 수 있을 것입니다. 원자나 분자 사이의 관계와 그에 상응하는 특이점들에 영향을 미치으로써 새로운 발견과 발명을 이루어 낼 수 있을 것입니다. 컴퓨터의 계산 능력이 폭발적으로 증가하고, 시뮬레이션의 무한 반복이 가능해짐에 따라 머지않은 장래에 줄기세포에 의한 치료와 신약 개발이 획기적으로 이루어지면 아마 인간은 영생도 가능하게 되지 않을까요?

세계를 하나의 알에 비유하는 들뢰즈의 시도는 가타리와 같이 하는 그의 사회사상의 전개에 있어서도 계속됩니다. 그 속에서 알은 하나의 기관 없는 몸체 또는 탈기관체로서 명명됩니다. 탈기관체와 그 위를 흐르는 강도적 개체들의 작용에 의한 기계적 과정이 존재와 사회의 운동을 규정합니다. 지금까지의 복잡한 이론적 논의는 사회와 관련하여 실천적으로 논의함으로써 이해하기가 더 수월하게 되리라 봅니다. 자세한 것은 들뢰즈의 사회사상을 설명할 때 알기로 하고, 여기서는 우선 단순하게 잠재적 세계는 미분비와 특이점들로 구성되며, 그것들이 분화의 범주에 따라 각종의 사물과 유기체, 그리고 사회체제로 현실화한다는 것으로 이해하면 됩니다.

존재의 긍정적 운동과 총체적 비판 : 헤겔주의 극복

　들뢰즈는 존재의 운동, 즉 세계의 움직임을 이상과 같이 규명했습니다. 잠재의 현실화가 존재의 운동이며 생성이자, 되기입니다. 이는 창조적인 긍정적 운동입니다. 현실화된 대상은 다시 잠재적인 것들에 영향을 줍니다. 이 같은 반복은 영원히 지속됩니다. 이것을 니체의 말로 표현하면 영원회귀가 되는 것이죠. 이러한 결론에 이르기까지의 과정이 앞서 언급한 바와 같이 들뢰즈가 현대의 형이상학을 집대성한 위대한 철학자로 자리매김하는 모습이라고 할 수 있습니다. 들뢰즈는 현대인들에게 새로운 세계관을 제시합니다. 이러한 사실들은 그의 사상을 근대의 철학을 집대성한 철학자로 추앙받고 있는 헤겔의 그것과 대조해 봄으로써 더욱 분명해집니다. 현대사상은 헤겔 존재론에 대한 새로운 대안을 모색하고자 합니다. 존재의 운동, 즉 세계의 변화를 설명해 줄 수 있는 새로운 이론이 필요한 것입니다. 그리고 그것을 기초로 하여 세계를 바꿀 수 있는 실천이 유도될 수 있습니다. 세계를 설명하는 데 그치지 않고 세계를 변혁하고자 했던 맑스의 사상도 기본적으로 헤겔의 변증법적 운동에 기반을 두고 있습니다. 변증법적 운동으로 세계를 설명하려는 이러한 근대적 사조에 대항하는 반헤겔주의가 영미를 제외한 유럽 현대사상의 주류라 할 수 있는 후기구조주의의 통일적 기반이고, 이를 대표하는 학자가 들뢰즈입니다(진화 pp16~18 참조). 미리 말하자면, 이같이 존재의 운동에 대한 새로운 관점을 기반으로 하여 새로운 사회의 발전 법칙을 도출함으로써 들뢰즈는 자본주의를 비롯한 현대의 여러 문제들에 대한 새로운 해석을 펼칩니다. 그는 맑스나 여타의 자본주의 이론가들과는 다른 설명과 해법들을 제시합니다.

들뢰즈에 있어서 존재의 운동은 긍정적 운동, 생성, 되기입니다. 긍정은 적극적인 창조를 의미하며, 소극적인 수용이나 용인이 아닙니다. 긍정은 차이를 긍정하는 것입니다. 차이를 존재의 운동의 근거로 보는 것입니다. 이는 헤겔의 부정적, 변증법적 운동과 다릅니다. 차이를 원천으로 하는 긍정적 운동은 기존 가치나 질서에 대한 파괴적 계기를 가집니다, 즉 총체적 비판을 가하는 것입니다. 뒤에서 설명하게 되는 바와 같이 기존 질서를 대체하는 소수자-되기의 과정입니다. 반면에 변증법적 부정, 대립, 모순은 부분석 비판에 불과합니다.

최영준 그렇다면 헤겔의 변증법적 운동은 긍정적 운동이 아니라 부정적인 운동이라는 것입니까? 변증법적 운동도 존재의 발전 법칙 중의 하나가 아닌지요? 니체적인 운동만을 긍정적으로 수용해야 한다는 것이 들뢰즈의 주장입니까?

선생님 헤겔의 변증법적 발전 법칙이 그동안 서양철학에서 존재의 운동을 설명한 대표적 이론입니다. 그것은 존재의 운동 자체를 부정적으로 본 것이 아니라 어떤 초월적 절대자 혹은 동일자를 중심으로 삼고 그것을 벗어나는 타자들을 부정, 대립, 모순으로 설정한 뒤 그것들을 동일자의 내부로 포섭하거나 지양하는 과정을 발전으로 봅니다. 즉, 차이 나는 것들, 탈주하는 것들, 플라톤이 말한 시뮬라크르들을 부정적으로 보는 것이죠. 차이는 동일성에 종속되어 있고, 부정적인 것으로 환원되고 있으며, 상사성과 유비 안에 갇혀 있다고 들뢰즈는 말합니다. "헤겔의 원환은 영원회귀가 아니다. 다만 부정성을 통한 동일자의 무한한 순환일 뿐이다."(차반 p131) "변증법의 무한한 원환은 어디서든 단 하나의 중심만을 지닌다. 변증법적 반복들이 표현하는 것은 단지 전체의 보존일 뿐이다."(차반 p139) 헤겔은 운동을 만들며, 무한자의 운동까지도 만들어 내지만, 긍정적 차이가 아닌 동일성, 유사성, 유비, 대립을 요소로 하는 재현을 통해 만들기 때문에 그 운동은 거짓 운동이며, 그것으로부터는 아무 것도 창조적인 것들이 도출될 수 없습니다(차반 pp96,135 참조). 한마디로 동일성의 철학을 집대성한 철학자가 헤겔입니다. 동일성의 사고가 플라톤으로부터 면면히 내려오는 서양철학의 주류를 형성했고 이를 완성한 사람이 헤겔인 것입니다. 이는 신과 국가와 같은 초월적 존재를 이상화하고, 인간중심주의, 서양중심주의, 백인중심주의 등 데리다가 해체하려는 온갖 중심주의를 파생시키는 모태가 되었습니다.

이를 뒤집으려는 것이 들뢰즈입니다. 플라톤적 사고를 전복하려는 것, 헤겔 형이상학의 대안을 창안하려는 것이 들뢰즈의 원대한 기획이고 그것을 뒷받침해 주는 선배들이 스피노자, 니체, 베르그송입니다. 변증법적 발전 법칙은 동일자, 절대자의 자기 목적 실현을 위한 개량주의적 사고이고, 현실의 구체적 운동을 설명하기에는 너무 헐거운 이론이며, 자칫 파시즘이나 전체주의로 흐르기 쉬운 위험도 가지고 있습니다. 변증법은 추상적이고 비현실적인 항들 사이에서의 교대를 행하는 데 만족하기 때문에 제대로 된 변화와 변형을 알지 못한다는 것이 니체 연구를 통해 헤겔을 비판하는 들뢰즈의 주장입니다(니철 p277 참조). 차이를 배제한 모순과 대립은 "존재의 미묘한 뉘앙스나 존재의 특정성 혹은 단독성을 알아보지 못하는, 존재에 관한 추상적인 결정으로 나아갈 뿐입니다."(진화 p120) 결론적으로 말해 헤겔의 변증법적 종합은 실재를 포착할 수 없습니다(진화 p69 참조).

들뢰즈의 사유를 비롯한 현대의 비변증법적 사고는 미셸 푸코가 『안티 오이디푸스』의 영역판 서문에서 밝힌 바와 같은 비파시스트적 삶을 살기 위한 노력을 보여 주는 것입니다. 헤겔 변증법에 대한 총체적 비판을 가함으로써 궁극적으로 새로운 삶의 윤리를 정립하려는 시도입니다. 들뢰즈의 니체 연구에서 우리는 이러한 면모를 볼 수 있습니다. 마이클 하트의 들뢰즈에 대한 연구가 이 부분을 잘 설명해 주고 있습니다. 들뢰즈의 니체 연구의 중심적 목표는 헤겔의 '변증법 그 자체와의 대립'(니철 p46)이 될 수 있는 내안을 제시하는 것이라고 할 수 있습니다(진화 p165 참조). 변증법 자체에 대한 대립이 아닌, 변증법적 대립과 부정은 부분적 비판일 뿐입니다. "헤겔적인 부분적 비판은 기껏해야 그것이 공격하는 것의 본질을 보존하는 개량주의에 지나지 않습니다."(진화 p149) "그 적을 보존하고 유지하려는, 제한적이고 부분적인 공격"(진화 p166)이라고 할 수 있습니다. 그러나 비변증법적 대립과 부정은 총체적 비판입니다. "제한되지 않은, 야생적 공격을 통해 자신의 적과의 완전한 단절을"(진화 p167) 목표로 합니다. "총체적 비판은 필연적으로 반란적 비판으로서 기성의 본질에 대한 무제한적 파괴"(진화 p149)를 추구합니다. 들뢰즈에 의한 헤겔 변증법 비판 자체가 총체적 비판의 예를 잘 보여 줍니다. "헤겔과 니체 사이에는 어떠한 타협도 불가능하다"(니철 p334)는 것이 들뢰즈의 주장입니다. 들뢰즈는 사유를 위한 새로운 자율적 평면을 창출해 냈습니다. 이는 더 이상 반헤겔적인 것이 아닌, 변증법을 떠난, 변증법을 망각한 평면입니다(진화 p168 참조). '변증법 그 자체와의 대립'도 넘어서는 것입니다. 대립 자체는 본질적으로 변증법적이므로 '변증법 그 자체와의 대립'이라는 표현도 변증법의 강화나 반복을 의미할 수 있다는 비판이 가능합니다(진화 p166 참조). 다시 말해 들뢰즈의 사유는 변증법에 반대하는 주장이 아니라, 변증법을 극복한, 변증법과 무관하게 전개되는 존재의 운동을 규정하는 새로운 존재론, 새로운 세계관을 제시해 주고 있는 것입니다. 들뢰즈에 의하면 이 세상은 어떤 기원에서 시작해서 어떤 목적을 향하여 기존 질서를 부분적으로 변형시키면서 진행되는 것이 아닙니다. 세계의 움직임은 기원도 목적도 없이 끝없는 총체적 비판을 수행해 가는 영원한 창조의 과정입니다.

이제 지금까지 논의된 들뢰즈의 철학사상을 다음의 들뢰즈의 반복 개념과 니체의 영원회귀의 개념과 연계하여 결론 내리고, 『의미의 논리』의 주제인 사건의 존재론을 거쳐, 그것을 징검다리로 하여 다음 들뢰즈의 사회사상으로 넘어가기로 합시다.

차이의 반복/영원회귀 : 생성의 원리

들뢰즈의 반복의 전형적인 구조는 다음과 같이 설명할 수 있습니다. 세 개의 항 V, A1, A2가 있습니다. V는 잠재적 대상이고 A1과 A2는 현실적 사건의 계열들입니다. V는 잠재적이기에 정체가 불확실합니다. 고정된 정체도 없고 고정된 위치도 없습니다. 수시로 들락날락하며 자리를 바꾸고 A1이라는 사건으로 현실화하기도 하고 A2라는 사건으로 현실화하기도 하면서 A1과 A2를 소통시키거나 관계를 맺게 합니다. 우리가 현실적 경험으로 인식할 수 있는 것은 A1과 A2뿐입니다. 우리는 A1과 A2가 반복한다고 느끼지만 실제로 반복되는 것은 V라고 할 수 있습니다. 잠재적인 순수과거 혹은 순수사건의 한 조각으로서의 V를 근거로 하여 A1과 A2 사이의 동일성과 유사성이 결과로 드러나는 것일 뿐입니다. 실제로 반복되는 것, 반복의 기능을 수행하는 것은 현실적인 반복, 생성, 창조를 만들어 내는 잠재적 역량으로서의 V인 것입니다. 반복되는 잠재적 대상 V는 고정된 실체가 아닙니다. '반복이란 차이를 반복하는 것이고, 차이란 반복되는 차이입니다.' '존재는 즉각적으로, 내부적으로 그 자신과 다릅니다.' V는 즉각적으로 자신과 다를 수 있는 반복되는 역량, 즉 차이 자체입니다.

들뢰즈의 설명을 봅시다. "반복은 한 현재와 다른 한 현재 사이에서 구성되는 것이 아닙니다." 즉 동일한 것이 한 시점에서 다른 시점으로 재생되는 것이 아닙니다. "반복은 이 현재들이 잠재적 대상을 중심으로 형성하는, 공존하는 두 계열 사이에서 구성됩니다."(차반 p239) 계열은 사건들의 계열을 말합니다. 즉자적 차이를 통한 다질적이고 불균등한 계열들의 관계 맺기, 소통, 종합의 결과 현상으로 나타나는 것이 들뢰즈의 반복입니다(차반 pp270,476 참조). 들뢰즈의 반복은 동일한 것의 되풀이가 아니라 차이의 반복이고, 새로운 생성이며 풍요로운 창조입니다. 물론 가치적인 면에서 바람직하지 않은 반복도 얼마든지 있을 수 있습니다. 잠재적 대상은 철학과 정신분석학에서 다양한 용어들로 불립니다. 분화소, 부분대상, 대상a, 대상=x, 어두운 전조(précurseur sombre, précurseur obscur), 허상, 차이 자체, 즉자적 차이, 차이 짓는 차이소, 차이소들 사이에 공명 또는 종합이나 소통을 가져오는 것, 관계를 만드는 것(차반 pp264역주,269역주 참조), 계속되는 불일치(차반 p270) 등이 그것들입니다. 한마디로 잠재적 대상은 '순수과거의 한 조각'(차반 p232)이라 할 수 있습니다. 순수과거는 앞에서 보았듯이 지나간 과거가 아닙니다. 현재와 동시에 공존하면서 항상 현재와 작용을 주고받는 잠재적 세계를 가리키는 것입니다. 그 중의 한 조각이 잠재적 대상인 것이죠. 들뢰즈는 반복의 사례들을 정신분석학자 프로이트의 연구들과 소설가 마르셀 프루스트의 문학 작품에서 차용하고 있습니다(차반 p274주 63,pp278~279 참조).

프루스트의 역작 『잃어버린 시간을 찾아서』에서 유년기의 사건은 현실적인 두 계열 중의 하나를 형성하기보다는 차라리 어두운 전조를 형성하고, 현실의 두 계열은 이 전조를 통해 서로 소통하게 됩니다. 소설의 주인공은 어린 시절 엄마를 무척 사랑했습니다. 바로 이 유년기의 사랑에 힘입어 두 개의 성인 계열이 소통하게 되는데, 오데트에 대한 스완의 사랑과 어른이 된 주인공의 알베르틴에 대한 사랑이 그 두 성인 계열입니다. 이 두 개의 성인기의 계열을 서로 유사하게 만들고, 그리하여 하나의 사랑의 반복이 형성되도록 해 주는 것이 바로 주인공이 유아기에 겪은 사건, 즉 어머니의 키스 거부라는 실패한 사랑의 사건입니다. 여기서는 이 사건을 지나간 과거의 현실적이고 의식적인 사건으로 취급해서는 안 됩니다. 총체적인 순수 사건에 포함된 한 조각으로서 성인기의 두 계열의 근거로, 잠재적 전조로 작용하며 그것들과 공존하는 무의식 속에 숨어 있는 사건으로 보아야 합니다. 프루스트의 주인공에 있어 알베르틴과의 사랑의 실패는 오데트에 대한 스완의 사랑의 실패의 반복으로 이해됩니다(차반 p279 참조, 들철 pp96~97 참조).

이 외에도 프로이트가 분석한 엠마의 트라우마에 관한 사례에 있어서의 어린 시절의 추행사건, 그리고 프루스트 소설 속에서의 마들렌 과자를 맛보는 순간들에 느꼈던 반복되는 행복한 감정들에 있어서 주인공의 고향이었던 콩브레가 잠재적 대상인 순수과거의 한 조각의 역할을 합니다(들철 pp47~49,80,97 참조). 이 사례들에서 두 계열들 사이에 관계를 맺고 소통을 하게 해 주는 것이 어머니의 키스 거부, 추행사건, 마들렌 혹은 콩브레입니다. 이것들은 잠재된 무의식 속의 기억들로서 "그 자체는 현전하지 않으나 다른 두 계열의 현전의 조건이라는 점에서 그것들은 볼 수 없고 감각되지도 않는 어두운 전조라고 불리는 것입니다."(들철 p98) 우리가 어떤 사건, 마들렌 또는 콩브레라고 부르는 것은 잠재적 대상을 지칭하기 위한 하나의 기호일 뿐이지 고정된 정체성을 가지는 현실적 대상이 아닙니다.

들뢰즈가 제시하는 사례들의 구체적 내용까지 정확히 알 필요는 없습니다. 다만 반복의 도식적 구조를 이해하면 됩니다. 가장 중요한 것은 어두운 선조로서의 잠재적 대상의 역할을 이해하는 것입니다. 순수과거, 순수기억, 순수사건의 한 조각으로서 불시에 현전하여 사건의 계열들을 소통시키고 유사함과 유비와 대립 등의 관계 맺기를 성사시키는 일을 수행합니다. 들뢰즈가 말하는 즉자적 차이 혹은 차이 자체는 차이 짓는 차이소, 분화소, 관계를 만드는 것입니다. 쉽게 말하면 무언가 생기게 하는 것, 무언가 발생시키는 것입니다. 어두운 전조로서 정체가 불명확하고 이름 붙이기는 어렵지만 그것으로 인해 소통과 공명이 이루어지고 유사함과 닮음이 끊임없이 생산되고 반복됩니다. 그래서 그것을 강도적 역량, 힘의 의지라고 부르는 것이고 『안티 오이디푸스』에 이르러 생산적 욕망의 개념으로까지 연결되는 것입니다. '반복이란 차이를 반복하는 것이고, 차이란 반복되는 차이'라고 했습니다. 이제 이 말을 제대로 이해할 수 있습니다. 결론은 '차이의 반복'입니다. 차이가 반복되는 것입니다. 반복되는 것은 차이입니다. 엄밀히 말해 반복되는 것은 차이 자체로서의 잠재적 대상이지 현실의 사건의 계열들이 아닙니다. 현실의 사건들은 반복되는 잠재적 대상들이 이 순간에 그리고 저 순간에 현실화한 결과들에 불과합니다. 그리고 그것들 간에 비슷함, 유비, 대립 등의 관계가 성립하는 것이고, 그러한 관계맺음들을 우리가 경험적 반복으로 인식하는 것일 뿐입니다.

들뢰즈 철학의 시작이자 최종 결론이라 할 수 있는 '차이의 반복'은 풍요로운 반복입니다. 동일성이 반복되는 헐벗고 빈약한 반복이 아닙니다. 다질적이고 불균등한 계열들의 관계 맺기, 소통, 종합의 결과이기에 반복은 같은 모습으로 현상될 수 없습니다. 갑에 대한 연구는 갑 자신도 몰랐던, 무의식으로 알았던 갑, 그러나 갑과 무관하지 않은 갑, 갑의 잠재성을 드러내는 풍요로운 반복의 과정입니다. 현실화된 갑의 재현, 헐벗은 반복이 아닙니다(분화 p133 참조). 이것을 앞에 설명한, 세 개의 항을 필요로 하는 전형적인 도식에 맞추어 본다면, 갑도 의식하지 못하는 갑의 즉자적 차이, 잠재적 역량을 중심으로 하여 갑에 대한 연구 이전의 갑이 연구 이후의 갑으로 풍요로운 반복이 전개되는 과정이라고 할 수 있습니다. 고정된 정체성을 가진 갑이란 것은 없습니다. 잠재적 역량으로서의 갑이 있을 뿐입니다. 갑의 연속적 변이 혹은 연속적 변주(variation continue)가 있을 뿐이지 플라톤식 원형(idea)으로서의 갑, 모상(copy)으로서의 갑, 허상(simulacre)으로서의 갑으로 나누어지는 것이 아닙니다. 허상들의 반복만이 존재합니다. 반복이라는 공명 혹은 짝짓기를 가능하게 해 주는 갑이라는 것은 비인칭적인 강도적 개체로서의 갑이고, 뒤에 설명할 용어인 기관 없는 신체 혹은 탈기관체(corps sans organes)로서의 자격을 갖습니다.

나 혹은 여러분과 들뢰즈의 만남도 마찬가지로 설명될 수 있습니다. 들뢰즈를 만나기 이전의 나와 들뢰즈를 만난 이후의 나는 나의 잠재적 역량을 중심으로 풍요로운 반복의 과정을 거쳤다고 할 수 있습니다. 나와 여러분이 만나 지금 강의하는 중간에도 나는 지속적으로 새로이 태어나고 있고 그것은 여러분도 마찬가집니다. 그래서 우리는 데카르트의 코기토에서와 같이 의심할 바 없는 확립된 주체로서 존재하는 것이 아닙니다. 우리는 항상 차이 나는 것으로서, 들뢰즈의 표현으로는 균열된 나, 분열된 자아로서 존재합니다. 자아가 양태 변화를 겪는 것이 아니라, 그 자신이 어떤 양태 변화인 것이고, 결국 우리는 우리 자신이 지금 이 순간 가지고 있는 것들에 불과합니다(차반 pp187,149,169 참조). "번개가 친다."고 할 때 언어의 주술구조에 익숙한 우리들은 주체로서의 번개가 따로 존재하고 그것이 치는 동작을 하는 것으로 이해하는 경향이 있습니다. 그러나 존재하는 것은 번개의 순수사건으로서의 잠재적 역량들과 그것의 한 조각이 순간적으로 현실화된 하나의 번개침이라는 사건일 뿐입니다. 번개라는 고정된 실체가 미리 존재하는 것이 아닙니다. 번개침의 반복은 가면 속의 실체로서의 번개가 반복하는 것이 아니라 즉자적 비동등으로서의 번개, 순수사건의 한 조각, 잠재적 역량으로서의 번개가 허상으로서의 가면들로서 현실화되는 것입니다. 마찬가지로 고정된 실체로서의 '나'가 미리 있어서 그것이 공부하고 밥 먹고 사랑하고 기뻐하고 슬퍼하는 것이 아닙니다. 공부하는 나, 밥 먹는 나, 사랑하는 나, 기뻐하는 나, 슬퍼하는 나라는 반복하는 허상으로서의 나라는 것들이 무한한 연속적 변주 상태에 있는 것입니다.

그렇다면 반복하는 나라는 것을 확인해 주는 것은 무엇일까요? 어제의 나와 내일의 나가 개체적으로 하나임을 보증해 주는 것은 무엇일까요? 유년기의 나와 성년기의 내가 같은 사람임을 보증해 주는 것은 무엇일까요? 유년기의 갑이 성년기에 대대적인 성형수술로 비약적 변신을 감행하고 이름도 을로 개명했어도 우리가 양자를 동일한 사람으로 보는 것은 무엇 때문일까요? 이런 것을 수적 동일성의 문제라고 하는데, 한번 생각들 해 보세요.

학 생 기억 때문이 아니겠습니까? 그 사람 자신의 기억과 다른 사람들의 그에 대한 기억들 말입니다.

선생님 그럴 듯하네요. 그런데 갑을 포함해서 그를 기억하는 모든 사람들이 기억상실에 걸린다면 어쩌지요? 기억상실, 기억의 단절이 있어도 기억상실 전후의 갑은 같은 사람 아닌가요?

주상호 기억에 상관없이 육체의 연속성 때문 아닙니까? 기억이 단절되더라도 과감한 성형을 했더라도 육체는 어쨌든 갑의 육체니까요.

선생님 학생의 말도 일리가 있네요. 수적 동일성에 관해서 여러 생각과 견해가 있을 것인데, 동일성이 인정되려면 어떤 최소한의 연속성은 있어야 하지 않을까요? 어떤 부분적 단절이 있더라도 전체적으로 연속성이 인정된다고 판단되는 경우 동일성의 최소한의 필요조건은 갖추었다고 볼 수 있을 것입니다. 나는 이러한 문제에 대한 하나의 답을 반복의 도식적 구조에서 찾을 수 있다고 봅니다. 유년기의 나, 청년기의 나, 노년기의 나는 동일성이라는 관계를 유지하면서 이루어지는 반복의 과정이라고 할 수 있습니다. 그러한 관계를 맺고 소통을 하게 해 주는 것이 반복의 구조에서 바로 잠재적 대상이었습니다. 나라는 동일성을 지속적으로 유지시켜 주는 것은 현실적 반복의 현상 하에 실제로 반복되는 것인 잠재적 대상, 즉 차이 자체라 할 수 있을 것입니다. '존재는 즉각적으로 그 자신과 다르다'는 말로 표현되는 차이 자체는 그 자체로 연속성의 의미를 내포하고 있습니다. 차이 자체의 연속적인 누적이 나의 동일성을 보장한다고 할 수 있는 것입니다. 또한 잠재적 대상은 순수과거의 한 조각이라고 했습니다. 그 조각들의 누적적 총합체인 순수과거 자체가 또한 나의 연속성을 보장합니다. 차이의 철학에서 논의한 강도적 차이의 세계의 무한한 중층적 구조도 이러한 잠재적 세계의 연속성을 표현하는 것이라고 할 수 있죠. 요컨대 나의 동일성, 정체성을 보증하는 것은 나의 잠재성입니다. 나의 반복, 나의 변화는 나의 차이의 반복입니다. 나의 잠재적 역량의 연속적인 변주가 나의 일생인 것입니다. 잠재에서 현실로, 그리고 현실에서 잠재로의 영원한 이중운동의 연속성이 나의 정체성을 보증합니다.

  좀 더 부연해 봅시다. 나로서의 동일성을 가져오는 것은 무의식적으로 축적되는 순수기억으로서의 나, 순수과거로서의 나입니다. 이것이 없다면 '나'라는 정체성은 유지될 수 없습니다. 나의 정체성은 나의 잠재성, 나의 순수과거, 순수기억입니다. 그 중의 한 조각이 현실화한 것이 현재의 나인 것입니다. 나는 즉각적으로 나 자신과 다릅니다. 현실화된 나는 다시 차이 자체로서 즉각적으로 나의 잠재성을 새로이 형성합니다. 순수과거, 순수기억을 새로이 축적합니다. 나의 잠재성은 또한 뒤에서 설명할 순수사건으로서의 나입니다. 오늘의 나, 내일의 나는 모두 하나의 사건이고 이 사건들을 관계 짓게 만드는 것이 잠재적인 순수사건으로서의 나인 것입니다. 현실적 계열들로서의 나의 공명이나 소통은 잠재적인 나가 나의 계열 속을 옮겨 다니면서 스스로 가면을 쓰고 나타나는 것으로 설명되는데, 들뢰즈는 이러한 작용을 정신분석 용어를 차용하여 차이의 자리바꿈, 즉 전치와 위장이라고 합니다. 현실화된 나는 매순간의 일시적 가면이나 껍데기에 불과합니다. 가면 속에서 가면을 바꿔 쓰기만 할 뿐인 고정된 나는 없습니다. 나를 규정해 주는 것은 즉각적으로 달라지는 나입니다. 차이 자체로서의 나, 현실적 실체가 아닌 잠재적 역량으로서의 나입니다. 나의 이데아는 없습니다. 나의 허상들만이 있습니다. 존재로서의 나는 없습니다. 생성으로서의 나만 있습니다. 이 같은 사실은 사물도, 사회도, 자연도 마찬가집니다. 존재의 일의성은 이를 이르는 것입니다. 동일성으로서 지속되는 것으로 보이는 인간사회도 실제로는 매 순간 창조되는, 반복되는 것으로서의 그 시대의 사회체제라 할 수 있습니다. 하나의 사물이 새로 만들어지는 과정도 역시 반복으로 볼 수 있습니다. 하나의 존재가 창조되는 것은 발산과 탈중심화라는 내적 역량으로서의 차이가 무한히 반복되는 과정에서 잠시 나타나는 하나의 현상일 뿐입니다. 차이의 철학에서 계속되는 불일치, 즉자적 비동등, '존재는 즉각적으로, 내부적으로, 그 자신과 다르다.'고 했던 말들을 다시 한번 잘 곱씹어보기 바랍니다.

여민철 선생님, 처음에는 어떻게 차이 자체가 어두운 전조라는 표현과 연계되는지 이해가 안 됐는데요. 이제 보니 그게 매우 적절한 표현이네요.

선생님 어떻게 차이 자체라는 말로 이 세상의 수많은 실제적 경험의 근거들을 대변할 수 있는 것인지 아직도 의문스러운 사람이 있을 것입니다. 그러나 들뢰즈의 차이 자체를 잘 이해한 사람은 들뢰즈의 반복의 키워드인 어두운 전조라는 용어를 어색하게 생각하지 않을 것입니다. 어두운 전조(précurseur sombre ou obscur)란 말은 잠재적 대상, 잠재적 역량으로서의 차이를 가리키는 것입니다. 어둡거나 모호한 것(sombre ou obscur)은 잠재적이기에 그런 것이고, 전조인 것(précurseur)은 반복과 생성의 원천이자 경험과 인식의 근거이기에 그런 것입니다.

우리는 뒤에서 들뢰즈의 사회사상을 공부하면서 하나의 개체 혹은 몸체를 규정할 때, 즉 어떤 존재의 정체성을 따질 때, 앞서 정의한 다양체라는 용어를 사용할 것입니다. 이 용어를 사용해서 다음과 같이 말할 수 있습니다. 나의 정체성은 나라는 다양체로 규정됩니다. 나는 다양체로서 존재합니다. 고정된 몰적 개체가 아닌, 유연한 분자적 개체로서 존재합니다. 사회나 자연의 모든 것들도 마찬가지로 몰적 집합체나 유기체로서보다는 분자적 다양체나 탈기관체로서 존재합니다.

한 가지 더. 들뢰즈의 사회사상에서 추상기계라는 용어가 매우 중요합니다. 정체성의 문제를 그 존재의 잠재성에서 답을 구하는 것은, 특히 사회체제의 연구에 있어 중요한 단서를 제공합니다. 『안티 오이디푸스』에서 들뢰즈와 가타리가 사회체를 원시 영토기계와 야만 전제군주기계, 그리고 문명 자본주의기계로 나누는 것도 이러한 사고를 바탕으로 합니다. 그러한 기계들의 잠재성으로서 추상기계라는 개념을 사용하는데, 그 역할이 사회기계들의 구분에 있어서 관건이 됩니다. 구체적인 배치의 형성과 운동으로 설명되는 어떤 사회적 사건의 발생이나 반복은 잠재적인 사회적 개체로서의 탈기관체, 추상기계에 근거를 두고 전개됩니다. 들뢰즈와 가타리의 사회사상의 핵심 개념들인 다양체와 추상기계에 대해 자세한 것은 내일 배울 것입니다. 여기서 내가 미리 소개하는 이유는 들뢰즈/가타리의 사회사상도 들뢰즈의 차이와 잠재성의 철학을 토대로 하고 있다는 것을 보여 주려 한 것입니다. 재차 말하지만 들뢰즈의 차이와 반복, 잠재성에 대한 사유는 들뢰즈 사유의 뿌리이고 몸통입니다.

들뢰즈의 반복은 니체의 영원회귀와 합치됩니다. 우리는 들뢰즈의 반복의 의미를 니체의 힘의 의지와 영원회귀의 버전으로 다시 사유함으로써 이해도를 더 높일 수 있습니다. 세상사 모든 것은 영원회귀로서 끝없이 이어지는 이중의 운동입니다. 단순히 말해서 조임과 풀림, 수축과 이완 혹은 팽창의 이중운동인 것입니다. 이러한 것이 반복입니다. "영원회귀는 존재의 일의성이며 그런 일의성의 실제적 실현입니다. 존재는 단 하나의 같은 의미에서 언명됩니다. 이 의미는 영원회귀의 의미입니다."(차반 p114) "영원회귀는 '같은 것'을 되돌아오게 하지 않습니다. 오히려 생성하는 것에 대해 회귀가 그 유일한 같음을 구성하는 것입니다. 회귀는 유일한 동일성입니다."(차반 pp112~113) "영원회귀 자체가 다시 돌아오는 것에 대해 유일하게 같은 것이자 유일하게 유사한 것입니다."(차반 p283) "차이에 의해 산출되는 이런 동일성은 '반복'으로 규정됩니다."(차반 p113)

『차이와 반복』에서 차이와 반복은 이처럼 영원회귀라는 차원에서 포괄적이고 광범위한 의미로 이해되어야 합니다. 차이는 모든 것의 발생적 요소이고 반복은 자연과 사회에 있어서의 모든 생성을 의미합니다. 발생하는 모든 것은 수축, 이완, 팽창이라는 운동 속에서 이루어지는 어떤 힘의 출현이고, 대상의 생성이며, 동일성, 유사성, 인과 등의 관계의 생성이고, 이러한 현상은 어떤 계열들 간의 공명이자 소통으로 볼 수 있습니다. 그리고 이러한 현상들에 대한 판단들이 경험적 종합으로서 우리의 인식이 되는 것입니다. 이와 같이 반복은 존재론적으로는 사물의 발생, 사건의 발생 그리고 인식론적으로는 경험적 종합으로서 현상의 인식으로 파악되고 이해될 수 있는데, 이러한 모든 것의 배후에 그 근거로서, 궁극적인 발생적 요소로서 차이가 있는 것이고 그것이 바로 차이소인 것입니다. 그 차이소가 상황에 따라 어두운 전조, 비동등, 순수과거, 불일치, 힘의 의지 등의 다른 이름으로 불리는 것일 뿐입니다.

앞서 잠깐 언급하기도 했지만, 여기서 니체의 힘의 의지에 대해 명확히 하고 넘어가기로 합시다. 들뢰즈는 니체의 힘의 의지를 지배욕이나 혹은 힘을 향한 의욕으로 오해하지 말 것을 강조합니다(니체 pp64~65 참조). 들뢰즈의 니체 해석에 의하면, "힘의 의지는 결코 '역량을 의욕한다'는 것을 뜻하는 것이 아닙니다. 오히려 그것은 무엇을 의지하든지 간에 의지하는 바의 것을 누승적 역량으로 끌어올리는 것을 뜻합니다. 다시 말해서 역량의 우월한 형식을 끌어내라는 것입니다."(차반 p40) 존재하는 모든 것 각각의 보다 우월한 형식이라고 할 수 있는 것이 니체가 말하는 초인입니다(차반 p40 참조, 의논 p202 참조). 힘의 의지와 함께 많은 사람들이 오해하는 니체의 용어 중 하나가 초인이라는 말입니다. 니체가 말하는 초인은 사람들 중에 뛰어난 능력을 지닌 슈퍼맨을 의미하는 게 아닙니다. 누구나 자신의 역량의 우월한 형식을 이끌어냄으로써 초인이 될 수 있습니다. 누구나 해탈하면 부처가 될 수 있다는 불교사상과도 연결되는 대목이죠. 힘의 의지는 신념과 시즌의 가치를 향해가니 추구하는 의미, 즉 힘에의 의지, 권력에의 의지가 아니라 새로운 가치를 창조하려는 의지입니다. 여기서 힘은 세속적인 권력으로 해석되어서는 안 됩니다. 여기서 힘은 역량, 들뢰즈적 의미의 생산적 욕망으로 해석되어야 합니다. 욕망이 무엇에 대한 욕구가 아닌 생산적 욕망이듯이 힘의 의지는 권력, 부, 성적인 것 등에 대한 의지가 아니라, 창조하려는 의지입니다. 힘의 의지는 어떤 인간적 형태도 함축하고 있지 않습니다. 모든 존재가 가진 본성입니다. 힘은 의지를 가지고 목적어가 아닌 주어로서 원하는 것입니다(니철 p158 참조). 힘의 의지를 마치 권력이 의지의 최종 목적이나 본질적 동기이기라도 한 듯이, 마치 권력이 의지가 의욕했던 것이기라도 한 듯이 해석하는 저자들은 니체의 스승이나 후계자가 될 수 없다는 것이 들뢰즈의 생각입니다(니철 pp150~151 참조). 힘의 의지는 힘들을 발생하게 하는 동시에 이 힘들 간의 관계를 결정합니다. 힘의 의지는 힘과 힘의 관계를 규정하고 힘의 성질을 생산해 내는, 차이를 만드는 미분(微分)적 요소, 발생적 요소입니다(니철 p121 참조, 들철 p112 참조). 니체의 힘의 의지가 바로 들뢰즈의 차이입니다.

최종적으로 차이와 반복의 상응을 들뢰즈의 말로 정리해 봅시다. "차이가 부단한 탈중심화와 발산의 운동이라면, 반복에서 일어나는 전치와 위장은 그 두 운동과 밀접한 상응 관계에 놓여 있습니다."(차반 p19) "차이가 발산과 탈중심화를 역량으로 하고 있다면, 반복은 전치와 위장을 역량으로 합니다."(차반 p603) "영원회귀 안의 반복은 차이의 고유한 역량으로 나타납니다. 반복되는 것의 전치와 위장이 하는 일은 운반에 해당하는 차이 운동, 그 유일한 운동 안에서 차이 나는 것의 발산과 탈중심화를 재생산하는 것밖에 없습니다."(차반 p625) 여기서 중요한 것이 '반복되는 것'이라는 표현입니다. '반복되는 것', 이것이 어떤 주체나 대상으로서의 정체성을 구성하는 것입니다. 이것이 전치나 위장을 수행하는 잠재적인 것입니다. 그것이 차이 나는 것의 발산과 탈중심화를 재생산하면서 양태를 변화시켜 가는 것입니다. 존재하는 것은 이렇듯 항상 생성과 연속적 변이의 과정에 있습니다. 결과로서, 동일한 것으로서의 정체성은 찰나에 지나지 않습니다. 원인으로서, 근거로서의 정체성을 굳이 따지자면 그것은 전치와 위장을 거듭하면서 반복되는 것, 즉 잠재적 대상으로서의 차이 자체입니다.

사건의 존재론

사건(événement)의 존재론으로 넘어가죠. 인간사뿐만 아니라 자연에서 일어나는 모든 발생, 운동은 사건이라는 용어로 포괄할 수 있습니다. 들뢰즈의 존재론은 사건의 존재론이기도 합니다. 사건의 존재론은 『의미의 논리』의 주된 테마입니다. 이 책은『차이와 반복』에서 논의된 들뢰즈의 잠재성을 명제에 의해 표현되는 의미로서의 잠재적 순수사건의 영역에서 사유합니다. 들뢰즈가 사용하는 사건이라는 개념이 세계의 모든 운동을 함축하는 말이지만 언어 혹은 명제로 표현되는 의미가 사건이라는 측면에서 볼 때 사건의 존재론은 들뢰즈의 철학사상으로부터 그의 사회사상으로 넘어가는 데 있어 징검다리 역할을 한다고 볼 수 있습니다. "사건은 곧 의미 자체입니다. 사건은 본질적으로 언어에 속합니다. 그것은 언어와 본질적인 관계를 맺습니다."(의논 p79) "의미는 명제로 표현된 것 또는 표현 가능한 것이다"(의논 p78), "명제 속에 내속하거나 존속하는 순수사건입니다."(의논 p74) 순수, 내속, 존속이라는 말로부터 우리는 그것이 잠재적인 것이라는 것을 알 수 있습니다. 아직 현실화하지 않은 사건을 말하는 것입니다. 표현이라는 말도 앞서 기호해독에서 설명한 잠재적 의미의 표현 그대로입니다. 명제도 하나의 기호이며, 명제는 한편으로 대상을 지시하지만, 다른 한편으로는 의미를 표현합니다.

사건의 존재론은 우선 스토아학파에서 유래하는 두 가지 개념을 명확히 구분하고 시작해야 합니다. 물체적인 것 또는 몸체적인 것(corporel)과 비물체적인 것 또는 비몸체적인 것(incorporel)입니다. 여기서의 물체적인 것은 현실적으로 존재하는 것, 즉 실존하는 것으로서 물질 뿐만 아니라 정신적인 것도 포함합니다. 우리의 정신과 영혼, 의식적 관념들도 현실적으로 존재, 즉 실존하는 것입니다. 이러한 물체적인 것을 제외한 것이 비물체적인 것으로 이것이 의미로서의 사건과 연결됩니다. 단적으로 말해서 들뢰즈 존재론의 잠재적인 것이 사건의 존재론에서는 비물체적인 것입니다. 비물체적인 것은 탈물질적인 것으로 표현하기도 하는데, 앞으로의 논의에서도 계속 등장하는 만큼 그 뜻을 착각하는 일이 없도록 주의하기 바랍니다.

들뢰즈의 사건에 대한 사유는 독특성의 개념으로부터 시작합니다. 탈물질적 사건은 곧 독특성입니다. 그것은 독특한 점들 혹은 '특이점들의 집합'(의논 p121)입니다. 앞에서 들뢰즈의 잠재적 이념이 미분비들과 그에 상응하는 전(前)개체적인 독특한 점들로 이루어져 있다고 했습니다. 이러한 사실들로부터 사건의 존재론은 들뢰즈의 차이의 철학, 잠재성의 철학과 불가분의 관계에 있다는 것을 금방 알 수 있습니다. 결국 들뢰즈의 잠재적 이념은 독특성들로 이루어진 순수사건들의 영역인 것입니다. 독특성들은 참된 순수사건으로서 "개체적이거나 인칭적인 것이 아니라, 개체들과 인칭들의 발생을 주도"합니다(의논 p194). 개별적이고 구체적인 사건은 현실화된 독특성입니다. "독특한 점들은 계열화되어 존재합니다. 계열화된 독특성이 현실화할 때, 그 사건은 의미를 가지게 됩니다."(의논 pp122~123역주) 독특성들이 현실화하여 유기체나 사물의 부분이 발생합니다. 이것이 순수사건이 의미를 가지는 현실적인 사건으로 변화하는 과정입니다. 여기서 들뢰즈의 사건과 일상적으로 우리가 말하는 사건으로서의 사고(事故, accident)가 구분됩니다. 사건들은 "탈물질적인 특이성 혹은 독특성들"이고, 사고는 물질적인 작용과 반작용들인 "사태 안에서의 그 시공간적 현실화"를 말합니다(의논 p124). 정리하면, 들뢰즈가 말하는 사건은 비물체적인 순수사건으로서, 잠재적인 독특성들의 집합입니다. 이는 물체들의 상호작용에 의한 사태들의 부대물로서, 명제가 표현하는 의미와 같은 것입니다. 사건도 해석되어야 할 기호인 것입니다(의논 p139 참조). 들뢰즈의 표현에 의하면 일상적인 의미의 사건은 순수사건의 한 조각이 현실화한 것으로 물질적으로 구현 혹은 육화(incarnation)되거나 사태에로 합체(incorporation)된 것이라고 할 수 있습니다(의논 pp77~78,138 참조). 사건은 한편으로 물체들 또는 몸체들의 능동과 수동인 사태들과 관련해서는 비물체적인 효과로서 이해되어야 하고, 다른 한편 언어로 이루어지는 명제와 관련해서는 그 안에 내속하는 (insister) 함축된 의미로서 이해되어야 합니다.

주상호 사건이 무엇인지 피부에 와 닿지 않습니다. 예를 좀 들어 주시죠.

선생님 세상은 무한한 사건들로 이루어집니다. 역사적으로 의미가 깊은 사건들은 물론이고, 한사람의 삶, 축구의 골인, 야구의 홈런, 너와 나와의 만남 등등 끝이 없는 사건의 연속이죠. 그러나 그 사건에 의미와 가치를 부여하는 것은 해석과 평가를 통해서입니다. 그것은 누가 하는가에 따라 다릅니다. 그래서 들뢰즈의 사상에서는 진리에 있어 무엇인가를 따지는 것보다 누가 해석하고 평가하는가에 대하여 더 초점을 맞추는 것입니다. 진리는 발견하는 것이라기보다 창조하는 것입니다. 들뢰즈의 사건의 의미는 내일 공부할 그의 사회사상에서 배치, 특히 언표적 배치와 연계하여 논할 때 더 명확히 알 수 있습니다.

들뢰즈의 사건에 관한 논의는 이 정도로 합시다. 이제 오늘 강의에서 논의한 들뢰즈의 철학을 정리해 보도록 합시다. 들뢰즈의 철학은 잠재성의 철학입니다. 지금까지 논의한 것들에서 여러분도 알 수 있듯이 들뢰즈 철학의 정수는 잠재성을 사유하는 데 있습니다. 들뢰즈 사유의 핵심은 잠재적인 것을 사유하는 것입니다. 잠재적인 것에 대한 사유가 항상 다른 모든 사유의 계열들의 중심에 자리 잡고 있죠. 들뢰즈의 인식론과 윤리적 실천론뿐만 아니라 가타리와 함께 전개한 사회사상에 있어서도 항상 잠재적인 것들에 대한 이해가 그러한 논의들의 선결 요건이 됩니다. 지금까지뿐만 아니라 앞으로의 논의에 있어서도 들뢰즈의 잠재성에 대한 사유를 잘 이해하고 기억해야 합니다. 잠재적인 것에서 현실적인 것으로 유출되는 현실화 또는 분화라고 불리는 존재의 운동이 세계의 움직임입니다. 들뢰즈의 차이의 철학에서 잠재적 대상은 차이를 발생시키는 차이소들, 독특성들, 특이점들입니다. 이러한 것들이 사건화하여 반복적인 생성을 가져온다는 것이 들뢰즈의 사건의 철학, 반복의 철학, 생성존재론의 요체입니다. 이같이 차이에 의해 생산되고, 차이를 지속적으로 생산하는 영원회귀가 반복인 것이며 영원회귀를 유일한 동일성으로 포착하는 것이 들뢰즈의 일의적 존재론입니다. 이러한 것들을 사유하는 것이 초월적 경험론으로 지칭되는 들뢰즈의 인식론입니다. 존재론과 인식론은 분리될 수 없습니다. 존재에 대한 이해를 바탕으로 인식이 파생되는 것입니다. 들뢰즈의 존재론에서 새로운 사유의 이미지, 새롭게 생각하는 방식이 도출됩니다. 새로운 진리관이 성립되는 것입니다. 잠재적인 것의 현실화, 영원회귀로서의 생성을 존재의 본질로 보는 들뢰즈에게 있어 진리는 고정된 채 숨겨져 있어 우리가 찾아야 하는 것이 아닙니다. 우리는 진리를 창조합니다. 진리를 생성해 냅니다. 의미를 부여하고 가치를 평가하면서 우리는 우리의 삶을 적극적으로 창조해 나가는 것입니다. 들뢰즈는 『차이와 반복』의 핵심 주장을 『의미의 논리』에서 반복해서 강조합니다. "전개체적이고 비인칭적인 독특성들로 하여금 말하게 하는 것, 요컨대 의미를 생산하는 것이야말로 오늘날 우리에게 주어진 과제"라는 것입니다(의논 p153). 독특성들이 말하게 하는 것, 의미의 생산이 바로 현실적 분화, 사건의 발생, 즉 생성입니다. 이는 잠재적 대상, 차이들의 자리바꿈에 의해 다질적 계열들을 공명하게 하고 소통시켜 풍요로운 반복을 이루어 내는 것입니다. 이러한 이해를 바탕으로 인간사회를 사유하는 과정으로 들어갈 것입니다. 내일 이 시간에 다시 만나도록 합시다.

첫날 강의가 끝나고 캠퍼스를 천천히 걸어 나오며 여민철과 그의 후배 주상호가 대화를 나눈다.

주상호 들뢰즈에 대한 책도 읽고 강의도 들었는데 제대로 이해하기가 쉽지 않네요. 형한테 직접 들으면 이해가 쉬울 것 같기도 한데요. 좀 쉽게 풀어서 말해 줄 수 없어요, 형이?

여민철 나도 들뢰즈에 대해서 쉽게 풀어서 말할 수 있는 형편이 아냐. 쉽게 풀어서 말할 수 있다는 건 충분히 이해하고 내 것으로 체득했다는 말인데 그게 어디 가당키나 하냐? 들뢰즈를 완벽히 이해하는 사람은 아마 드물 거야. 드문 게 아니라 거의 없다고 봐야지. 들뢰즈나 가타리 자신도 자신들이 하는 말을 완전히 이해하고 쓴 것인지 의문이 들 정도니까. 선생님 말씀대로 들뢰즈의 말을 자기 나름대로 사유하고 해석해서 행동으로 실천해 나가는 게 옳다는 것이 내 생각이야. 각자의 느낌과 취향이 중요하니까.

주상호 처음에 형은 어떻게 들뢰즈에 심취하게 된 거예요?

여민철 직장을 관두고 백수가 되니까 갖은 건 시간밖에 없더라구. 시간은 많고 활동적이지는 않은 성격이어서 시간 죽이는 데 무엇이 좋을까 고민 중이었지. 원래 나는 독서를 굉장히 싫어하는 편이었어. 대학 갈 때도 교과서 읽는 게 다였을 만큼 책읽기를 싫어했지. 입시에 필요한 독서만 했던 거야. 상호 너도 알지? 우리 고등학교가 대학 입시 위주로 교육을 한 자랑스러운(?) 학교라는 거. 난 그런 중에서도 두드러지게 운동도 싫어하면서 독서도 싫어하는 진짜 이 시대의 귀차니스트 중 한 명이었지. 그런데도 시간이 많아지자 택할 수 있는 게 내 재주로는 독서밖에 없었어. 그래서 시작한 책읽기였고 그때부터 나는 독서에 대한 새로운 맛을 알게 됐던 거야. 누가 그랬듯이 강제된 독서가 아닌 욕망의 독서의 맛을 알게 된 거지. 내가 필요로 하고 내가 관심이 있는 분야의 독서를 하게 되면서 진정한 지적 쾌락을 경험하게 된 거야. 그러던 중에 우연히 미셸 푸코가 생각하는 방식에 매료되고 말았어.

주상호 푸코를 통해 들뢰즈를 알게 됐나요? 그때쯤이면 푸코가 지명도 면에서 한국에서는 더 우위에 있었죠?

여민철 그랬었지. 내가 처음으로 푸코를 제대로 접했던 것은 『니체, 프로이트, 맑스 이후』라는 책을 통해서였어. 철학이나 공부해 볼까 하는 생각을 갖고 철학 책들 근처를 어슬렁거리던 차에 그 책 제목이 눈에 팍 꽂히더라고. 그리스철학, 독일철학을 위주로 책을 읽고는 했는데 그리 구미가 당기는 구석이 없던 중이었어. 내가 이해하지 못하는 바가 컸겠지만 어쨌거나 그런 책들에서 철학적 감동을 느낄 수 없었지. 그들이 주장하는 바에 별로 공감이 가지 않으니 그 어려운 책들을 읽어 나가기가 고역이더라구. 근데 니체, 프로이트, 맑스 이후에 도대체 무슨 일이 있었단 말인가? 제목부터 나를 확 휘어잡았어.

주상호 제목이 무슨 예시를 주는 것 같군요. 그 세 사람이 푸코, 들뢰즈 등을 위시한 프랑스 현대 철학자들의 사상적 토대가 되었던 거죠? 근대적 철학사상이 그들로 인해 새로운 전기를 맞게 되었다는 정도는 저도 들어서 알고 있죠. 주로 프랑스 철학자들이 현대철학을 개척했는데 그들의 사상적 토대가 된 학자들이 주로 독일권 출신이라는 것도 참 아이러니하네요.

여민철 우리 상호가 내공이 꽤 갖춰져 있는데. 오호!

주상호 기자 지망생이 그 정도는 알아야죠. 저도 현대철학에 대해 관심이 많아요.

여민철 그 세 사람 이후 현대철학이 어떤 길을 걸어 왔는지를 프랑스철학을 중심으로, 그 중에서도 데리다, 푸코, 들뢰즈를 중심으로 보여주는데, 거기서 뭐랄까 지금까지와는 다른, 갈증을 풀어주는 무언가를 발견할 수 있었어. 처음에는 푸코의 주장이 쉽게 공감이 되더라구. 지식과 권력의 관계에 대해서 새로운 인식을 갖게 해 주는 그의 이론이 재밌더라구. 근데 그런 푸코가 들뢰즈의 사상을 평하면서 이 세기는 들뢰즈의 시대라고 말했대나 어쨌대나 하는 소리를 듣고 처음에는 지들끼리 놀고들 있네 하고 생각하기도 했는데, 푸코가 헛소리 할 사람은 아니잖아? 그래서 에라 시간도 많겠다 들뢰즈를 한번 파보기로 했지. 그렇게 시작된 거야.

주상호 푸코보다 들뢰즈가 더 매력이 있던가요?

여민철 누가 더 매력이 있다고는 할 수 없고 내가 찾던 문제를 해결하는 데 들뢰즈가 더 도움이 되었다고 할 수는 있겠지. 푸코를 읽으면서 망치로 머리를 두드려 맞는 듯한 정신적 쾌감 같은 것이 많았어. 그가 항상 주장하는 다르게 생각하기라는 것이 무엇인지를 이해하고, 권력과 역사, 지식에 관한 것들을 새롭게 보는 안목이 길러진 대단한 순간들이었지. 그런데 들뢰즈를 읽으면서 푸코의 사상들은 그의 생각들에 비하면 문제들에 대한 논의의 깊이는 몰라도 상대적으로 주제가 단편적인 느낌이 들더라고. 들뢰즈가 현대 형이상학 혹은 존재론의 집대성자라고 불리듯이 들뢰즈를 읽어가면서 뭔가 정리가 되는 느낌이 들었어. 다른 철학자들과 비교해 볼 때 들뢰즈는 현대과학과 인문학을 적극적으로 수용해서 존재론을 가장 포괄적으로 종합 정리한 철학자라고 할 수 있지(『개념-뿌리들 02』 이정우, 철학아카데미. 2004, 이하 '뿌리2'로 약칭, pp211~212,413~414 참조). 들뢰즈를 접하고 세계를 보는 눈, 생각하는 방식 같은 것들이 정리가 되고 종합되는 느낌이 드는 거야. 궁극적인 것에 대한 나의 의문이 어느 정도 풀려 나가는 기분이었고 그에 따라 어렴풋하게나마 내 인생관과 윤리관이 자리 잡힐 수 있게 됐지. 너에게도 들뢰즈와의 좋은 만남이 계속되기를 바란다.

다음날 선생님의 강의가 계속된다.

들뢰즈의 실천법칙

선생님 들뢰즈의 구체적 실천론인 그의 사회사상을 논하기에 앞서 우선 실천과 가치에 대한 들뢰즈의 일반적 관점을 정리해 보기로 합시다. 이러한 기본적인 윤리적 관점을 미리 알아 두는 것이 들뢰즈의 그리고 더 나아가 들뢰즈와 가타리의 정치·경제·사회에 대한 구체적 주장을 이해하는 데 도움이 될 것입니다.

들뢰즈는 니체의 힘(Macht)의 논리에 의지하여 가치의 영역으로 그의 이론을 확장합니다. 그의 실천론이 시작되는 지점이죠. "니체는 그의 힘이 어떻건 그가 할 수 있는 것에서 분리된 자를 약자 혹은 노예라고 부릅니다."(니철 p120) 강한 자는 자기의 역량을 그것이 할 수 있는 것의 끝까지 발휘하는 자입니다. 힘의 절대적 수준은 중요하지 않습니다. 자신이 할 수 있는 것을 끝까지 밀고 나가는 자가 강자이고 주인입니다. 이제 강자와 약자, 주인과 노예와 같은 가치적 위계가 등장하고 있습니다. 들뢰즈의 니체 연구에서 우리는 힘, 즉 역량의 내부에 있는 작용적인 것과 반작용적인 것, 적극적인 것과 반응적인 것의 구별을 인식함으로써 존재론적 논의가 윤리학으로 변형되는 것을 볼 수 있습니다(진화 p181 참조). 이러한 힘의 분류에 대해 상세히 알려면 『니체와 철학』과 『들뢰즈의 니체』를 읽기 바랍니다. 이러한 논의가 스피노자의 역량(puissance)에 관한 분석과 결합되어 마침내 들뢰즈의 윤리학이 완성되기에 이릅니다. 들뢰즈의 스피노자 연구에서 우리는 역량들의 체계를 볼 수 있습니다. 능동(actions)과 수동(passions)의, 기쁨과 슬픔의 구별을 배울 수 있습니다. 상세한 것을 알기 원하는 사람은 스피노자의 『에티카』와 들뢰즈의 『스피노자와 표현의 문제(Spinoza et le problème de l'expression)』(질 들뢰즈, 1968, 한국어판: 이진경/권순모 옮김, 인간사랑, 2003, 이하 '표현'으로 약칭), 『스피노자의 철학(Spinoza, philosophie pratique)』(질 들뢰즈, 1970, 한국어판: 박기순 옮김, 민음사, 2001, 이하 '스철'로 약칭)을 읽기 바랍니다. 이상의 사변적 윤리학을 토대로 하여 정치철학, 자본주의 분석 등과 같은 들뢰즈의 실천적 사회사상이 전개됩니다. 물론 그의 사회사상의 정립 과정에서 펠릭스 가타리와의 만남이 결정적 역할을 했고요.

스피노자 연구에서 완성되는 들뢰즈의 윤리학을 우리는 다음과 같이 정리할 수 있습니다. 스피노자는 '신체는 무엇을 할 수 있는가?'라고 묻는 것으로부터 신체의 역량을 분석하기 시작합니다. 신체의 역량은 외부적 원인에 의해 수동적으로 변용될 수 있는 역량과 내부적 원인으로 인해 능동적으로 변용할 수 있는 역량으로 구분됩니다(진화 p212 참조). 한 신체가 본성상 적합하고 양립할 수 있는 다른 신체를 만나 서로의 역량이 증가하는 경우는 기쁜 만남이고, 양립할 수 없고 파괴적인 만남이 이루어져 하나 또는 그 이상의 신체의 역량이 감소된다면 그것은 슬픈 만남이 됩니다. 기쁜 만남에 의한 역량의 증가는 윤리적으로 좋은 것이고, 슬픈 만남으로 인한 역량의 감소는 윤리적으로 나쁜 것입니다. 이러한 만남에 의한 역량의 변화, 즉 변용은 수동적인 것들이라 할 수 있습니다. 우리는 스스로 기쁜 만남을 생산하는 것, 즉 능동적 변용을 산출하는 데까지 나아가야 하는데, 이것이 바로 윤리적 사변에서 윤리적 실천으로의 전환이 필요한 지점입니다.

여민철 선생님께서는 지금까지 줄곧 들뢰즈의 실천을 윤리의 측면에서 강조해 오셨는데, 들뢰즈에게는 칸트에서와 같은 어떤 도덕법칙은 발견할 수 없는 것 같습니다. 도덕과 윤리의 관계는 어떤 것입니까? 도덕과 윤리는 같은 것입니까, 다른 것입니까?

선생님 같은 것으로 볼 수도 있고 다른 것으로 볼 수도 있고.

주상호 무슨 선문답 같은 말씀을?

선생님 선문답이 아니라 도덕과 윤리라는 개념 자체도 얼마든지 변이가 가능하고 그 둘의 관계도 우리가 누누이 강조해 왔듯이 보는 관점에 따라 같을 수도 있고 다를 수도 있다는 말이죠.

윤리를 중심으로 말해 봅시다. 윤리를 도덕과 같은 것이라 보면 같은 것이고, 다른 기준과 관점에서 보면 다를 수도 있는 것입니다. 윤리를 도덕과 다르게 보는 관점, 특히 스피노자의 『에티카』 이래로 그의 윤리사상을 받아들이는 니체, 들뢰즈 같은 학자들의 관점에서 본다면 윤리와 도덕은 다르다고 할 수 있습니다. "대체적으로 도덕(morality)은 가치의 형이상학적 토대에 입각한 사유라면, 윤리(ethics)는 현실적 차원에 입각한 사유라고 할 수 있습니다. 단적으로 말해, 도덕이 옳음과 그름의 문제라면 윤리는 좋음과 나쁨의 문제라 할 수 있습니다."(뿌리2 p193) 가치론의 기본 개념이라 할 수 있는 선과 악의 의미는 직역하면 좋음(good)과 나쁨(bad)이 되겠지만 도덕적 의미에서의 옳음(right)과 그름(wrong)의 관계로 파악하는 것이 도덕과 윤리를 구분하는 학자들의 대체적 경향입니다. "옳음/그름은 초월적 가치 기준과 의무 개념을 함축하지만, 좋음/나쁨은 내재적 가치 기준 내 책복/기쁨과 슬픔의 개념을 함축합니다."(뿌리2 p206) "도덕적 판단은 내재적인 지평 바깥에 어떤 초월적인 기준이 있다는 것을 전제"(뿌리2 p207)하며, 윤리적 판단은 사람과 사물, 사람과 사람 사이의 내재적 관계를 문제로 삼습니다. 도덕은 "어떤 초월적인 기준에 의해서 선과 악을 결정하는 언표의 모음"이라고 할 수 있습니다. 반면 "하나의 신체가 다른 신체에 의해 촉발될 때 그 촉발이 어떤 변화를 초래하는가가 윤리의 가장 중요한 지표가 됩니다."(유동 p64) 도덕철학의 대표자는 칸트를 들 수 있고 윤리학을 정초한 학자는 스피노자입니다. "스피노자에게서 중요한 것은 우리가 삶에서 어떻게 좋은 만남을 이룰 것인가 하는 것입니다. 따라서 초월적 가치에 대한 준거는 필요 없고 삶 자체라는 내재적 장 속에서 어떻게 행복을 추구할 것인가가 문제가 됩니다."(뿌리2 p195)

우리는 들뢰즈의 윤리관을 스피노자의 『에티카』를 해석하고 평가한 책들 『스피노자와 표현의 문제』와 『스피노자의 철학』에서 찾아볼 수 있습니다. 스피노자를 연구하면서 들뢰즈는 악을 한 양태를 특징짓는 관계의 파괴 혹은 분해로 정의합니다. 그러므로 악은 특수한 어떤 실존 양태의 관점에서만 얘기될 수 있습니다. "자연 일반에는 '선'과 '악'이 있는 게 아니라 각각의 실존 양태에게 좋은 것과 나쁜 것, 이로운 것과 해로운 것이 있습니다. 악은 이러저러한 양태의 관점에서 나쁜 것입니다."(표현 p332) 자연에는 선도 악도 없습니다. 그러나 선도 악도 없다는 것이 모든 차이가 사라진다는 것을 의미하는 것은 아닙니다. 선과 악의 도덕적 대립은 사라지지만 이 사라짐이 모든 사물들, 모든 존재들을 똑같게 만드는 것은 아닙니다. 역량의 증가와 감소가 있습니다. "좋음과 나쁨의 구별은 거짓된 도덕적 대립을 대신해야 하는 진정한 윤리적 차이의 원리 구실을 할 것입니다."(표현 pp342~343) 스피노자적 의미의 좋음과 나쁨은 역량의 증가와 감소로 정의됩니다. 역량의 증가는 기쁜 것이고, 감소는 슬픈 것입니다. 따라서 "객관적으로 우리의 변용될 수 있는 역량과 활동할 수 있는 역량을 증가시키거나 돕는 것은 좋은 것이며, 그것을 감소시키거나 방해하는 것은 나쁜 것입니다."(스철 pp83~84) 들뢰즈는 도덕적 기준인 선과 악은 자의적인 것으로 봅니다. 그것들은 "이성의 존재들 혹은 상상의 존재들로서, 사회적 기호들, 즉 보상과 처벌의 억압적 체제에 완전히 의존해 있는 것들입니다."(스철 p86)

　도덕적 세계관은 영혼의 신체에 대한 우위를 암시합니다. 영혼의 탁월함과 목적성에 입각해서 영혼의 법칙에 신체를 복종시킬 것을 강조합니다(표현 pp345~346 참조). 그러나 윤리적 세계관은 신체와 영혼을 대등하게 바라봅니다. 영혼의 역량뿐만 아니라 신체의 역량을 그 자체로 연구하고 평가합니다. 다시 한번 강조하자면, 스피노자의 주된 물음은 '신체는 무엇을 할 수 있는가?'라는 것입니다(표현 pp346~348 참조). 이것은 한 신체나 개체의 역량을 묻는 것입니다. 윤리적 세계관은 역량의 증가와 감소의 관점에서 평가의 기준을 찾습니다. 현대의 들뢰즈 사상의 언어로 다시 말하면, 신체뿐만 아니라 영혼체까지도 포함하는 하나의 몸체로서의 개체가 무엇을 할 수 있는지, 그것의 역량, 그것의 행위능력 혹은 변용능력의 증가와 감소가 윤리적 가치판단의 기준이 될 수 있다는 것입니다. 들뢰즈는 영혼과 신체 중의 어느 일방의 우위를 인정하지 않습니다. 영혼과 신체는 동등한 것으로 바라봅니다. 이런 관점에서 볼 때, 약자나 노예는 절대적으로 작은 힘의 소유자가 아닙니다. 약자는 그의 절대적 힘의 크기가 어떻든 간에 그의 역량으로부터 분리되어 있는, 노예 상태에 억류되어 있는 자입니다. 따라서 약자와 강자, 노예와 자유인이 있습니다. 요컨대 "자연에는 선도 악도 없습니다. 도덕적 대립은 없고, 대신 윤리적 차이가 있습니다."(표현 p365)

초월적 권위에 근거하여 가치를 판단하는 도덕적 세계관이 아니라 내재적인 힘들의 관계에 따른 무한한 과정에 직면하여 구체적이고 신중한 판단을 내리는 윤리적 세계관을 지향하는 것이 들뢰즈의 실천철학입니다. 들뢰즈는 한 강연에서 다음과 같이 그의 윤리관을 피력한 바 있습니다. "윤리와 도덕 사이에는 근본적인 차이가 존재한다. 스피노자는 결코 우리가 무엇을 해야 하는지 묻지 않는다. 그는 언제나 우리가 무엇을 할 수 있는지, 우리의 힘 안에 무엇이 있는지를 묻는다. 윤리는 힘의 문제이지, 결코 의무의 문제가 아니다. 그가 파악하고 있는 것은 좋은 마주침들과 나쁜 마주침들, 힘의 증대들과 감소들이다. 그러므로 그는 윤리를 만들고 있는 것이지 도덕을 만들고 있는 것이 아니다."(『비물질노동과 다중』「정동이란 무엇인가?」뱅센느대학 강의-1978년 1월 24일, 질 들뢰즈, 한국어판: 서창현 옮김, 갈무리, 2005, pp 51~52)

우리가 잘 알고 있는 칸트의 도덕법칙을 봅시다. '너의 의지의 준칙이 항상 동시에 보편적 입법의 원리로서 타당할 수 있도록 행동하라'는 정언명법으로 우리에게 가치판단의 근거를 제시해 주고 있습니다. 여기서 보편적 입법 원리라는 것은 누구나 수긍할 수 있는 원리를 말합니다. 그러나 이는 오늘날과 같이 다양화된 시대와는 도저히 맞지 않는, 정적이고 규모가 작은 사회에서나 볼 수 있는 편협함을 내포하고 있습니다. 어떤 초월적 권위에 근거하는 듯한 명령의 형식으로 제시되는 것도 바람직하다고 볼 수 없습니다.

들뢰즈도 명령적 형식으로 그의 실천법칙을 제시하는 경우가 있기는 해요. 예를 들면, 니체의 영원회귀를 차용하여 "네가 무엇을 의지하든 그것의 영원회귀를 의지하는 방식으로 그것을 의지하라."(차반 p38, 니철 p132)와 같은 표현입니다. 그러나 같은 명령적 형식이라도 들뢰즈의 원칙은 초월적 원리에 근거하는 것이 아니고, 내재성의 평면을 최대한으로 건설하는 일입니다. 어떤 행동을 무한히 하기를 원하는지 스스로 자문하기를 주문합니다. 내재적 자연 속에서 무한한 만남이 이루어지는 가운데 풍요로운 반복, 즉 니체식의 영원회귀를 이루는 일입니다. 들뢰즈에게 칸트식의 순수 보편의 세계 또는 절대적 보편의 세계란 있을 수 없습니다. 비록 칸트의 법칙과 마찬가지로 형식적인 원칙으로서 제시된다고 할지라도 들뢰즈는 보편성이 아니라 절대적 차이의 세계로부터 실천의 원칙을 찾습니다. 철학자 박정태가 칸트와 들뢰즈의 차이를 잘 정리해 주고 있습니다. "들뢰즈로부터는 어떠한 보편적 원칙을 기대할 수 없다. 왜냐면 개별 사건 속에서의 다양한 실천 문제를 보편적 원칙에 비추어 해결한다는 것은 들뢰즈의 차이를 무시하는, 보편성의 폭력성을 드러내는 일이기 때문이다."(『철학자 들뢰즈, 화가 베이컨을 말하다』 pp48~49) "다양한 차이를 인식하기에는 일반화된 원칙이 지

닌 인식의 그물망이 너무나도 헐렁하기 때문이다."(앞의 책 p49) "칸트의 형
식적인 도덕법칙이 구체적인 모든 개별 내용을 뛰어넘는 절대적 보편에 근
거한다면, 들뢰즈의 형식적인 실천원칙은 구체적인 모든 개별 내용을 다
담은 순수 차이 또는 절대적 차이에 근거한다. 여기에는 그 어떤 구체적 내
용도 있을 수 없다는 점에서 공허하게 보이는 것도 사실이지만, 이 원칙은
가장 엄격하면서도 가장 준엄한 삶의 원칙이다. 왜냐면 매 순간 매 경우마
다 고정된 삶의 방식을 새로운 것으로 변형시키는 풍요로운 반복을 이루
어 내는 일은 끊임없는 숙고와 고뇌를 요구하는 지극히 엄격하며 준엄한
과정이기 때문이다."(앞의 책 pp51~52)

존재를 생성과 변화라고 할 때 그러한 존재들을 인식하고 우리의 행동을
실천해 나가는 데 있어 변하지 않는 초월적 기준을 근거로 하는 것은 이율
배반적일 수 있습니다. 가치를 평가하는 데 있어서도 존재하는 것들 간의
관계의 내재적 변화에 대응하여 생성 변화하는 윤리적 기준을 기반으로
하는 것이 타당하다고 생각합니다. 특히 현대와 같은 다양성을 추구하는
탈근대사회에서 보편적 도덕법칙을 확립하기를 바라는 것은 무리입니다.
이정우 선생의 말대로 "우리 시대는 초월적 기준을 전제하는 도덕론보다는
관계를 통해 좋은 만남을 만들어 가는 스피노자적 윤리론이 필요한 시대
라 할 수 있습니다."(뿌리2 pp199~200)

이상의 논의와 시대적 상황으로 볼 때, 스피노자적인 윤리관을 따르는
것이 기본적으로는 타당해 보입니다. 그러나 스피노자의 생각에 너무 이기
적인 측면이 있지 않은가, 들뢰즈의 주장은 일종의 공리주의에 불과한 것
이 아닌가 하는 비판들이 있듯이 단순히 좋음과 나쁨을 기준으로 가치를
판단하는 것은 오해를 불러일으킬 소지도 있는 것이 사실입니다. 그러나

스피노자의 좋음과 나쁨의 의미를 개인화된 피상적 의미로 이해해서는 안됩니다. 실체로서의 신과 자연을 다루는 그의 형이상학적 차원으로 볼 때 그의 가치론적 평가 기준도 포괄적이고 광범위한 시야에서 바라봐야 합니다. 진정으로 나에게 좋은 것은 무엇인지? 좋은 것이라는 판단 기준은 되도록이면 많은 사람, 많은 사물과 존재의 차원에서 파악되어야 하는 것은 아닌지? 하는 고민들이 뒤따라야 합니다. 인간중심적이어서는 곤란하겠죠. 가치론은 기본적으로 모두 공리주의적인 측면을 가지는 것이 당연합니다. 가치를 따지는 것이 가치론인데 그런 측면이 없을 수 없습니다. 세상 모든 결정과 선택이 비용-편익분석이 아닌 것이 없죠. 다만 비용과 편익을 파악하는 범위와 차원, 관점이 중요한 것이죠. 범위에 따라 비용과 편익에 포함되는 항목이 달라지며, 차원과 관점에 따라 각 항목에 부여되는 가중치가 달라집니다. 우리는 통속적인 쾌락과 행복을 잣대로 삼지 않습니다. 하나의 몸체로 하여금 자신의 힘을 최대한 발휘할 수 있게 하는 것, 역량의 증대를 가져오는 것이 기쁜 것이고 행복한 것입니다. 여기서 몸체는 한 개인의 차원이 아닙니다. 한 사회가 될 수도 있고 한 국가가 될 수도 있습니다. 우리는 항상 과정에 있다는 것을 명심해야 합니다. 시작도 기원도, 끝도 목적도 없습니다. 완벽하고 최종적인 결정을 가능케 하는 도덕법칙은 없습니다. 내재적 윤리의 원칙에 따라 끊임없이 사유하는 방법밖에 없습니다. 사실상 도덕과 윤리를 이렇게 구분하여 생각하는 것이 탈근대적인 들뢰즈의 사유이기도 하지만, 다른 측면으로 보면 이같이 명확하게 칼같이 구분해서 보는 것은 전형적인 근대적 사고방식이기도 합니다. 실제 세계는 이 측면에서는 좋지만 저 측면에서는 옳지 않은 일과 한 차원에서는 나쁘지만 다른 차원에서는 옳은 일도 얼마든지 있을 수 있습니다. 명석·판명한 인식을 추구하는 근대적 입장에서는 가치론의 문제에 있어서도 도덕과 윤리의 명확한 구분을 요구할 수도 있겠지만 현대의 탈근대적 사고방식에서는 이러한 구분이 큰 의미가 없을 수도 있습니다. 현대를 살고 있는 우리는 스피노자의 윤리관을 더 심오하고 포괄적으로 사유함으로써 그의 좋음과 나쁨의 의미가 이 시대의 도덕법칙과도 조화될 수 있는 방식으로 사고를 전개해 가는 것이 바람직할 것입니다. 이러한 논의와 이러한 고민을 기초로 하여 전개되는 것이 들뢰즈와 가타리의 정치철학이고 사회사상입니다. 그들의 윤리적 실천법칙이 구체화한 정치적·사회적 실천기준으로서의 결론이 하나이고 소수자윤리 혹은 생성/되기의 윤리, 그리고 소수자정치 또는 생성/되기의 정치라고 할 수 있습니다. 이제 이를 향한 여정으로 떠나 봅시다.

내재성의 구도/평면

이상과 같이 들뢰즈의 윤리적 관점도 기본적으로 내재성의 철학에 기초하고 있습니다. 이제 들뢰즈의 내재성의 구도에 대해 최종적으로 정리할 단계에 도달한 것 같습니다. 들뢰즈는 철학은 개념의 창조이자 구도의 설정이라고 했습니다. 들뢰즈의 사유는 내재성의 구도 위에서 이루어집니다. 그러므로 내재성의 구도가 어떤 것인지 알아야 들뢰즈의 사유의 이미지가 그려질 수 있습니다. 들뢰즈에 의하면 발생적 사유의 이미지라 할 수 있는 내재성의 구도 혹은 내재성의 평면상에서 개념을 창조하는 것이 철학의 역할입니다.

들뢰즈의 사상은 펠릭스 가타리와의 만남으로 더욱 풍성해집니다. 두 사람의 만남으로 그들의 사유의 구도, 즉 내재성의 구도의 의미도 새로운 풍요로움을 얻게 됩니다. 혹자는 들뢰즈 철학의 순수성이 가타리와의 만남으로 매우 혼탁해졌다고 비난하기도 하지만, 내 개인적 생각으로는 두 사람의 만남은 맑스와 엥겔스의 만남에 비견될 수 있다고 봅니다. 아니 그 이상의 가치를 가진다고 볼 수도 있습니다. 근대적 사고를 뛰어넘는 현대 정치사회사상의 백미가 형성되는 획기적 사건으로서의 의미를 가집니다. 이 만남에 부여되는 의미와 가치는 후세 사람들의 연구로 더욱더 다양한 해석과 평가가 이어지리라 기대합니다.

들뢰즈와 가타리의 세계는 비유적으로 보자면 펄펄 끓으며 요동치는 마그마나 수만 가지 갈래로 분열해 가는 수정란, 꿈틀거리며 성충으로 변신해 가는 애벌레와 같습니다. 세계는, 우주는, 만물은, 중단 없이 변화하며 끊임없이 운동합니다. 순간적으로만 일시적으로만 우리가 경험적으로 인식할 수 있는 현상으로, 현실적 사건으로 존재할 뿐입니다. 잠재적 역량들, 니체 식으로 말하면 힘의 의지들이 무한한 차원과 층위에서 상호 작용하며 사건들을 만들어 가는 것이 세상 만물의 모습입니다. 이러한 모습을 들뢰즈와 가타리는 리좀형 다양체라는 말로 표현합니다. 리좀(rhizome)이라는 말은 우리말로 뿌리줄기 또는 땅속줄기라고 하는데, 나무가 줄기를 시작으로 가지 치면서 자라나는 모양과 달리 땅속에서 줄기가 중심이 없이 무한 방향으로 뻗어나가는 모양을 일컫는 용어입니다. 다양체라는 말은 어제 강의에서 소개한 바와 같습니다. 들뢰즈의 다양체는 열린 다양체입니다. 열렸다는 것은 고정되어 있지 않고 변화무쌍하다는 것입니다. 들뢰즈/

가타리는 세상의 모든 것들은 무한 차원의 다양체들로 이루어져 있으며 세계 자체도 최상위의 하나의 다양체라고 생각합니다. 이러한 각각의 다양체는 리좀형 다양체입니다. 예측할 수 없는 무한한 방향으로 끊임없이 스스로 변화하고 생성되는 만물을 지시하기에 리좀형 다양체라는 말은 매우 적합하다고 생각됩니다. 이로부터 우리가 논의하려는 내재성의 개념이 도출됩니다. 세계를 리좀형 다양체로 보는 것은 모든 생성이 그 안에서 스스로의 운동으로 일어난다고 생각하는 것과 같은 의미를 가집니다. 어떤 것이 품고 있는 잠재적 역량이 현실화하여 사물이 생기고 사건이 발생한다는 것은 생성의 원인이 그 안에 내재한다는 것입니다. 들뢰즈의 잠재성의 철학은 내재성의 의미를 내포합니다.

내재성의 의미는 마이클 하트에 의하면 다음과 같이 세 단계로 정립될 수 있습니다. 첫째로는 비초재입니다. 초월적 경험론을 논의할 때 초월의 의미와 더불어 설명했던 초재의 개념과 반대라는 뜻입니다. 저-세계라는 것은 없습니다. 이-세계임일 뿐입니다. 플라톤적 형상이나 유대-기독교적 신 등의 초재성은 받아들일 수 없습니다. 둘째로는 잠재성의 의미입니다. 순수사건으로서의 이 세계는 내재적 성격을 가집니다. 이는 세 번째 의미인 창조성, 생산성의 개념과 연결됩니다. 내재성은 모든 창조성의 원천으로서, 존재하는 모든 것의 생산적 동력으로 설정됩니다(진화 p442 참조). 요컨대 이 세계는 자가발전으로 스스로 운동해 나간다는 것입니다. 존재의 운동에 초재적 기원도 이상적 목적도 없습니다. 세계 밖에서 다른 원인으로 이 세계에 작용하는, 자기원인으로서의 신과 같은 실체는 없습니다. 일반 경험론이 전제하는 고정된 본질을 가진 주체나 객체도 없습니다. 존재의 운동을 내재의 관점에서 보는 것은 존재와 운동을 사유함에 있어 어떤 전제도 없다는 것이고 사유는 발생 그 자체로 사유된다는 것을 의미합니다. 우리는 어떤 대상을 고정된 본질로서가 아니라 모호한 본질로서 사유합니다. 매순간의 현실적 대상으로서의 유한이 아니라 연속적 변주 상태에 있는 잠재적 대상으로서의 무한을 사유합니다. 어제 강의에서 우리는 들뢰즈 철학의 몸통 혹은 줄기는 잠재성의 철학이라 했고, 잠재성이 하나의 개체의 정체성을 규정한다고 했습니다. 잠재는 현실과 달리 모호하지만 존재의 원천이자 인식의 근거인 잠재성의 세계를 사유해야 우리는 엄밀해질 수 있습니다. 리좀형 다양체는 이러한 잠재성을 나타내는 것입니다. 세상 만물이 리좀형 다양체라고 하는 것은 하나의 몸체는 그 잠재성에 의해 규정된다는 것을 의미합니다. 들뢰즈가 규정하는 철학의 의미, 즉 내재성의 구도 하에서 개념을 창조하는 것이 무엇을 뜻하는지를 이제 우리는 명확히 알 수 있습니다. 들뢰즈 철학의 임무는 세상의 모든 존재하는 것들을, 즉 하나의 몸체를 그 잠재성으로서, 하나의 리좀형 다양체로서 사유하고 개념을 규정하는 일입니다.

하트는 더 나아가 내재성을 정치적 가치평가의 기준으로서 제시합니다 (진화 p445 참조). "리좀을 만들어 나가는 것이 윤리학의 일차적 조건입니다."(『천하나의 고원 : 소수자 윤리학을 위하여』이정우, 돌베개, 2008, 이하 '하나'로 약칭, p58) 모든 심급에서 초재에 대해 내재성을 우월하게 평가합니다. 내재성은 항상 작용적, 창조적, 생산적이지만, 초재는 항상 반작용적, 억압적, 타성적인 측면을 가지는 것으로 평가합니다. 이와 관련하여 문제되는 것이 자본주의와 파시즘입니다(진화 pp445~450 참조). 우리에게 부정적 측면으로 다가오는 자본주의와 파시즘도 내재적 성격을 가지고 있습니다. 따라서 리좀이라고 무조건 긍정적인 것이 아닙니다. 리좀으로 끝나는 것이 아니라 어떤 리좀을 만들어 갈 것인가가 중요합니다. 앞서 의미해석과 가치평가에 있어서 필수적인 것으로 언급한 '신중함의 기예'가 요구됩니다. 우리는 이번 강의에서 들뢰즈와 가타리의 사회사상의 기본 틀만을 논의할 것입니다. 자본주의와 파시즘에 대한 그들의 생각은 다음에 더 충실히 논의할 기회가 있기를 바랍니다.

'자본주의와 분열증'이라는 부제를 가진 들뢰즈와 가타리의 역저 『안티 오이디푸스』와 『천 개의 고원』을 관통하고 있는 것은 바로 내재성에 관한 물음'(진화 p437)이라 할 수 있습니다. 들뢰즈/가타리는 세계의 모든 것을 리좀형 다양체로 봅니다. 다양체의 두 현실화 모델이 리좀형과 나무형 혹은 수목형입니다(천고 p5 참조). 나무는 세상의 예정된 질서로서 발견의 대상이며 세상을 초월적으로 지배하는 원리입니다. 리좀은 스스로 질서를 만들어 가며 무한한 연결접속을 창조해 낼 수 있는 내재적 원리입니다. "나무마저도 리좀의 경직된 형태"라 할 수 있습니다. "원래부터 리좀이 아닌 것은 없으며" 리좀이 굳어진 것이 나무인 것입니다(천고 역자서문 pvii). 나무는 혈통 관계, 위계적 관계이지만 리좀은 오직 결연 관계일 뿐입니다 (천고 p54 참조). 들뢰즈의 세계는 끊임없이 반복하는 영원회귀의 세계입니다. 잠시도 정지하지 않고 부단히 생성하고 또 사라지기를 반복합니다. 세상은 리좀일 수밖에 없습니다. 나무의 가지가 갈라지듯이 한 방향으로만 뻗어 나가는 것이 아니라 방사 모양으로 사방팔방 무한 방향으로 퍼져 나갑니다. 리좀을 순간적으로 포착하여 우리가 이해하기 편하게 고정시켜 바라보려고 하는 것이 나무인 것입니다. 들뢰즈/가타리는 이 세계의 일부인 인간사회를 논의하는 데 있어서도 이 같은 리좀형 다양체의 관점을 기반으로 합니다.

분열분석

들뢰즈와 가타리의 주된 업적은 배치라는 개념을 창조함으로써 사회를 보는 틀을 새로이 정립한 것인데, 『안티 오이디푸스』에서는 주로 정신분석 비판을 수단으로 이 주제의 단초를 제공하는 데에 그쳤다면 『천 개의 고원』에서는 본격적으로 배치의 개념을 제시하고 논의함으로써 더욱 폭넓은 분야에서 그들의 사상을 펼칩니다. 들뢰즈/가타리는 『안티 오이디푸스』에서 정신분석(psychanalyse, 영어로 psychoanalysis)을 비판하고, 그에 대한 자신들의 대안적 분석을 분열분석(schizo-analyse, 영어로 schizo-analysis)이라고 칭합니다. 그런데 논의의 차원이 다른 『천 개의 고원』에도 『안티 오이디푸스』와 같이 '자본주의와 분열증'이라는 똑같은 부제가 달려있는 것처럼, 자신들의 배치에 관한 논의도 또한 분열분석이라고 부릅니다(천고 p975 참조). 우선 분열분석이 무엇을 말하는지를 알아보고 배치에 관한 논의로 넘어가기로 합시다.

무의식에 대한 두 가지 해석 혹은 두 가지 사유 방식이 정신분석과 분열분석입니다(안오 p627 참조). 무의식을 발견한 프로이트가 하나의 학문으로 정립한 정신분석은 라캉이 무의식은 언어처럼 구조화되어 있다고 말했듯이 무의식을 나무 구조에 복속시킵니다. 반면에 분열분석은 무의식을 리좀 체계에 복속시켜 정신분석과는 완전히 다른 관점에서 무의식을 파악합니다. 정신분석은 욕망을 다루든 언표를 다루든 무의식을 나무 모델에 따라 축소시키고 해석하고 기표화합니다. 무의식을 리좀으로 보는 분열분석은 무의식을 생산하는 일, 새로운 언표나 다른 욕망을 생산하는 일이 주요한 임무가 됩니다(천고 pp40~41 참조).

분열분석의 기본 입장은 이렇습니다. 이해는 차차 하기로 하고 우선은 핵심적 주장이 이렇다는 것만 알고 가도록 합시다. "망상이 모든 무의식적·사회적 투자의 모태 일반입니다."(안오 p464) 광기나 망상 등의 개념은 중립적입니다. 어떤 사회장에 결부되는가에 따라 그 의미가 좌우된다고 할 수 있습니다. 파시즘의 모습으로 전락할 수도 있고, 창조적 예술로 승화할 수도 있습니다. 원래부터 정상인 것은 없습니다. 다수라고 정상인 것도 아니고, 이성적이라고 해서 꼭 정상인 것도 아닙니다. 이성적이고 의식적인 것이라도 얼마든지 추하거나 악할 수 있고, 비이성적, 무의식적, 광기적인 것이라도 얼마든지 아름답고 선할 수 있습니다. 사회적 투자의 두 유형, 망상의 두 극은 반동적-편집증적 극과 혁명적-분열증적 극입니다(안오 pp464~465 참조). "우리는 욕망적 기계들에 고유한 에너지를 리비도라 부릅니다."(안오 p486) 리비도를 성적 에너지로 한정하지 않습니다. 욕망적 기계들의 리비도가 하는 일은 "여러 무의식적 형식으로 사회장을 투자하고, 그럼으로써 역사 전체를 환각하고, 문명들과 대륙들과 인종들을 망상하고, 세계의 생성을 강렬하게 느끼는 일"(안오 pp178~179)입니다. "분열분석의 가장 일반적 원리는, 언제나 욕망이 사회장을 구성한다는 것입니다."(안오 p576) 분열분석은 욕망적 기계들에 고유한 에너지로서의 리비도가 사회적 장에 투여되는 바로서의 리비도 투자가 사회장의 성격을 규정한다고 봅니다. 들뢰즈/가타리에 의하면 "경제, 정치, 종교 등 구성체들의 의식적 투자들 아래에는 무의식적인 성적 투자들, 미시-투자들이 있어서, 이것들은 욕망이 사회장 속에 현전하는 방식, 이 사회장에 욕망이 연합되는 방식을 증언합니다."(안오 p317) 무의식적 욕망의 투자, 즉 리비도 투자는 혁명적일 수도 있고 반동적일 수도 있습니다. 이러한 무의식적 투자의 내적 갈등들과 함께 리비도 투자들이 동일한 사회장의 전의식적 이해관계에 관련한 투자들과 맺는 관계 및 갈등들을 분석하는 것이 분열분석의 주된 임무입니다 (안오 p627 참조). 요약하면, 망상을 기본으로 하는 무의식적 욕망의 리비도 투자가 혁명적 극과 반동적 극 사이를 왕복하며 사회장을 구성한다는 것이 분열분석의 핵심 논리입니다. 들뢰즈와 가타리의 분열분석은『안티 오이디푸스』의 단계에서는 이러한 구조를 기본으로 하여 논의가 전개됩니다. 그러나『천 개의 고원』에서는 배치의 논의를 사유의 기본 구도로 하여 분열분석을 비생명의 분야까지도 포함하는 더 광범위한 영역으로 확장합니다. 존재의 운동의 모든 것을 사유하려는 원대한 시도라고 할 수 있습니다. 이제 이러한 기본 뼈대에 하나씩 살을 붙여 보기로 합시다.

들뢰즈/가타리의 무의식에 대한 논의에 본격적으로 들어가기 전에 어제 잠시 언급된 들뢰즈 사상의 비인간주의 혹은 자연주의에 대해 다시 언급할 필요가 있습니다. 반인간주의라 하기도 하는데, 이 단어는 인간에 반한다는 뉘앙스가 강해서 비인간주의라는 표현을 쓰기로 하죠. 들뢰즈 사상에서의 비인간주의, 자연주의는 인간 본성의 법칙은 자연 전체의 법칙과 동일하다는 존재의 일의성의 또 다른 표현입니다. 인간, 세포, 동물, 바위, 나무, 철 등등 "자연의 모든 것은 똑같은 법칙에 따라 작동합니다."(진화 p413) 존재의 일의성을 함축하는 내재성의 판, 일의성의 판은 자연적인 것과 인공적인 것 사이에 어떤 구별도 하지 않습니다(천고 pp483,505 참조). 자연의 작동 방식은 생성입니다. 인간을 포함한 자연은 "생성을 통해 서로 관련되며 진화합니다."(진화 p418) 무의식을 분석하는 데 있어서도 자연주의, 비인간주의에 충실해야 합니다. 프로이트는 정신의 영역을 의식과 무의식으로 분류하여 정신 내의 무의식에만 주목했습니다. 그러나 들뢰즈/가타리는 의식의 여집합을 무의식으로 본다고 할 수 있습니다(『프랑스 현대철학(처음 읽는)』 철학아카데미, 「질 들뢰즈의 존재론 새로 읽기」 김재인, p280 참조, 안오 pp93,102,193 참조). 여기서 전체집합은 인간의 정신이 아니라 자연 전체, 우주 전체입니다. 무의식을 정신 현상에 국한하는 것이 아니라 세계 자체에 대한 지칭으로 보는 것입니다. 존재하는 모든 것들의 생성과 운동을 가져오는 잠재적 역량, 생산적 욕망으로 보는 것입니다. 들뢰즈와 가타리가 규정하는 생산적 무의식, 생산의 주체로서의 무의식은 바로 이런 것입니다. 이는 의식의 담지자인 자아를 전제하는 인간 중심의 존재론을 탈피하는 하나의 모습입니다. 이같이 들뢰즈의 자연주의는 무의식과 그리고 뒤에서 논의할 다양체 또는 배치들이 작동하는 방식의 이해가 인간을 초월하여 보편적이어야 함을 의미합니다. 이로써 우리는 인간중심주의적인 사고에서 벗어날 수 있고 그 결과 생태에 관한 문제, 자연과 그 일부로서의 인간 간의 문제 같은 것들을 제대로 파악할 수 있게 됩니다.

들뢰즈와 가타리가 제시하는 욕망의 개념으로부터 시작합시다. 그들이 말하는 욕망은 무의식적 욕망입니다. 그것은 현실적인 결핍으로서의 욕구나 욕망이 아니라 무의식적, 잠재적 생산으로서의 욕망입니다. 욕망은 기계를 작동시키는 에너지입니다. 욕망이 기계를 가동시킵니다. 따라서 들뢰즈/가타리의 욕망은 한 개인의 심리적 속성과는 전혀 다른 것입니다. 결핍이나 결여로서의 욕망이 아니라 니체의 '힘의 의지'와 같은 것입니다. 힘의 의지는 일종의 추동력(driving force)으로서, 목표나 대상이 아니라 운동이나 생산 같은 과정 자체에 초점을 맞춘 개념입니다. 들뢰즈/가타리의 욕망은 무의식적 욕망이고, 그들의 무의식은 욕망적 무의식입니다. 욕망적 무의식은 오이디푸스처럼 재현된 나무형의 무의식이 아니라 창조적이고 생산적인 스스로 자가 발전하는 리좀형 무의식입니다.

욕망적 기계 또는 욕망하는 기계(machine désirante)는 존재의 일의성을 표현하는 들뢰즈와 가타리의 또 다른 중요한 개념입니다(진화 p320 참조). 존재하는 모든 것은 욕망적 기계입니다. "모든 것은 기계들이며, 다른 기계들에 접속된 기계들입니다."(진화 p320) 인간적, 자연적, 기계적인 것은 모두 하납니다. 이는 들뢰즈 사상의 비인간주의, 자연주의를 극명히 보여 주고 있습니다. "기계는 몸체(corps, 영어로 body) 또는 사물이 가리킬 수 있는 모든 것을 포괄합니다. 개별화된 모든 존재들이 기계입니다."(하나 p18) 들뢰즈/가타리는 기계를 '흐름의 절단들의 체계'라고 정의합니다(안오 p74). "한 기계는 흐름을 방출하고, 이를 다른 기계가 절단합니다."(안오 p23) "하나의 기계는 언제나 다른 기계와 짝지어 있습니다." "흐름을 생산하는 어떤 기계와 이 기계에 연결되는, 절단을, 흐름의 채취를 수행하는 또 다른 기계가 항상 있습니다."(안오 pp28~29) 하나의 기계는 그 자체가 흐름 자체 또는 흐름의 생산이지만, 다른 기계와 관련해서는 흐름의 절단이기도 합니다(안오 p75 참조). "욕망은, 욕망적 기계는 흐르게 하고 흐르고 절단합니다."(안오 p29) 이 과정에서 기계의 결과들로서의 뭔가가 항상 생산됩니다(안오 p23 참조).

여기서 특히 주목해야 할 것은 기계적 과정의 대상이기도 하고 그 결과물이기도 한 흐름(flux)이라는 개념입니다. 들뢰즈의 사상을 흐름의 철학, 유동의 철학이라고도 하듯이 흐름의 개념은 매우 중요합니다. 항상 이 흐름이라는 용어에 대해 민감해야만 들뢰즈 그리고 들뢰즈/가타리의 사상을 이해하기가 수월합니다. 정확히 말하면 흐름은 흘러가는 것이 아닙니다. 흐름은 물질들이 서로 구별되지 않은 채 존재하는 상태, 즉 질료의 상태 또는 무규정의 상태, 유동적 상태를 말합니다. 기계들은 흐름을 절속합니다. 절속한다는 것은 절단하기도 하고 서로 접속하기도 한다는 뜻입니다. 절속한다는 것은 질료에 하나의 특성 또는 코드나 규칙을 부여하는 것입니다. 모든 생산과 기계들은 다른 생산과 기계들의 절속(絕續, articulation)의 결과입니다. 모든 것이 욕망적 기계들이고 이 세계는 기계들의 절속의 결과들이라는 주장은 세계의 운동이 무목적적이며, 형이상학적 기원 같은 것은 없다는 것, 즉 세계는 비변증법적으로 전개된다는 주장과 다르지 않습니다. 기계적인 것은 탈변증법적 의미를 가집니다. 그리고 절속의 강조는 수체나 개체도 자연적 대상 자체도 아닌, 그것들 사이의 관계를 강조하는 것으로서, 개체론적으로 세상을 바라보는 관점을 탈피하여 관계론적 관점으로 세상을 바라볼 것을 우리에게 요구합니다.

구체적으로 흐름은 고른판 또는 탈기관체 위를 지나가는 것, 흘러가는 모든 것이라고 표현됩니다. 그러나 흐름이라는 용어로부터 이런 표현이 쓰이는 것일 뿐, 흐름이 반드시 어떤 파동이나 흐르는 것을 지시하는 것은 아니라는 것을 다시 한번 주의하기 바랍니다. 들뢰즈와 가타리가 말하는 흐름들은 질료(천고 pp92,141 참조) 혹은 물질(천고 pp781,785 참조)로도 부르는데, 세상을 구성하는 가장 근원적인 것을 지칭합니다. 그것들을 들뢰즈/가타리는 형식을 부여받지 않은 불안정한 질료들, 순간적으로 나타났다 사라지는 분자나 원자 아래의 입자들, 자유롭고 순수한 강렬함들, 물리학과 생물학의 대상이 되기 이전의 유목민과 같은 자유로운 독자성들로 분류합니다(천고 pp85,92 참조). 즉 미립자들(particle), 강도들(intensité), 특이성들(singularité). 꼭 그럴 필요까지는 없지만 PIS로 기억해 두어도 괜찮겠죠? 이러한 것들이 들뢰즈/가타리가 말하는 흐름들입니다. 이것들은 형식을 부여받지 않았고, 절편화 또는 지층화되지 않았으며, 비표상적인, 즉 현실적으로 감각될 수 없는 잠재적인 것들입니다. 『안티 오이디푸스』와 『천 개의 고원』에서의 흐름의 개념은 들뢰즈의 『차이와 반복』에서의 개념으로 표현하자면, 경험의 근거이자 존재의 원천인 차이 자체, 질과 양으로 현실적으로 분화되기 이전의 강도적 개체라 할 수 있습니다. 들뢰즈의 차이와 잠재성에 관한 논의는 여기서도 빛을 발합니다.

"욕망적 기계들은 종합들의 체제들에 따라 기능합니다."(안오 p482) 들뢰즈와 가타리는 무의식의 종합을 세 가지로 제시합니다. 생산의 연결종합, 등록의 분리종합, 소비의 결합종합. 무의식의 종합은 욕망적 기계들의 종합이고, 기계적 흐름들의 종합입니다. 새로운 흐름의 생산으로서의 연결종합, 충만한 몸체 위에 흐름들을 기입하고 등록하는 분리종합, 흐름들의 사용과 소비를 통한 결합종합이 그것들입니다. 강도적 개체들인 흐름들의 결합종합으로 그 강도를 소비하는, 그 강도를 느끼고 향유하는 하나의 주체가 형성됩니다. 이처럼 소비한다는 것은 느끼고 향유한다는 것입니다. 욕망적 기계들 곁에서 잔여로 생산되어 느끼고 망상하는 이 주체는 고정된 정체성이 없이 탈기관체 위를 방황하는 존재입니다(안오 pp45,51 참조). 이 주체가 균열된 자아, 분열자로서의 주체입니다. 근대적 의미의 칸트적 주체와는 다릅니다. 이러한 종합들을 어떻게 사용하고 기능하게 하느냐에 따라 우리의 무의식적 투자의 방향이 결정됩니다. 『안티 오이디푸스』에서 들뢰즈/가타리가 제시하는 무의식의 종합들은 정확히 이해하기가 쉽지 않습니다. 다만 우리가 꼭 알아야 할 것은 『천 개의 고원』에서도 반복하여 등장하는 흐름들의 연결종합과 결합의 의미 정도라고 할 수 있습니다. 배치를 설명할 때 그 의미가 명확해질 것입니다. 여기서 중요한 것은 이러한 무의식의 종합들의 의미보다는 그것들의 사용과 기능, 작동에 관한 것입니다.

들뢰즈와 가타리는 다음과 같이 말합니다. "무의식은 그 어떤 의미의 문제도 제기하지 않는다. 오직 사용의 문제들만을 제기한다. 욕망의 물음은 '그것은 무엇을 의미할까?'가 아니라 '그것은 어떻게 작동할까?'이다. …… 그것은 아무 것도 재현하지 않으며, 오히려 그것은 생산한다. 그것은 아무 것도 의미하지 않으며, 오히려 기능한다."(안오 p195) 이는 모든 존재를 기계로 바라보는 그들의 관점에서는 당연한 귀결입니다. 기계들의 종합은 기계들의 공명이고 소통입니다. 이것이 앞에서 말한 기계의 절속입니다. 이러한 공명과 소통을 통해서 기계들이 의미를 '생산'합니다. 무의식의 종합들은 고정된 의미를 가지는 것이 아니라 그 기능과 작동을 통해서 의미를 생산합니다. 의미를 생산한다는 것은 그것들의 사용을 통해서 무의식이 혁명적이거나 반동적인 내용을 가지는 리비도 투자를 실행한다는 것입니다. 이들의 주장에 의하면 욕망의 오이디푸스화처럼 무의식을 재현으로 만드는 것은 생산적 무의식의 왜곡이자 조작입니다. 무의식의 종합들 각각에 두 가지 사용이 존재합니다. 두 가지 방식으로 작동하거나 기능하는 것입니다. 그에 따라 무의식적 투자들이 행해집니다(안오 p187 참조). 예를 들어 무의식 속에서의 결합종합들의 분리차별적 사용이 "우리 편이어서 좋다"라는 느낌, 바깥의 적들의 위협을 받고 있는 우등 인종에 속해 있다는 느낌을 구성합니다. 그리고 이러한 느낌들로부터 어떤 망상이 떠오릅니다(안오 p186 참조). 무의식의 결합종합을 분리차별적으로 사용한다는 것은, 강도적 개체로서의 흐름들을 이러한 방식으로 소비하는 것, 이러한 방식으로 느끼고 향유하고 망상하는 것입니다.

이러한 무의식의 종합들의 사용에 대하여 정신분석과 분열분석은 이론과 실천 모두에서 현격한 차이를 보입니다. 정신분석은 사회체가 수행하는, 욕망적 생산에 대한 탄압에 가담하고 공모합니다. "정신분석의 이론과 실천은 무의식의 형식과 내용을 오이디푸스로 변환하려고 끊임없이 추진합니다."(안오 pp138~139) 정신분석의 "오이디푸스적 분석은 무의식의 모든 종합에 이 종합들을 확실하게 변환하는 하나의 초월적 사용을 강요합니다. 따라서 분열분석의 실천적 문제는 이 변환을 거꾸로 역전하는 일입니다. 즉 무의식의 종합들을 내재적 사용에 맡기는 일입니다."(안오 p200) 초월적 사용의 강요는 무의식의 종합들을 왜곡하고 조작하는 것입니다. 무의식의 종합들의 적법한 사용을 부당한 사용으로 변환하는 것입니다. 여기서 주의할 것이 있습니다. 방금 전 무의식의 종합들 각각에 두 가지 사용이 있다고 했는데, 하나는 적법한 사용이고, 다른 하나는 부당한 사용이라는 것입니다. 연결종합의 온전한 사용, 분리종합의 배타적 사용은 정신분석에 의한 오이디푸스화, 정신분석에 의한 초월적 강요에 따른 부당한 사용들입니다(안오 pp139,140,197 참조). 이러한 부당한 사용으로 인해 무의식의 생산적 성격은 붕괴되고, 단지 인물화되고 배타적으로 고립된 무의식에서 그 의미를 해석하는 최후의 사제로서의 정신분석가의 초월성만이 부각됩니다. 그런데 무의식의 결합종합의 분리차별적 사용은 이와 다른 특이한 점이 있습니다. 연결종합의 온전한 사용, 분리종합의 배타적 사용이 직접적인 오이디푸스화의 결과라면, "분리차별적 사용은 오이디푸스의 조건입니다."(안오 p187) 분리차별적 사용이 오이디푸스적 적용의 전제가 되는 것입니다. 뒤에 보듯이 결합종합의 분리차별적 사용은 무의식적 리비도 투자 자체의 반동적 극을 형성합니다. 그 자체가 무의식의 종합의 내재적 작동인 것입니다. 이것을 전제로 하여 일대일대응적 적용이라는 오이디푸스의 전형적인 조작과 왜곡이 덧씌워지는 것입니다. 오이디푸스 조작은 사회적 생산의 담당자들과 가족적 재생산의 담당자들 사이에 일대일대응 관계들을 설정합니다(안오 p182 참조) 이것이 정신분석이 금과옥조로 여기는 가족주의입니다. "가족주의는 무의식을 오이디푸스의 틀에 가두고, 욕망적 생산을 으깨버리고, 환자에게 아빠-엄마라고 답하게 하고 언제나 아빠-엄마를 소비하게 합니다."(안오 p170) 한편 무의식의 종합들을 내재적 사용에 맡기는 것은 무의식의 자기생산에, 스스로의 작동에 맡기는 것입니다. 초월적 해석이나 조작을 거부합니다. 오이디푸스를 비판하는 것, 오이디푸스적 정신분석에 대항하는 것과 같은 무의식의 종합들의 부당한 사용을 고발하는 것은 분열분석으로서의 실천을 되찾는 하나의 유물론적 혁명이라는 것이 들뢰즈와 가타리의 생각입니다(안오 p139 참조). 정신분석은 오이디푸스적 조작을 통해 무의식의 결합종합의 분리차별적 사용을 자극하고 강화하는 반동적 시도임에 반하여, 분열분석은 직접적인 생산적 무의식에 도달하기 위해, 언제나 인공적이고, 탄압적이면서 억압되고, 가족에 의해 매개된 오이디푸스적인 재현적 무의식을 파괴하려는 혁명적 시도라고 할 수 있습니다(안오 p179 참조). 사회체의 탄압으로부터 독립적인 진정한 욕망적 생산에 다가가려는 시도입니다.

다음은 무의식들의 종합으로부터 사회장의 리비도 투자로 이어지는 과정을 정리한 것입니다. 무의식적 흐름들의 결합으로 하나의 강도가 생산됩니다. 욕망적 기계들의 절속으로 하나의 강도가 생산되는 것이라고 볼 수도 있습니다. 이러한 강도를 소비하고 향유하면서 어떤 느낌과 감정이 생성되고, "이 감정들과 느낌들은 뒤이어 일어나는 환각들과 망상들의 재료를 형성합니다."(안오 p157) "'나는 본다', '나는 듣는다'와 같은 환각 현상과

'나는 ……라고 생각한다'와 같은 망상 현상은 더 깊은 차원의 '나는 느낀다'를 전제하며, 이것은 환각들에 대상을 주고 생각의 망상에 내용을 줍니다."(안오 p48) 앞서 든 예에서처럼 무의식 속에서의 결합종합들의 분리차별적 사용이 "우리 편이어서 좋다"라는 느낌을 구성합니다(안오 p186 참조). 무의식적 리비도 투자들은 이러한 무의식의 종합들의 사용에서 기인하는 느낌과 망상들에 따라 행해지는 것입니다. 이제 우리는 들뢰즈/가타리가 '망상이 모든 무의식적·사회적 투자의 모태 일반'이라고 한 것이 무엇을 의미하는 것인지 이해할 수 있을 것입니다.

들뢰즈와 가타리가 분열증(schizophrénie)과 망상(délire)에 새롭게 부여하는 독특한 의미에 대해서 알아봅시다. 푸코가 광기라는 용어에서 탈주와 창조의 의미를 포착하듯이 들뢰즈/가타리는 분열증이라는 정신의학적용어에서 해방의 의미를 도출해 냅니다. 『안티 오이디푸스』와 『천 개의 고원』 양자 모두에 '자본주의와 분열증'이라는 부제를 달았듯이 그들의 분열증은 자본주의와 깊은 연관성을 가집니다. 그들의 자본주의 분석은 기본적으로 무의식, 그리고 이에 연계된 욕망을 정신분석과 분열분석의 대립적관점을 토대로 하여 바라봄으로써 이루어집니다. 그들은 자본주의와 공모하는, 자본의 지배를 합리화해 주는 정신분석을 비판합니다. 무의식적 욕망을 오이디푸스화한 왜곡된 욕망으로 해석하고 재현함으로써 아버지로서의 자본가에 순응하도록 하는 것이 정신분석의 역할이라는 것입니다. 반면에 왜곡된 욕망이 아닌, 생산적 욕망의 분열증적 과정으로서 자본주의의 지속성 혹은 존립성을 분석하는 것이 분열분석입니다. 정신분석은 참된 무의식적 욕망을 해석의 과정을 거쳐 가족 내에서의 오이디푸스화한, 왜곡된, 인물화된 욕망으로 재현함으로써 양심의 가책과 죄의식을 원천적으로 가지면서 자본주의 생산양식에 순응하는 인간상을 창조합니다. 그 결과 체제에 순응하지 못하는 자폐적인 질병으로서의 분열증을 잉태하고 있습니다. 그러나 분열분석의 시각에서 들뢰즈와 가타리는 참된 욕망의 정립 과정은 욕망적 생산의 과정이고 이것이 질병으로서가 아닌 해방으로서의 분열증이라고 규정합니다. 요즘에는 정신분열증을 조현병이라고 부르는데, 들뢰즈/가타리가 말하는 분열증은 이와는 차원이 다른 것이죠. 또한 분열분석의 시각에서 그들은 망상이라는 용어에 허황되고 망령된 생각, 일종의 정신착란이라는 일반적 의미가 아니라 무의식적 욕망의 리비도 투자의 모태라는 새로운 의미를 부여합니다. 다음과 같은 표현들에서 우리는 그 의미를 유추할 수 있습니다. "모든 망상은 무엇보다 먼저 사회장, 경제장, 정치장, 문화장, 인종장, 인종주의장, 교육장, 종교장의 투자다."(안오 p461) "모든 망상은 세계사적, 정치적, 인종적 내용을 갖고 있다."(안오 p164) "리비도가 투자하는 것은 경제, 정치, 역사, 인종, 문화 등으로 규정되는 사회장 자체다. 리비도는 끊임없이 역사, 대륙들, 왕국들, 인종들, 문화들을 망상한다."(안오 pp582~583)

이러한 새로운 의미를 가지는 망상은 두 극, 무의식적 리비도 투자의 두 극으로서 파시즘화하는 인종주의적 극, 즉 분리차별적-편집증적 극과 혁명적인 유목적-분열증적 극을 갖고 있습니다. 전자는 욕망적 생산을 통치구성체 및 거기서 유래하는 몰적 집합에 종속시키며, 후자는 이 종속을 역전시키고, 권력을 전복하며, 몰적 집합을 욕망적 생산들의 분자적 다양체들에 복종시킵니다. 이처럼 종속과 복종의 방향이 관건입니다. 몰적이고 분자적이란 말은 뒤에서 자세히 설명할 것입니다. 여기서는 우선 몰적인 것은 나무형, 분자적인 것은 리좀형 다양체와 관련되는 것으로만 이해하면 됩니다. 무의식은, 망상은 이 두 극 사이에서 그 반동적 충전들과 그 혁명적 잠재력들 사이를 오가며 진동하기를 멈추지 않습니다. 최악의 의고주의 한가운데서 혁명적 권력이 흘러나오기도 하고, 거꾸로 그것이 파시즘에 갇혀 다시 의고주의에 빠지기도 합니다(안오 pp189,464~465,564,604~605,619 참조). 분리차별적이라는 것은 인종주의적이고 지배계급적인 망상에 사로잡히는 것을 말합니다. 무의식적인 반동적 투자는 무의식의 결합종합의 분리차별적 사용에 의해 진행되는데, "나는 우등 인종이다", "나는 상류계급이다" 따위의 언표가 그런 무의식의 종합의 사용을 나타냅니다. 무의식적인 혁명적 투자는 무의식의 결합종합의 유목적 사용에 의해 진행됩니다. 들뢰즈/가타리에 의하면 "욕망이 모든 분리차별 및 그 오이디푸스적 적용을 동시에 부술 수 있는 흐름을 흘러가게 하며, 역사를 환각하고 인종들을 망상하고 대륙들을 불태워버릴 수 있는 흐름들을 흘러가게 하는 그런 식의 투자"입니다. "아니, 난 너희와 다른 부류야, 난 이방인이고 영토가 없어."(안오 p189) 이는 동일화, 내면화, 순응을 거부하는 것이고 숨겨진 저항감을 표출하는 것입니다.

이상이 『안티 오이디푸스』의 핵심이자 요체입니다. 이를 토대로 해서, 푸코가 이 책을 '비파시스트적 삶의 입문서'라 평했고(『안티 오이디푸스』 영역판 서문 참조), 또 우노 구니이치가 '새로운 자본론의 시도'라고 평했듯이(유동 pp176~178 참조) 파시즘과 자본주의의 여러 문제들에 대한 독창적이고 도발적인 새로운 관점의 논의가 전개됩니다. 들뢰즈와 가타리의 자본주의 분석에 관심이 있는 사람은 『안티 오이디푸스』 전체를 반드시 잘 이해할 필요가 있습니다. 하지만 그들의 일반적인 사회사상에 만족하고자 하는 사람은 이 핵심이자 결론 부분만 알고 넘어가도 충분할 것입니다. 『천 개의 고원』

에서의 그들의 배치론의 이해가 중요하고 그것으로 족합니다. 다음은 이 핵심 부분을 더 부연해서 설명한 것에 불과합니다. 부담 없이 들어 주기 바랍니다. 강의도 속도를 내서 진행하겠습니다. 자, 들어가 봅시다.

"분열분석의 첫째 테제는, 모든 투자는 사회적이며, 온갖 방식으로 역사·사회장에 결부되어 있다"(안오 p566)는 것입니다. 이미 우리는 투자의 모태인 망상에 대한 들뢰즈/가타리의 표현들에서 그것을 짐작할 수 있었습니다. 모든 망상, 모든 무의식적 리비도 투자는 사회장, 사회적 생산과 결부되어 있습니다. "사회적 생산은 특정한 조건들 하에서의 욕망적 생산 자체입니다."(안오 p560) 욕망적 생산은 욕망적 기계들의 종합, 접속의 결과입니다. 앞서 욕망적 기계를 설명하면서 "욕망은, 욕망적 기계는 흐르게 하고 흐르고 절단한다. 이 과정에서 기계의 결과들로서의 뭔가가 항상 생산된다."고 한 바 있습니다. 욕망은 항상 무언가를 생산합니다. 특정한 조건들이란 분자적 다양체들을 몰적 집합들로 구성하는 군집의 형식들을 가리킵니다. 군집의 형식은 대수의 법칙을 따르는 통계적 축적에 의해 분자적 힘들의 통일과 전체화, 조직화와 구조화를 수행하고 무의식적 욕망을 생산이 아닌 결핍에 용접시킵니다. 이 군집의 형식들은 사회체의 상이한 양태들, 즉 토지, 전제군주, 자본이라는 집합들을 규정하는 충만한 몸체들입니다(안오 pp566~569 참조). 이러한 조건들과 형식들에 의해 코드화와 덧코드화, 그리고 자본주의적 공리화가 이루어지면서 사회적 장과 사회적 생산이 규정됩니다. 이것들이 욕망에 개인적이거나 집단적인 목표와 목적들을 부과하고, 이러한 조건들과는 무관한 참된 욕망적 생산은 억압받게 되는 것입니다.

사회적 투자는 이와 같은 사회적 조건의 내면화를 향하는 편집증의 극

과 참된 욕망의 해방을 향하는 분열증의 극, 두 개의 극을 갖습니다. 편집
증자는 몰적인 방향으로, 분열자는 분자적 방향으로 향합니다. 몰적인 것
과 분자적인 것의 관계는 거대 집합들과 미시-다양체들 사이의 문제입니
다. 편집증자는 분자들을 자신에게 종속시키는 몰적 집합들과 관련되어
있는 반면, 분열자는 군집의 구조화된 현상들을 자신에게 종속시키는 분
자적 다양체들과 관련되어 있습니다. 전자의 투자는 "인물들의 욕망을 억
압하고 탄압하는 예속집단의 투자"요, 후자의 투자는 "집합들과 인물들에
대립하는 부분대상들과 흐름들 속에 있는 주체집단의 투자"입니다(안오
p470). 더 구체적으로 말하면, "편집증적 투자는 분자적인 욕망적 생산을
이 생산이 기관 없는 충만한 몸체의 표면에서 형성하는 몰적 집합에 종속
시키는 데 있으며, 또 바로 이렇게 함으로써 이 생산을 특정한 조건들에서
충만한 몸체의 기능을 수행하는 사회체 형식에 예속시키는 데 있습니
다."(안오 pp600~601) 반대로 분열증적, 혁명적 투자는 욕망적 생산을 몰적
집합으로의 종속과 사회체에 대한 예속으로부터 탈주시키는 데 있습니다.

　사회적 투자로서의 무의식적 리비도 투자는 하나의 극에서 다른 극으로
무한히 왕복합니다. "한 극에서, 큰 집합들, 큰 군집 형식들은 이것들을 운
반하는 탈주를 방해합니다. 다른 극에서, 분자적 현상들은 사회적인 것을
부식시키고 꿰뚫는 구멍들의 다양체를 통해 사회적인 것을 탈주시킵니다.
그것은 사회적인 것에 언제나 직결되어 있으며, 파열해야 할 것을 파열시키
고 몰락해야 할 것을 몰락시키고 탈주해야 할 것을 탈주시키는 분자적 충
전들을 도처에 배치하고, 각 지점에서 과정으로서의 분열증이 실효적으로
혁명적인 힘으로 변환하는 것을 확보합니다. 분열자란 무엇보다도 가치들,
도덕들, 조국들, 종교들, 우리 자신의 허영과 자기만족이 우리에게 관대하

게 부여하는 사적 확실성들을 더 이상 감당할 수 없는 자입니다."(안오 pp564~565) "선택은 두 극 사이에만, 즉 순응주의적·반동적·파시즘적인 모든 투자를 부추기는 편집중적 역-탈주와 혁명적 투자로 변환할 수 있는 분열중적 탈주 사이에만 있습니다."(안오 p565)

가장 낙후된 자들, 가장 배제되고 착취당하는 자들이 자기들을 압제하는 체계를 열정적으로 투자하는 일, 압제기계 속에서 자신들의 목표를 찾도록 강제되는 일이 일어나는 이유를 들뢰즈와 가타리는 사회장의 무의식적 리비도 투자의 역할에서 찾습니다(안오 pp574,575 참조). "한 집단이 계급의 이해관계와 그 전의식적 투자들의 관점에서는 혁명적일 수 있지만, 그 무의식적 리비도 투자들의 관점에서는 그렇지 못하며 심지어 파시즘적이고 경찰적인 채로 머물 수 있습니다."(안오 pp576~577) "이해관계 장치는 욕망적 기계와 결코 등가물이 아닌 것입니다."(안오 p577) "리비도 투자의 관점에서 보면, 개혁가와 파시스트, 때로 심지어 몇몇 혁명가들 사이에는 거의 차이가 없음을 볼 수 있습니다. 이들은 전의식적 방식으로만 구별될 뿐, 이들의 무의식적 투자들은 이들이 같은 몸을 이루고 있지 않을 때조차도 같은 유형에 속해 있습니다."(안오 p601) 들뢰즈/가타리는 전의식 수준에서 혁명적 집단이 권력을 장악한다 해도 이 권력 자체가 자신을 예속시키고 욕망적 생산을 으깨기를 계속하는 권력 형식과 관련되는 한, 이 집단은 예속집단이라고 합니다. 이들에 의하면 주체집단은 그 리비도 투자들 자체가 혁명적인 집단입니다. 이 집단은 욕망을 사회장 속에 침투시키며, 사회체 내지 권력 형식을 욕망적 생산에 종속시킵니다. 이처럼 동일한 한 집단이 전의식적 차원에서는 혁명적이고 무의식적 차원에서는 반동적이기도 하는 모순된 경향을 보일 수 있습니다. 또한 동일한 사람들이나 동일한 한 집단이 두 가지 집단의 성격을 동시에 보여 주기도 하고, 한 유형의 집단에서 다른 유형의 집단으로 끊임없이 이행하기도 합니다(안오 pp577~578 참조).

이러한 논리는 '욕망은 왜 스스로 억압당하기를 욕망하는가?'하는 라이히가 제기한 문제에 대한 하나의 명확한 답이 될 수 있습니다. 관건은 무의식적 리비도 투자입니다. 우리는 전의식이나 의식의 차원에서 또 이해관계의 측면에서 볼 때 도저히 현재의 사회체제에 부합할 수 없는 사람들이 이 체제를 지지하는 것을 흔히 볼 수 있습니다. 이처럼 모순되어 보이는 상황을 잘 설명해 주는 것이 그들의 무의식이라는 것이 들뢰즈와 가타리의 주장입니다. 이 체제에서 배제당하고 착취당하는 자들이 무의식적으로는 이 체제를 이해관계와 무관하게, 즉 사심 없이(désintéressément) 사랑할 수도 있다는 것입니다. 이로부터 우리는 어떻게 하면 진정한 해방과 혁명을 달성할 수 있는지에 대한 답도 구할 수 있습니다. 그것은 미시적 분자적 혁명입니다. 우리는 국가권력장악 테제와 같은 거시적이고 몰적인 혁명에 찬성하지 않습니다. 물리적 폭력에 의한 엄청난 희생의 위험은 차치하더라도 그 혁명적 본성이 지속적으로 유지되는 것에 회의를 갖지 않을 수 없습니다. 국가권력을 장악한 주체집단이 스스로 자신을 폐쇄하고 예속집단들의 방향으로 자신의 욕망을 전환하는 일이 끊임없이 일어나기 때문입니다. 어떤 혁명이라도 자신의 주체집단들에 등을 돌리고, 이 집단들을 숙청하려는 유혹을 갖지 않을 수 없습니다(안오 p578 참조). 물론 몰적 수준에서의 저항이 필요한 시점이 있음을 부정하는 것은 아닙니다. 그러나 우리는 우선적으로는 무의식적 수준에서의 지속적인 혁명, 욕망적 생산의 과정으로서의 분열증화, 과정의 절대적 탈영토화를 지향합니다. 이러한 것이 제외된 저항과 혁명은 잠시 동안의 성공은 가능하더라도 반동과 퇴행을 피할 수 없다는 것이 우리의 생각입니다.

이와 같이 욕망의 무의식적 리비도 투자라는 개념을 도구로 삼아 들뢰
즈와 가타리는 자본주의사회를 포함하여 모든 사회체들에 있어서 스피노
자부터 시작해서 라이히를 거쳐 자신들에 이르기까지 끊임없이 질문했고
지금도 계속 제기되고 있는 의문, 그들이 '정치철학의 근본 문제'(안오 p64)
라고 부르는 것에 대해 구체적인 해명을 시도합니다. '왜 인간들은 마치 자
신들의 구원을 위해 싸우기라도 하는 양 자신들의 예속을 위해 싸울
까?'(스피노자, 안오 p64에서 재인용), '왜 대중들은 파시즘을 욕망했을까?'(라이
히, 안오 p571에서 재인용), '개인이건 집단이건 주체들이 자기 계급의 이해관
계에 명백히 어긋나게 행동할 때, 또 그들의 객관적 상황으로 보아 투쟁해
야 마땅한 계급적 이해관계와 이상들에 찬동할 때, 그 이유는 무엇인
가?'(안오 p187), '어떻게 욕망이 욕망하는 주체 속에서 자기 자신의 탄압을
욕망하게끔 규정될 수 있는가?'(안오 p188), '욕망은 왜 스스로 억압되기를
바라는가, 욕망은 어떻게 자신의 억압을 바랄 수 있는가?'(천고 p409) 이러
한 물음들은 단적으로 참된 욕망의 정립에 배치되는 욕망의 순응, 사회적
조건과 형식의 내면화의 문제로 요약될 수 있습니다.

"이것은 이데올로기의 문제가 아닙니다." "오해와 가상의 문제가 아닙니
다." 그것은 "욕망의 문제입니다." "무의식적 투자들은 욕망의 정립들과 무의
식적 종합의 사용들에 따라 행해지며, 이것들은 개인이건 집단이건 욕망
하는 주체의 이해관계와는 다르다. 사회장이 이해관계가 아니라 욕망에 의
해 투자되는 한, 무의식적 투자들은 그 기계적 절단들과 종합의 분리차별
적 사용들을 사회장 속으로 지나가게 함으로써 '지배계급에 대한 일반적
복종'을 확보할 수 있다."고 보는 것이 들뢰즈와 가타리의 생각입니다(안오

p187). 무의식의 결합종합들의 분리차별적 사용, 기능, 작동은 "지배계급에게 봉사하는 비길 데 없는 무기"(안오 p186)입니다. "사회적 생산의 형식은 그런 형식 자체로 욕망될 수 있습니다." 경제·금융 메커니즘들, 정치구성체들 등이 그런 형식들입니다. 기만적인 오이디푸스가 아니라 "무의식의 진정한 콤플렉스들(complexes)이 있습니다. 그 위계의 위에서 아래로 쾌감을 전달하는 경제적-사회적 복합체들(complexes)이 있습니다." "중요한 것은 흐름입니다." "무엇인가가 흐르고 흘러가는 곳이면 어디에나 욕망이 있습니다. 이 욕망은 취해 있거나 잠든 주체들까지도 죽음의 하구로 몰고 갑니다."(안오 p188) 즉 욕망은 깨어있는 의식과는 무관합니다. 다시 강조하건대, 사회적 생산은 특정 조건들 하에서의 욕망적 생산 자체입니다. "이 특정한 조건들은 사회체 내지 충만한 몸으로서 군집의 형식들이며, 이 형식들 아래에서 분자적 다양체들은 몰적 집합들을 구성합니다."(안오 p569) "사회장은 욕망의 역사적으로 규정된 생산물이며, 심지어 사회적 재생산의 가장 탄압적이고 가장 치명적인 형식들조차도 욕망에 의해 생산됩니다."(안오 p64) "리비도가 투자하는 것은 욕망적 생산과 관련된 사회적 생산의 저 형식들입니다."(안오 p178) 무의식적 리비도 투자는 반동적-편집증적 극과 혁명적-분열증적 극 사이를 왕복합니다. 이러한 진동의 과정에서 욕망은 자기 자신의 억압을 욕망하는 데까지 이를 수 있습니다. 이해관계에 따르는 것이 아니라 무의식적 욕망에 의해 '지배계급에 대한 일반적 복종'에 이를 수 있는 것입니다. 자본 자체에 대한 사랑, 관료제에 대한 복종, 파시즘에 대한 욕망이 다 이런 과정이라고 볼 수 있습니다. 누가 시키지 않아도 욕망은 스스로 내재적 과정에 의해 억압의 방향으로 돌진할 수 있습니다.

여민철 그렇다면 "욕망은 본질적으로 혁명적이다." "욕망은 그 자체로,

저도 모르게, 자신이 바라는 것을 바람으로써 혁명적이다."(안오 p208)라는 말은 어떻게 받아들여야 하나요?

선생님 들뢰즈와 가타리가 말하는 혁명적 욕망은 '참된' 욕망을 일컫는 것으로 보면 될 것입니다. 극한으로서의 욕망, 분열증으로서의 욕망적 생산을 의미하는 것이라고 할 수 있습니다. 그들은 생산의 사회적 형식의 욕망적 생산에 대한 탄압 역시도 욕망되고 있다고 하면서 참된 욕망이 무엇인지를 묻고 있습니다(안오 p208 참조). 기본적으로 무의식적 욕망은 반동적 성격과 혁명적 성격을 동시에 갖고 있습니다. 중요한 것은 욕망 자체의 성격이 아니라 욕망을 혁명적인 방향으로 흐르게 하는 것입니다. 사회적 생산의 조건들, 사회체 구성을 위한 형식들에 구애되지 않는 욕망이, 상징계에 순응하지 않는, 실재계에 연결된 욕망이 참된 욕망, 혁명적 욕망이라고 할 수 있겠습니다.

강규석 선생님 아직도 헛갈리는 게 있습니다. 재현적 무의식도 생산적 무의식과 마찬가지로 무의식의 본질 중의 하나인 것입니까? 아니면 생산적 무의식이 왜곡된 것에 불과한 것입니까? 또 무의식의 종합들의 두 가지 사용과 정신분석은 어떤 관계고, 무의식적 리비도 투자의 두 극과는 정확히 어떤 관계에 있는 것입니까?

선생님 앞에서 무의식의 종합들의 사용에 대해서 정신분석과 분열분석의 입장을 이미 밝힌 바 있습니다. 이제 좀 더 명확히 말할 수 있는 단계에 왔습니다. 여러분이 헛갈리지 않고 기억해야 할 것은 첫째, 무의식을 생산적·기계적으로 보는 것이 들뢰즈와 가타리의 입장이라는 것, 그리고 둘째, 생산적 무의식은 그 자체로 혁명적일 수도 반동적일 수도 있다는 것입니다. 그리고 그 사이에서 진동한다는 것. 이 두 가지가 전부입니다. 이것이

『안티 오이디푸스』 단계에서 들뢰즈/가타리의 분열분석의 핵심입니다. 반면에 정신분석에서는 무의식을 재현적으로 또 구조적으로 봅니다. 이러한 관점의 차이로 인해 후속적 결론도 차이가 날 수밖에 없는 것이죠. 전자의 관점에서 볼 때, 무의식의 결합종합의 사용에서 무의식의 투자의 두 개의 극으로의 방향이 결정됩니다. 다시 말하면 무의식적 욕망의 리비도 투자의 모태로서의 망상이 어떤 방향으로 형성되는가에 따라 무의식적 투자의 성격이 결정됩니다. 무의식은 리좀형의 분자적 다양체로서 부단한 자기생산의 과정에 놓여 있습니다. 무의식을 언어처럼 구조화된 나무형의 몰적 다양체로 보아 거기에서 어떤 고정된 의미를 찾으려 하는 것이 후자, 즉 정신분석의 관점입니다. 이 관점에서 볼 때 무의식은 재현적일 수밖에 없습니다. 무의식의 결합종합의 분리차별적 사용에 따라 무의식의 반동적·파시즘적 투자가 결정됩니다. 분리차별적 사용이 오이디푸스적 적용의 전제라고 했습니다. 무의식의 분리차별적 기능과 작동에 편승하는 것이 정신분석입니다. 그러한 사용을 조장하고 강요하여 그것이 무의식의 근원적 본질인 것처럼 만들어 마침내 무의식의 생산으로서의 역량을 파괴하고 가족적 오이디푸스화의 굴레로 무의식을 옭아매는 것이 바로 정신분석입니다.

우리가 말하는 참된 욕망이라는 것은 생산적 무의식을 말하는 것이고, 그것은 우리를 혁명적 탈주로 이끈다고 했습니다. 그러나 반동적인 욕망도 우리의 욕망인 것은 틀림없는 사실입니다. 이데올로기와 지배층의 사술, 그리고 몰적인 이해관계와 상관없이 우리의 분자적 무의식 자체가 암적인 몸체, 파시즘으로 향할 수 있습니다. 우리가 참된 욕망이라고 하는 것에는 말 그대로 가치의 부여가 포함된 것입니다. 우리의 욕망은 그 자체로 혁명적이거나 반동적일 수 있습니다.

기관 없는 몸체, 즉 탈기관체에 대한 『천 개의 고원』에서의 논의에 따라 다음과 같이 설명할 수도 있습니다. 탈기관체는 분자적 무의식에 대응하는 하나의 욕망이라고 할 수 있습니다. 탈기관체는 우리의 참된 역량을 실현하는 충만한 몸체로 현실화할 수도 있지만, 너무 폭력적인 탈지층화에 의해 파괴된 텅 빈 공허한 몸체로, 그리고 전체주의적이고 파쇼적인 암적인 몸체로 쇄도할 수도 있습니다(천고 pp312~313 참조). 들뢰즈/가타리는 분명히 말합니다. "설령 탈기관체가 조잡한 탈지층화의 공허함에 빠지거나 암적인 지층의 증식에 빠지더라도, 그것은 여전히 욕망"이라고. "욕망은 자신의 소멸을 욕망하거나 소멸할 수 있는 역량을 갖는 자가 되기를 욕망하는 단계까지 가기도 하는 것"이라고. "돈의 욕망, 군대의 욕망, 경찰과 국가의 욕망, 파시스트-욕망. 파시즘조차도 욕망"이라고요(천고 p316).

반동적일 수도 있는 욕망의 이러한 빈틈을 파고든 것이 정신분석입니다. 원래부터 우리의 무의식 속에는 기만적인 오이디푸스가 아닌, 무수히 많은 망상과 콤플렉스들이 존재합니다(안오 pp177,188,304 참조). 이러한 망상과 콤플렉스들은 가족에 국한되지 않습니다. 들뢰즈/가타리에 의하면 파리코뮌, 드레퓌스사건, 종교와 무신론, 스페인내전, 파시즘의 대두, 스탈린주의, 베트남전쟁, 1968년 5월 같은 세계사적, 정치적, 인종적인 내용을 가진 사회적 현상들이 무의식의 콤플렉스들을 형성하고 망상의 내용을 구성합니다(안오 pp164,177 참조). 이러한 망상과 콤플렉스들이 작용하여 망상의 두 극, 무의식적 리비도 투자의 두 극이 생기고 그 사이에서 무의식이 끊임없이 요동친다는 것이 들뢰즈/가타리가 정립한 분열분석의 논리입니다. 그런데 정신분석이 무의식을 성(性)과 가족에 가두고 오이디푸스화하는 조작과 왜곡을 감행한 것입니다. 주의할 것은, 오이디푸스는 정신분석이 발명한 것이 아니라는 것입니다. 오이디푸스를 이용하여 무의식의 반동화를 적극 조장하고 가담한 것일 뿐이라고 하는 것이 정확하죠. 그렇게 조작되어 탄생한 것이 재현적 무의식입니다. 무의식을 생산이 아니라 결핍과 금지와 법에 접속시킴으로써 욕망에 대한 체제의 탄압을 적극 지원합니다. 따라서 이것이 무의식 자체의 반동화라고 할 수는 없습니다. 단지 무의식의 반동화에 편승하여 오이디푸스화함으로써 정신분석이 생산적인 분자적 무의식을 재현적이고 구조적인 몰적 무의식으로 왜곡 변형시킨 것이라 할 수 있습니다. 서동욱 선생에 의하면 "정신분석의 불미스런 점은 자본주의 사회질서에 순응하도록 옮겨 놓은 욕망에 오이디푸스라는 이름을 주고 그것을 당연한 인간의 본성으로서 정당화한 것입니다."(들철 p132~133)

무의식적 욕망에 관한 논의를 명확히 할 수 있는 핵심적인 예로 들 수 있는 것이 성(性)에 관한 들뢰즈와 가타리의 해석입니다. 그들은 비인간적 성(sexe non humain)을 주장합니다. 성이나 성욕, 사랑은 욕망의 기계적 지표로서의 역할을 합니다. 잠재적이고 무의식적인 역량으로서의 욕망에 대한 사례로서 성은 탁월한 역할을 수행합니다. 먼저 정신분석은 모든 욕망은 본질적으로 성욕이라고 봅니다. 무의식의 본래적 성격을 성적, 가족적 영역에서 찾고자 하는 것이 정신분석입니다. 정신분석은 해석과 평가에 있어 무의식을 성욕이나 가족적 욕망으로 환원하는 경향이 있습니다. 정신분석은 성욕으로서의 리비도를 욕망의 대표로 삼습니다. 오이디푸스화한 욕망, 그것이 성욕입니다. 욕망은 결핍입니다. 우리는 무의식 속에 양심의 가책, 죄책감을 가지고 살아야 합니다. 오이디푸스를 극복하고 소위 정상적인 인간의 삶을 살기 위해서는 거세, 탈성욕화, 승화 같은 것을 필요로 합니다(안오 p518 참조). 그러나 분열분석에서의 성과 성욕은 욕망의 하나의 지표일 뿐입니다. 욕망적 기계의 기계적 지표의 하나일 뿐이지 욕망 전체를 대변하는 것이 아닙니다(안오 p579 참조). 무의식적 욕망을 설명하는 데 유용한 하나의 사례일 뿐입니다. "사랑은 리비도의 사회적 투자들에 대한 반동적 또는 혁명적 성격의 지표입니다." "사랑들과 성욕은 사회장의 무의식적 리비도 투자들의 지수들 내지 등급 측정기들입니다."(안오 p583) 분열분석에서 보는 오이디푸스는 욕망의 대표가 아니라 사랑의 형식들 중의 하나요, 무의식의 반동적 투자의 하나의 지표에 불과합니다(안오 p603 참조). 이 같은 관점에서 중요한 것은 인간적 성이 아니라 기계적 관점에서의 비인간적 성입니다. 들뢰즈와 가타리가 규정하는 "비인간적 성이란 바로 욕망적 기계들, 분자적·기계적 요소들, 이것들의 배치들, 이것들의 종합들로, 그들은 이것들이 없으면 큰 집합들 속에서 종별화된 인간적 성도 없을 것이요, 이 집합들을 투자할 수 있는 인간 성욕도 없으리라"고 봅니다(안오 p491). 정신분석은 인간적 성의 관점에서만 재현으로서의 인간의 무의식을 파악하려는 시도인 반면, 분열분석은 이러한 비인간적 성을 하나의 지표로 삼아 생산으로서의 무의식적 욕망을 파헤칩니다.

우리는 다음과 같은 들뢰즈/가타리의 재미있고 탁월한 표현들에서 성과 성욕으로 예시되는 무의식적 욕망, 잠재적 역량들의 소통과 종합의 모습들을 생생하게 볼 수 있습니다. 어디에나 부분대상들과 요소들의 횡단적 소통들, 그리고 비인간적 성들의 "횡단성욕(sexualité transversale)이 있어서, 여자 속에 남자만큼 남자들이 들어 있게 하고 또 남자 속에 여자만큼 여자들이 들어 있게 하되, 남자들이 다른 사람들과, 또 여자들이 다른 사람들과, 두 성의 통계적 질서를 뒤집는 욕망적·생산적 관계들 속에 들어갈 수 있게 한다. 사랑을 한다는 것은 하나만을 하는 것도 아니고 나아가 둘을 하는 것도 아니며, 수천수만을 하는 것이다."(안오 p493) "한 남성의 수컷 부분은 한 여성의 암컷 부분과 소통할 수 있지만, 또한 한 여성의 수컷 부분과도, 또는 다른 남성의 암컷 부분과도, 아니면 다른 남성의 수컷 부분 등과도 소통할 수 있다."(안오 pp130~131) "이것이 바로 욕망적 기계들 또는 비인간적 성이다. 즉 하나의 성이 아니요, 두 개의 성도 아니라, n 개의 성이다." "분열분석은 한 주체 안에 있는 n 개의 성의 다양한 분석이다. 욕망적 혁명의 분열분석적 공식은 무엇보다 이럴 것이다. 곧, '각자에게 자신의 성들을.'"(안오 p493)

이처럼 분열분석에서 성의 역할은 욕망의 기계적 지표일 뿐입니다. 이것은 무의식적 욕망, 존재의 잠재적 역량의 모델 중의 하나입니다. '각자에게 자신의 성들을'이라는 들뢰즈/가타리의 공식은 '각자에게 자신의 욕망을', '각자에게 자신의 역량을'이라는 주장과 동일합니다. 이 공식은 인간들에 대해서는 독자적이고 특이한, 즉 독특한 삶을 살라는 들뢰즈와 가타리의 심오한 가르침입니다. 자신의 욕망과 자신의 역량을 마음껏 실현하고 발휘할 수 있는 삶을 개척하라는 것입니다. 그것은 윤리적으로 말하면, 각자 모두에게, 누구에게나 기쁨에 찬 삶이고 다른 누구에게나 기쁨을 주는 삶이기도 합니다. 나는 들뢰즈/가타리가 제안하는 이러한 삶이 진정으로 모두가 자유로운 삶이라고 생각합니다. 들뢰즈/가타리도 욕망적 기계는 참으로 기쁨에 찬 기계라고 말하면서, 기쁨에 찼다는 말은 자유롭다는 뜻임을 밝히고 있습니다(안오 p653 참조). 들뢰즈/가타리의 분열분석의 목적은 기쁨에 찬 자유로운 삶을 추구하는 것입니다. 그들이 의미하는 자유는 누구만의 자유가 아니라 우리 모두의 자유이며, 더 나아가 존재하는 모든 것의 진정한 욕망, 잠재적 역량의 실현을 가능하게 하는 것입니다. 어제 존재의 일의성을 논하면서 들뢰즈의 사상과 자유민주주의의 정치 이념을 연계시킨 바 있는데, '각자에게 자신의 성들을'이라는 들뢰즈/가타리의 욕망적 혁명의 공식에서도 이러한 자유민주주의 사상을 도출할 수 있습니다.

여기서 우리는 존재의 귀천, 존재의 고귀함과 비루함을 나눌 수 있는 중요한 기준을 얻을 수 있습니다. 그것은 지배와 예속이 아닙니다. 지배하고 명령하고 누린다고 해서 고귀한 것이 아니고, 예속되고 순종하고 배제되어서 비루한 것이 아닙니다. 또한 태어나면서부터 귀하고 천한 것이 정해지는 것이 아닙니다. 우리가 어떤 상황에서 태어나는가가 아니라 태어난 조건과 상황에도 불구하고 무엇을 지향하는가에 따라 귀천이 정해지는 것입니다. 단적으로 자유로운 삶을 지향하는 것이 고귀한 것이고, 파시스트적 삶을 지향하는 것이 비루한 것입니다. 고귀한 존재는 다른 존재에게 기쁨을 주며 다른 존재의 역량을 증가시키고, 모두의 자유를 위해 노력합니다. 반대로 비루한 존재는 다른 존재에게 기쁨이 아닌 슬픔을 주며, 다른 존재의 역량을 감소시키고, 자신의 지배를 위해 다른 존재를 억압합니다. 지배하기 위해 억압하는 것이 자신의 자유를 위한 것이라 할지라도 이는 자신의 자유마저 제한하는 결과를 가져올 수도 있습니다. 타인의 역량을 제압하기 위한 시도가 자신의 역량마저 감소시키는 경우가 얼마든지 있을 수 있기 때문입니다. 가령 자신의 패권을 유지하기 위해 한 나라가 모든 희생을 감수하고서도 다른 나라와 전쟁을 하는 경우가 그러합니다. 파시즘, 지배예속체제를 추구하는 존재는 다른 존재의 자유뿐만 아니라 그 체제의 유지를 위해 자신의 자유도 함께 망가뜨리는 경우가 허다합니다. 고귀함과 비루함을 나누는 기준은 사람마다 다를 수 있습니다. 그러나 나는 이보다 더 설득력 있고 더 공감이 가는 것을 아직까지 찾지 못했습니다. 어쨌든 자신의 존재가 타자에게 어떻게 작용하는지 항상 성찰하는 태도가 고귀한 삶을 추구하는 데 있어 꼭 필요하다고 봅니다. 가장 중요한 것은 가치를 추구하는 삶을 살고자 하는 노력입니다. 가치를 방기하지 않는 삶을 살고 자 꾸준히 노력한다면 결국 모든 사람이 수긍할 수 있는 각자의 기준을 세울 수 있을 것입니다.

분열분석에 관한 논의가 생각보다 길어졌습니다. 어서 배치의 논의로 넘어가도록 하죠.

배치의 존재론

들뢰즈의 존재론이 '이 세계는 어떻게 무엇으로 이루어져 있는가?'라는 근본적인 물음으로부터 시작했듯이 그와 가타리의 사회사상은 '사회는 어떻게 존재하는가?' 하는 물음으로 시작할 수 있습니다. 존재의 일의성을 바탕으로 모든 존재를 배치로 보는 들뢰즈와 가타리의 관점에서는 '사회는 어떻게 존재하는가?' 하는 문제는 곧바로 사회적 배치의 문제가 됩니다. 배치에 대한 논의의 기본서로서 세계와 사회에 대한 사유에 있어 획기적 전환을 가져온 것이 그들의 역저 『천 개의 고원』입니다. 마이클 하트는 "『천 개의 고원』의 중심 문제는 배치의 문제, 특히 사회적 배치의 문제다."라고 합니다(진화 p371). 『천 개의 고원』의 중심 대상은 배치입니다. 들뢰즈/가타리의 배치론에 관한 탁월한 해설서인 『천하나의 고원』을 저술한 이정우 선생도 다음과 같이 말합니다. "배치의 존재론을 수립하고 그에 근거해 새로운 실천철학을 이끌어내기, 이것이 『천 개의 고원』의 목적이다."(하나 p35) "들뢰즈와 가타리에게 생성이란 무정형의 흐름이 아니라 언제나 배치의 생성이다. 생성이 없다면 배치는 고착화될 것이다. 그러나 배치가 없다면 생성은 아무 것도 아니다. 『천 개의 고원』은 처음부터 끝까지 배치에 관한 책이다."(하나 p116) 들뢰즈의 존재론은 배치의 존재론이기도 합니다. 모든 것이 하나의 배치라고 할 수 있으며 사회는 곧 사회적 배치라고 할 수 있습니다.

들뢰즈와 가타리가 말하는 배치(agencement)는 선들과 속도들로 구성된 일종의 다양체로서, 생성하고 반복하는 복잡한 사건입니다. 기계들이 접속해서 선 혹은 계열을 형성하고, 여러 선들이 관련 맺으면서 하나의 장을 형성합니다. 이것이 곧 기계적 배치입니다. 이러한 기계적 배치에 언표적 배치가 더해지면 다질적인 열린 장으로서 완전한 형태의 전형적 배치가 구성됩니다(천고 p12 참조, 하나 pp17~30 참조). 배치의 개념을 설명하기 위해 여러 새로운 용어들이 등장하는데 차례로 논의될 것입니다.

『천 개의 고원』에서 욕망은 배치와 동일시되기에 이릅니다. 기계적 배치는 욕망의 배치이자 하나의 욕망입니다. '욕망이라는 기계적 배치'(천고 pp50,52)라는 표현이 그것을 명시적으로 보여 주고 있습니다, "욕망은 항상 배치를 형성"합니다(천고 p270주58). 들뢰즈/가타리는 말합니다. "욕망 속에는 내적인 충동은 없으며 오직 배치들만이 있다. 욕망은 언제나 배치되어 있다. 욕망이란, 배치가 욕망이 그러하도록 결정하는 그것이다."(천고 p436)

학 생 무슨 말인지 ······.

선생님 욕망이 배치이고, 배치가 욕망이라는 것이죠. 욕망에 관해 지금까지 들뢰즈와 가타리가 그려 온 모습들을 생각하면서 여러분들의 인식능력들을 총동원해 실행해 보기 바랍니다. 욕망은 역량이고, 힘의 의지와 같고 생산적입니다. 그리고 무의식적입니다. 배치는 이러한 욕망이 지배하는 장입니다.

들뢰즈/가타리의 주장은 계속됩니다. "배치는 정념적이며, 욕망의 편성이다." "정념이란 배치에 따라 달라지는 욕망의 현실화다. 따라서 배치에 따라 정의(正義), 잔혹함, 연민 등이 달라진다." "욕망은 자연적이고 자발적으로 결정되는 것이 아니라 배치하고 배치되는 것이자 기계적인 것이다. 배치의 합리성이나 효율성은 이러한 배치가 유도하는 정념들 없이는, 또 이러한 배치를 구성하는 동시에 이러한 배치에 의해 구성되는 다양한 욕망들 없이는 존재할 수 없다."(천고 p767) 여기서 그들의 정념(passion)이라는 말이 이해하기가 쉽지 않습니다. 정적인 의미로 감정(sentiment)을 나타내기도 하고, 동적인 의미로는 잠재적 역량의 증가나 감소, 스피노자적인 기쁨과 슬픔의 증감을 내포하는 변용태(變容態) 혹은 정동(情動)을 나타내기도 합니다. 변용태나 정동이나 모두 불어 affect를 번역한 말입니다. 변용태 혹은 정동이라는 것은 다른 몸체들과 상호작용이 이루어지는 가운데, 상호간에 어떤 변용이나 촉발을 일으키고, 그 결과 하나의 몸체 안에서 역량의 증가 혹은 감소, 몸체의 한 상태에서 다른 상태로의 이행이 나타나는 것을 이르는 말입니다. 역량의 증가나 감소를 행태의 측면에서 보았을 때 변용태라는 용어를, 정서의 측면에서 보았을 때 정동이라는 용어를 사용하는 것이라 이해하면 될 것입니다. 쉽게 말해서 마음의 움직임, 정신(情神)의 움직임(動)이 정동(情動)이라고 할 수 있습니다. 우리가 어떤 사물이나 현상 또는 음악이나 미술, 문학 작품들을 만났을 때 내적으로 어떤 감정의 변화가 있게 마련이고 이는 필연적으로 어떤 변용, 즉 잠재적인 역량의 변화와 연결됩니다. 감정적으로 기분이 좋아지거나 기쁘고 즐거워진다면 우리 속의 에너지는 증가할 것이고, 기분이 나빠지거나 슬프고 스트레스를 받게 된다면 우리의 잠재적 역량은 감소할 수밖에 없습니다. 이러한 개념들은 스피노자식의 윤리적 실천에 있어 기준이 되는 용어들이라는 것을 이미 앞에서 말했습니다. 스피노자는 기쁨을 역량의 증가로, 슬픔을 역량의 감소로 규정한 바 있습니다. 중요한 점은 이러한 정념들의 생성이 욕망의 배치의 결과라는 것입니다. 이러한 결과에 의해서 하나의 배치에 대한 윤리적 평가가 가능하게 됩니다. 단적으로 들뢰즈/가타리는 "변용태·정동은 생성"이라고 규정합니다(천고 pp486~487). 변용태·정동은 하나의 몸체에서 새로운 몸체로의 이행이자 변이이고 이는 곧 생성입니다. 뒤에서 생성과 되기를 논의하면서 여러 사례들과 함께 하면 더 잘 이해될 것입니다.

하나의 사회구성체는 욕망의 배치입니다. 각 영역의 구체적 권력은 욕망의 배치가 지층화된 차원일 뿐입니다(천고 p270주58 참조). 들뢰즈와 가타리는 욕망은 공존하는 두 가지 상태에 처해 있다고 합니다. "한편으로 그것은 이런 절편, 저런 사무실, 이런 기계 혹은 저런 기계 상태 속에서 포착되고, 이런 내용 형식에 사로잡히며 저런 표현 형식으로 결정화됩니다." 그리하여 자본주의적 욕망, 파시즘적 욕망, 관료제적 욕망 등이 자리를 잡게 됩니다. "동시에 다른 한편으로 욕망은 모든 선을 따라가고, 해방된 표현을 인도하고 탈형식화된 내용을 유도하며, 내재성의 구도의 무제한성에 도달합니다."(『카프카, 소수적인 문학을 위하여(Kafka-Pour une littérature mineure)』 질 들뢰즈/펠릭스 가타리, 1975, 한국어판: 이진경 옮김, 동문선, 2001, 이하 '카프카'로 약칭, p143) 이것은 배치에 있어서 지층화와 탈층화의 두 가지 상태가 공존하는 것과 같습니다. 『안티 오이디푸스』에서 원시 영토기계, 야만 전제군주기계, 문명 자본주의기계의 사회체를 구성하는 데 있어서의 핵심 요소인 무의식적 욕망 개념은 이제『천 개의 고원』에서는 배치라는 개념과 연관되어 새로이 제시됩니다. 이제는 욕망을 하나의 잠재적 역량으로서뿐만 아니라 하나의 배치로 봐야 합니다. 욕망은 배치를 형성합니다. 자본주의 사회도 하나의 욕망의 배치입니다. 권력에 대한 욕망, 억압하려는 욕망이나 심지어 억압받으려는 욕망들의 상태, 억압하는 자와 억압받는 자의 분할과 같은 것들은 각각의 기계 상태, 즉 욕망의 배치에서 기인하는 결과들일 뿐입니다(카프카 pp135~138 참조). 들뢰즈/가타리는 하나의 "사회장은 즉각 욕망에 의해 주파"되며, "사회장은 욕망의 역사적으로 규정된 생산물"이라고 합니다. "욕망과 사회가 있을 뿐, 그 밖엔 아무것도 없습니다."(안오 p64) 따라서 욕망의 재배치가 바로 배치의 변환이고, 한 사회에 있어서의 혁명이 됩니다. 참된 욕망의 정립으로서의 혁명을 결론 부분에서 알아볼 것입니다.

배치를 이해하기 위한 기초적 개념들을 더 알아봅시다. 앞서 흐름이라는 용어를 설명할 때 언급했듯이, 세계를 이루는 기초를 일러 철학 용어로 질료라는 단어를 사용하는데, 세계를 구성하는 물질이라 부르기도 합니다. 물론 물리학적 의미의 물질과는 다르죠. 물리적인 입자나 파동과는 다른, 어떤 규정되지 않은 흐름을 말합니다. "배치의 요소로서의 실체는 질료로 형성된, 즉 질료와 형상이 결합되어 이루어진 거의 안정적인 단위들입니다. 형상 또는 형식은 실체에 부과되어 있는 질서입니다."(천고 p87역주6) "실체는 형식을 부여받은 질료 이외에 다른 것이 아닙니다. 형식은 코드 및 코드화 양식과 탈코드화 양식을 내포합니다. 형식을 부여받은 질료인 실체는 영토성 및 영토화의 정도와 탈영토화의 정도에 관련됩니다."(천고 p88) 형식이 코드화 과정 및 탈코드화 과정과 결부된다면, 실체는 탈영토화 운동 및 재영토화 운동과 결부되어 있습니다(천고 p110 참조). 영토성과 관련되어 여기서 사용되는 실체의 개념을 자기원인으로서의 주체 개념인 실체와 혼동하지 말기 바랍니다.

들뢰즈의 생성존재론, 사건의 철학은 존재하는 것들이 실체 면에서 끊임없이 탈영토화하고 형식 면에서 끊임없이 탈코드화한다는 것을 의미합니다. 존재의 운동은 지속적인 탈영토화와 재영토화, 그리고 지속적인 탈코드화와 재코드화 혹은 덧코드화로 설명될 수 있습니다. 이러한 탈영토화와 재영토화, 탈코드화와 재코드화의 과정이 들뢰즈의 반복이고 니체의 '영원회귀'입니다. 사회적 과정도 마찬가지입니다. "사회적 장은 저마다 다른 속도와 보폭에 따라 '군중들'을 변용시키는 온갖 종류의 탈코드화와 탈영토화 운동들에 의해 끊임없이 생기를 부여받습니다. 그 운동들은 모순들이 아니라 탈주들입니다. 이 층위에서 모든 것은 군중의 문제입니다."(천고 p418) "그러나 이와 동시에 그리고 이와 불가분한 방식으로 덧코드화와 재영토화가 산출됩니다."(천고 p419) 여기서 군중이라는 것은 무리라고도 표현할 수 있는데, 사회를 구성하는 하나의 리좀형 다양체를 가리킵니다. 군중과 대비하여 굳어진 수목형 다양체를 대표하는 용어로는 계급이 있습니다. 군중과 계급의 관계는 뒤에서 더 논의될 것입니다. 탈영토화 운동, 즉 탈주의 운동이 그 사회의 역량을 증대시키거나 감소시키고, 그 사회를 더 기쁘게 하거나 슬프게 합니다. 이것이 들뢰즈와 가타리의 사회사상 전체의 결론입니다. 배치의 논의는 그에 대한 구체적 근거를 제시하는 과정일 뿐입니다.

들뢰즈와 가타리는 탈영토화에 관하여 8가지 정리를 제시합니다(천고 pp334~335,579~580 참조). 이 중 사회의 운동이라는 관점에서 가장 유의미한 것은 세 번째입니다. "가장 탈영토화되지 않은 것은 가장 탈영토화된 것 위에서 재영토화된다."는 명제입니다(천고 p334). 이는 달리 말하면 "재영토화는 반드시 가장 탈영토화된 것 위에서 일어나게" 된다는 것입니다. "정확히 말해 첫 번째 국면에서는 가장 탈영토화된 흐름이, 두 번째 국면에서는 과정들의 집적이나 접합접속을 수행하고 덧코드화를 결정하고 재영토화의 기반으로서 기여합니다." 들뢰즈/가타리가 든 예에 의하면, "도시의 상업 부르주아는 지식, 테크놀로지, 배치들, 유통회로를 결합하거나 자본화하는데, 귀족, 교회, 직인들과 농민들까지도 이의 지배 하에 들어가게 됩니다. 상업 부르주아가 이처럼 전체를 재영토화할 수 있었던 것은 이들이 진정한 입자가속기로서 탈영토화의 첨점이었기 때문입니다."(천고 p420) 탈영토화의 첨점, 다시 말해 "가장 강하게 탈영토화된 성분"(천고 p638)이랄 수 있는 상업 부르주아가 그 보다 탈영토화의 정도가 약한 귀족이나 다른 계급들을 선도하여 새로운 배치를 구성하는 데 있어서, 즉 새로운 사회를 규정해 나가는 데 있어서 주도적 역할을 하게 되는 역사적 사실을 이 사례가 잘 보여 주고 있습니다. 이렇듯 들뢰즈/가타리의 사회 이론에서 탈영토화의 역할은 가장 핵심적 위치를 차지합니다.

들뢰즈와 가타리에 의하면 모든 사회와 모든 개인은 두 절편성에 의해, 즉 몰적 절편성과 분자적 절편성에 의해 가로질러집니다. "이 두 절편성이 분리될 수 없는 것은 양자가 공존하고 서로 옮겨가기 때문이며, 양자가 항상 서로를 전제하고 있기 때문입니다."(천고 p406) 절편이라는 말은 잘라져 분할된 어떤 대상을 의미하는 것으로 다양체 혹은 배치를 대변하는 것으로 생각하면 됩니다. 몰이라는 말은 그램분자라고도 하는데 아보가드로법칙에 나오는 화학적 용어라는 것은 모두 알고 있을 것입니다. 화학적 의미에서와 같이 몰적이란 것은 고정된 양을 가진 어떤 굳은 덩어리의 이미지를 갖고 있습니다. 분자적이라는 말은 굳지 않은 유연하고 유동적인 이미지를 나타냅니다. 분자적인 것은 몰적인 것과는 달리 조직화·유기체화·구조화·형식화되지 않은 것들, 리좀 상태에 있는 것들을 말합니다. 우리는 세계를 사유함에 있어, 특히 사회를 분석함에 있어서 몰적인 절편이나 몰적인 선들에 대한 분석은 거시적인 것으로, 분자적 흐름들에 대한 분석은 미시적인 것으로 부를 것입니다. 이는 근대경제학에서 사용하는 거시와 미시의 경우와는 다릅니다. 우리가 사용하는 몰적·거시적 그리고 분자적·미시적이라는 용어는 분석 대상의 크고 작음, 분석 기간의 길고 짧음과는 무관합니다. 크기나 기간과 관계없이 비표상적이고 무의식적이고 형식화되지 않은 것들을 지칭하는 것으로 우리는 분자적이고 미시적이라는 표현을 사용할 것입니다.

엄밀히 말해 분자적 절편성은 몰적 절편성과 대칭관계에 있는 것이 아닙니다. 몰적 절편성이 굳어진 정지 상태를 가리키는 것이라면 분자적 절편성은 유동적인 절편화 작용이라는 과정을 지시하는 말입니다. 이 두 절편성의 상호관계를 들뢰즈/가타리는 다음과 같이 몰적인 선과 분자적인 흐름의 상호작용으로 표현합니다. "모든 경우에 있어 절편들을 가진 몰적 선은 양자들을 가진 분자적 흐름 속으로 잠겨들거나 연장되며, 양자들을 가진 분자적 흐름은 끊임없이 몰적 절편들을 개정하고 휘젓는다."(천고 pp415~416) "돌연변이의 분자적 흐름은 코드를 피하고 코드에서 벗어나는 경향을 가진 무언가를 항상 내포하고 있습니다." 양자란 물리학적으로 양을 가지는 최소단위를 말하는데 여기서는 "탈코드화된 흐름 위에 있는 탈영토화의 기호들 내지는 정도들"로서 흐름을 구성하는 단위들을 비유적으로 표현하고 있습니다. 앞에서 분자적 흐름을 설명할 때 그것을 구성하는 예로 들었던 미립자나 특이성들 혹은 강도들의 단위라고 볼 수 있을 것입니다. "이와 반대로 견고한 몰적 선은 쇠퇴하고 있는 코드들을 대신하는 덧코드화를 내포하며, 이 선의 절편들은 덧코드화하거나 덧코드화된 선 위에서의 재영토화와 비슷합니다."(천고 p418) 따라서 몰적 절편성과 분자적 절편성이 양자들로 이루어진 흐름의 개정하고 휘젓는 탈코드화의 본성에 따라 서로 공존하고 가로질러지면서 옮겨 가고 서로를 전제한다는 의미는 탈영토화와 재영토화의 끊임없는 반복을 나타내는 것입니다. "이 두 국면은 끊임없이 상관관계를 맺습니다. 선형화와 절편화를 통해서 흐름이 고갈되기도 하며 동시에 그것들로부터 새로운 창조가 시작되기도 합니다."(천고 p414) 두 절편성이 항상 서로를 전제하고 있다는 것은 힘의 관계, 즉 권력관계의 측면에서 보자면 "모든 정치가 거시정치인 동시에 미시정치"(천고 p406)라는 것을 의미합니다. 들뢰즈와 가타리의 정치학에 있어서의 가장 큰 공헌은 그들이 제시한 미시정치의 측면이라고 할 수 있습니다.

정리하면, 들뢰즈와 가타리는 '절편들로 이루어진 선'(ligne à segments), 즉 몰적 선을 분석하는 것을 거시적인 것으로, '양자들로 이루어진 흐름'(flux à quanta), 즉 분자적 흐름을 파악하고 연구하는 것을 미시적인 것으로 규정합니다. 이 선과 흐름 양자가 이들이 세상을 바라보는 관점의 좌표 역할을 합니다(천고 p413 참조). 이러한 관점의 좌표계에 따라 이제까지 논의했고 또 앞으로 더 논의할 들뢰즈/가타리의 존재의 이중운동을 명확히 하고 넘어갑시다. 다음과 같이 요약할 수 있는 들뢰즈/가타리의 존재의 이중운동을 이해한다면 그들의 철학과 사상의 알맹이는 모두 소화한 것이라 할 수 있습니다.

들뢰즈의 일의적 존재론은 다양한 측면에서 규정될 수 있습니다. 존재하는 모든 것들은 하나의 몸체로 규정될 수도 있고, 하나의 다양체, 하나의 기계나 배치로도 규정될 수 있습니다. 그리고 각각은 존재의 이중운동을 함축하는 두 개의 차원을 가집니다. 재현적이고 표상적인 현실적 차원과 비표상적이고 강도적인 잠재적 차원입니다. 푸코의 표현대로 가시적인 것과 언표 가능한 것으로 형식화되어 구체적인 내용과 표현으로 지층화된 차원이 표상적 차원이고, 형식화되지 않은 질료와 기능으로 구성되어 추상적으로 도표화된 차원이 비표상적 차원입니다. 존재하는 모든 것은 이러한 두 차원 사이에서 진동하는 이중운동의 과정에 있습니다. 이는 새로운 이원론, 이분법적 사고가 아닙니다. 유념해야 할 것은 이 두 차원이 상호 대립적인 대칭관계가 아니라는 점입니다. 들뢰즈/가타리도 리좀을 설명하는 부분에서 "리좀에는 나무의 마디가 있고 뿌리에는 리좀의 발아가 있다."(천고 p45)고 하면서, "어떤 이원론을 원용하는 것은 다른 이원론을 거부하기 위해서일 뿐이고, 모델들의 이원론을 사용하는 것은 모든 모델을 거부하는 과정에 도달하기 위해서일 뿐"(천고 p46)이라는 점을 강조합니다. 두 차원은 대립적인 것이 아니라 태극문양의 음양처럼, 옷이나 종이의 주름들처럼 서로를 전제하고 서로를 감싸고 서로를 보완합니다. 우리는 절편들로 이루어진 선, 즉 절편적 선과 양자들로 이루어진 흐름, 즉 양자적 흐름이라는 좌표계에 입각하여 나누어지는 두 차원의 대응을 다음과 같이 열거해 볼 수 있습니다. 절편들을 구획하고 분할하는 선들-미립자나 특이성들 혹은 강도들로 구성된 흐름들, 몰적-분자적, 존재-생성/되기, 정지-운동, 상태-과정, 나무형-리좀형, 재현적 무의식-생산적 무의식, 영토-탈영토화, 코드-탈코드화, 지층-성층작용, 유기체-탈기관체, 구체기계-추상기계, 다수자이가-소수자되기 등등. 들뢰즈와 가타리가 규정하는 거시정치나 거시과학은 전자들의 차원에서, 미시정치나 미시과학은 후자들의 차원에서 세상을 바라보는 것이라 할 수 있습니다. 이는 상하, 좌우, 남녀, 선악, 정신과 육체, 인간과 자연 등과 같은 이분법적 이원론이 아닙니다. 이러한 이원론은 모두 현실적 차원을 전제로 한 대칭적 이항대립에 불과합니다. 잠재적인 것은 현실적인 것의 근거이자 원천의 역할을 하고 현실적인 것은 다시 잠재적인 것들에 영향을 미칩니다. 잠재적인 유연한 흐름의 과정이 현실적 상태로 견고하게 굳어지는 운동, 그리고 다시 반대 방향으로의 운동, 이것이 존재의 이중운동입니다. 이러한 관계는 뒤에서 구체적으로 다수자와 소수자, 다수자과학과 소수자과학을 논의할 때 더 뚜렷하게 이해할 수 있을 것입니다.

미시정치의 관점에서 볼 때 그 사회를 근본적으로 규정하는 것은 탈주선들(lignes de fuite)입니다. 도주선이라고도 하는데 도주에는 도망간다는 뉘앙스가 있어 나는 탈주선이라는 용어를 선호합니다. 탈주선은 분자적입니다. 절편들로 이루어진 견고한 몰적 선들을 벗어나는 흐름을 타고 만들어지는 것이 탈주선입니다. 헷갈리지 말아야 할 것은, 탈주선도 선이라는 표현을 쓰지만 이는 절편의 윤곽을 나타내는 분할선이 아니라 흐름을 상징하는 선이라는 점입니다. 흐름이라는 말에 방점을 두어야 합니다. 양자들로 이루어진 흐름들이 절편들로 이루어진 견고한 선들을 탈주하면서 형성하는 것이 탈주선입니다. 탈주의 의미는 소수자를 논할 때 자세히 알아볼 것입니다. "사회는 그 사회의 모순들에 의해 규정된다는 주장은 사태를 거시적으로 보았을 때나 타당할 뿐입니다. 항상 무엇인가가 흐르거나 탈주하고 있으며, 이항적인 조직화와 국가와 같은 공명장치, 전제군주체제와 같은 덧코드화 기계로부터 벗어납니다."(천고 p412) "마치 항상 하나의 탈주선이 절편들 사이를 흘러 나가며 절편들의 중앙집중화를 벗어나고 절편들의 총체화를 회피하고 있는 것처럼 말입니다. 사회를 뒤흔드는 심층적 운동은 바로 이처럼 제시됩니다."(천고 p411) 들뢰즈/가타리는 이처럼 사회구성체들을 생산양식이 아니라 욕망적 흐름의 기계적 과정들에 의해 규정합니다. 생산양식은 이러한 과정들에 의존하는 것으로 봅니다(천고 p836 참조). 사태를 거시적으로 분석하는 경향을 가진 맑스주의를 비판하며 들뢰즈/가타리는 사회의 움직임을 또는 사회를 구성해 가는 과정을 미시적인 기계적 과정으로 바라봅니다. 사회의 분석에 있어서도 일의적 존재론이 그대로 관철됩니다. 사회도 하나의 기계이며 사회를 구성하는 것도 기계입니다. 사회의 생성과 운동은 이러한 기계의 탈영토화와 재영토화의 끊임없는 반복의 과정이고 그 심층에 있는 미시적인 탈주의 흐름이 사회를 뒤흔드는, 다시 말해 그 사회를 구성하고 규정하는 가장 핵심적인 요소입니다.

미시정치적 관점에서 성과 계급 같은 몰적, 이항적 집합들을 검토해 봅시다. 우리는 남성과 여성, 부르주아지와 프롤레타리아트라는 이항대립 하의 몰적인 또는 거시정치적인 관점에서 성과 계급을 다루는 데 익숙합니다. 그러나 우리는 성 정체성의 다양함을 인정해야 합니다. 앞에서 비인간적 성으로 논의한 것처럼 "수없이 많은 자그마한 성들이 존재합니다."(천고 p406) 남녀 양성은 다양한 분자적 조합들을 이룹니다. 들뢰즈/가타리는 이러한 상태를 성의 횡단(transsexuel)이라고 부릅니다. 성의 횡단이란, 개인 속에서 두 가지 성이라는 두 파편의 공존, 서로 소통하지 못하는 부분들의 공존을 가리킵니다. 성의 횡단으로 인해서 모든 개인 내부에 있어서 여러 가지 성적 요소들의 난해한 조합이 가능해집니다. 이로써 사랑의 유형도 단순한 동성애를 뛰어넘는 수많은 형태를 가질 수 있는 것입니다(기호 pp211,212,270 참조). 이러한 측면에서 성의 해방이라는 문제도 더 심도 있게 생각해 볼 필요가 있습니다.

"사회 계급들 또한 동일한 운동, 동일한 분배, 동일한 목적을 갖지 않으며, 동일한 방식의 투쟁을 전개하지 않는 '군중들'과 관련되어 있습니다." 군중이라는 개념은 분자적 개념입니다. "군중이라는 개념은 계급이라는 몰적 절편성으로 환원될 수 없는, 분자적 절편화 작용의 유형을 통해 나아갑니다." 그렇지만 이 두 절편성은 서로를 전제하는데, "계급들은 군중들 속에서 재단되고, 이 군중을 결정화하며, 군중들은 끊임없이 계급들로부터 새어 나와 흘러갑니다."(천고 pp406~407) "분자적인 것, 미시경제, 미시정치는 그 요소들의 작음에 의해 규정되는 것이 아니라 그것의 '군중'에 의해 정의됩니다."(천고 p414) 여기서 군중은 사람들만을 가리키지 않습니다. 분자적 흐름을 가지는 것은 모두 포함됩니다. "축재의 대상이기를 그치고 대규모의 상업적 유통 속에 투입되는 통화량"(천고 pp419,429)도 군중의 예가될 수 있습니다. 계급이 수목형 다양체라면, 군중은 리좀형 다양체입니다. 들뢰즈와 가타리는 정치, 경제, 사회의 분석에 있어 미시정치, 미시경제, 미시사회학(천고 p417 참조)이라는 새로운 관점들을 제시합니다. 이러한 관점들이 앞으로 여러분들이 각 분야에서 새로운 학문을 발전시켜 나가는 데 중요한 토대로서의 역할을 할 것으로 봅니다.

강규석 들뢰즈와 가타리가 제시하는 미시경제의 관점은 근대경제학의 분과인 미시경제학과는 완전히 다른 것이군요.

선생님 물론이죠. 들뢰즈/가타리의 미시적인 것의 의미는 크기나 범위와는 관계가 없습니다. 그것은 분자적이고 리좀적이고 무의식적인 것입니다.

군중의 의미를 미시사회학적으로 좀 더 자세히 알아볼까요? 들뢰즈가 미시사회학의 선구자로서 높이 평가한 가브리엘 타르드가 그의 저서 『여론과 군중』에서 장소나 신분에 관계없이 신문, 잡지와 같은 미디어에 의해 공명하고 소통하는 공중(le public)과 단순히 장소적으로 군집한 군중을 구별한 바 있으나, 들뢰즈와 가타리가 말하는 군중은 이 같은 공중을 포함한 의미로 볼 수 있습니다. 우리는 군중을 들뢰즈/가타리의 다양체 이론을 원용하여 하나의 리좀형의 분자적 다양체로 볼 것입니다. 그럼으로써 그것은 네그리와 하트가 제시한 개념인 다중(la multitude)이라는 용어와 유사한 의미를 가지게 됩니다. 다중이라는 용어는 군중을 열린 다양체로 보는 것입니다. '하나도 아니고 다수도 아닌, 무언가 여럿으로 구성되었지만, 복수가 아닌 하나의 개체로서 성립될 수 있는 어떤 것'이라는 다양체의 정의 그대로 다중은 하나의 몰적 집합체인 계급과 대비하여 일자도 다자도 아닌 한 개체로서의 다양체를 잘 표현하는 용어라고 할 수 있습니다. 들뢰즈/가타리가 말하는 군중으로서의 다중은 현재와 같이 수많은 매체와 네트워크로 촘촘히 연결된 사회에서는 당연히 타르드가 말하는 공중의 의미를 내포합니다.

관료제에도 두 가지 절편성이 존재한다는 것이 들뢰즈와 가타리의 생각입니다. "견고한 절편성, 즉 칸막이로 구분된 인접한 사무실들 각각의 절편에 있는 부서장, 복도의 끝이나 건물 높은 곳에서 이루어지는 이에 상응하는 중앙집중화 등을 통해 규정되는 관료주의"가 있습니다. 그리고 "이와 동시에 분자적 절편성으로서 관료적인 절편화 작용, 사무실들의 유연성과 상호 소통, 관료주의의 도착, 그리고 행정상의 규제와 모순되는 부단한 독창성이나 창조력 또한 분명히 존재합니다."(천고 p407)

역사를 분석하는 데 있어서도 미시적 관점이 중요합니다. 거시역사와 미시역사는 절편들로 이루어진 덧코드화된 선, 예를 들면 계급들 등의 몰적 양상들을 고찰하는가 아니면 양자들로 이루어진 변이하는 흐름, 예를 들면 군중들 등의 분자적 양상들을 고찰하는가에 따라 구별됩니다. 보여지는 지속의 길이가 긴가 짧은가와는 무관합니다. 가령 거시역사는 계급으로서의 부르주아지를 분석하는 반면에 미시역사는 군중으로서의 부르주아지에 초점을 맞춥니다. 한편에는 군중들 또는 흐름들이 있으며, 거기에 그것들의 변이들, 탈영토화의 양자들, 연결접속들 다시 말해 리좀과 같이 사방으로 뻗어나가는 흐름들의 확장이 동반됩니다. 다른 한편에는 계급들 또는 절편들이 있으며, 거기에 그것들의 이항적인 조직, 공명, 연결접속이 아닌 접합접속이나 집적 다시 말해 계급들간 절편들간의 접속에 의한 재절편화, 어느 한쪽에 유리한 덧코드화의 선이 동반됩니다(천고 pp420~421 참조). 연결접속은 발산 혹은 확산의 과정을 표현하는 말이고 접합접속은 수렴 혹은 집적의 과정을 나타내는 용어입니다. 맑스의 계급투쟁 이론은 거시역사의 관점에서 역사의 전개 과정을 분석하는 대표적인 사례라 할 수 있습니다. 반면에 들뢰즈/가타리는 앞서 보았듯이 사회를 뒤흔드는 심층적 운동은 분자적 운동이며 이러한 차원에서의 탈주의 흐름 즉 탈주선이 사회를 규정한다는 점에서 새로운 사회의 구성, 즉 역사의 전개는 미시적 관점에서 바라보아야 핵심을 포착할 수 있다고 역설합니다.

주상호 질문 있습니다. 그렇다면 맑스의 역사 이론은 틀린 게 되는 겁니까? 자본주의는 내적 모순으로 인한 계급투쟁으로 사회주의 혹은 공산주의로 이행할 수밖에 없다는 전망은 어떻게 되는 거죠?

선생님 근대와 탈근대의 관계를 다시 생각해 봅시다. 어제 언급했듯이 탈근대가 근대적인 것들을 폐기 처분하자는 것은 아닙니다. 탈근대, 특히 들뢰즈와 가타리가 규정하는 탈근대는 근대와의 대립이 아니라 근대의 여백이라고 할 수 있습니다. 탈근대는 근대에 영감을 주고 에너지를 공급합니다. 탈근대는 근대라는 열매를 맺게 하는 어머니와 같은 대지라고 할 수 있습니다. 근대는 열매로서의 현실을 사유하지만 탈근대는 어머니와 같은 대지로서의 원천이자 근거인 잠재적 세계를, 그리고 필연적으로 그 잠재와 현실의 관계를 사유합니다. 근대가 추구하는 것은 데카르트 식으로 말하자면 명석하고 판명한 것입니다. 그러나 이 세상은 명석하고 판명하게만 설명할 수도 없고 그렇게 돌아가지도 않습니다. 애매하거나 모호하기는 하지만 그래도 엄밀하게 판단 가능하도록 사유해 보자는 것이 탈근대입니다. 실재에 다가가기 위해서는 근대를 넘어 탈근대로 가야 합니다. 따라서 탈근대는 근대적인 것들을 버리고 가는 것이 아닙니다. 그것의 한계를 보완하고 궁극적으로는 근대의 한계를 넘어보자는 것이죠. 근대와 탈근대는 서로를 필요로 합니다. 근대 없는 탈근대는 사유를 방황케 하고, 탈근대 없는 근대는 사유를 질식시킵니다.

그러므로 들뢰즈의 탈변증법적 존재론이나 역사관은 맑스나 헤겔의 이론이 틀렸다고 배척하기보다는 그것으로는 부족하다는 것, 그러한 관점으로만 세상을 본다면 틀릴 가능성도 있다는 것입니다. 사회의 발전과 역사의 전개를 변증법적인 계급투쟁으로 설명하는 것도 얼마든지 가능하다고 생각합니다. 그러나 들뢰즈의 새로운 존재론을 토대로 하는 관점에서는 사회와 역사의 전개 과정은 미시적으로 볼 때 더욱 실재에 가까울 수 있다고 봅니다. 무엇이 사회와 역사를 이끌어가는 근원적이고 핵심적인 요소인지를 제대로 파악할 수 있는 것입니다. 나는 들뢰즈와 가타리의 주장이 지금까지 설명했고 또 앞으로 더 설명할 근거와 논리로 볼 때 맑스나 헤겔의 주장보다 더 설득력이 있다고 생각합니다. 하지만 이것은 나의 생각과 관점일 뿐이에요. 들뢰즈/가타리도 아직 잘 모르지만 맑스나 헤겔은 더 모르는 나의 협량한 관점일 뿐이니 여러분은 여러분의 사고와 관점을 잘 정립하기 바랍니다. 다양한 관점들을 토대로 해서 사회와 역사에 관한 주된 주제인 혁명에 관한 문제, 그리고 이와 밀접한 관련이 있는 학생이 질문한 자본주의 이행에 관한 문제, 그리고 미시정치학의 주요 테마인 파시즘과 전체주의에 관한 문제 같은 것들이 규명될 수 있을 것입니다.

이제 배치를 논의하기 위한 준비가 얼추 갖추어진 것 같습니다. 이러한 문제들에 관한 구체적 논의는 추후의 과제로 하고 이제 그 문제들에 관한 핵심적 분석 도구라고 할 수 있는 들뢰즈/가타리의 혁신적이고 기발한 배치론으로 본격적으로 들어가 봅시다.

배치는 일종의 기계이자 다양체입니다. 모든 것은 기계로 볼 수도 있고 다양체로 볼 수도 있는데, 기계는 개체의 측면에서 본 어떤 것이고 다양체는 장의 측면에서 본 어떤 것입니다. 배치는 복잡한 사건으로 볼 수도 있습니다. "배치는 그 자체로 계속 생성하는 다양체일 뿐이며, 더 넓은 맥락에서 파악된 사건 이외의 것이 아닙니다."(하나 pp32~33) 들뢰즈의 존재론을 배치의 존재론이라고도 부르듯이 배치는 모든 존재자들을 지칭할 수 있는 개념으로서 다양체로서, 기계로서, 사건으로서 상황에 따라 그 역할을 담당합니다.

여기서 헷갈리는 기계, 배치, 사건의 관계를 다시 한번 정리해 봅시다. "세 개념은 일관된 집합관계를 형성하지 않습니다." 상호 포함관계를 가진다고 볼 수 있습니다. "맥락에 따라 기계가 배치의 구성성분을 이루기도 하지만" 반대로 거대기계를 상정하는 데에서 볼 수 있듯이 "배치가 기계의 일부분을 이루기도 합니다."(하나 p111) 사건과의 관계를 보면 언표 하나가 사건을 이루기도 하고 기계 하나의 움직임이 사건을 이루기도 하지만 배치 전체, 기계 전체가 하나의 사건이 되기도 합니다. 지금까지의 논의 과정에서 여러분이 짐작할 수 있듯이 다양체, 기계, 사건, 배치의 개념은 한 가지 수준이나 한 가지 차원에서 의미가 결정되는 것이 아닙니다. 들뢰즈와 가타리가 세계를 무한 층의 다양체로 보듯이 기계, 사건, 배치도 매우 단순한 것에서부터 세계 전체를 아우르는 무한한 차원의 것에까지 걸쳐 있는 것입니다 그래서 배치의 성분도 하나의 배치가 될 수 있고, 복잡한 기계는 덜 복잡한 기계들로 만들어지기도 하며, 사건들의 총체가 하나의 커다란 역사적인 사건을 구성하기도 하는 것입니다. 또한 일관된 집합관계가 아니라 상호포함 관계가 될 수 있다고 했듯이 하나의 배치를 여러 기계와 사건들로 분해해서 설명할 수 있고, 역으로 그러한 배치들을 가지고 거대기계인 사회나 세계, 사건들의 총체인 역사의 발전 과정을 분석하고 전망할 수도 있습니다. 결국 맥락에 따라서 개념들을 파악해야 하겠지만 사회의 규정, 사회의 운동의 논의에서는 배치의 개념이 핵심적 역할을 한다는 것을 항상 유념하기 바랍니다. 배치의 구조를 상세히 알아보도록 하죠.

배치는 기계적 배치와 언표적 배치로 구성됩니다(천고 p172 참조). 기계적 배치는 능동작용과 수동작용(les actions et passions)이 서로 영향을 주고 반응하는 몸체들의 혼합물입니다. 여기서 몸체 혹은 체(corps)라는 말은 어제 언급했듯이 스토아학파에서 연유된 것으로 이들은 이 말에 가장 큰 외연을 부여했습니다. 그래서 몸체의 범위에는 육체뿐만 아니라 정신체나 영혼, 즉 정신 내에 표상되는 것들까지도 포함됩니다. 이는 몸체들의 반응의 효과로서 나타나는 비물체적 변형과 구분됩니다(천고 pp157,168~169 참조). "기계들이 서로 접속해서 이루어지는 선들, 그리고 선들이 모여 형성되는 장, 이것들이 곧 기계적 배치입니다."(하나 p21)

언표적 배치는 행위들이자 동시에 언표들인 언표행위라는 집단적 배치입니다. 들뢰즈/가타리는 몸체들을 변용시키는 능동작용-수동작용(les actions et passions)과 몸체들의 비물체적 속성일 뿐이며 언표의 '표현된 것'인 행위(actes)를 구분합니다(천고 p157 참조). 언표는 사건, 의미로서의 비물체적 변형을 표현합니다(천고 p168 참조). 비물체적이라는 말은 사건의 존재론에서 언급했던 탈물질적이라는 말과 같은 의미입니다. 모두 불어 incorporel이 번역된 말입니다. 불어로 몸체의 뜻인 corps에서 파생된 단어로 몸체가 정신적인 것까지도 포함하는 넓은 외연을 가지듯이 들뢰즈/가타리가 사용하는 incorporel의 번역어인 비물체적, 탈물질적이라는 말은 비신체적일 뿐만 아니라 정신 속에 의식적으로 표상되지 않는, 즉 무의식적, 잠재적이라는 의미를 가지는 것으로 보면 됩니다. 간단한 예로 들뢰즈와 가타리는 뒤크로가 제시한 사법적 배치로서의 판사의 선고를 들고 있습니다. 선고 이전의 범죄와 선고 이후의 법집행은 죄인, 피해자나 장물, 돈, 감옥 등의 몸체를 변용시키는 능동작용과 수동작용입니다. 한편 피고가 죄인이 되는 변형은 순간적인 순수 행위 또는 비물체적인 속성이며, 판사의 선고에 의해 표현된 것입니다(천고 pp157~158 참조).

주상호 언표라는 게 잘 이해가 안 되는데요. 도대체 무슨 말인지 …….

선생님 언표는 간단히 말해 들뢰즈의 사건의 철학에서의 사건에 해당하는 개념입니다. 언표와 배치에 대해서 이론적으로 자세히 알기 원하는 사람은 푸코가 저술한 『지식의 고고학(L'Archéologie du savoir)』(미셸 푸코,

1969, 한국어판: 이정우 옮김, 민음사, 2000, 이하 '지고'로 약칭)과『감시와 처벌 (Surveiller et punir)』(미셸 푸코, 1975, 한국어판: 오생근 옮김, 나남, 2016, 이하 '감 처'로 약칭), 그리고 푸코가 죽은 후에 푸코를 기리면서 그의 전 생애의 사상 을 들뢰즈 자신의 관점에서 정리한 책『푸코(Foucault)』(질 들뢰즈, 1986, 한국 어판: 권영숙/조형근 옮김, 새길, 2015, 이하 '푸코'로 약칭)를 읽기 바랍니다. 들뢰 즈의『푸코』는 푸코의 사상을 소개하면서 오히려 들뢰즈 자신의 언표와 배 치에 대한 이론을 명쾌하게 정리한 책입니다. 이 책을 보면 들뢰즈의 이론 정립에 있어 그가 얼마나 푸코의 구체적인 고고학적, 계보학적 연구에 빚 지고 있는지를 알 수 있습니다. 들뢰즈는『푸코』라는 저술에서『지식의 고 고학』과『감시와 처벌』에서 푸코가 연구한 풍부한 사례들을 기초로 해서 『안티 오이디푸스』와『천 개의 고원』에서 논의한 배치 이론을 이해하기 쉽 게 정리하고 있습니다.

푸코에 의하면 하나의 언표는 하나의 사건입니다(지고 p55 참조). 언표는 사건적 의미를 가진 언어적 표현 혹은 언어로 표현된 잠재적 사건이라고 이해하면 됩니다. 기호들의 집합, 즉 한 텍스트를 언표로 본다는 것은 그 것을 배치 또는 푸코가 말하는 인식 가능성의 조건인 에피스테메와 관련 하여 이해하는 것입니다. 하나의 텍스트가 논리적으로 참과 거짓이 검증 불가능한 명제이거나, 문법적으로 일관되지 않는 문장이거나, 주체의 특정 한 방향의 의도와 목적이 담긴 담화행위이거나 할지라도 그것이 독립된 고 유한 의미를 가진 하나의 언표로서의 자격을 갖추는 것은 언제나 가능합 니다.

하나의 문장은 문법적 분석 단위이고, 하나의 명제가 논리적 분석 단위 라면 언표는 의미해석과 가치평가의 대상입니다. 한 유형의 언표는 그 언표가 표현하는 내재적 행위들이나 비물체적 변형과 관련해서만 평가될 수 있습니다(천고 p163 참조). 언표는 비물체적 변형인 하나의 사건을 표현하는 단어, 문장 혹은 명제를 모두 포함합니다. 상황에 따라 그 해석과 평가가 달라질 수 있습니다. 사건으로서의 언표가 하나의 언표적 배치의 역할을 하는 것이고 그 사건의 배경이 되는 물질적 상황이 이와 결부되는 기계적 배치가 되는 것이고, 더 포괄적이고 더 높은 차원의 언표적 배치로서의 기호체제가 여기서 하나의 사회적 상황이 될 수 있습니다. 들뢰즈/가타리는 "진정한 직관은 문법성을 판단하는 데 있는 것이 아니라 환경 전체와 관련해서 언표행위의 내적 변수들을 평가하는 데 있다."(천고 p163)고 주장합니다. 이러한 배치로서의 상황과 언표의 관계는 공리와 명제의 관계도 아니고 문맥(context)과 문장의 관계도 아니라는 점을 유의해야 합니다(푸코 p24 참조, 지고 p144 참조). 하나의 언표는 더 높은 차원의 배치로서의 상황과 관련하여 의미를 파악해야 합니다. "개인적 언표는 존재하지 않습니다. 언표를 생산하는 기계적 배치가 존재합니다. 모든 언표는 기계적 배치의 산물입니다."(천고 pp78,79~80) '나는 맹세합니다.'라는 하나의 문장이 "아이가 아버지 앞에서 말하는 것이냐, 사랑에 빠진 한 남자가 애인 앞에서 말하는 것이냐, 증인이 법정에서 말하는 것이냐에 따라 각기 다른 언표가 됩니다."(천고 p182) "'종(種)은 진화한다.'는 언표는 18세기의 자연사에서 최초로 정식화되었을 때와 19세기의 생물학에서 사용되었을 때에 동일한 언표가 아닙니다."(푸코 p32) 우리는 배치를 하나의 다양체이자 하나의 사건으로서 정의했습니다. 그리고 무한한 차원과 층위를 가진다고 했습니다. 언표적 배치도 이러한 측면에서 이해해야 합니다. 하나의 단어, 하나의 문장도 하나의 사건으로서 언표적 배치가 될 수 있습니다. 그리고 뒤에서 논의할 하나의 정치사회적 체계로서의 기호체제도 하나의 언표적 배치인 것입니다.

정리하면, 일군의 언표들 혹은 단 하나의 언표는 사건, 배치로서의 다양체로 정의할 수 있습니다(푸코 p35 참조). 이러한 다양체가 하나의 언표적 장을 구성하며 이 장 속에서 언표는 그 독특한 의미를 부여받게 됩니다. "언표는 단어도 문장도 명제도 아니며, 단지 이것들의 방대한 자료로부터 추출된 구성체들(formations)"(푸코 p42), 즉 하나의 배치입니다. 이것이 우리가 말하는 언표적 배치입니다.

여러분, 이제 좀 이해가 되나요?

주사효 쫌 알 겠 같기도 하고요. 말 속에 뼈가 많이 들어 있다는 얘기 같네요.

선생님 허허. 본질을 꿰뚫는 말이네요.

배치는 이처럼 이중적입니다. 하나의 잘 정립된 전형적 배치는 내용의 측면을 가진 기계적 배치와 표현의 측면을 가진 언표적 배치로 구성됩니다. 배치는 내용에 해당하는 분절과 표현에 해당하는 분절을 가진 이중분절입니다. "들뢰즈/가타리는 자연에서 이중분절을 읽어 냅니다."(하나 p85) 자연은 이중집게, 이중구속입니다. "각각의 지층은 실제로 이중분절 현상들을 보여 줍니다."(천고 p87) 들뢰즈와 가타리는 배치의 존재론을 설명하기 위해 지층과 같은 지질학적 용어를 많이 사용하는데 이는 지층의 비유가 배치나 다양체의 중층적 구조를 이해하는 데 유용한 수단을 제공해 주기 때문입니다. 그리하여 지층의 작용으로 배치의 구조나 운동을 설명합니다. 이중분절이라는 것은 지층은 두 가지 분절, 두 가지 절편성들로 이루어진다는 것을 이르는 말입니다. "첫 번째 분절은 내용과 관련되어 있고 두 번째 분절은 표현과 관련되어" 있습니다. 그리고 각각의 분절은 실체와 형식을 가집니다. "두 분절의 구분은 형식과 실체 사이에서 일어나는 것이 아니라 내용과 표현 사이에서 일어납니다."(천고 p93) 직관적으로 이해하기는 어렵지만 내용도 형식을 가지며 표현도 내용이 그렇듯이 실체를 가집니다. 표현은 내용을 표상하거나 기술하거나 증명하는 기능을 하는, 내용의 형식과는 다른 것입니다(천고 p168 참조). 내용과 표현은 상호 독립적이고 이질적입니다. 다만 뒤에서 보는 것처럼 상호전제라는 밀접한 관계를 가집니다. "층들은 내용과 표현을 형성한다는 것, 내용과 표현 각각은 실체와 형식의 측면을 가진다는 것, 이것이 들뢰즈/가타리 사유의 기본 구도입니다."(하나 p85) 따라서 들뢰즈/가타리 사유에서의 내용과 표현의 의미를 규명하는 것이 그들의 배치의 존재론의 열쇠 중의 열쇠입니다. 내용의 실체와 형식, 그리고 표현의 형식과 실체를 이론적으로 알아보고 구체적 사례를 들어 보기로 합시다.

　앞에서 질료는 세계를 구성하는 기초로서 어떤 불안정한 입자나 흐름을 의미한다고 했습니다. 그것은 이제 유기적으로 조직화되지 않았으며 지층화되지 않은, 즉 탈지층화된 하나의 몸체라고 할 수 있습니다. 또는 좀 더 세분한다면 그런 몸체 위를 흘러가는 모든 것, 즉 미립자들, 강도들, 특이성들입니다. 여기서의 몸체는 정신적인 것 까지도 포함하는 가장 넓은 외연을 가지는 것임을 다시 한번 유념하기 바랍니다. 이러한 탈지층화된 몸체를 들뢰즈/가타리는 탈기관체 혹은 기관 없는 몸체라고 부르는데, 질료는 탈기관체 위를 흐르는 것들로서 절편화되지 않은 다양체들, 강렬한 연속체들, 입자-기호들의 방출들, 흐름들의 접합접속들로 만들어진 독자적인 다양체들 같은 용어들로 표현되고 있습니다(천고 pp139,141 참조). 간단히 말해 이것은 앞에서 논의한 양자들로 이루어진 흐름을 말하는 것입니다. 세계를 이루는 기초이자 세계의 운동을 촉발하는 근원으로서의 잠재적인 흐름들의 다양한 모습을 나타내는 것입니다. 이러한 질료에 형식을 부여한 것이 실체이며, 형식은 실체에 부과되는 질서라고 할 수 있습니다. 내용은 이제 어떤 특정한 질료가 선택되는가라는 실체의 관점과 그것이 어떤 특정한 질서를 가지면서 선택되는가라는 형식의 관점에서 파악되어야 합니다. 우리는 어떤 기능을 가진 담론적 체계로서의 구조를 표현이라고 할 수 있는데(천고 p132 참조), 표현도 두 가지 관점에서 고려되어야 합니다. "표현의 구조가 갖는 고유한 형식의 조직화라는 관점, 그리고 그 조직화에 의해 여러 합성물이 형성되는 한에서는 실체라는 관점에서"(천고 p93) 그래야 하는 것입니다.

평소 내용과 형식의 대응에 익숙해 있을 여러분에게 이 같은 구도는 매우 낯설게 느껴질 겁니다. 그러나 표현과 형식이 구분되고, 내용 자체에 형식이 포함되고, 표현에도 형식이 따로 포함된다는 점을 잘 이해해야 합니다. 이는 잠재성에 대한 사유와 함께 화용론이라는 새로운 언어학과 기호학을 기반으로 하는 들뢰즈/가타리 사상에서 연유하는 바로서 세계를 더 엄밀하게 파악할 수 있게 해 주는 혁신적 사유구도라 할 수 있습니다. 무엇보다 표현과 형식의 식별이 중요합니다. 형식은 단지 실체를 지각하기 위한 수단일 뿐입니다(천고 p94 참조). 즉 표상과 재현 혹은 기술(記述)을 위한 수단입니다. 표현은 내용과 실재적으로 구별되는, 하지만 상호 전제되고 상호 작용하는, 내용이라는 분절과는 독립된 하나의 분절로서의 지층 또는 배치입니다. 우리의 사유는 내용-형식의 관계를 기본으로 하는 질료-형상론에서 내용-표현의 관계를 기본으로 하는 배치론으로 확장되어야 합니다. 구체적 사례를 들어 봅시다.

법률제도를 보죠. 감옥의 형식과 그곳에 감금되는 것, 즉 죄수들의 실체를 가지는 내용의 지층이 있습니다. 표현의 지층은 형법이라는 형식과 언표의 대상으로서 범죄행위라는 실체를 가집니다(푸코 p81 참조). 내용의 형식과 실체가 기계적 배치를 이루고, 표현의 형식과 실체가 언표적 배치를 이룹니다. 봉건제라는 배치도 생각해 볼 수 있습니다. "땅이라는 몸체와 사회라는 몸체, 영주와 가신과 농노라는 몸체, 기사라는 몸체와 말이라는 몸체 및 이것들이 등자와 맺는 새로운 관계, 몸체들의 공생을 확보해 주는 무기와 도구 등은 기계적 배치입니다. 그리고 언표들, 표현들, 봉건적 사법체제, 비물체적 변형들의 집합, 특히 맹세의 유형들로서 복종의 맹세와 사랑의 맹세 등은 언표적 배치를 이룹니다."(천고 p173)

내용의 형식과 실체, 그리고 표현의 형식과 실체 사이의 조합과 구성상의 변화가 일어날 때마다 하나의 지층에서 다른 지층으로, 하나의 시대에서 다른 시대로의 변환이 일어나게 됩니다(푸코 pp82,83 참조). 하나의 제도, 하나의 시대, 하나의 사회를 연구하고 분석하는 것은 들뢰즈와 가타리의 사유구도에 의하면 그 제도, 그 시대, 그 사회의 배치를 분석하는 것입니다. "각각의 배치에서 내용과 표현을 찾아내고, 그것들 간의 실재적 구분, 상호전제, 상호개입을 평가"(천고 pp960~961)하는 것입니다. 예들 들어 십자군이 봉건제에 어떤 영향을 주었는가를 분석하는 경우에도 봉건제라는 배치의 요소들이 십자군 안에서 어떻게 조합되는가, 십자군이 내용의 흐름들과 표현의 흐름들을 어떻게 연결접속하고 활성화시켜 탈영토화의 선, 즉 탈주선을 만들고 새로이 재영토화를 구성하는지를 분석해야 하는 것입니다(천고 pp173,419 참조).

내용과 표현을 논의하는 과정은 배치와 지층이 다차원적이고 중층적이듯이 여러 층위의 맥락을 가집니다. "내용 측면의 기계적 배치와 표현 측면의 언표적 배치의 관계를 논하는 맥락, 기계적 배치 내에서 내용 측면의 물리-화학적 층과 표현 측면의 유기적 층의 관계를 논하는 맥락, 두 층 각각에서의 내용과 표현을 논하는 맥락 등 다양한 맥락들이 존재합니다."(하나 p84) 들뢰즈/가타리 사유의 구도 하에서 이러한 논의의 맥락들을 물리-화학적 측면에 적용하는 것은 아직 완숙한 단계에 이르렀다고는 할 수 없습니다. 논의가 더 필요한 부분입니다. 들뢰즈/가타리도 본격적 논의는 생명과 관련된 유기적 층에서부터 시작합니다(천고 pp88~89 참조). 지질학적 지층, 결정체 지층을 포함하는 물리-화학적 지층에서는 내용은 분자적이고, 표현은 몰적입니다(천고 p116 참조). 유기적 층에 와서야 표현과 내용은 각각 분자적인 것과 몰적인 것을 동시에 갖게 됩니다(천고 p119 참조). 그리고 가장 중요한 부문은 사회적 층이 될 것이라는 점은 명백합니다. 언표적 배치의 가장 완전한 형태는 사회적 층에서 볼 수 있습니다.

내용과 표현의 관계를 알아봅시다. 내용과 표현의 구분은 상대적입니다. "내용과 표현은 매 층위마다 달라지지만 서로 옮겨가기도 하고 동일한 지층 안에서도 무한히 다양화되고 나뉩니다." "다른 것들과 관련하여 표현의 역할을 하는 내용의 형식들과 내용의 실체들이 있고, 또 역으로 다른 것들과 관련해서 내용의 역할을 하는 표현의 형식들과 표현의 실체들이 있습니다."(천고 p94) 어떤 분절이 내용 혹은 표현의 분절로 항상 고정되지는 않는다는 것입니다. 관계의 양상에 따라 각자의 역할이 유동적일 수 있습니다. 이것은 개체론이 아닌 관계론을 기본으로 하는 들뢰즈 사상의 당연한 결과입니다. 들뢰즈/가타리는 유기체 지층을 예로 듭니다. "내용인 단백질은 두 가지 형식을 갖는데, 그 중 한 형식이 다른 형식과 관련해서는 표현 노릇을 하기도 하고, 표현인 핵산의 경우에도 그 자체의 이중분절의 구조로 인해 몇몇 형식적, 실체적 요소들이 다른 요소들과 관련해서는 내용 노릇을 하기도 한다"(천고 p94)는 것입니다. 여기서는 유기적 과정을 정확히 알 필요는 없고 단지 내용과 표현의 상대성만을 이해하면 됩니다. 배치의 중층적, 다차원적 구조상 내용과 표현의 역할이 고정되어 있지 않다는 것.

"내용과 표현은 실재적으로 구분되고 상호전제 상태에 있으며 서로 뒤섞입니다."(천고 p142) "내용의 형식과 표현의 형식은 탁월하게 상관적이며 항상 상호전제 상태에 있습니다."(천고 p131) 기계적 배치의 전제 없는 언표적 배치는 허무한 말장난에 불과하고 언표적 배치에 의해 기계적 배치의 비물체적 변형이 성립합니다(천고 p160 참조, 하나p119 참조). "비물체적 속성을 표현하면서 동시에 그것을 몸체에 귀속시킬 때 우리는 표상하거나 지칭하는 것이 아니라 모종의 개입을 하는 것입니다." "모든 표현 또는 표현된 것은 내용에 끼워 넣어지고 개입합니다. 내용을 표상하거나 지칭하기 위해서가 아니라 내용을 예견하고, 퇴보시키고, 지연시키거나 가속시키고, 분리하거나 결합하고, 또는 다르게 재단하기 위한 것입니다. 순간적인 비물체적 변형이라는 날실은 늘 내용의 연속적 변양이라는 씨실 속으로 끼워 넣어집니다."(천고 p169) 사건의 측면에서 말하자면 내용과 표현 사이에서 사건들이 발생하는 것입니다. 기계적 배치 자체도 하나의 사건이 될 수 있으나 기계적 배치와 언표적 배치의 결합에 의해 의미 있는 복잡한 사건이 발생합니다. 이정우 선생의 표현을 봅시다. "한편으로 사건들은 기계적 배치의 운동에서 발생하며, 언표적 배치에 의해 표현된다. 나폴레옹의 머리에 왕관이 없힐 때 하나의 사건이 발생하고, 그 사건은 교황의 언표를 통해서 표현된다. 다른 한편으로 언표적 배치는 기계적 배치에 언표들을 개입시키며, 그로써 비물체적 변형으로서의 사건이 발생한다. 합격 통지서는 영희를 한 순간에 대학생으로 만든다. 주례의 선언은 한 순간에 두 연인을 법적인 부부관계로 만든다."(하나 p117) "사건들은 한편으로 물질적 차원에서 솟아오르는 것이지만, 다른 한편으로 언표를 통해서 창조되기도 한다."(하나 p120) 기계적 배치와 언표적 배치 사이에서 이러한 상호전제의 특성이 두드러집니다. 배치는 표현의 형식과 내용의 형식으로 구분되고, "한 형식을 다른 형식에 맞춰 조정하며, 하나의 출현을 다른 하나의 출현에 맞춰 조정합니다."(천고 p278) "감옥, 재판소 등은 법학, 범죄학 등을 전제하고 그 역도 마찬가지입니다. 병원은 의학을 전제하고 그 역도 성립합니다." 그러나 이러한 관계도 항상 성립하는 것은 아닙니다. 전형적인 경우에 그렇다는 것이죠. "병이 없는 의학은 상상할 수 없어도 의학 없는 병은 상상할 수 있기 때문입니다." 존재론적인 측면에서 본다면 표현보다 내용이 더 근본적인 경우가 많다고 할 수 있습니다. 그러나 사회적-실천적 측면에서 볼 때는 그 반대인 경우가 더 많습니다. "우리는 언어와 사유를 통해, 정치와 문화를 통해 사물들을 배치하고 변형해 나가기 때문입니다. 『천 개의 고원』도 단연 후자의 방향이 두드러집니다."(하나 pp88~89) "내용과 표현 사이에는 엄격한 일방향성이나 위계가 성립하지 않습니다."(하나 p89) "내용에 대한 표현의 우위나 표현에 대한 내용의 우위를 일률적으로 설정할 수는 없습니다."(천고 p170) 내용과 표현 중에 어느 것이 더 중요하고 어느 것이 더 주도적 역할을 하는지는 일률적으로 정해지는 것이 아니라 상황에 따라 결정되는 문제입니다. "때로는 내용의 탈영토화가 표현에 영향을 주기도 하고, 때로는 반대의 일이 벌어지기도 합니다. 병원의 개축이나 새로운 기기의 발명이 의학을 바꾸기도 하고, 의학의 새로운 학설이 병원의 구조나 새로운 기기를 발명케 하기도 하는 것입니다."(하나 p124) 내용과 표현 사이에는 밀접한 상관관계가 있지만 일방향적인 인과관계는 있을 수 없습니다.

　내용과 표현의 이중분절이 들뢰즈/가타리 사유의 기본 구도라 했습니다. 들뢰즈와 가타리는 물리-화학적 층과 유기적 층을 비롯한 자연의 모든 것에서 이중분절을 읽어 내며, 언어를 사용하는 인간의 사회적 층에서 기계적 배치와 언표적 배치로 이루어지는 이중분절의 전형적 모습을 도출해 냅니다. 결국 내용의 측면인 기계적 배치와 표현의 측면인 언표적 배치가 상호 작용하며 이루어 내는 배치의 논리학이 들뢰즈/가타리의 사회 분석의 기본 구도가 됩니다. 배치를 논할 때 맨 처음 물음인 '사회는 어떻게 존재하는가?'에 대하여 결국은 사회적 배치의 문제라고 한 것에 대한 궁금증이 이제 풀릴 수 있습니다. 사회는 누층적으로 이루어진 다양체로서 무수한 차원의 사회적 배치들로 구성됩니다. 들뢰즈/가타리에 의하면 "배치가 기계적 배치와 언표적 배치라는 두 측면으로 분절되는 것은 이 두 측면의 형식을 양화하는 탈영토화 운동 때문입니다. 바로 이런 이유로 사회적 장은 갈등과 모순이 아니라 그 장을 가로지르는 탈주선 혹은 탈영토화의 선에 의해 정의됩니다."(천고 p175) "요컨대 각각의 형식을 양화하는 양자들, 즉 탈영토화의 정도들이 있어, 그에 따라 내용과 표현은 서로 결합되고 연계되고 서로 촉진되기도 하고, 반대로 재영토화하며 안정되기도 하는 것입니다." "표현은 내용을 발견하거나 표상함으로써 내용과 관계를 맺는 것이 아닙니다. 내용의 형식과 표현의 형식이 서로 소통하며 끼어들고 작용하는 것은 내용과 표현의 상대적 탈영토화의 양자들의 결합 때문입니다."(천고 p171) 내용과 표현은 하나가 다른 하나의 우위에 있는 일방향적 관계나 인과관계의 상황에 있지 않다고 했습니다. 이 점에서 들뢰즈/가타리의 사유는 기계적 배치 위주의 유물론과 언표적 배치 위주의 구조주의와 구별됩니다(하나 p128 참조). "표현의 형식이 기표가 아닌 것과 마찬가지로 내용의 형식은 기의가 아닙니다."(천고 pp131~132) 들뢰즈/가타리의 배치의 존재론의 기본 구도인 내용-표현의 구도는 구조주의의 기표중심주의를 넘어섭니다(하나 p104 참조). 또한 "내용-표현의 구도는 맑스주의의 하부구조-상부구조 구도에 대한 하나의 극복"(하나 p105)이기도 합니다. "내용과 표현은 하부구조-상부구조로 환원될 수 없습니다. 우리는 표현이 기표작용적이기 때문에 우위에 있다고 주장할 수도 없고, 내용이 결정하는 작용을 하기 때문에 더 우위에 있다고 주장할 수도 없습니다."(천고 p135) 내용이 결정적인 작용을 할 경우에도 내용은 경제적이지 않을 수도 있고 경제적인 성질을 가지는 표현도 얼마든지 가능합니다(천고 p136 참조). 들뢰즈/가타리의 사유에서는 하부구조 위주의 경제결정론이나 상부구조 위주의 이데올로기론이 통하지 않는 것입니다(하나 p105 참조). 결론적으로 들뢰즈와 가타리의 배치론의 핵심 목적은 "사회구성체들의 지위를 정교하게 분석하는 것"(천고 p136)이며, 그러한 분석은 내용과 표현의 이중분절을 기본 구도로 합니다. 내용과 표현 양 측면에서의 탈영토화, 탈주, 그리고 이들의 상호작용이 관건입니다. 이는 배치의 운동과 변환을 설명하는 과정에서 명확히 드러날 것입니다.

이제까지의 논의를 다음의 사례로써 정리해 봅시다. 앞에서 든 법률제도의 예를 이제 더 높은 수준에서 분석할 수 있습니다. 들뢰즈/가타리는 미셸 푸코의 감옥에 대한 분석을 모범적인 사례로 제시합니다. 감옥은 학교, 병영, 병원, 공장 등 하나의 동일한 추상기계가, 추상기계는 뒤에서 자세히 설명할 것입니다, 동일한 추상기계가 작용하는 여러 다른 내용의 형식들과 관계를 맺는 하나의 내용의 형식입니다. 이는 감금의 환경이라는 하나의 환경(milieux)을 형성합니다. 그런데 감옥이라는 사물은 '감옥'이라는 말과 결부되어 있는 것이 아니라, '형사법', '범죄' 등 감옥과는 완전히 다른 개념들과 결부되어 있습니다. 결부된다는 것은 관계를 맺는다는 것인데, 이는 위에서 설명했듯이 표현인 범죄가 내용인 감옥을 표상하거나 기술함으로써 그리하는 것이 아닙니다. '범죄행위'나 '범죄자'와 같은 언표들의 형성은 '감옥'이라는 내용의 형식을 상호 전제하는 표현의 형식입니다. 관계를 맺는 것은 그 둘이 서로 소통하며 끼어들고 작용하는 것, 즉 상대적 탈영토화의 양자들의 결합을 의미합니다. 표현의 형식은 말들로 환원되는 것이 아니라 특정한 사회적 장에서 지층으로서 출현하는 언표들의 집합으로 환원됩니다. 이것이 뒤에서 논의할 기호체제입니다. 내용의 형식은 사물로 환원되는 것이 아니라 사물들의 복합적 상태로 환원되는데, 이 상태는 하나의 권력 구성체로 볼 수 있습니다. 끊임없이 교차하며 상호 작용하는 배치로서의 두 가지 다양체가 있습니다. 하나는 언표적 배치, 표현이라는 기호체제로서의 담론적 다양체이고 다른 하나는 기계적 배치, 내용이라는 권력 구성체로서의 비담론적 다양체입니다. 담론적 다양체 혹은 구성체는 언표를 형성하고, 비담론적 다양체 혹은 구성체는 환경 또는 상황을 형성합니다. 환경은 언표를 만들어 내며 언표 역시 환경의 형성에 영향을 미칩니다. 양자는 끊임없는 상호작용, 상호전제의 관계에 놓여 있습니다. 우리는 말과 사물을 대조하거나 기표와 기의를 대조해서는 안 되며, 불안전한 평형 상태 혹은 상호전제 상태에 있으면서 상호 구분되는 내용과 표현 각각의 형식화 작용들을 대조시켜야 합니다(천고 pp132~134,171 참조, 푸코 pp60~61 참조). 또한 내용과 표현의 구도는 맑시즘이 주장하는 하부구조와 상부구조의 구도로 환원되어서도 아니 되는데, 이는 내용의 본성뿐만 아니라 권력 조직의 본성에 대한 오해도 유발하기 때문입니다. 앞에서 말했듯이 경제적이지 않는 내용이 있듯이 경제적인 표현도 얼마든지 가능합니다. 또한 "권력 조직은 국가기구 안에 국한되어 있지 않으며, 모든 곳에서 내용과 표현의 절편들을 교차시키고 내용과 표현을 형식화합니다."(천고 p136) 우리는 권력이 작용하는 구성체로서 권력 조직을 비담론적 다양체로서 이해해야 하며 구체적으로 감옥뿐만 아니라 학교, 병영, 병원, 공장 등 다른 많은 사례를 들 수 있습니다. 따라서 혁명이건 개혁이건 사회를 변화시켜 나가는 데 있어 몰적인 국가 차원에서가 아니라 항상 분자적인 다양한 차원에서 탈영토화와 탈주의 선을 그려 내는 것이 중요합니다. 들뢰즈와 가타리의 사유구도, 사회 분석의 틀에서는 배치가 일차적이고, 배치의 변환을 위해서는 다양한 분자적 차원에서의 탈주의 시도가 관건입니다.

다음 논의는 잠재에서 현실로 그리고 다시 현실에서 잠재로 이어지는 영원회귀로서 규정했던, 들뢰즈 존재론에서의 존재의 이중운동의 배치론적 버전이라고 할 수 있습니다. 배치의 운동과 변환이 그것입니다.

배치의 운동은 양면성을 가집니다. 배치는 욕망의 배치입니다. 앞에서 『카프카, 소수적인 문학을 위하여』에서 들뢰즈/가타리가 말한 것처럼 이 양면성은 내용과 표현을 형식화로 이끌거나 탈형식화로 유도하는 욕망의 공존하는 두 가지 상태에서 기인합니다. 기계적 배치는 한편으로 지층들을 향하고 다른 한편으로 탈기관체 또는 고른판으로도 향합니다(천고 pp12~13 참조). "배치들은 배치를 재-층화하려는 경향이 있는 영토적 폐쇄와 이와 반대로 배치를 세계와 접속시키려는 탈영토적 개방 사이에서 동요합니다."(천고 p639) "층들이 경화되고 조직되는 것은 고른판 위에서이며, 이 판이 작동하고 구축되는 장은 층들 속에 있습니다."(천고 p640) 고른판은 내재성의 판과 같은 뜻입니다. 불어인 plan de consistance를 고른판이라고 번역하기로 합니다. 이는 판 위에서 튀어오르거나 단절되는 초재적인 것을 배제하는 의미를 표현하기 위한 것입니다. 이것은 일관성의 구도라는 번역과 상통합니다. 우리는 들뢰즈가 철학을 개념의 창조와 구도의 설정으로 정의한 것을 알고 있습니다. 개념은 내재성의 구도 위에서 창조됩니다. 인간은 초월적 형상들을 통해서가 아니라 내재적 개념에 의해서 사유합니다. 내재적 개념에 의한 사유는 초월적 형상의 투사가 아니라 개념의 내적 혹은 외적 일관성에 의해 사유하는 것입니다. 내적 일관성은 개념의 구성요소들의 결합의 일관성을 말하는 것이고, 외적 일관성은 개념들 사이의 연결의 일관성을 말합니다. 개념은 내재성의 구도 하에서 개념 내부의 그리고 개념들 간의 일관성을 구축하면서 창조되는 것이지 초월적 형상의 구도 상에의 투사로 만들어지는 것이 아닙니다(무엇 pp132~135 참조). 개념의 창조는 하나의 몸체를 개체로서 규정하는 것이라고 했습니다. 개념은 존재하는 것들을, 몸체들을, 시뮬라크르들을 규정합니다. 시뮬라크르는 형상, 즉 이상적이고 초월적인 모델들과의 원근이나 유사성의 정도에 의해 규정되는 것이 아닙니다. 하나의 시뮬라크르를 구성하는 하위 시뮬라크르들의 결합의 일관성 그리고 그 시뮬라크르 외부의 다른 시뮬라크르들과의 연결의 일관성에 의해 규정됩니다. 배치도 하나의 몸체입니다. 배치는 고른판 위에서 운동하고 변화합니다. 하나의 배치의 규정은 내재성의 판, 고른판 위에서 일관되게 이루어집니다. 결과적으로 고른판은 일관성의 구도와 같은 것입니다. 내재성의 구도, 일관성의 구도, 고른판, 일의성의 판, 자연의 판은 같은 의미를 가진다는 것을 잘 기억하도록 합시다(천고 p505 참조). 배치의 운동은 층화와 탈층화의 이중의 운동입니다. 탈층화는 탈기관체

(Corps sans Organes, CsO)를 향한 운동입니다. "한 체의 탈기관체는 그것의 잠재성입니다."(하나 p38주24) 따라서 탈층화는 하나의 배치가 그 잠재적 역량을 발휘하는 과정입니다. 주의할 것은 맹목적으로 탈기관체로 가는 것이 아니라 '충만한 탈기관체로 가는 것'이 중요하다는 점입니다.

인간을 구속하는 주된 지층들은 유기화 또는 조직화, 기표화와 그것을 보존하기 위한 해석, 주체화와 예속입니다(천고 p258 참조, 하나 p37 참조). "지층들은 기계적 배치를 일종의 유기체로, 또는 기표작용을 하는 하나의 총체성으로, 또는 하나의 주체에 귀속될 수 있는 것으로 규정해 버립니다."(천고 p12) 여기서의 주체는 그 사회의 질서와 규칙에 예속된 주체, 라캉의 용어로 표현한다면 상징계에 순응하는 주체라 할 수 있습니다. 각 층은 내용과 표현의 이중분절이며, 들뢰즈의 비인간주의와 일관된 해석상 "이중분절은 생명의 논리이며, 동등하게 대지와 사회의 논리입니다."(진화 p383) 다시 말해 층화와 이중분절의 논리는 모든 존재, 즉 생명과 자연, 인간사회 모두에 적용될 수 있는 포괄적 이론입니다. 다만 그 중에서 사회에 대한 논의에서는 기표화와 주체화가 주된 부분을 차지하는 것은 분명합니다.

기표화와 주체화는 기호체제를 통해서 이루어집니다(하나 p118 참조). "안정된 기호체계를 들뢰즈/가타리는 기호'체제', 불어로 régime de signes라고 부릅니다." 레짐(régime)이라는 용어를 쓴 것은 "기표화와 주체화는 근본적으로 정치적 차원에서 성립하는 것이기 때문입니다."(하나 p125) "언어를 언표적 배치로서 또는 언표적 실천으로서 보는 한에서 들뢰즈/가타리는 기호체제라는 표현을 씁니다."(하나 p119) 우리는 기호체제, 언표적 배치로서의 언어생활 속에서 기표화되고 주체화됩니다.

기표화를 설명하기 위해 들뢰즈/가타리는 하나의 기호체제로서 기표작용적 체제 혹은 기표체제를 규정합니다. 기호들은 다른 기호들을 지시합니다. "어떤 기호이건 다른 기호의 기호가 됩니다."(천고 p218) "기호들은 체제를 통해서 작동하는 기표들"(하나 p126)일 뿐입니다. "이러한 기호들의 체계가 교육을 통해 모든 사람들에게 부여되고 강제성을 띠게 되면서 정치적 체제의 일부"(하나 p131)로서 작동하는 하나의 기호체제가 되는 것입니다. 그리고 이 체제를 유지하기 위해서는 기표와 기의의 관계를 고정시켜주는 해석화가 필요한데, 그것을 담당하는 자들은 사제나 관료 계층으로서 이들이 그 체제, 그 사회의 지배세력을 구성하게 됩니다(하나 p132 참조). 해석하는 자가 그 사회를 주도하고 지배합니다. 해석자의 해석이 교육을 통하여 주입됨으로써 그 체제의 안정을 보장합니다. 모든 사물의 기표화는 이러한 과정을 의미합니다. 그 해석에 순응할 것이냐, 아니면 거부하고 저항할 것이냐는 우리들 각자의 선택에 달려 있습니다. 그것은 우리의 삶의 양식을 결정하는 선택입니다. 들뢰즈/가타리는 이러한 체제의 특징이 "제국적 독재체제에 적용될 뿐만 아니라 현대의 정당, 문학운동, 정신분석협회, 가족, 부부 등 종속적이고 수목형이고 위계적이고 중심화된 모든 집단에도 해당"됨을 명시하고 있습니다(천고 p226). 또한 다음에 설명되는 다른 기호체제들과 혼합되어 체제의 특징들이 역사 속에서뿐만 아니라 언어 혹은 문학적 상황에서, 정신병원과 같은 병리학적 상황에서, 연애나 일상 대화에서도 나타날 수 있습니다(천고 pp231,236 참조).

기표체제는 가장 전통적이면서도 가장 기본적인 삶의 방식이라고 할 수 있습니다. 따라서 다른 기호체제들은 기표체제와의 차이를 통해서 이해할 수 있습니다(하나 p137 참조). 기호가 기호를 지시하는 기표체계가 아직 도래하지 않았던 원시사회의 기호계에 대해서는 전기표적 체제라는 개념이,

전통시대에 속하면서도 그 시대에 배제되었던 삶의 양식인 유목민의 삶에 대해서는 반기표적 체제라는 개념이 제시됩니다(천고 pp228,229 참조, 하나 pp128,139 참조). 다음으로 주체화를 설명하기 위한 후기표적 체제가 있습니다.

주체화는 중심기표를 중심으로 방사적으로 조직화해 가는 기표화의 동심원들 중 어디에선가 하나의 기호나 기호 다발이 떨어져 나옴으로써 성립합니다(천고 p235 참조). "기호에서 기호로 가는 순환성은 더 이상 존재하지 않고, 기호가 주체들을 가로질러 휩쓸려 들어가는 선형적 과정"이 전개됩니다(천고 p247) 그 어디에선가가 선의 출발점을 제공하는 주체화의 점입니다. 주체화의 점으로부터 언표행위의 주체가 나옵니다. 기표체제의 한 자리에서 주어진 언표를 발하는 것이 아니라 자신의 언표를 발함으로써 언표행위의 주체가 됩니다. 언표행위의 주체의 탄생은 동시에 언표되는 주체의 탄생을 뜻하기도 합니다. 언표행위의 주체인가 언표의 주체인가의 문제는 주체들 사이에서 벌어지는 인정투쟁의 시발점을 이룹니다. 그래서 주체화는 늘 예속주체화의 과정이기도 합니다. 후기표적 체제의 선을 예속의 선으로 만드는 것은 두 주체의 구성이며, 한 주체가 다른 주체로, 즉 언표행위의 주체가 언표의 주체로 밀려나는 작용입니다(천고 p250 참조, 하나 pp147~148 참조). "근대적 주체는 기표체제에서 벗어나는 주체이지만, 또한 동시에 언표행위의 주체냐 언표의 주체냐를 둘러싼 인정투쟁이라는 새로운 장에 들어선 주체이기도 합니다."(하나 p148) "주체화는 기표화 자체로부터의 탈영토화 운동을 포함하며 탈주를 통한 새로운 존재 양식을 보여 줍니다." 하지만 인정투쟁과 같은 "주체들 사이의 공명을 통한 예속주체화가 이루어지기 때문에 탈주선은 도처에서 끊기며 절편화됩니다. 기표화와 마찬가지로 주체화 역시 층화의 한 방식"인 것입니다(하나 pp149~150).

　무엇이든 주체화의 점이 될 수 있습니다(천고 p248~250 참조). 우노 구니이치의 다음과 같은 설명이 이해에 도움이 될 것입니다. "신에 대한 배신이든 방법적 회의이든 정념적 망상이든, 어느 것이나 다 외부의 어떤 권력과 전제로부터 달아나고 일탈하고 권력으로부터 자기를 구별하는 미칠 것 같은 충동으로 이루어져 있다. 그곳에서 주체화의 점이 성립하고, 이 점은 어떤 '심적 현실'을 형성한다. 이곳으로부터 언표행위의 주체와 언표의 주체가 성립하지만, 여기서 이야기되는 언표는 결코 지배적 현실에 이반하는 것이 아니라 오히려 합치한다. 신을 벗어나고 전제를 벗어나는 이러한 주체화의 과정은 벗어나면서도 보다 잘 신을 따르고 전제를 받아들이는 과정으로서 실현되는 것이다."(유동 p205) 들뢰즈와 가타리는 "자본은 가장 뛰어난 주체화의 점"(천고 p253)이라고 합니다. "자본은 모든 인간을 주체로서 구성하는 주체화의 점으로 작용합니다. 다만 여기서 한쪽의 '자본가'는 자본이라는 사적인 주체성을 형성하는 언표행위의 주체가 되지만 다른 한쪽의 '프롤레타리아'는 불변자본을 실현하는 기술적 기계에 예속되는 언표의 주체가 됩니다. 따라서 임노동이라는 체제는 인간의 예속을 전대미문의 지점까지 밀고 나가고 독특한 냉혹함을 드러냅니다."(천고 p877)

　들뢰즈와 가타리는 하나의 민족이나 역사의 어떤 국면에 하나의 기호체제를 대응시키지 않습니다. "모든 역사적 국면들은 혼합된 기호체제를 통해 작동합니다. 그러나 분명 어느 국면이 어느 기호체제를 두드러지게 작동시키는 것은 사실입니다."(하나 p128) 들뢰즈/가타리도 특정 체제의 상대적 우위는 인정합니다(천고 p230 참조). 들뢰즈/가타리는 기표화와 주체화는 완전히 상이한 기호체제지만 그들의 차이가 무엇이든 이들은 사실상 혼합체를 형성하며, 다른 모든 기호체제들을 으스러뜨리는 제국주의적 거만함을 가진다고 말합니다(천고 pp346,347 참조). 기표화와 주체화는 동시에 작동하는 경우가 일상적이며 다른 체제의 작동을 억압하려는 경향이 있음을 부정할 수 없습니다.

이상과 같은 들뢰즈와 가타리의 주장을 정확히 이해하기 위해서는 화용론을 중심으로 하는 언어학, 기호학 등에 대한 지식이 필요합니다. 그러기가 쉽지 않은 우리는 우리의 사회, 우리의 삶이라는 것이 대체적으로 어떻게 굴러가는 것인지 그 핵심만 파악하면 됩니다. 내용과 표현의 이중분절이 서로 영향을 주고받는 일정한 배치 하에서 기표화와 주체화라는 층화의 과정을 거치며 우리는 사회를 구성하고 삶을 영위해 간다는 것이 요점입니다. 이 과정에서 우리가 어떤 문제에 마주쳤을 때 우리는 그것을 외면하고 기존의 체제에 순응할 수도 있겠지만 그렇지 않고 그것을 해결하기 위해 체제에 저항할 준비가 되어 있다면 다음에 논의할 배치의 변환이라는 주제가 그 길을 열어 줄 것입니다.

앞에서 잠시 언급했던 언표와 배치의 관계를 기호체제와의 관련 하에 명확히 하고 본격적으로 배치의 변환으로 넘어가도록 합시다. 들뢰즈와 가타리는 언표가 언표적 배치로서의 기호체제와 어떤 관계에 있는지를 구체적인 예를 들어 설명합니다. 이미 말했듯이 하나의 명제가 어떤 기호체제 안에서 포착되는가에 따라 그 명제는 완전히 다른 언표로서의 의미를 가질 수 있습니다. 이 체제 없는 구문론적, 의미론적, 논리적 요소 같은 것들은 공허한 보편적 조건일 뿐입니다. 고정된 하나의 의미를 가진 "나는 너를 사랑해"가 아니라 전기표적, 반기표적, 후기표적 "나는 너를 사랑해"가 존재합니다. "나는 질투가 나"라는 명제는 주체화의 체제 안에서 포착되느냐 아니면 기표화의 체제 안에서 포착되느냐에 따라 분명 동일한 언표가 아닙니다. 언표들을 초월하는, 구문론적, 의미론적, 논리적으로 정의할 수 있는 명제는 존재하지 않습니다. 언표가 명제를 참조하는 것이 아니라, 역으로 명제가 언표를 참조하는 것입니다. 기호체제들이 언어를 참조하는 것이 아니며, 언어가 기호체제들을 참조합니다(천고 pp280~283 참조). 요컨대 언표 혹은 담론으로 집약되는 언표들의 집합은 그 사회의 기호체제에 달려 있는 것입니다. 한 시대나 사회의 기호체제는 여러 체제가 혼합되어 있다는 것, 그 체제에 의해 우리의 언어생활, 즉 언표행위는 기표화되고, 예속적이고 순응적으로 주체화된다는 것이 요점이고, 그에 따라 우리의 담론체계, 지식체계가 결정됩니다. 그것은 인간과 사회의 몸체인 기계적 배치와 상호 작용하여 하나의 완성된 사회체를 형성합니다. 앞에서 예로 들었던 법률제도나 봉건체제도 이러한 과정들이 누적되어 그 체제가 이루어지는 것입니다. 우리는 이렇게 층화되고 영토화된 세계에서 새로운 기호체제로의 변형과 창조를 모색함으로써, 즉 탈영토화의 시도를 함으로써 새로운 삶의 창조를 이루어 나갈 수 있습니다.

배치의 변환이 중요한 이유는 배치가 일차적이기 때문입니다. "도구와 재화보다 몸체들이라는 기계적 배치가 우선하며, 랑그와 단어보다 언표행위라는 집단적 배치가 우선합니다."(천고 p175) "무기와 도구는 이러한 배치의 결과에 불과합니다."(천고 pp765) "하나의 언표는 그것이 어떤 기호체제 안에서 발화되는가에 따라 다른 함의를 띠게 됩니다. 따라서 기표도 주체도 일차적이지 않습니다. 배치가 일차적입니다."(하나 p153) "기표화 또는 주체화가 어떤 배치를 전제하는 것이지, 그 역은 아닙니다."(천고 p269) "기호체제들을 참조하는 것이 언어이며, 모든 기호론, 언어학, 논리학을 붕괴시키

는 것은 기호체제들입니다."(천고 p282)

들뢰즈와 가타리에게 일차적인 것은 배치입니다. 따라서 이들의 실천철학이 겨냥하는 일차적인 방향 역시 배치를 바꿔 나가는 것입니다. 문제는 배치를 바꾸고, 더 나아가 새로운 배치를 창조해 내는 것입니다. 이것은 "배치의 정의에서 알 수 있듯이 결국 선들의 문제이고 속도들의 문제입니다. 탈주선을 긋기, 탈영토화를 행하기. 이 둘은 사실상 하나입니다. 탈주선을 긋는 것 자체가 기존의 선들에서 탈영토화를 행하는 것이기 때문입니다. 핵심적인 문제는 어디에서 그리고 어떤 속도로이냐 하는 것입니다."(히니 pp207~208)

배치의 탈층화 운동은 탈기관체와 고른판을 향하는 운동이라고 했습니다. 들뢰즈와 가타리는 세계를 구성하는 모든 것을 기계라는 개념으로 정의한 바 있듯이 탈기관체와 고른판이 상징하는 잠재적 세계를 설명하는 데 있어서도 기계의 개념을 활용합니다. 그래서 탄생한 새로운 개념이 구체적인 배치와 대비되는 추상적인 기계 혹은 추상기계(machine abstraite)입니다. "추상기계는 특정한 시공간에 구체화된 기계적 배치가 아니라 다양한 방식으로 구체화될 수 있는 비물체적인 반복적 기계입니다."(하나 p53) 앞에서 감옥, 학교, 병영, 병원, 공장 등에 작용하는 하나의 동일한 추상기계가 있다고 했는데, 감옥이나 학교 같은 구체적 배치가 현실화하는 과정에서 반복적으로 작용하는 하나의 잠재적 기계가 추상기계인 것입니다. 그것은 규율(discipline)-추상기계로 명명할 수 있을 것입니다. 이렇게 이름 붙일 수 있는 이유는 이 같은 배치들이 미셸 푸코의 미시적 권력장치들로서 모두 다 그가 현대의 고유한 권력작용으로 규정한 규율의 기능을 내포하고 있기 때문입니다. 여기서 반복적인 기계, 반복적으로 작용한다는 말에 주목해야 합니다. 들뢰즈의 반복이론을 설명할 때 반복되는 것은 잠재적 대상이라고 했던 것을 여러분은 기억합니까? 추상기계는 반복적으로 작용하면서 구체적 배치의 정체성을 규정하는 잠재적 대상이라고 할 수 있습니다.

"추상기계는 배치의 잠재성입니다. 배치는 추상기계의 한 현실화입니다. 추상기계는 『차이와 반복』의 용어로 잠재적 다양체입니다."(하나 p54) 추상기계는 하나의 배치가 될 수 있는 잠재력의 범위 즉 생성, 되기의 역량을 규정합니다(하나 p113 참조). 추상기계는 배치에 내재해 있습니다. "추상기계들은 구체적 배치들 속에서 작동합니다. 추상기계들은 탈코드화와 탈영토화의 첨점들에 의해 정의됩니다. 추상기계들은 이 첨점들을 그립니다."(천고 p971) "추상기계는 배치의 모든 탈영토화의 첨점들을 구성하고 결합합니다."(천고 p270) "추상기계는 표현과 내용이 구체적으로 분리되기 이전의 기계입니다. 그것은 내용과 표현이 분리된 현실성 이전의 잠재성입니다."(하나 p154) "추상기계는 그 자체로 탈지층화되어 있고 탈영토화되어 있기 때문에 자기 자신 안에 실체와 형식을 갖고 있지 않으며, 자기 안에서 내용과 표현을 구별하지 않습니다."(천고 pp270~271) 하나의 배치가 형성되고 변환되는 것은 추상기계들이 작동한 결과입니다. 추상기계들은 배치들을 열어 놓기도 하고 닫아 버리기도 합니다. 추상기계들의 성분인 온갖 힘들과 재료들 그리고 기능들의 조합과 혼합들이 배치들에 질을 부여합니다. 다양한 연결접속을 통한 연속적 변이를 만들어 내기도 하고, 폐쇄적 접합접속을 통해 공리계 또는 덧코드화를 이루기도 합니다. 추상기계들의 이러한 작동에 의해 정치적, 경제적, 과학적, 예술적, 생태학적, 우주적이고 또 감각적, 정서적, 능동적, 사유적, 물리적, 기호적인 각 분야에서 다양한 모습들의 배치가 창출됩니다(천고 p976 참조).

여기서 『안티 오이디푸스』와 『천 개의 고원』 모두에 걸쳐 광범하게 사용되고 있는 용어인 기관 없는 몸체, 즉 탈기관체와 『천 개의 고원』에서 주로 사용되는 개념인 고른판, 추상기계와의 관계들을 정리하고 논의를 지속하기로 합시다. 기관 없는 몸체(Corps sans Organes, CsO) 또는 탈기관체는 『안티 오이디푸스』에서 하나의 사회체의 탈영토화와 관련되는 중요한 개념으로 등장합니다(안오 pp36,69,471,568 참조). 그러나 탈기관체라는 개념은 다양한 차원의 폭넓은 의미를 내포하고 있습니다. 그것의 전체적 의미는 『천 개의 고원』에 외서야 명확해집니다. 『천 개의 고원』에서 새로이 도입되는 잠재성의 개념들인 고른판(plan de consistance), 추상기계와의 관련성이 규명되어야 탈기관체의 의미가 제대로 파악될 수 있습니다.

우리는 탈기관체를 존재의 여러 차원에서 규정할 수 있습니다. 개체의 차원, 사회의 차원, 세계 전체의 차원 등에서입니다. 들뢰즈/가타리가 "CsO는 알이다."(안오 p49, 천고 p314)라고도 말하듯이 하나의 탈기관체는 하나의 체 혹은 몸체의 잠재성입니다. 유기체와 같은 현실적 지층으로 분화되기 이전의 수정란처럼 미(未)분화된 잠재적 상태인 것입니다. 우리는 개체, 사회체, 세계 전체에 대응하는 각각의 탈기관체를 상정할 수 있습니다.

사회체의 차원에서 볼 때, 탈기관체는 분자적이고 양자적인 사회적 흐름들이 기입되고 등록되는 충만한 몸체(corpus)이자 잠재적인 사회체(socius)라고 할 수 있습니다(천고 p288 참조). 『안티 오이디푸스』에서 들뢰즈/가타리는 사회기계 또는 사회체는 토지의 몸체, 전제군주의 몸체, 돈의 몸체일 수 있다고 하는데, 탈기관체는 이러한 사회체가 탈영토화된 잠재성을 말하는 것입니다(안오 p69 참조). 그들은 현실적인(actuel) 사회체와 잠재적인(virtuel)

탈기관체를 묘사하기 위해 다음과 같은 표현들을 사용합니다. "탈기관체는 탈영토화된 사회체요, 욕망의 탈코드화된 흐름들이 흐르는 사막이다."(안오 p305) "사회체, 즉 토지, 전제군주, 돈-자본은 옷을 입은 충만한 몸체들이요, 탈기관체는 벌거벗은 충만한 몸체다."(안오 p471) "토지, 전제군주, 자본이라는 참으로 묵직한 집합들을 규정하는 충만한 몸체 또는 옷을 입은 물질, 이는 탈기관체 또는 분자적, 욕망적 생산의 벌거벗은 물질과 구별된다."(안오 pp568~569)

우리는 가장 큰 차원에서 고른판과 하나의 탈기관체, 하나의 추상기계를 같은 것으로 볼 수도 있습니다(천고 pp92,139 참조). 하나의 장으로서 고른판에 대응하는 탈기관체를 생각할 수도 있고, 하나의 거대기계의 잠재성으로서의 추상기계에 대응하는 탈기관체를 생각할 수도 있습니다. 우리는 『천 개의 고원』 도처에서 이러한 구상들을 만날 수 있습니다. "추상기계는 탈기관체를 구성하며 고른판을 그리거나 지나가는 것을 도표로 만든다."(천고 pp141~142) "탈기관체는 욕망의 내재성의 장이며 욕망에 고유한 고른판이다."(천고 pp295~296) "고른판은 모든 탈기관체들의 집합, 내재성의 순수한 다양체다."(천고 p302) "고른판은 내재성의 판이고 일의성의 판이다. 이 판은 자연적인 것과 인공적인 것 사이에 어떤 구별도 하지 않기 때문에 자연의 판이라 부를 수도 있다."(천고 p505) "'자연'이라는 고른판은 하나의 거대한 추상기계와도 같다."(천고 p482) "고른판은 탈기관체다. 고른판 위에서 나타나는 입자들 간의 빠름과 느림이라는 순수한 관계들은 탈영토화의 운동들을 내포한다."(천고 p512) "지구는 하나의 탈기관체다."(천고 p85)와 같은 표현들이 그것들입니다. 자연으로서의 지구, 즉 세계는 하나의 탈기관체입니다. 들뢰즈와 가타리는 스스로 질문합니다. "고른판이 탈기관체들을 구성하는 것일까, 아니면 탈기관체들이 이 판을 조성하는 것일까? 탈기관체와 고른판은 동일한 것일까?"(천고 p966) 들뢰즈/가타리가 규정하는 내재성의 장에서 이러한 구분은 가능하지 않습니다. 내재성의 세계에서 조성하는 것과 조성되는 것은 구분될 수 없습니다. 그들의 결론도 "어쨌든 조성하는 것과 조성된 것은 같은 역량을 갖고 있다"(천고 p966)는 것입니다. 가장 큰 차원에서 고른판과 탈기관체를 명확히 구분할 필요가 없습니다. 그것들은 같은 역량을 가집니다. 즉 같은 기능과 역할을 가진다고 할 수 있습니다. 세계를 구성하는 내재성의 구도가 고른판으로서의 탈기관체입니다.

결론적으로 다음과 같이 정리할 수 있습니다. 탈기관체는 가장 작은 것에서부터 가장 큰 것에 이르기까지의 몸체들의 잠재성입니다. 가장 큰 차원에서 볼 때, 이 세계를 하나의 내재성의 장 혹은 구도로 볼 때 그 구도로서의 고른판도 하나의 탈기관체라 할 수 있습니다. 이러한 잠재적인 것들과 현실화된 구체적인 기계로서의 배치의 관계를 역동적으로 파악하기 위해서 필요한 개념이 추상적인 기계, 즉 추상기계입니다. 배치의 운동, 배치의 층화와 탈층화, 영토화와 탈영토화의 과정에서 작동 장치로서의 역할을 담당하는 것이 추상기계입니다. 추상기계에는 배치를 탈영토화하는 변이의 추상기계와 배치를 재영토화하는 덧코드화의 추상기계가 있습니다. 배치의 잠재성이 추상기계라고 한 것은 이런 의미입니다. 구체적 배치의 운동을 지배하는 것, 배치의 정체성 혹은 동일성을 보증하는 것이 그 배치의 추상기계입니다.

추상기계가 들뢰즈와 가타리의 사회사상에서 갖는 중요한 의미는 그것이 사회장 전체와 공통의 외연과 범위를 갖는 내재적 원인으로서 작용한다는 점입니다. "추상기계는 힘들의 관계를 실현하는 구체적인 배치들의 원인과 같습니다."(푸코 p68) 권력의 계보학을 연구한 미셸 푸코는 권력을 니체의 사상을 따라 힘들의 관계로 규정합니다. 여기서의 힘은 들뢰즈의 용어로 번역하면『차이와 반복』에서의 잠재적 역량 혹은『안티 오이디푸스』에서의 무의식적 욕망이 될 것입니다. "푸코의 일반적인 원리는 모든 형식이 힘 관계의 구성물이라는 것입니다."(푸코 p189) 들뢰즈도 푸코를 설명하면서 "존재하는 것은 오직 횡단적으로 움직이면서 형식의 이원성 속에 자신의 고유한 작용 조건과 현실화의 조건을 발견하는 힘의 관계들뿐"(푸코 p71)임을 강조합니다. 추상기계는 이러한 잠재적 힘들의 관계들로 구성된 것입니다. 이것이 표현의 형식들 또는 기호체제들과 내용의 형식들 또는 물체의 형식들을 동시에 설명합니다(천고 pp269~270 참조). 추상기계는 형식화되지 않은, 아직 구체적 형태를 갖추지 않은 질료와 기능들로 구성된 복잡한 도표(diagramme)라고 할 수 있습니다. "추상기계 자체는 물리학적이거나 물체적이지도 않고 기호적이지도 않습니다. 그것은 도표적입니다. 추상기계는 실체가 아니라 질료에 의해 작동하며, 형식이 아니라 기능에 의해 작동합니다. 기능들은 아직 기호계적으로 형식화되어 있지 않으며, 질료들은 아직 물리학적으로 형식화되어 있지 않습니다."(천고 p271) "힘의 관계 혹은 권력관계가 특이성들을 결정하며 순수한 기능들을 구성합니다. 추상기계는 힘 관계의 지도이며 밀도(densité), 강도(intensité)의 지도입니다."(푸코 p68) "추상기계는 비형식적인 도표이고, 구체기계는 두 형식을 갖는 배치들입니다."(푸코 p72) 책과 같은 문학기계, 전쟁기계, 사랑기계, 혁명기계, 거대한 사회기계 등 모든 구체적 기계를 낳는 것이 추상기계입니다(천고 p14 참조). 우리는 존재의 발생 원천이자 인식의 근거인 잠재적 차이의 세계가 차이소 혹은 역량들의 미분적 관계, 즉 미분비들과 특이성들로 구성되어 있다는 것을 알고 있습니다. 『차이와 반복』에서의 들뢰즈의 논의가 『천 개의 고원』에서 어떻게 발전적으로 승계되고 있는지를 여기서 여실히 볼 수 있습니다. 들뢰즈의 차이의 역할을 하는 것이 추상기계입니다. 힘 관계의 지도이며 밀도와 강도의 지도인 추상기계는 구체적 사회기계의 잠재적 발생 원인입니다.

추상기계를 구체적 배치로 현실화하는 "형식은 두 가지 의미로 말해질 수 있습니다. 형식은 질료들을 형성하고 혹은 조직합니다. 또한 형식은 기능을 형성하고 또는 그것에 목표를 부여합니다. 감옥만이 아니라 병원, 학교, 군 막사, 공장들도 형식화된 질료입니다. 처벌은 보살피고, 교육하고, 훈련하고, 노동하게 하는 것과 마찬가지로 형식화된 하나의 기능입니다."(푸코 p64) 결론적으로 추상기계는 "형식화되지 않은 순수한 기능들과 형식화되지 않은 순수한 질료의 혼합입니다."(푸코 p115) 들뢰즈는 푸코가 『감시와 처벌』에서 정의한, 일망감시방식으로 번역될 수 있는 판옵티콘을 순수한 기능의 구체적이고 역사적인 예로 소개합니다. "판옵티콘은 수적 규모가 크지 않고 공간적으로도 제한되고 한정되어 있는 조건 하에서, 다수의 어떤 개인들에게 어떤 임무나 행위를 부과하는 순수한 기능입니다." 처벌, 보호, 감호, 교육, 생산, 훈련 등이 그 기능에 목적과 수단을 부여하는 형식들이라 할 수 있고, 죄수, 병자, 광인, 학생, 노동자, 군인 등이 그 기능에 의해 작동되는 형식화된 실체들입니다. "18세기 말엽에 판옵티콘은 이러한 모든 형식을 가로질러 이 모든 실체들에 적용됩니다."(푸코 p114, 감처 p318 참조) 미셸 푸코는 말합니다. "감옥이 공장이나 학교, 병영이나 병원과 흡사하고, 이러한 모든 기관이 감옥과 닮은 것이라고 해서 무엇이 놀라운 일이겠는

가?"(감처 p347)

구체적 배치들은 덧코드화의 추상기계와 변이의 추상기계의 한 쪽에서 다른 쪽으로 부지불식간에 이동하는 듯합니다. 배치도 하나의 존재로서 영원한 이중운동에 놓여 있기는 마찬가지인 것입니다. 때로 이 배치들은 학교, 군대, 공장, 감옥처럼 견고한 절편들로 분포합니다. 또 때로 배치들은 유연하고 분산적인 미시 절편성을 자신들에 부여하는 추상기계 안에서 소통합니다. 이리하여 그것들은 모두 유사해지며, 감옥 역시 형식을 갖지 않는 기능의, 혹은 연속하는 기능의 변수로서 다른 배치를 관통하며 확장합니다. 학교, 군대, 공장은 이미 감옥입니다(푸코 p73 참조). 푸코가 말했듯이 "감옥의 조직망은 밀집된 형태이건 분산된 형태이건 통합·배치·감시·관찰 체계를 갖추어서, 근대사회에서 규범화 권력의 거대한 토대가 된 것입니다."(감처 p460) "추상기계는 사회장 전체와 동일한 외연을 가집니다. 역사 속의 사회장들만큼 다수의 추상기계가 존재합니다."(푸코 p65) "모든 사회는 하나이든 복수이든 그 추상기계를 가집니다."(푸코 p66) 하나의 다양체로서의 구체적 배치는 자신의 차원들을 바꿀 때마다 본성이 변하고 변신합니다(천고 p47 참조). 추상기계가 특정한 좌표와 차원으로 구체화함에 따라 우리는 독특한 본성을 가지는 하나의 사회구성체나 하나의 역사적 사건 등을 갖게 되는 것입니다(천고 p231 참조). "추상기계는 이 같은 지층화된 구성체들과 소통하지만, 마찬가지로 다른 축을 따라가면서 다른 불안정한 다이어그램적 상태와도 소통합니다. 다른 불안정한 다이어그램적 상태들을 횡단하면서 힘들은 변이적 생성을 추구합니다."(푸코 p132) "생성, 변화 그리고 변이는 구성된 형식이 아니라 구성하는 힘에 관련된 것입니다."(푸코 p134) 들뢰즈는 "힘들의 추상기계는 지층들 위에서 차례로 작용하면서도 변화를 가능하게 하는 방식으로 작용하는 '점, 매듭, 또는 초점'과 같은 저항의 특이성들을 제시"한다고 말합니다(푸코 p137). 이는 추상기계가 탈영토화의 첨점들로 구성되어 있다는 것을 다시 한번 확인하는 것입니다.

지금까지 인간사회의 차원에서 추상기계의 작동을 논의했습니다. 이제는 좀 더 일반화된 기계의 차원에서 추상기계의 작동을 논의해 보겠습니다. 들뢰즈와 가타리는 그들의 유목론을 전개하는 과정에서 기계적 문(門, phylum)의 개념을 도입하여 추상기계의 사례를 구체적으로 보여 줍니다. 내재성의 판, 연속적 변주의 판이랄 수 있는 고른판에서 각각의 추상기계는 하나의 연속적 스펙트럼을 가진 하나의 고원으로 간주될 수 있는데(천고 p972 참조), 들뢰즈/가타리는 이를 하나의 기계적 문으로 봅니다. 추상기계들은 형식화되지 않은 질료들과 형식적이지 않은 기능들로 이루어져 있습니다. 형식화되지 않은 질료나 물질은 문 혹은 필롬, 비형식적 기능은 도표 혹은 디아그람이라고 부릅니다(천고 p973 참조). 문은 내용의 특질들, 도표는 표현의 특질들이라고 할 수 있습니다(천고 p972 참조). 여기서 내용의 특질들로서의 문, 형식화되지 않은 질료는 단순히 형상을 위해 준비된 등질적인 질료가 아니라 하나의 독자성 또는 특이성을 가지는 질료입니다(천고 p708 참조). 앞에서 기계의 대상으로서의 흐름을 질료라고 했고 특이성이 그 중의 하나였던 것을 상기해 보기 바랍니다. 들뢰즈/가타리가 말하는 흐름들은 질료 혹은 물질로도 부릅니다. 그것은 세상을 구성하는 가장 근원적인 것으로서 형식을 부여받지 않은 불안정한 질료들, 물리학과 생물학의 대상이 되기 이전의 유목민과 같은 자유로운 독자성들이라고 했습니다. 추상기계로서의 기계적 문을 구성하는 궁극적인 요소는 흐름으로서의 질료입니다. 각각의 추상기계는 질료-기능들의 다져진 집합으로서 하나의 문 혹은 계통이라고 할 수 있습니다(천고 p971 참조). 이를 기술적 계통의 측면에서 보자면 추상기계는 저항력, 전도성, 온도, 늘어나는 성질인 연성(延性), 속도 등의 강렬함의 정도들, 즉 강도들을 나타내는 질료-내용, 그리고 미분방정식들 또는 좀더 일반적으로는 '텐서들'만을 나타내는 기능-표현들로 이루어집니다(천고 pp271~272,971, 하나 p56 참조). 텐서라는 용어는 나도 잘 모릅니다. 벡터보다 차원이 높은 기하학적, 물리적 양을 표현하는 다중 선형함수라고 하는데, 추상기계가 배치의 잠재적 차원이라는 면에서 잠재적 세계에서의 기능 혹은 함수의 다차원성을 표현하기 위해 사용하는 것으로 보면 될 것입니다. 특히 들뢰즈/가타리는 언어와 문학에 대한 논의에서 텐서라는 용어를 사용하는데, 여기서 그들은 텐서의 역할을 하나의 랑그가 탈영토화되는 정점으로서의 비정형적 표현에서 찾습니다(천고 p192 참조). 텐서는 기본벡터들에 대한 탈주의 벡터들이라고 할 수 있는 것으로 탈영토화의 첨점의 하나로 이해하면 될 것입니다(천고 p211 참조, 더 자세한 것은 카프카 p58역주21 참조).

들뢰즈와 가타리는 기계적 문 또는 기술적 계통의 구체적 사례를 야금술에서 가져옵니다. 그 중에서도 주로 칼날로 비스듬히 베는 무기로서 사용하는, 주조의 방법으로 만들어지는 칼(刀)과 주로 칼끝으로 정면에서 찌르는 무기로서 사용하는, 단조의 방법으로 만들어지는 검(劍)을 비교합니다. 우선 변수들을 두 가지 유형으로 나눌 수 있습니다. 하나는 다양한 차원을 가진 시공간적 특이성이나 '이것임' 그리고 이것들과 결합하는 변형이나 변용 과정으로서의 조작이고, 다른 하나는 이러한 특이성과 조작에 대응하는 다양한 층위의 변용태적 질입니다(천고 p779 참조). 전자는 내용의 특질, 후자는 표현의 특질로 볼 수 있습니다. 이러한 분류는 들뢰즈/가타리가 소수자과학 또는 유목과학이라고 부르는 과학과 유목민 예술의 특징들에서 파생되는 결과들입니다. 그들이 왕립과학이라고 부르는 지배적인 다수자과학은 질료 전체가 내용에 할당되고 형식은 전부 표현 속으로 이동되는 질료-형식 모델을 취하는 반면, 유목과학은 내용과 표현이 각각 형식과 질료를 소유하고 있다고 보기 때문에 내용과 표현의 연결에 훨씬 더 민감합니다. 질료 자체는 앞서 말한 것처럼, 등질화된 질료가 아니라 본질적으로 독자성을 담고 있습니다. 그리고 내용뿐만 아니라 표현 또한 단순한 형식이 아니라 다양한 특질들을 갖추고 있습니다. 예술인 동시에 기술로도 간주되는 이 유목과학의 관점에서 보면 사회적 장의 조직화라고 할 수 있는 노동의 분업은 이러한 질료의 독자성과 표현의 특질들 간의 다양한 연결접속에 대응하여 다양한 스펙트럼을 그리며 이루어집니다(천고 pp708~709 참조). 다시 칼과 검의 예로 돌아가서 보자면, 칼을 만드는 주조의 과정에서는 철의 용해, 점진적인 탈탄소화 등의 특이성과 강도들로서의 '이것임'들이 도출됩니다. 이로써 철과 다양한 합금들에 대응하는 다양한 용해점들, 반복되는 과정에서의 탈탄의 정도들, 이에 가해지는 과정들로서의 조작들의 다양함들을 모두 망라하는 연속적인 특이성들의 집합이 만들어집니다. 주조 과정에서의 조작으로는 거푸집을 만드는 데 있어서의 다양한 특이함들을 들 수 있을 것이고, 검을 만드는 단조 과정이라면 망치를 내리치는 노하우 같은 것이 될 것입니다. 이것들에 대응해서 경도, 예리함의 정도, 광택, 물결모양의 무늬 등과 같은 표현의 특질들의 집합이 구성됩니다. 철검은 단조되는 것이며, 공냉이 아니라 수냉이고, 대량 생산되는 것이 아니라 하나씩 제조되기 때문에 칼과는 근본적으로 전혀 다른 특이성들과 표현의 특질들을 가지게 됩니다(천고 pp779~780 참조). 특이성들의 집합이 하나의 기계적 문 또는 하나의 기술적 계통을 구성합니다. 특이성 또는 조작이 분기하는 경우에는 두 개의 서로 다른 문을 구별해야 합니다. 가령 단검에서 발달한 검과 단도에서 발달한 칼의 경우가 그렇습니다. 각각의 문은 독자적인 특이성과 조작, 성질과 특질들을 갖고 있으며, 이것이 검이나 칼이라고 하는 기술적 요소와 욕망, 즉 기계적 배치의 관계를 결정합니다. 칼의 변용태는 검의 변용태와 같지 않습니다(천고 pp780~781 참조). 생물학적 문이 유기적 기능이나 유전적 특질에 따라 생물을 분류하는 척도라면, 이처럼 기계적 문은 변용태에 따라 기계적 과정을 분류합니다. 생물학에서 문이라는 용어를 차용해 온 것이지만 이러한 의미의 차이가 있습니다.

결론적으로 우리는 추상기계를 하나의 스펙트럼을 가지는 기계적 문으로 규정할 수 있습니다. "기계적 문은 특이성과 표현의 특질을 가지면서 운동하고 흐르고 변화하는 물질입니다."(천고 p785) 한 문에서 다른 문으로 연장 가능한 특이성의 차원들을 설치해 두 개의 문을 통일시키는 것은 언제든지 가능하다는 것이 들뢰즈와 가타리의 생각입니다. 극단적으로는 결국 관념적으로 연속적인 유일한 기계적 문밖에 존재하지 않게 됩니다. 즉, 특이성과 표현의 특질을 짊어지고 연속적으로 변주되는 물질의 흐름으로서 인간과 자연의 통일체인 세계가 이루어지는 것입니다(천고 p781 참조). 이것이 "지구는 하나의 탈기관체다."(천고 p85) 혹은 "세계는 어떤 알이다."(차반 p533)와 같은 표현들이 의미하는 바입니다. 이 흐름은 나누어짐과 분화 없이는 지금 여기에서 실현될 수 없습니다. "이 흐름에서 추출되는 집합, 선별되고 조직되고 지층화된 특이성과 표현의 특질의 집합"(천고 p781)이 바로 하나의 배치가 되는 것입니다. 이는 어디서 많이 들어본 것 같지 않나요?

바로 우리가 들뢰즈의 존재론에서 배웠던 존재의 운동, 즉 잠재에서 현실로, 미(未)분화에서 분화로 나아가는 과정과 같습니다. 들뢰즈의 존재론이 그의 사회사상에도 그대로 적용됨을 보여 주는 대목입니다. 존재의 운동이 잠재에서 현실로 다시 현실에서 잠재로 반복하는 것처럼, "변화하는 기계적 문은 다양한 배치를 발명하는 한편 이들 배치들은 가변적인 문들을 발명합니다."(천고 p782) "배치의 창조야말로 진정한 발명이라고 할 수 있습니다. 다양한 배치들은 함께 모여 하나의 문화나 시대를 구성"하기도 합니다(천고 p781).

"배치들 속에 들어왔다가 나가 버리는 운동-물질, 에너지-물질, 흐름-물질은 탈지층화되고 탈영토화된 물질입니다."(천고 p782) 이러한 물질성이 창조하는 배치는 고정된 형상과 그 형상을 위해 준비된 질료와의 관계를 법칙으로서 유도해 내는 질료-형상의 모델로는 충분하게 설명될 수 없습니다. 들뢰즈/가타리는 후설과 시몽동을 인용하면서 질료-형상의 모델을 비판합니다. 질료를 고정된 형상에 종속시키고, 역으로 형상으로부터 연역된 어떤 특성을 질료 속에서 실현시키는 바로서의 법칙을 유도하는 질료-형상 모델은 작용적이고 변용태적인 많은 것을 무시하게 됩니다. 따라서 형상적인 고정된 본질과 구별되는 질료적이고 모호한, 즉 유동적이고 비정확하지만 아주 엄밀한 본질의 영역을 발견하는 데 힘씀으로써 우리의 사유를 진일보시켜야 합니다. 예를 들면, 원(圓, round)이라고 하는 것은 이상적이고 유기적으로 고정된 본질이지만 둥긂(roundness)은 형상으로서의 원 그리고 맷돌, 바퀴, 태양과 같이 둥근 것들인 감각적 사물들과 구별되는 모호하고 유동적인 본질입니다. 형상과 질료 사이에 중간적, 매개적 차원의 지대가 존재하는 것입니다. 우리가 할 일은 이러한 중간적 차원을 엄밀히 사유하는 것입니다. 그래야만 고정된 법칙에 얽매이지 않고 창조적인 배치들을, 즉 새로운 문화와 시대를 열어 갈 수 있는 것입니다(천고 pp704~705,782~785 참조). 우리는 원과 구체적 사물들만이 아니라 그 사이에 무한한 연속적 변주의 잠재성을 가지는, 무수한 독자성들과 변용태들로서의 등급들을 사유해야 합니다. 이것이 바로 탈근대적 사유의 모습입니다. 근대적 사유가 형상적이고 정확한 사유를 할지 모르지만 너무도 성기고 구멍이 많다는 것은 이와 같은 취지에서 하는 말입니다. 비정확하고 모호하지만 엄밀한 것들을 사유하고 그것을 바탕으로 우리는 정확하고 명확한 법칙들을 새로이 도출해 냄으로써 과학과 학문의 발전을 가져올 수 있습니다.

부연하자면, 우리가 들뢰즈의 존재론에서 다루었던 잠재성의 철학은 이와 같이 무한한 영역을 흐르는, 존재의 모호하고 유동적인 본질을 탐구하는 것입니다. 어떤 존재의 유동적 본질이 그 존재의 잠재성입니다. 우리가 잠재적인 것으로 사유해 왔던 잠재적 역량으로서의 욕망, 탈기관체, 추상기계 등이 한 사물, 한 생명, 한 사회의 유동적 본질이며, 이것이 바로 그 사물, 생명, 사회의 정체성(identity)이기도 합니다. 나의 정체성은 고정된 본질로서 나타나지 않습니다. 고정된 본질은 일시적 가면일 뿐입니다. 우리의 본질은 매 순간 가면을 바꿔 쓰는 유동적 흐름입니다. 고정된 본질은 윤곽이 뚜렷한 견고한 몰적 절편성으로서 일시적 현상을 보여 줄 뿐입니다. 유동적이고 모호한 본질은 유연하고 분자적인 절편성으로서 비정확하지만 이것이 엄밀한 본질입니다. 사랑, 자본이라는 개념의 본질은 모호하고 유동적입니다. 자본주의, 사회주의, 전체주의 등의 사회체는 더더욱 그렇다고 할 수 있습니다. 모든 존재의 정체성은 잠재적인 것으로, 다양체로서, 리좀으로서, 잠재적 사건으로서 규정될 수 있습니다. "리좀형 다양체는 비정확하지만 엄밀합니다."(천고 p922) 우리는 성기고 헐거운 나무형 다양체를 넘어 연속적 변주 상태의 엄밀한 리좀형 다양체를 사유해야 합니다. 들뢰즈/가타리의 잠재성의 철학과 사회사상은 리좀형 다양체를 사유합니다.

들뢰즈와 가타리는 이와 같이 『천 개의 고원』의 유목론과 결론 부분에서 추상기계를 엄밀히 문과 도표로 구분하여 설명하고 있습니다. 그러나 앞서 보았듯이 일반론으로서의 기호체제를 논의하는 부분에서는 도표, 즉 디아그람이라는 용어로 단일화해서 추상기계를 다루고 있습니다. 전체적으로 추상기계를 하나의 디아그람으로 보는 것입니다. 여기서는 도표를 질료와 기능을 아우르는 개념으로 보면 됩니다. 이런 식으로 보는 것이 추상기계를 이해하기에 더 편리할 것입니다. 이런 전제 하에서 추상기계를 정리하면 다음과 같습니다. "추상기계 자체는 물리학적이거나 물체적이지도 않고 기호적이지도 않습니다. 그것은 도표적입니다. 추상기계는 실체가 아니라 질료에 의해 작동하며, 형식이 아니라 기능에 의해 작동합니다. 추상기계는 순수한 질료-기능, 즉 도표입니다."(천고 p271) 도표는 원어로 디아그람, 영어로는 다이어그램이라고 해요. 여기서 질료는 물리학적으로 형식화하기 이전의 상태를 말하며, 기능은 수학적 표현을 써서 함수라고도 할 수 있는데 수학적, 기호학적으로 형식화하기 이전의 상태를 말하는 것으로 이해하면 됩니다. 다이어그램이라는 말은 프로그램과 같이 구체적으로 정리된 상태와 대비하여 추상적이고 유동적인 상태를 나타내는 용어로서 여기 말고도 다른 곳에서도 많이 쓰입니다. 푸코가 분석하는 미시권력의 논의들, 들뢰즈의 예술론 등에서도 현실적으로 규정되기 이전의 잠재적 세계를 나타내는 데 두루 쓰입니다. 그리고 들뢰즈의 사상을 받아들이는 현대의 건축 사조에서도 다이어그램과 프로그램의 용어가 그 분야에 특화되어 사용되기도 합니다. 이렇게 도표장치(diagrammatisme)에 의해 정의되는 추상기계는 맑스적인 현실적 하부구조도 아니고 플라톤적인 초재적 이데아도 아닙니다. 추상기계는 잠재적이며 내재적입니다. 근원적이며 선도적입니다. 추상기계는 기존의 어떤 것을 표상하거나 재현하는 기능을 갖지 않으며, 오히려 도래할 실재, 새로운 유형의 현실을 건설하는 데 선도적 역할을 합니다. "모든 것은 탈주하고 모든 것은 창조합니다. 하지만 결코 혼자서가 아니라 추상기계와 더불어서"(천고 p273)입니다. "디아그람은 특질들, 첨점들만을 알 뿐입니다. 이것들은 질료적인 한에서는 내용과 관련되며 기능적인 한에서는 표현과 관련되지만 서로 연결되어 있고 교대되며 공통의 탈영토화 안에 뒤섞여 있습니다."(천고 pp273~274) 추상기계로서의 디아그람과 대비되는 "지층들의 프로그람은 서로 다른 지층 사이에, 그리고 각 지층 내부에 단절을 도입함으로써 강도의 연속체들을 부숩니다. 지층들은 탈주선의 접합접속을 방해하며, 탈영토화의 첨점들을 으스러뜨립니다."(천고 p274) 이는 마치 『안티 오이디푸스』에서 오이디푸스화하는 재현의 힘이 욕망적 생산을 으깨는 것을 연상시킵니다.

지금까지 배치의 운동과 변환에 있어 핵심이 되는 추상기계를 알아보았습니다. 배치의 발생 근거인 추상기계를 잘 이해한다면 배치의 구조와 운동, 그리고 그 변환을 이해하는 데 그리 큰 어려움은 없을 것입니다. 이제 배치의 존재론을 마치고 실천의 문제로 접어들 때가 된 것 같습니다. "현실성으로서의 배치를 바꿔 나가는 것은 잠재성으로서의 추상기계를 경과함으로써 가능합니다. 여기에서 들뢰즈의 잠재성의 존재론은 들뢰즈/가타리의 배치의 윤리학/정치학으로 전환됩니다."(하나 p154) 배치를 바꿔 나가는 것, 즉 배치의 변환은 현실적인 배치에서 출발해 잠재적인 추상기계를 거쳐, 즉 탈영토화의 과정을 거쳐 다시 새로운 현실적인 배치로 돌아오는 것, 즉 재영토화를 이루는 것을 말합니다. 플라톤의 경우 현실을 바꾸기 위해 최상위 심급의 영원한 이데아를 참조하고 다시 하위 심급으로 내려와야 하듯이, 들뢰즈/가타리의 경우에는 현실을 바꾸기 위해 심층의 유동적인 추상기계를 참조하고 다시 표층으로 올라와야 합니다(하나 p156 참조). 변환의 과정을 연구하는 데 있어서 "가장 핵심적인 것은 '탈영토화의 첨점들'을 잡아내는 일입니다."(하나 p158)

층화되어 고정되고 굳어진 배치 내에서 어느 순간 탈영토화의 첨점들이 각동을 시작하고 탈주선들이 탈주와 창조를 위해 뻗어나갑니다. 배치 속에 내재해 있던 추상기계를 구성하는 질료와 기능들이 어느 순간 탈영토화의 힘을 발휘하는 순간입니다. 이렇게 해서 배치가 변환되고 사회가 변화되어 간다는 것이 들뢰즈/가타리 사회사상의 요체입니다. 따라서 탈영토화의 첨점들, 즉 가장 강하게 탈영토화된 성분들을 포착하는 일이 가장 중요합니다. 이를 위해서 우리는 잠재적인 것들을 사유하고 이것들에 다가갈 수 있도록 노력해야 합니다. 이것은 문제를 맞닥뜨렸을 때 그에 대한 답을 찾는 과정이며, 철학적으로는 새로운 개념을 창조하는 과정이고, 예술적으로는 새로운 작품을 만들어 가는 과정입니다. 이를 더 구체적인 실천적, 윤리적 측면의 개념으로 바꾸어 말한다면 새로운 생성을 이루는 것이고 새로운 되기를 창조하는 것입니다. 들뢰즈는 자신의 존재론을 바탕으로 가타리와 함께 자신의 실천적 윤리학을 되기(devenir, 영어로 becoming)의 이론으로써 구체화합니다.

되기/생성

들뢰즈와 가타리의 사유는 생성존재론에 기반을 둡니다. 그들이 말하는 생성이 어떠한 것인지를 밝히는 것이 사유의 실천으로 가는 출발점입니다. "들뢰즈의 생성은 변이, 특히 연속적 변이(variation continue)입니다." 연속적 변이 또는 연속적 변주라는 개념은 그의 생성존재론을 압축적으로 대변하는 중요한 표현입니다. 잘 기억해 두기 바랍니다. 우리는 들뢰즈의 차이 자체가 '즉각적으로 그 자신과 다르게 된다는 사실'이라는 것을 배웠습니다. 이것이 연속적 변이이자 생성인 것입니다. "배치, 다양체, 추상기계가 변이합니다. 변이한다는 것은 다양체를 구성하고 있는 요소들이 탈영토화/재영토화를 겪는다는 것입니다."(분화 p135) 변이가 연속적인 것은 "표면적인 분절들이 무한히 누층적인 차이생성과 분화의 운동의 결과"(분화 p136)이기 때문입니다. 잠재적인 측면에서의 무한한 운동을 포함하고 있다는 의미에서 표면적 결과로서 나타나는 생성으로서의 변이도 연속적이라고 말할 수 있는 것입니다.

로장발롱과 프레트세이에 의하면 변이를 다음과 같이 설명할 수 있습니다. 변이는 어떤 것의 다른 어떤 것으로의 생성이 아니라, 무한의 무한한 과정입니다. 변이는 출발점도 도착점도 갖지 않습니다. 이미 거기에 존재하는 어떤 것, 즉 어떤 기체(基體)가 변이하는 것이 아니라 순수변이로부터 때때로 존속하는 어떤 것이 생겨납니다. 변이는 필연적인 방식으로 규정되지 않으며, 우발적이고 예측 불가능한 방식으로 변이한다는 것 이외의 다른 어떤 필연성에도 종속되지 않습니다. 필연적인 법칙이 없다는 것 외에는 자연의 어떠한 법칙도 필연적이지 않습니다. 변이는 단순히 공간 속에서 벌어지는 운동이 아니라 우선 즉자적 변화인데, 이 즉자적 변화는 자신에 앞서 주어지는 공간과 시간의 부재 속에서 사유되어야 합니다. 무한한 즉 자적 변화는 시간이나 공간 속에 놓인 유한한 사물의 변화와는 구별됩니 다. 변이 속도는 어떤 사물이 공간 속에서 이동하는 속도가 아니라, 사물 을 정의하는 변수들 및 그 변수들 사이의 관계가 즉자적으로 변형되는 속 도로 이해되어야 합니다. 순수변이의 가장 결정적이고 가장 심오한 측면은 그것이 무한 속도로 생겨난다는 데 있습니다(『들뢰즈와 가타리의 무한속도 I』 제롬 로장발롱/브누아 프레트세이, 2009, 한국어판: 성기현 옮김, 열린책들, 2012, pp74~97 참조) 이러한 설명은 지금까지 우리가 논의해 온 것들의 많은 부 분을 정리해 줍니다. 들뢰즈의 차이 자체가 즉자적인 내적 차이라는 것, 존 재의 운동, 즉 생성이라는 것이 현실에서 분절적으로 나타나는 불연속적 과정이 아니라 잠재적 순수사건에서 현실적 사건으로 분화되는 무한하고 연속적인 과정이라는 것, 그러한 생성은 필연적인 것이 아닌 우발적이고 예측 불가능한 것이며, 단지 생성한다는 사실만이 절대적 필연성을 갖는다 는 것, 생성의 속도는 현실적인 공간적 운동의 속도가 아니라 공간과 시간 의 차원이 배제된 즉자적인 변형의 속도로 이해되어야 하고 그 속도는 무 한 속도로 표현할 수 있다는 것 등입니다. 우발적 생성이야말로 유일한 절 대적 필연이며, 시작도 끝도 없는, 기원도 목적도 없는 무한한 연속적 변이 입니다. 흔히 하는 말로 모든 것은 변화하며, 변화한다는 사실만이 변하지 않는 유일한 사실입니다. 이것은 존재는 차이 발생, 즉 생성으로서만 언급 된다는 존재의 일의성의 다른 표현입니다. 또한 이것은 차이의 반복으로서 의 영원회귀만이 유일한 동일성이라는 것을 다시 한번 되새기게 합니다.

학 생 선생님, 공간과 시간의 차원이 배제된 무한 속도라는 것이 잘 이해가 안 되는데요.

선생님 위에 표현한 대로 무한 속도에서의 속도는 사물의 이동 속도가 아니라 변수들 간의 관계의 변화가 일어나는 속도로 봐야 합니다. 변화의 속도는 시간으로 측정될 수 있는 문제가 아닙니다. 그것은 정도를 나타낸다고 봐야 합니다. 순간적으로 일어나는 변화라 하더라도 그 정도는 엄청날 수 있습니다. 그것을 무한 속도로 표현한 것으로 이해하면 됩니다. 들뢰즈와 가타리는 속도와 운동을 구별합니다. "운동은 아무리 빨라도 그것만으로는 속도가 될 수 없으며, 속도는 아무리 늦어도, 설령 전혀 움직이지 않더라도 속도인 것입니다. 운동은 외연적이지만 속도는 내포적입니다."(천고 p732) 운동은 한 지점과 다른 지점 사이의 상대성을 가지는 반면, 속도는 소용돌이 운동과 같이 한 지점에서도 출현할 수 있는 절대성을 가진다고 보는 것이 들뢰즈/가타리의 생각입니다. 그들이 여러 곳에서 말하는 '빠름과 느림'은 운동의 양적 정도가 아니라 운동의 두 가지 질적 유형입니다(천고 p713 참조). 낙하운동은 중력가속도를 가진다고 해도 오히려 정지를 향해가는 느림을 가진다고 해야 할 것이며 한 장소에서의 강렬한 체험을 통한 정신적 여행과 같은 소용돌이 운동이 빠름을 가진다고 할 수 있습니다. 엄밀히 말해 속도는 변화의 속도이지 운동의 속도가 아닌 것입니다. 누군가 생각의 속도가 빛보다 빠를 수 있다고 했는데 이러한 경우가 들뢰즈/가타리의 속도의 적절한 예로 볼 수 있습니다. 그러므로 들뢰즈/가타리의 사유를 실천하는 사람들로 묘사되는 유목민에 대해서도 그들을 운동에 의해 규정하는 것은 잘못된 것입니다. 들뢰즈/가타리는 "유목민은 오히려 옮겨 다니지 않는다고 주장한 토인비가 근본적으로 옳다."(천고 p731)고 말하기도 합니다. 그리하여 유목민은 사막이나 스텝지역에만 있는 것이 아니라 도시 한가운데에서도 얼마든지 존재할 수 있습니다. 들뢰즈/가타리는 사유하는 것은 여행하는 것이라고 합니다. 그리고 피츠제럴드의 말을 빌려 제자리에서의 여행도 있다고 합니다. "제자리에서의 여행, 이것이 모든 강렬함들의 이름입니다."(천고 p921) 소용돌이 운동, 제자리에서의 여행, 도시의 유목민 등과 같은 표현에서 우리는 들뢰즈와 가타리가 의미하는 속도의 질적, 절대적 성질을 느낄 수 있습니다. 말달리며 옮겨 다니는 드넓은 초원에서뿐만 아니라 오히려 숨 막힐 듯 빽빽이 빌딩이 들어선 도시 한복판에서도 우리는 엄청난 속도의 생성을 이루어 낼 수 있습니다. 우리는 원하기만 하면 모두 유목민이 될 수 있습니다. 생각이 중요합니다. 어떻게 사유하느냐가 가장 중요합니다. 생각의 속도는 빛보다 빠를 수 있습니다. 사유의 역량은 우주도 품을 수 있습니다.

되기는 생성입니다. 생성은 이미 설명한대로 연속적 변이 혹은 연속적 변주이지 단절적인 변신이 아닙니다. 어떤 되기라도 실제로 다른 무엇이 된다는 의미는 아닙니다. "이 되기는 자기 자신 외에는 아무 것도 생산하지 않습니다."(천고 p452) 들뢰즈/가타리의 되기는 들뢰즈의 차이를 실현시키는 과정입니다. 이들 사상의 핵심 중의 핵심이기에 또 다시 반복해서 말합니다. 차이의 철학에서 존재는 즉각적으로 그 자신과 다르다고 한 말은 존재는 연속적 변이, 즉 끊임없는 생성/되기의 과정에 놓여 있다는 것을 이르는 것입니다. "되기는 혈통이나 계통에 의한 진화가 아닙니다." "되기는 역행적이며, 이 역행은 창조적입니다." 역행(involution) 또는 절화라 하는 것은 이질적인 것들 간에 나타나는 진화 형태로서 "자신의 고유한 선을 따라, 주어진 여러 항들 '사이에서', 할당 가능한 관계를 맺으면서 전개되는 하나의 블록을 형성하는 일을 가리킵니다." "되기는 리좀이지 결코 분류형 수

형도나 계통수가 아닙니다."(천고 pp453~454) 진화의 뜻을 가지는 évolution 과 구별하기 위해 들뢰즈/가타리는 involution이라는 단어를 도입합니다. involution에는 évolution과 반대되는 의미도 있지만 연루되고 뒤섞인다 는 의미도 있습니다. 의미상 역행보다는 이정우 선생이 사용하는 절화(折化)라는 단어로 번역하는 것이 적당할 것 같습니다. "절화는 혈통이나 혈연 을 통해서가 아니라 결연(結緣, alliance)을 통해서, 이질적인 개체군들 사이 에서의 횡단적 소통들을 통해서 성립합니다. 절화를 통해서 이질적인 것 들 사이에서 생성/되기의 운동이 가능해집니다."(하나 pp180~181) 여기에서 반복되는 '사이에서'라는 말이 중요합니다. 이질적인 것들 간에 하나의 항 에서 다른 항으로 건너뛰는 것이 되기가 아닙니다. 다른 것으로 되는 것이 아님은 물론이며, 다른 것을 모방하거나 흉내내는 것도 들뢰즈/가타리의 되기는 아닙니다. 되기는 사이에서 일어나는 미묘한 사건으로서 구체적인 되기의 유형에 따라 그 의미가 드러날 것입니다. 다양체가 있는 곳에는 반 드시 특이자, 가장자리, 탈영토화의 첨점 같은 예외적인 개체가 있기 마련 이며, 되기를 위해서는 반드시 그와 결연을 맺어야만 합니다(천고 pp462,463 참조). "일렬로 늘어선 가장자리들의 섬유는 탈주선 또는 탈영토화의 선을 구성합니다."(천고 p474) 동물-되기에서 특이자와의 결연이나 계약이 표현의 형식이라면, 무리에 의한 전염이나 감염은 내용의 형식입니다(천고 p469 참 조). "전염에 의한 전파는 유전에 의한 계통 관계와는 아무런 관계도 없습 니다." "전염이나 전염병은 예컨대 인간, 동물, 박테리아, 바이러스, 분자, 미 생물 등 완전히 이질적인 항들을 작동시킨다는 점에서 차이가 납니다."(천 고 p459) 결연을 통해 이루어지는 되기는 "유비도 상상도 아니며, 고른판 위 에서의 속도들과 변용태들의 조성입니다."(천고 p489) 탈층화, 탈주 혹은 탈주선 긋기, 탈영토화 혹은 탈영토화의 선 긋기, 강도의 세계로의 진입(하나 p186 참조), 새로운 배치의 창조, 이 모든 것은 하나의 사건으로서의 이것임-되기와 같은 의미를 가집니다(하나 pp206~208 참조). 정리하면 들뢰즈/가타리의 되기는 다른 것으로의 변신이 아니라 자신의 차이, 자신의 잠재적 역량의 실현으로서의 변이라는 것이고, 유전적이고 계통적인 진화가 아니라 이질적인 것들 사이의 결연에 의한 절화라는 것입니다.

들뢰즈와 가타리는 개체화에는 두 가지 양태가 있음을 지적합니다. 들뢰즈의 철학을 정의할 때 이미 언급했던 것입니다. 하나는 현실적 개체로서 인칭, 주체, 사물, 또는 실체의 양태입니다. 다른 하나는 강도적 개체라고 할 수 있는 것으로서 '이것임'이라는 이름을 가집니다. 어느 여름, 어느 날짜, 어떤 삶, 열의 정도, 색의 강도 등은 "사물이나 주체가 갖는 개체성과는 다르지만 나름대로 완전한, 무엇 하나 결핍된 것 없는 개체성을 갖고 있습니다. 이것들이 '이것임'들입니다."(천고 p494) "하나의 정도, 하나의 강도는 다른 정도들, 다른 강도들과 합성되어 또 다른 개체를 형성하는 하나의 개체, 즉 '이것임'입니다."(천고 p481) "열의 정도, 흰색의 강도는 완벽한 개체성입니다. 열의 정도가 다른 정도와 합성되어 새로운 개체를 형성하는 경우도 있습니다." "열의 정도가 흰색의 강도와 합성될 수도 있습니다. 뜨거운 여름의 흰 대기처럼."(천고 p495) '이것임'은 불어 heccéité를 번역한 말인데 하나의 몸체, 하나의 사건으로 이해할 수 있습니다. 영어로는 haecceity입니다. 고른판 위에서 '이것임'으로서의 하나의 몸체는 오직 변용태들과 국지적 운동들, 그리고 차이를 생산하는 속도들로만 규정됩니다(천고 p493 참조). 고른판 위에서의 하나의 몸체는 강도적 몸체를 이르는 것입니다. 하나의 몸체는 속도와 변용태들로 규정되며, 앞서 말한 것처럼 되기는 고른판 위에서의 속도들과 변용태들의 조성입니다. 여기서의 속도가 앞서 설명한 연속적 변이로서의 속도임은 물론입니다. 앞에서 설명했듯이 변용태라는 것은 몸체를 종이나 유로서 나눌 때의 특성인 기관이나 기능과 구별해야 합니다. 들뢰즈/가타리는 변용태의 연구를 행태학이라고 부르며 여러 가지 사례를 제시하고 있습니다(천고 p487 참조). 경주마와 짐말의 차이는 짐말과 소의 차이보다 큽니다. 유와 종의 측면에서 보자면 이렇게 말할 수 없습니다. 행태적 측면에서 볼 때만 이렇게 말할 수 있습니다.

여민철 짐의 운반이라는 행태적 측면에서 볼 때 그렇겠군요. 말과 말이 아니라 말과 소가 더 가까울 수 있다니! 역시 보는 관점이 중요하다는 것을 다시 한번 느낍니다.

선생님 그렇습니다. 되기의 정의나 개체화의 양태에서 볼 수 있듯이 하나의 몸체를 규정하고 몸체들을 분류하고 나누는 데는 여러 가지 관점이 있을 수 있습니다. 우리는 세계를 다양한 관점에서 볼 수 있어야 세계에 대한 이해를 더욱 높일 수 있습니다. 경주마와 짐말의 행태적 차이는 짐말과 소의 행태적 차이보다 더 크다고 볼 수 있습니다. 들뢰즈/가타리의 진드기 예에서 볼 수 있듯이 빛에 이끌려 나뭇가지 위로 오르고, 다른 동물의 냄새를 맡으면 그 동물이 가지 밑을 지날 때 자신을 떨어뜨리고, 가능한 한 털이 적게 난 곳을 골라 피부 밑으로 파고드는 것, 이 세 가지 변용태가 진드기를 규정합니다. 다시 한번 강조하건대 되기라는 것은 모방도 흉내도 다른 기관과 기능을 가지는 유기체로의 건너뜀도 아닌, 이질적인 개체 사이에서의 속도들과 변용태들의 새로운 조성이며, 하나의 몸체로서 혹은 하나의 사건으로서의 '이것임'을 만들어 내는 일입니다. 되기란 하나의 사건이 되는 것입니다. 우리에게는 낯선 개체화인 '이것임' 되기입니다. "우리는 매

순간 다른 정도들이 마주치는 사건들의 장인 것입니다. 초월적인 판이 주체를 고정시킨다면 '이것임'은 고른판 위를 흘러 다니는 강도들입니다."(『리좀 나의 삶 나의 글』 김해완, 북드라망, 2013, pp254~255) "나는 항상 어느 순간의 '이것임'입니다."(앞의 책 p261) 들뢰즈와 가타리도 우리에게 말합니다. "당신이 '이것임'의 존재를 인정하게 되면, 당신은 자신이 '이것임'이고 그 이외의 어떤 것도 아니라는 것을 알아채게 될 것"이라고. 또 "당신들은 형식을 부여받지 않은 입자들 간의 빠름과 느림의 집합이며, 주체화되지 않은 변용태들의 집합"이라고(천고 p497). 잠재성의 철학을 논하면서 나의 정체성과 자아의 의미를 잠재적인 것들과 관련하여 사유했던 것을 떠올려 보기 바랍니다.

되기라는 개념은 들뢰즈와 가타리가 그들 사상의 실천적, 윤리적 측면을 전개하기 위해 도입한 것입니다. 따라서 되기의 개념에는 주체적인 능동성이 함축되는 것이 불가피합니다. 이정우 선생의 설명을 들어 봅시다. "들뢰즈/가타리의 동물-되기론은 층화의 세 방식들 중 하나인 유기화로부터 탈기관체로 나아가는 과정에 다름 아니다. 동물-되기론에서 반드시 구별해야 할 것은 능동성과 수동성이다. 다양체로서의 모든 동물들은 다른 동물들과 식물들, 광물들 등과 관련 하에서 생성/되기를 겪는다는 점에서 자연의 거대한 흐름에 대해 수동적일 수밖에 없다. 그러나 고등 동물일수록 환경에 의해 선택 당하기만 하기보다 스스로 환경을 개척해 나간다. 인간은 한편으로 절화의 와중에 있지만, 다른 한편으로 의식적, 주체적으로 되기를 실행하기도 한다. 이 점을 분명히 할 때 생성의 존재론은 그 고유의 윤리학으로 나아갈 수 있다."(하나 pp193,194) 이러한 점은 다른 모든 되기에서도 동일함은 물론입니다. 실천철학을 논함에 있어 능동성을 어떻게 배제할 수 있겠습니까? 들뢰즈를 위시한 탈근대 철학자들이 주체의 죽음을 주장하고 있다고 비판하는 자들은 그들을 오해하고 있는 것입니다. 들뢰즈/가타리의 되기는 한 마디로 탈주입니다. 뒤에서 더 자세히 설명할 것이지만 미리 윤리적, 정치적 맥락에서의 탈주의 의미를 지적해 본다면, 탈주는 다수적 용법, 표준, 규범 등에 대한 거부여야 할 뿐 아니라 대안의 창조로 연결되어야 합니다. 탈주는 긍정적이고 창조적이어야 합니다. 새로운 용법, 새로운 삶의 방식의 창조, 새로운 배치의 창조가 되기/생성의 윤리학의 핵심입니다(진화 pp390~391 참조).

"모든 되기/생성은 이미 분자적입니다."(천고 p517) 우리는 앞에서 배치를 논의하면서 분자적이라는 말을 공부한 바 있습니다. 분자적이라는 말은 굳지 않은 유연하고 유동적인 이미지를 나타냅니다. 분자적인 것은 몰적인 것과는 달리 조직화·유기체화·구조화·형식화되지 않은 것들, 리좀 상태에 있는 것들을 말합니다. 분자적이라는 말은 양자들로 이루어진 흐름들을 좌표로 하는 미시적 관점을 지시하는 용어입니다. "우리가 생성하는 동물이나 꽃이나 돌은 분자적 다양체이며 '이것임'이지, 몰적인 형태, 대상, 또는 주체들이 아닙니다."(천고 p522) '이미' 분자적이라 함은 분자적 흐름들이 선차적으로 절편화 작용을 한 결과 몰적 절편이 형성되기 때문입니다. 늘 흐름이 있고, 누수가 있고, 탈주가 있습니다. "탈주선이 존재론적으로 일차적입니다. 거기에 분절선이 도입되고, 영토화와 코드화가 작동함으로써 비로소 몰적인 것이 형성되는 것입니다."(하나 p169) 따라서 모든 생성은 '이미' 분자적이고 모든 되기는 분자-되기입니다. 분자-되기란 형식들, 주체들, 기관들, 기능들에서 "입자들을, 즉 분자적 흐름들을 추출하는 일"(천고 p517)입니다. 특이성들과 강도들을 추출하는 일입니다. 이러한 과정은 모두

"욕망의 과정"(천고 p517)이라고 할 수 있습니다. 『안티 오이디푸스』에서 들뢰즈와 가타리는 모든 것은 기계라고 했습니다. 되기/생성은 만남에서 이루어지고 모든 만남은 기계들의 만남입니다. 기계들 자체가 하나의 욕망적 흐름이고 기계들의 절속, 즉 절단과 접속으로 새로운 흐름들이 생산됩니다. 되기가 분자적이라는 말은 되기는 욕망적 흐름을 생산한다는 말과 같습니다. 생산적인 무의식적 욕망을 원천으로 하는 욕망적 기계들의 절속에 의한 흐름의 생산이 분자적 되기의 과정입니다.

되기의 윤리학과 정치학을 간략하게 정리하고 다음 논의로 넘어갑시다. 되기는 윤리적-정치적 문제일 수밖에 없습니다. "동일성의 체계로 구성된 차이들의 구조가 존속된다는 것은 기존 권력에 순응한다는 것을 뜻합니다."(하나 p215) 따라서 동일성의 체계로부터의 탈주와 탈영토화를 의미하는 능동적이고 창조적인 되기/생성은 권력과의 관계를 떠나서는 논의될 수 없습니다. 여기서의 권력이 국가 차원의 권력만 의미하는 것이 아님은 물론입니다. 우리를 충화로 몰고 가는 무한한 층위의 기표화와 주체화가 지배와 순응의 관계, 즉 권력의 작용임을 우리는 이미 알고 있습니다. 들뢰즈/가타리는 기표화를 설명하면서 이러한 권력관계가 국가뿐만 아니라 현대의 정당, 문학운동, 정신분석 협회, 가족, 부부 등 종속적이고 수목형이고 위계적이고 중심화된 모든 집단에서도 작용하고 있음을 보여 준 바 있습니다. 권력은 푸코가 말했듯이 지식과 관련하여 도처에 산재해 있으며, 우리는 이에 대하여 항상 순응할 것이냐 저항할 것이냐 하는 선택을 강요받으며 삶을 영위할 수밖에 없습니다. 정치와 윤리는 따로 떼어 생각할 수 없습니다. "윤리학은 정치학의 기초이고 정치학은 윤리학의 구체화"(하나 p219)라고 할 수 있습니다. 여기에서의 정치학은 사회과학의 한 분과로서의 정치학이 아니라 실천철학으로서의 윤리학에 토대를 둔 포괄적 학문을 뜻합니다. 정치학은 권력관계에 대한 학문입니다. 앞서 현대사회의 권력관계에 대한 규정에서 보았듯이 현대사회의 다양한 차원에서의 배치에서 정치가 논의되어야 합니다. 배치의 정치학은 힘의 관계, 욕망의 관계, 권력관계가 형성되는 모든 생성/되기, 즉 새로운 배치가 성립하는 모든 분야에 적용됩니다. 이것이 들뢰즈/가타리의 미시정치입니다. 그 중에서도 우리는 여성-되기와 소수자-되기를 중점으로 하여 되기의 윤리학과 정치학을 더 논의하기로 하겠습니다. 이 두 가지에 관한 논의의 결과가 우리의 실천론의 결론이 될 것입니다.

되기는 자기 자신 외에는 아무 것도 생산하지 않는다고 했습니다. 여성-되기에서 "문제는 여성의 모습을 모방하거나 띠는 것이 아니라 운동과 정지의 관계로 또는 미시-여성성의 인접지대로 들어가는 입자들을 방출하는 것, 말하자면 우리 자신 안에서 분자적인 여성을 생산하고 분자적인 여성을 창조하는 것입니다."(천고 pp522~523) 남성의 여성-되기는 있어도 여성의 남성-되기는 없습니다. 왜냐하면 "모든 되기는 뒤에서 보듯이 소수자-되기이기 때문"입니다(천고 p550). "여성도 여성-되기를 해야 합니다."(천고 p551) 이는 몰적 여성도 여성-되기를 해야 한다는 뜻입니다. 즉 "몰적 여성 자신들도 자신의 동일성을 극복해야 한다는 뜻입니다."(하나 p217)

들뢰즈와 가타리는 이러한 분자적 여성-되기의 논의를 바탕으로 분자적 여성정치학을 착상할 것을 제안합니다. "여성들이 자신들 고유의 신체, 역사, 주체성을 쟁취하기 위하여 몰적 정치를 이끌어 가는 것은 필수불가결합니다. 그러나 이러한 주체에만 만족하는 것은 위험합니다. 이러한 주체는 원천을 고갈시키거나 흐름을 끊지 않고는 기능하지 못하기 때문입니다."

"따라서 몰적 적대 속으로 미끄러져 들어가 그 아래로 또는 그것을 가로질러 관통하는 분자적 여성의 정치학을 시도해야 합니다."(천고 p523) 들뢰즈/가타리는 사실상 남자 여자의 이항관계를 깨뜨리고 무한한 수의 성을 상정하고 있다고 볼 수 있습니다. 앞서 설명한 비인간적 성이 그것입니다. 소수자로서의 여성-되기를 중심으로 여성의 남성-되기는 없다고 했으나 소수자적 성격을 가지는 남성도 헤아릴 수 없이 많습니다. 이런 측면에서는 여성의 남성-되기도 얼마든지 가능하다고 생각합니다. 여성의 소수자적 남성-되기? 사람의 성적 측면에서의 미세한 감각이나 입자라고 할 수 있는 특징은 사람의 수만큼 아니 그보다 더 많을 수도 있습니다. 몰적 남성과 몰적 여성으로 재단하여 사람의 성의 정체성을 고정시키려 하는 시도는 너무나도 폭력적인 처사라 하지 않을 수 없습니다. 동성애의 문제도 이러한 차원에서 생각해 봐야 할 것입니다. 여성운동도 여성이라는 하나의 성을 기준으로 할 것이 아니라 전체 사람의 측면에서 다시 사유할 것을 들뢰즈/가타리는 제안하고 있는 것입니다. 모든 여성이 여성이라는 하나의 성만을 가지는 것이 아닙니다.

소수자-되기

되기는 새로운 몸체의 생성입니다. '이것임'의 생성이고, 변용태 또는 정동의 생성, 하나의 사건의 생성입니다. "주체화되지 않은 역량들이나 변용태들의 합성에 따라 '이것임'들이 형성"됩니다(천고 p505). 모든 되기는 분자적이고, 소수자적입니다. 이제 소수자-되기를 알아볼 차례입니다.

　우리는 먼저 들뢰즈와 가타리가 말하는 소수자의 의미를 정확히 알아야 합니다. 소수자의 의미는 이정우 선생이 잘 설명해 주고 있습니다. "들뢰즈/가타리에게 소수자와 다수자는 어떤 집합체에 붙는 양적 술어가 아니라 어떤 다양체에 붙는 질적 술어다. 따라서 소수자가 다수자보다 수적이나 양적으로 소수인 것은 아니다. 핵심적인 것은 소수자는 반드시 소수자-되기를 지향하지만 다수자는 다수자-이기를 지향한다는 사실이다. 소수자-이기는 단지 다수자-이기의 대립항일 뿐이다. 소수자가 어떤 윤리적, 정치적 의미를 담지하는 것은 곧 그것이 소수자-되기일 때뿐이다. 그것은 순응의 길을 박차고 새로운 길을 찾아 나서'고 있는' 소수자이다. 소수자들은 반드시 고착화의 길을 벗어나 연속적 변이, 연속적 변주를 실천해 감으로써만 소수자-되기로서 존재할 수 있다."(하나 p226) "생성들은 소수자적이며, 모든 생성/되기는 소수자-되기입니다."(천고 p550) "다수자-되기란 없습니다. 다수자는 결코 생성이 아닙니다. 생성에는 오직 소수자-되기만이 있습니다."(천고 p204) 생성이나 과정으로서의 '소수자'와 집합이나 상태로서의 '소수성' 또는 소수자-이기를 혼동해서는 안 됩니다. 소수성은 다수성과의 관계에 따라서 규정될 뿐이며 능동적인 의미는 갖지 못합니다. 소수성은 또 하나의 몰적 단위를 형성할 뿐입니다. 상태로서의 소수성 위에서 우리는 재영토화되거나 재영토화되게 하지만 생성으로서의 소수자가 될 때 우리는 탈영토화됩니다(천고 p551 참조). 따라서 자본주의사회체에서 다수성이 자본주의 공리계에 상응한다면, 소수자는 자본주의에 내재하지만 자본에 의해 아직 포획되지 않은, 내재적 외부에 조응합니다(분화 p65 참조). "단지 힘없고 배제되었다고 해서 다 같은 소수자는 아닙니다." 진정한 "소수자는 차이의 역량을 적극적으로 의지하고 긍정하는 자입니다." "소수자이면서도 실제로는 다수자-이기에 참여하고 있는 사회적 타자는 그 자체로 이미 다수자의 범주에 포섭된 것입니다." 가령 생물학적 여성이라고 해서 혹은 유색인종이라고 해서 모두 소수자인 것은 아닙니다. "그래서 들뢰즈/가타리는 흑인도 흑인-되기를, 여성도 여성-되기를 해야 한다고 하는 것입니다. 자본주의 공리계에 포획되어 차이의 역량을 빼앗긴 노동자, 여성, 아이, 유색인 등은 소수자가 될 수 없습니다."(분화 p66) 우리는 존재로 머무를 수 없습니다. 끊임없이 생성되고 또 되어야 합니다. 생성은 소수자-되기입니다. 소수성으로서의 흑인들, 여성들, 유대인들조차 소수자로서의 흑인, 여성, 유대인이 되어야 합니다(천고 p551 참조).

들뢰즈와 가타리는 자주 문학을 예로 들어 소수자-되기를 설명합니다. "소수자적인 문학이란 소수성을 가진 언어로 된 문학이라기보다는 다수적인 언어 안에서 만들어진 소수자의 문학입니다."(카프카 p43) 소수자 문학은 소수어에 의한 창작으로 소수어를 다수어로 만드는 것이 아니라 다수어 속에서 새로운 문학을 창조함으로써 언어생활을 더욱 풍부하게 만드는 것입니다. "'다수'와 '소수'는 두 개의 언어가 아니라 언어의 두 가지 사용 또는 두 가지 기능을 규정하는 방식입니다."(천고 p200) "독일어로 글을 썼던 체코의 유대인 카프카는 독일어를 소수어로 창조했습니다."(천고 p201) 문학의 예에서처럼 '소수자-되기로서의 탈주'의 의미를 잘 이해해야 합니다. 들뢰즈/가타리의 탈주의 의미는 세상에서, 다수의 지배에서 단순히 도망가는 데 있는 것도 아니고 다수에 대립하는 소수로서 존재하는 것도 아닙니다. 탈주는 세상'에서' 도망가는 것이 아니라 세상'을' 달아나게 만드는 것입니다. 관에 구멍을 내듯이 다수의 지배에 충격을 가하고 그것에 균열을 내어 새로운 생성을 이루어 내는 것입니다(천고 p389 참조). 다수성과 소수성은 권력(pouvoir)에 의해 정의되며, 소수자는 탈주와 변이의 역량(puissance)에 의해 정의됩니다(천고 p196 참조).

"소수자-되기는 곧 소수자운동의 윤리학입니다." "모든 소수자운동, 모든 소수자 정치학은 소수자 윤리학, 즉 되기의 윤리학과 더 근본적으로는 생성의 존재론이라는 철학적 기반 위에서만 그 정당성을 확보할 수 있습니다."(하나 p222) 그렇다면 진정으로 윤리적 존재가 된다는 것은 무엇일까요? 이에 대해 이정우 선생은 다음과 같이 말합니다. "그것은 타자를 배려하는 것이 아니라 내가 타자가 '되려는' 노력을 함축한다. 내가 다른 존재가 되려는, 내 몸 자체가, 내 행위와 기분, 감정 모두가 타자가 되려는 노력이 없이는 진정한 윤리는 불가능하다. 동일자들은 타자들을 배려하는 척하지만 속으로는 그들과 자신들의 차이를 지키려 안간힘을 쓴다. 그 차이가 존속되어야만, 즉 그 차이가 실체화되고 고착화되어야만 자신의 동일성도 유지되기 때문이다. 이들이 이야기하는 윤리나 도덕은 위선일 뿐이다. 자기 자신을 변화시키는 것이 윤리의 근본이다. 자신의 '존재' 자체를 타자화하려는 노력이 윤리의 근본이다. 타자-되기의 윤리학과 그 구체화로서의 소수자 정치학이 진보의 새로운 조건이다."(『진보의 새로운 조건들』 이정우, 인간사랑, 2012, pp190~191,195) 이 언표는 우리의 윤리적 지향점을 잘 제시해 줄 뿐만 아니라 어느 시대에서나 그 시대의 지배층 혹은 기득권자들이 어떻게 타자들을 바라보는지 꿰뚫어 볼 수 있는 통찰력을 우리에게 선사합니다.

소수자-되기의 윤리학을 토대로 정치적 행동에 대한 하나의 기준을 세울 수 있습니다. 앞에서 모든 정치학에 작동하는 추상적 기준으로서 초재에 대한 내재성의 우위가 제시된 바 있는데 지금의 기준은 구체적 행동에 대한 판단을 위한 것입니다. 그 기준은 다수자에 대한 소수자의 우위입니다. 들뢰즈/가타리는 문학작품의 분석에서 언어의 다수자적 용법과 소수자적 용법을 구분하는데 이러한 차이를 삶의 용법이나 방식이라는 보다더 거대한 구도에 투사할 수 있습니다. 다수자적 방식은 지배적 표준을 반복합니다. 이에 상응하는 관계로서의 소수적 방식은 종속된 표준을 반복합니다. 여기서 우리는 앞에서 강조한 소수자와 소수성의 구분에 주의해야 합니다. 소수적 방식은 여전히 몰적 방식으로 표준을 유지하고 있습니다. 그것은 지배적 표준에 대응하는 종속적인 하위체계일 뿐입니다. 어떠한 표준도 설정하지 않으며 단지 연속적인 변주만을 추구하는 분자적인 소수자적 방식을 소수적 방식과 혼동하면 안 됩니다. "단지 소수자적 용법만이 생성이고 그것만이 유일한 생성입니다."(진화 p390) 소수적이라는 것과 소수자적이라는 것을 정확히 구분해서 사용합시다. 소수자-되기는 소수자적 용법과 방식으로 삶을 살아가는 것입니다. 소수자정치, 소수자-되기의 정치는 다수자 혹은 다수파 되기가 아닙니다. 다수자의 지배를 무너뜨리고 그 자리를 대신 차지하는 것이 아닙니다. 모든 소수자정치의 궁극적 목표는 소수자적인 연속적 변이를 가져올 수 있는 정치의 실현입니다. 나는 이것이 바로 정치학 교과서에 나오는 실질적 민주화의 구체적 기준이 되어야 한다고 생각합니다. 실질적 민주화는 사회구성원 모두의 자유와 평등의 실현, 평등한 자유의 실현입니다. 어제 언급한 에갈리베르떼(égaliberté)의 구현이 그것입니다. 평등한 자유의 실현으로 구성원 모두가 주인이 되는 것은 각자가 능동적으로 소수자윤리를 실천함으로써 탈주, 즉 창조적 생성이 이루어지는 소수자정치가 구현될 때 가능해질 것입니다.

소수자-되기를 핵심으로 하는 소수자정치를 정리해 봅시다. 소수자는 소수성, 소수파와 구별되지만 다수자는 항상 다수파를 형성하고 다수성을 지향합니다. 즉 소수자는 몰적 절편으로서의 소수파와 다르지만, 다수자는 항상 다수자-이기를 지향하는 몰적 절편으로서의 다수파와 동일합니다. 소수자는 분자적, 리좀형 다양체이고 다수파와 소수파는 몰적, 나무형 다양체입니다(천고 p72 참조). 들뢰즈/가타리가 목표로 하는 윤리적, 정치적 실천은 소수자-되기 = 탈영토화하기 = 탈주하기(천고 p389 참조) = 분자-되기 = 견고한 몰적 동일성 혹은 절편성 파열하기 = 다수자의 체제에 균열내기, 기존 체제에 저항하기 = 자유와 평등의 확대입니다.

실천의 문제는 존재하는 것에 대한 인식에서 출발해 인간이 추구하는 바를 이루어 가는 것입니다. 존재하는 것에 대한 인식으로 세계관이 형성됩니다. 정직하고 양심적인 사람이라면 그는 세계관을 바탕으로 윤리와 정치를 실행합니다. 실천을 논함에 있어 인식과 실천이 일치하지 않는 비양심적인 경우는 논외로 합니다. 실천은 들뢰즈/가타리 사유의 버전으로 말한다면 의미 있고 가치 있는 생성/되기를 추구하는 것입니다. 실천에 있어 인간은 중요합니다. 앞서 비인간주의로 표현했듯이 존재의 분석에 있어서는 인간은 자연과 구별되지 않지만, 실천적 측면에 있어서는 차이를 인정할 수밖에 없습니다. 인간이 의미를 해석하고 가치를 평가할 수 있는 유일한 존재이기 때문이죠. 결국 인간의 실천은 해석하고 평가하면서 그것을 바탕으로 새로운 생성을 이루어 가는 것입니다. 해석과 평가의 과정에서 우리는 다음과 같은 문제들을 항상 염두에 두면서 실천에 임해야 합니다. 의미 있는, 그리고 가치 있는 생성/되기는 무엇인가? 어떤 리좀을 만들어 갈 것인가? 공허하고, 암적인 것이 아닌 충만한 몸체, 충만한 탈기관체로 가는 것이 중요합니다. 어떻게 배치를 바꾸어 갈 것인가, 나아가 어떻게 새로운 배치를 창조해 낼 것인가? 핵심적인 문제는 '어디에서 그리고 어떤 속도로인가?'하는 것입니다. "배치는 욕망의 편성"이라고 했습니다(천고 p767). 이 모든 것이 욕망의 과정입니다. 관건은 참된 욕망의 정립입니다.

참된 욕망의 정립/혁명

참된 욕망의 정립을 위해서 우리는 끊임없이 욕망의 배치를 변환시키고 새로이 창조해야 합니다. 이진경 선생에 의하면 이는 "우리의 삶을 인과적으로 제약하고 규정하는 조건들을 전복하거나 변환시키는 것입니다. 그것은 새로운 삶의 조건을 만드는 자유로운 행동들의 집합입니다."(『미-래의 맑스주의』 이진경, 그린비, 2006, 이하 '미맑'으로 약칭, p45) 우리 사회의 근본적 제약조건이라 할 수 있는 자본의 지배를 벗어나고자 한다면, 자본의 권력을 전복시키고자 한다면, 이미 우리 자신의 욕망이 되어버린 그 자본의 욕망에서 벗어나야 합니다. 자본의 욕망을 우리 자신의 욕망으로 만드는 배치들을 변환시켜야 하는 것입니다(미맑 p69 참조). 자본의 욕망, 자본주의 하의 순응적 욕망은 정신분석적 용어로 표현한다면 오이디푸스가 내면화한 표준적 주체의 욕망, 억압적인 상징계적 장치에 대한 반응적 힘으로서의 욕망이라고 할 수 있습니다(들철 p219 참조). 사회체는 끊임없이 결핍된 욕망을 유발함으로써 체제에 순응하도록 가치를 왜곡합니다. "욕망이 결핍과 용접되면, 바로 이것이 욕망에 집단적·개인적 목표들 내지 의도들을 주며, 그 대신에 목표와 의도를 잃고 분자적 현상으로 처신하는, 욕망적 생산의 실재적 질서 속에서 파악된 참된 욕망은 사라집니다."(안오 p567) 특히 자본주의사회는 정신분석과 공모하여 삶의 목표를 왜곡된 방향으로 유도합니다. 국가가 요구하는 경제성장, 조직이 요구하는 목표 달성, 부모가 요구하는 장래 직업 같은 것들이 우리의 정신에 내면화되고 삶을 왜곡된 방향으로 이끕니다. 참된 욕망의 회복의 길은 이러한 왜곡에 의한 다수자로서의 자본의 지배에 순응하지 않는 소수자적 삶을 지향하는 것입니다.

요컨대, 이 시대에 참된 욕망의 정립을 위해서는 자본주의의 화폐적 욕망의 전복, 즉 물신숭배의 타파가 열쇠라고 할 수 있습니다. 이것을 할 수 있는 것은 자유로운 행동들의 모임입니다. 자신의 참다운 욕망을 정립하여 자신의 힘의 의지로서의 역량을 마음껏 발산할 수 있으려면 진정한 자유가 전제되어야 합니다. 앞에서 존재의 일의성과 관련하여 자유민주주의를 간략히 언급한 바 있습니다. 우리의 결론은 평등한 자유, 에갈리베르떼(égaliberté)였습니다. 모든 개별자들이 평등한 자유를 누리면 그들이 모두 주인인 것이고 이것이 실현된다면 그 사회는 자유민주주의사회라 할 수 있습니다. 이러한 사회적 토대가 구축된다면 그 사회의 구성원들은 자신의 인생을 스스로 개척해 갈 수 있을 것이며 그 길이 곧 자신의 참다운 욕망을 정립할 수 있는 가능성을 열어 줄 것입니다.

이상과 같이 참된 욕망을 정립하는 길은 평등한 자유의 실현을 위하여 욕망의 배치를 부단히 변화시키고 새로운 배치를 창조하는 것입니다. 정도의 차이는 있더라도 이는 모두가 우리 삶의 해방이며 하나의 혁명이라고 할 수 있습니다. 들뢰즈와 가타리는 욕망에서 혁명을 발견합니다. 욕망의 해방이 혁명입니다. 참된 욕망의 정립이 곧 욕망의 해방이자 혁명입니다. "어떤 사회도 참된 욕망의 정립이 허용되면 그 사회의 착취, 예속 및 위계구조들은 반드시 위태로워집니다."(안오 p208) 라캉의 용어를 빌려 표현하자면 "참된 욕망의 정립은 상징계적 매개를 거치지 않은, 실재와 욕망의 직접적 연결을 뜻합니다."(들철 p203) 그러므로 애초에 욕망은 법이나 규율로 대표되는 상징계에 대하여 혁명적인 것입니다. 참된 욕망의 조건이 갖춰지면 생산으로서의 욕망이라는, 욕망하는 기계의 본성에 위배되는 상징적 구조로서의 모든 권력장치들은 필연적으로 붕괴될 수밖에 없습니다. 실재계는 언어로 표상되기 이전 또는 이후의 잔여나 잉여의 세계를 말하는 것으로 들뢰즈의 잠재적 세계로 이해할 수 있습니다. 상징계는 언어로 대변되는 구조적 질서로서 현실적 세계와 연결됩니다(이후 p137 참조). 결국 참된 욕망이라는 것은 기존의 사회구조와 문명사회가 강요하는 바를 거부하고 언어로 또는 다른 상징으로 표현할 수 없는 잉여로서의 자신의 잠재적 역량을 찾고자 하는 의지라 할 수 있습니다.

가타리에 의하면 혁명이란 모든 소외관계를 끝장내는 것과 관련됩니다(『분자혁명(La Révolution Moléculaire)』펠릭스 가타리, 1977, 한국어판: 윤수종 옮김, 푸른숲, 1998, 이하 '분혁'으로 약칭, p201 참조). 혁명은 자기 자신의 삶을 스스로 개척하고, 자신과 다른 신체나 사물들과의 관계를 지배종속관계가 아닌 수평적인 관계로 회복해 가는 과정이라고 할 수 있습니다. 이를 위한 핵심적 실천 방안이 소수자-되기, 소수자정치를 통한 실질적 자유민주주의의 확립입니다. 소수자-되기는 무한한 연속적 변이, 생산 역량의 끊임없는 창조적 운동을 유발하는 절대적 탈영토화와 같은 말입니다. 다만 이 과정에서 매 경우 매 순간마다 파시즘과 같은 암적인 몸체나 소멸의 판으로 퇴행하지 않기 위한 성찰과 신중함의 기예가 요구될 뿐입니다(천고 pp307,512 참조). 결국 우리가 말하는 혁명이란 소수자-되기라는 분자적인 영구 혁명입니다. 몰적인 국가권력 장악이라는 일회성의 대체권력으로의 교체가 아니라 권력의 새로운 작동 방식을 창출하는 것이 우리의 목표가 되어야 합니다. 권력의 새로운 작동 방식이라 함은 각 주체의 역량들의 새로운 관계 설정을 의미하는 것입니다. 이는 실질적 자유민주주의를 확립하여 도처에 편재하는 권력에 대한 민주적 통제 체제를 구축함으로써 참된 욕망의 정립을 가능하게 하는 것, 각자의 역량을 증대시키고 또한 주어진 역량의 실현을 극대화하는 것입니다. 이것이 어제 잠깐 언급한 니체의 초인이 되는 길입니다. 욕망을 억압하는 사회적 조건과 형식에 구애받지 않는 자가 초인입니다. 욕망의 순응성을 극복한 자가 초인입니다. 참된 욕망을 정립한 자라면 그가 초인인 것입니다.

들뢰즈와 가타리의 실천론을 총정리하는 차원에서 나는 여러분에게 이렇게 말하고 싶습니다. 확립된 세계관을 가지고 새로운 세계를 건설하기 위해 부단히 노력합시다. 우리가 들뢰즈/가타리의 철학과 사상을 받아들인다면 이는 곧 존재의 일의성을 토대로 신중하게 내재성의 평면을 최대한으로 건설해 나가는 일이 될 것입니다. 이것은 모든 존재의 가치를 인정하고, 신, 국가, 근대적 주체 같은 모든 초재와 그러한 초재를 발생시키는 모든 중심주의적 사고를 거부하는 것입니다. 이것이 바로 다수자의 용법을 거부하고 소수자의 용법을 창조해 나가는 되기의 윤리학, 소수자정치입니다. 시작도 끝도 의식하지 말고, 기원도 목적도 미리 정해 놓지 말고, 자연과 사물과 인간을 포함한 무한한 수준과 차원에서, 이 세계 이 사회의 구성원으로서 서로가 서로에게 영향을 주고받으며 우리의 삶을 신중히 개척해 나갑시다. 우리 모두 틀에 박힌 딱딱한 나무로 머물지 말고 유연하고 창조적인 리좀이 됩시다. 우리의 생을 헐벗고 단조로운 반복이 아닌 풍요로운 반복으로서 가꾸어 나갑시다. 충만한 생성으로의 탈영토화의 선, 탈주의 선을 그어 나갑시다. 우리의 삶과 이 세계를 더욱 가치 있는 것으로 만들기 위한 소수자-되기를 부단히 실천해 갑시다.

이런 나의 제안은 정치 이념적인 용어로 바꿔 표현한다면 실질적 자유민주주의를 확립하자는 것입니다. 실질적인 자유가 보장되고 모두가 자기 인생의 진정한 주인이 되는 사회를 건설해야 합니다. 지금은 자취를 감추어 가고 있는 신자유주의 같은 오염된 사이비 자유주의가 다시는 발흥해서는 안 됩니다. 자유로운 주인으로서의 삶을 부담스러운 짐으로 생각하여 거부하는 사람도 있을 것입니다. 이들의 의존적이고 예속적인 속성이 파시즘의 씨앗이 될 수 있습니다. 따라서 이들을 능동적 생성의 주체로서 삶을 이끌어가게끔 도울 수 있는 제도와 시스템이 필수적인 바, 거기에서 국가의 역할을 찾아야 합니다. 국가를 지배계급의 지배 도구로서가 아니라 구성원의 자유와 평등을 보장하고 민주주의를 지키는 수단으로 만들어야 합니다. 이런 목표의 구체적 실현 수단으로서 기본소득과 같은 정책의 도입도 생각할 때가 되었다고 봅니다. 자본의 지배로부터 벗어날 수 있는 수단으로서 가장 효과적인 것이 기본소득이라 생각합니다. 근본적으로는 자유민주주의 실현의 수단으로서 들뢰즈/가타리의 철학과 사회정치사상을 토대로 하는 들뢰즈 경제학의 등장을 기대합니다. 진정한 자유민주주의사회라면 자본의 지배가 용납될 수 없습니다. 자본의 역할을 새로이 규정하는 새로운 경제학이 필요합니다. 오염되지 않은 실질적 자유민주주의가 들뢰즈의 철학과 가장 부합하는 현실 정치의 이념이라고 생각합니다. 실질적 민주주의가 실현되어 개개인 모두가 평등한 자유를 누리게 될 때 들뢰즈와 가타리가 추구하는 소수자윤리, 소수자정치가 실현되리라 믿습니다.

그것이 바로 억압적 체제에 대한 저항이자 그것을 넘어서는 충만한 몸체로의 창조적인 탈영토화로서의 탈주이며, 우리 모두의 참된 욕망을 정립하는 길입니다. 이것이 바로 혁명입니다. 우리가 원하는 것은 시작도 끝도 없는 영원회귀로서의 분자적 혁명입니다. 모두가 각자의 잠재적 역량을 마음껏 발휘할 수 있고, 자기의 참된 욕망을 실현할 수 있는 진정한 자유민주주의를 향하여 전진합시다.

결론 : 몸체의 규정과 미시분석

자, 이제까지 숨차게 달려왔군요. 이제 마칠 시간이 된 것 같습니다.

결국 우리가 사유하고 공부하는 이유는 세계를, 즉 존재하는 것들을 제대로 인식하고 올바른 가치를 세워 그에 따라 스스로 선택한 삶을 살기 위한 것이라 할 수 있습니다. 이 목적에 가장 부합할 수 있는 사유체계로서 우리가 선택한 것이 들뢰즈의 철학이고 그와 가타리의 사회사상인 것입니다.

주상호 아직 저는 아닌데요.

선생님 니 이름이 모니?

주상호 주상호라고 하는데요.

선생님 이름은 평범한데 생긴 건 똘끼가 넘치네. 어쨌든 독특해 보이는구나. 너는 니 방식대로 살아라.

주상호 옛!

선생님 들뢰즈와 가타리의 철학과 사상을 연구하면서 우리는 그들이 존재하는 것들, 존재자들을 하나의 체 또는 몸체로서 바라본다는 것을 알 수 있습니다. 들뢰즈의 비인간주의와 자연주의에 입각해서 우리는 미립자에서 시작해서 지구를 거쳐 우주에 이르기까지, 생명과 비생명, 인간과 비인간, 정신과 육체, 사회와 자연을 가리지 않고 모든 것을 하나의 몸체로 봅니다. 따라서 하나의 몸체를 규정하는 것, 그리고 그 몸체가 할 수 있는 것, 즉 그 몸체의 역량을 파악하는 것이 곧 존재의 의미와 운동을 이해하는 것이며, 그것이 우리의 사유의 전부라 할 수 있습니다. 들뢰즈가 규정하는 철학은 내재성의 구도 상에서 개념을 창조하는 것입니다. 이제 우리는 개념을 창조한다는 말이 존재하는 모든 것들을 몸체로서 규정하는 것이라는 것을 알게 됐습니다. 몸체를 규정하는 과정에서 들뢰즈와 가타리는 수많은 개념들을 창조해 왔습니다. 잠재적인 것들, 잠재적 대상들을 가리키는 많은 용어들과 함께 이것임, 사건, 배치, 다양체, 탈기관체, 추상기계, 고른판, 변용태, 리좀 등등등. 그리고 사회적 몸체인 자본주의, 파시즘 등에 대한 새로운 개념 규정까지. 이러한 개념의 규정, 몸체의 규정들 속에 철학적 사유의 모든 것이 들어 있습니다. 존재론, 인식론, 실천론이 이 과정들로부터 고스란히 유도되고 파생됩니다. 하나의 몸체를 규정하고 그것의 역량을 파악하기 위해 진력해 온 것이 지금까지 강의의 전부라 해도 지나친 말이 아닙니다. 그런데 하나의 몸체의 역량을 파악하기 위해서는 그 몸체의 잠재성을 사유하는 것이 필수적이라는 것이 들뢰즈와 가타리의 결론입니다. 현실적인 하나의 몸체의 발생의 원천이자 그것에 대한 인식의 근거가 되는 잠재성에 대한 사유가 그들의 사상의 요체입니다.

우리는 이렇게 몸체를 규정하고 그 역량을 파악하는 과정으로서의 잠재성에 대한 사유를 들뢰즈/가타리의 분열분석을 포함한 포괄적 의미를 가진 미시분석(micro-analyse)이라고 부를 수 있을 것입니다. 미시분석이라는 말을 우리는 『안티 오이디푸스』에서의 무의식적 욕망을 대상으로 하는 좁은 의미의 분열분석을 포함하면서도 그 이상의 의미를 가진 것으로 사용할 것입니다. 『천 개의 고원』에서 사용하는 넓은 의미의 분열분석과 같다고 볼 수 있습니다. 미시분석은 한마디로 잠재성에 대한 사유입니다. 들뢰즈의 차이의 철학으로부터 들뢰즈/가타리의 배치론에 이르기까지 일관되게 그 토대의 역할을 하는 잠재성에 대하여 사유하고 그로부터 유도되는 분석적 도구를 수단으로 삼아 세계를 분석하는 것이 미시분석입니다. 잠재, 잠재적인 것, 잠재적 대상을 사유한다는 것은 무한으로서의 연속적 변이를, 현실적인 것들의 정체성으로서의 모호하지만 엄밀한 본질을, 양자적 흐름들로 이루어지는 분자적이고 미시적인 세계를 사유하는 것입니다. 이러한 사유로부터 우리는 실재하는 것들을 하나의 몸체, 하나의 세계, 하나의 사회로 규정하고 그 운동을 분석하고 우리 스스로 변화를 모색할 수 있습니다. 들뢰즈의 철학은 미분비와 특이성들로 이루어진 미분화(微分化)된 이념적 차이가 강도적 차이의 개체화를 거쳐 현실적으로 분화된 몸체를 포착하여 그것을 개념으로 규정하는 과정이고, 가타리와 만나서 완성되는 그의 사회사상 역시 표현과 내용으로 분화되기 이전의 추상기계의 작동으로부터 하나의 구체적인 배치가 형성되는 과정의 분석을 통하여 사회의 운동을 설명하고 그 변화를 모색하는 과정입니다. 이념적이고 강도적인 세계, 추상기계의 작동이 모두 잠재적 세계를 지시하는 것들이라는 것을 우리는 배웠습니다.

미시분석은 잠재성에 대한 사유를 토대로 현실의 세계를 분석하고 세계의 변화를 모색합니다. 미시분석은 양자들로 이루어진 흐름들, 즉 양자적 흐름을 좌표로 하는 미시적 관점 하의 분석입니다. 『안티 오이디푸스』에서는 욕망이 흐름을 대표합니다. 힘, 에너지, 리비도로서의 생산적인 무의식적 욕망이 세계를 움직이는 근본 요소의 역할을 합니다. 욕망적 생산을 핵심 동인으로 하여 사회를 분석하는 들뢰즈와 가타리의 분열분석이 새로운 자본주의 분석, 새로운 자본론으로서의 하나의 욕망경제학을 탄생시키는 길을 열었습니다. 『천 개의 고원』에 와서 그들의 분열분석은 한편으로 더욱 구체화되고 한편으로 더욱 일반화되어 배치론으로 발전합니다. 흐름들은 입자들과 강도들, 특이성들로 구체화되고 그들의 분석틀은 내용과 표현의 이중분절의 구조로 새로이 도식화됩니다. 이런 변화를 반영하여 그들의 분석은 이제 분열분석보다는 더 일반화된 표현인 미시분석으로 부르는 것이 좋을 듯합니다. 거시분석은 절편적 선을 좌표로 하는 근대적 사고로서 들뢰즈/가타리가 정의한 다수자과학을 형성하는 반면에 미시분석은 양자적 흐름을 좌표로 하는 탈근대적 사고로서 그들이 정의한 소수자과학을 형성합니다. 우리는 미시분석에 의해야 세계를 제대로 설명할 수 있다고 봅니다. 거시적 분석만으로는 세계를 충분하고 엄밀하게 설명할 수 없습니다. 미시분석이 실재에 더 가까이 갈 수 있습니다. 정신분석 비판에서 시작하는 무의식의 종합에서부터 욕망은 왜 스스로 억압되기를 바라는가 하는 정치철학의 근본 문제와 성과 계급의 문제에까지 새로운 관점에서 해결을 시도하는 미시분석을 토대로 하여 들뢰즈와 가타리는 미시정치학의 표본을 제시하고 있습니다. 그리고 미시적 관점에 의한 역사 분석과 가브리엘 타르드에서 비롯하는 미시사회학도 언급합니다. 여러분들도 각자의 분야에서 이러한 미시분석을 접목하여 새로운 학문의 발전에 이바지하기 바랍니다.

　미시분석은 양자들로 이루어진 흐름들의 움직임에 초점을 맞추고 거기에서 탈영토화의 첨점을 포착해 내려 합니다. 내용의 특질과 표현의 특질에 있어서의 탈영토화의 정도들의 상호개입과 조합에서 배치의 운동과 변환이 이루어집니다. 새로운 욕망이 정립되고, 더 크게는 새로운 문화와 시대가 열리는 것입니다. 추상기계를 구성하는 질료와 기능들이 어느 순간 탈영토화의 힘을 발휘하면 배치 내에서 탈영토화의 첨점들이 작동을 시작하고 탈주선들이 탈주와 창조를 위해 뻗어나가기 시작합니다. 이렇게 해서 배치가 변환되고 사회가 변화되어 가는 것입니다. 따라서 탈영토화의 첨점들, 즉 가장 강하게 탈영토화된 성분들을 포착하는 일이 가장 중요합니다. 이런 식으로 내용의 형식과 실체, 그리고 표현의 형식과 실체 사이의 조합과 구성상의 변화가 일어날 때마다 하나의 시대에서 다른 시대로의 변환이 일어나게 되는 것입니다. 미시분석에서 하나의 제도, 하나의 시대, 하나의 사회를 연구하고 분석하는 것은 그 제도, 그 시대, 그 사회의 배치를 분석하는 것입니다. 각각의 배치에서 내용과 표현을 찾아내고, 그것들 간의 실재적 구분, 상호전제, 상호개입을 파악하고 평가하는 것. 예들 들어 배치의 요소들이 어떻게 조합되는가, 그 조합이 내용의 흐름들과 표현의 흐름들을 어떻게 연결접속하고 활성화시켜 탈영토화의 선, 즉 탈주선을 만들고 새로이 재영토화를 구성하는지를 분석하는 것입니다.

　미시분석은 이처럼 한 사회를 규정하는 것은 욕망의 기계적 과정과 탈주선의 작용으로 봅니다. 우선 욕망과 욕망의 만남, 의지와 의지의 충돌로 인한 힘들의 관계, 권력관계에서의 미묘한 변화를 포착해야 합니다. 가장 간단한 예로서 어제 언급한 녹색에서의 미세 지각을 들 수 있습니다. 의식적인 녹색의 변화가 있을 때 우리는 그 아래 잠재해 있는 노랑의 미분과 파랑의 미분 사이의 미묘한 관계, 상호적 힘의 관계를 포착해야 녹색이 청록의 방향으로 아니면 황록의 방향으로 변하는 것의 원인을 제대로 파악할 수 있는 것입니다. 힘의 흐름들, 욕망의 흐름들에서 독특한 것들, 우리의 인식능력들에 충격을 가하는 강렬함들, 혹은 강도적 개체를 포착할 수 있어야 합니다. 즉 의미 있고 가치 있는 것을 개체로서 포착하고 그 움직임을 분석해야 하는 것입니다. 힘들의, 욕망들의 작고 미세한 변화로부터 사회의 변화가 시작되는 것입니다. 욕망이 사회장을 구성한다는 것이 분열분석의 가장 일반적 원리였습니다. 들뢰즈/가타리는 하나의 "사회장은 즉각 욕망에 의해 주파"되며, "사회장은 욕망의 역사적으로 규정된 생산물"이라고 했습니다. "욕망과 사회가 있을 뿐, 그 밖엔 아무것도 없습니다."(안오 p64) 욕망이 사회장을 구성한다는 말은 사회를 근본적으로 규정하는 것은 탈주선들(lignes de fuite)이라는 말과 다르지 않습니다. 항상 무엇인가가 탈주하기를 멈추지 않습니다. 힘의 의지로서, 생산적 무의식으로서 욕망은 잠시도 멈추어 있지 못합니다. 탈주가 욕망의 진정한 모습입니다. 사회구성체들은 이처럼 생산양식이 아니라 기계적 과정들에 의해 규정됩니다. 사회의 운동은 기계의 탈영토화와 재영토화의 끊임없는 반복의 과정이고 그 심층에 있는 미시적인 탈주의 흐름이 그 사회를 구성하고 규정하는 가장 핵심적인 요소입니다.

이러한 미시분석을 하고 소수자과학을 하는 것은 궁극적으로 정의로운 세상을 만드는 것, 평등한 자유를 확장하는 것, 실질적 자유민주주의를 실현하는 것이어야 한다는 것이 우리의 생각입니다. 그것들의 실행을 위해 구체적인 소수자정치가 필요합니다. 일회성의 대체권력으로의 교체가 아니라 권력의 새로운 작동 방식을 창출해야 합니다. 정권교체만으로는 불충분합니다. 새로운 욕망의 정립이 수반되어야 합니다. 다수와 소수의 교체는 헐벗은 반복에 불과합니다. 거기에 진보와 발전은 없습니다. 소수자적 탈주만이 풍요로운 반복이자 창조적 발전입니다. 그것은 한번으로 완성될 수 있는 것도 아니고 어떤 궁극적 목표가 있는 것도 아닙니다. 시작도 끝도 없는, 기원과 목적도 없는 영원회귀의 과정일 수밖에 없습니다. 그래서 우리는 영구적인 분자혁명을 주장하는 것입니다.

몸체를 규정하고 미시적으로 세상을 분석하는 과정을 일목요연하게 볼 수 있도록 하기 위해서 표를 하나 만들어 보죠. 표의 내용을 간단히 해설하는 것으로써 들뢰즈의 존재론에서부터 들뢰즈/가타리의 사회사상에 이르는 광대한 사유체계의 핵심을 정리해 보고자 합니다.

존재하는 모든 것은 현실적 차원과 잠재적 차원 사이에서 진동하는 영원한 이중운동의 과정에 있습니다. 한 마디로 탈영토화와 재영토화의 영원한 반복, 영원회귀입니다. 탈영토화와 재영토화는 동전의 양면과 같습니다. 존재 자체에 탈영토화의 역량과 재영토화의 역량이 동시에 존재합니다. 양자는 옷의 주름처럼, 태극 문양처럼 서로를 휘감고 소용돌이칩니다. 따라서 이중운동 하에 놓여 있는 몸체들을 규정하기 위해 들뢰즈와 가타리가 사용하는 많은 개념들은 현실과 잠재의 양가적 의미를 가질 수밖에 없습니다. 다양체, 기계, 배치, 개체성, 무의식, 공리계, 자본주의 등의 개념들이 모두 그러합니다.

그러므로 이 두 차원을 기반으로 하는 사유는 단순한 이분법적 사고가 아니라는 것을 우리는 잘 알 수 있습니다. 두 차원은 상호전제와 보완의 관계에 있습니다. 서로 맞물려 있습니다. 코드는 탈코드화의 여백을 가지

	절편들로 이루어진 선을 좌표로 하는 재현적 · 현실적 · 몰적 · 거시적 차원	양자들로 이루어진 흐름을 좌표로 하는 강도적 · 잠재적 · 분자적 · 미시적 차원
체(corps)/ 몸체	유기체, 조직체 - 기관,기능,계급,관료제	탈기관체/기관 없는 몸체 - 변용태/정동,군중,무리
다양체	나무형/수목형, 몰적 집합체	리좀형, 분자적 다양체
기계, 배치	구체기계(지층)	추상기계/기계적 문
판/구도	조직의 판	조성의 판, 고른판
개체성	실체, 수제, 현실적 대상으로서의 사건	강도적 역량, '이것임', 잠재적 대상으로서의 슈수사건의 한 조각. 비물체적 변형으로서의 사건/ 의미
인식론	다수자과학 - 법칙에 초점	소수자과학/유목과학 - 연속적 변주에 초점
인식대상	고정된 본질 - 절편화된 견고한 몰적 상태	모호하고 유동적인 본질, 비정확하지만 엄밀한 본질 - 절편화작용 중인 유연한 분자적 상태
무의식	정신분석 - 나무형의 구조적 · 재현적 무의식	분열분석 - 리좀형의 생산적 무의식
존재론과 사회사상	존재 - 상태로서의 영토성 - 공리계로서의 자본주의	생성/되기 - 과정으로서의 탈영토화 - 분열증으로서의 자본주의
사회체	토지, 전제군주, 돈-자본의 충만한 몸체	탈영토화된 사회체

며, 영토에는 탈영토화의 첨점이 내재합니다. 다수성과 소수성, 다수파와 소수파는 이항대립의 이분법적 대칭관계라 할 수 있지만, 다수자와 소수자의 관계는 그렇지 않습니다. 당연히 다수자과학과 소수자과학의 관계도 마찬가집니다. 양자는 서로 대립하고 배척하는 사이가 아닙니다. 소수자과학이라고 해서 다수자과학이 틀렸다고 배척하는 것이 아닙니다. 소수자과학은 다수자과학에 수많은 영감을 제공하여 그것을 끊임없이 풍부하게 만들어 줍니다(천고 pp925~926 참조). "다수자과학은 항구적으로 소수자과학에서 온 영감을 필요로 하지만," 들뢰즈/가타리는 "소수자과학도 최고도의 과학적 요구에 직면해 이를 통과하지 않으면 아무런 의미도 없게" 됨을 지적합니다(천고 pp927~928). 몸체의 두 차원, 존재자들의 두 차원이 기본적으로 이러한 관계에 있다는 것을 항상 염두에 두고 구체적인 양자의 관계를 논의하는 것이 필요합니다.

재현적인 현실적 차원은 지각 가능하고 표상 가능합니다. 절편들로 이루어진 선을 관점의 좌표로 하는 몰적이고 거시적인 차원입니다. 강도적인 잠재적 차원은 감각 불가능한 것인 동시에 오로지 감각밖에 될 수 없는 것이라는 독특한 강도의 정의에서 그 본성을 찾을 수 있습니다. 그것은 양자들로 이루어진 흐름을 관점의 좌표로 하는 분자적이고 미시적인 차원으로서 현실적인 지각과 표상은 어렵지만 사유하고 천착하기를 멈추지 않아야 합니다.

하나의 체 또는 몸체, 여기에는 의식이나 감정 같은 정신체나 영혼체도 포함된다는 것 ……: 하나의 몸체는 현실적 차원에서 기관들의 유기적 기능으로 작동하는 유기체나 조직체로 규정될 수도 있고, 잠재적 차원에서 변용태나 정동의 집합들로 구성되는 기관 없는 몸체 또는 탈기관체로 규정될 수도 있습니다. 사회적 유기체라 할 수 있는 조직체로서는 계급들로 구성된 위계적 체제나 유기적 기능들로 잘 짜여진 관료제 등을 들 수 있습니다. 한편 군중이나 무리 등의 용어들이 사회적인 탈기관체를 나타내는 것들로 사용됩니다. 전자를 나무형 또는 수목형 다양체, 후자를 리좀형 다양체라 할 수 있습니다. 수목형 다양체는 다양체라기보다는 몰적 집합체라 부르는 것이 정확하다고 할 수 있습니다. 기계와 배치의 운동은 양자의 방향을 동시에 가집니다. 구체적인 기계나 배치로서의 지층을 향하기도 하고, 추상적인 기계, 고른판을 향하기도 합니다. 이러한 몸체, 다양체, 기계 너 배치가 구시되는 편, 구도 혹은 장으로서 두 차원에 대응하는 것이 조직의 판과 조성의 판입니다. 조직의 판은 실체나 주체와 같은 초재적 존재를 중심으로 하는 위계적 판입니다. 그러나 조성의 판은 주체 없는 개체화의 양태들인 '이것임'들, 사건들, 변용태들, 강도들로 이루어지는 고른판으로서 필연적으로 내재적입니다(천고 p505 참조).

이러한 몸체와 구도에 대한 인식적, 과학적 접근의 두 양태가 다수자과학과 소수자과학입니다. 다수자과학은 변수와 변수 사이의 상수적 관계를 규명함으로써 하나의 법칙을 도출하는 것을 목표로 하는데 반하여 소수자과학은 변수 자체의 연속적 변이에 관심을 갖습니다. 다수자과학은 고정된 본질을 추구하며, 절편화된 견고한 몰적 상태를 분석 대상으로 합니다. 소수자과학은 모호한 본질, 즉 비정확하지만 엄밀한 본질을 추구하며, 절편화작용 중인 유연한 분자적 상태를 대상으로 사고를 전개합니다. 방금 말했듯이 소수자과학은 다수자과학을 배척하지 않습니다. 소수자과학은 다수자과학을 보완하면서 과학의 발전에 크게 이바지합니다. 정신분석이 바라보는 무의식은 언어처럼 구조화된 무의식으로서 해석하고 재현될 수 있는 고정된 본질을 가집니다. 그러나 분열분석이 분석의 대상으로 삼는 무의식은 자가생산하는 내재적, 생산적 무의식으로서 연속적인 변이의 과정에 놓여 있는 분자적 무의식입니다. 이로부터 미시적 욕망의 정치, 소수자 과학으로서의 미시정치론이 전개되는 것입니다.

이러한 모든 인식은 결국 존재에 대한 근본적 이해의 차이에서 파생되는 것입니다. 존재를 말 그대로의 존재가 아닌 생성 혹은 되기로 보는 것에서 우리의 모든 새로운 인식이 야기됩니다. 과정으로서의, 차이 남으로서의 연속적 생성이 일차적입니다. 상태로서의 존재는 생성의 일시적 결과일 뿐입니다. 과정으로서의 탈영토화와 탈주가 하나의 몸체와 사회체를 일차적으로 규정합니다. 탈영토화와 재영토화의 영원한 이중운동이 존재의 진리입니다. 우리가 사는 사회기계로서의 자본주의기계도 분열증과 공리계 사이를 끊임없이 왕복하는 하나의 몸체, 다양체로서의 배치라 규정할 수 있습니다.

질문 있나요?

자유의지의 문제

학 생 지금까지 선생님 강의 잘 들었습니다. 그런데 들뢰즈와 가타리의 실천론을 배우면서 의문이 드는 것이 있습니다. 들뢰즈의 주장은 결국 세상의 모든 것은 변한다는 것 아닙니까? 그렇다면 지금 우리가 변한다는 것도 사실일 테고, 우리의 생각도 한시도 거침없이 변할 것입니다. 존재를 이런 관점에서 볼 때 우리가 어떻게 살아야 하는지 하는 실천적 당위의 문제도 따지고 보면 하나의 존재론적 생성에 관한 문제에 불과한 것 아닌지요? 모든 것이 변하기 마련인데 왜 우리는 생성을 이루어 내고 되기를 하여야 하고 창조를 해야 하는 것입니까? 존재가 이러한 생성이라면 되기나 창조라는 당위의 문제는 우리의 의지와 관계없이 저절로 해결되는 것 아닙니까? 그냥 생성/되기가 아니라 충만한 생성/되기여야 한다고 하는데, 그것은 개별 존재자들에게 주어진 역량, 즉 능동적 변용의 역량에 따라 필연적으로 결정되는 것 아닙니까?

 노대체 들뢰즈 철학을 토대로 할 때 우리는 존재와 당위의 문제를 구분할 수는 있는 것입니까? 스피노자에 따르면 우리는 수동적 정념에 좌우될 뿐만 아니라 능동적으로 행위할 수 있는 존재이기도 합니다. 그렇지만 우리 내부에 원인을 가지는 능동적 활동, 즉 자유의지에 의한 것이라 믿고 행동하는 것도 들뢰즈의 말대로라면 결국 신으로부터 비롯되어 필연적으로 결정되는 것이라 할 수 있지 않습니까? 스피노자도 자연에는 우연적인 것이 아무 것도 없으며, 모든 것은 일정한 방식으로 존재하고 작용하도록 신의 본성의 필연성에 의해 결정되어 있다(『에티카』 1부 정리29)라고 한 바도 있고, 또 의지는 자유로운 원인이라고는 불릴 수 없고, 단지 필연적인 원인이라고만 불릴 수 있다(『에티카』 1부 정리32)고 하기도 했잖습니까? 우리가 어떻게 살아야 하는가 하며 고민하고 의지를 굳히고 선택하고 행동으로 실천하는 것 모두가 존재의 차원에서 이미 다 정해져 있는 것이라고 볼 수도 있지 않습니까?

선생님 어이쿠, 자유의지라! 세상 모든 일이 결정되어 있는 것인가? 아니면 우리의 의지에 의해 좌우되는 것인가? 많은 사람들이 이 문제에 매달려 씨름하고 있는 것으로 아는데, 나는 이 문제에 관한 한 인간의 인식능력으로는 영원히 풀리지 않을 것이라고 봅니다. 분명한 것은 내재성의 세계관을 가지는 들뢰즈의 입장에서는 자기원인으로서의 실체와 같은 것은 있을 수 없다는 점입니다. 따라서 우리가 수동적인 반응을 넘어 능동적인 행위로 나아갈 수는 있지만, 우리 각자가 자기원인으로서 작용하는 자유의지는 인정하기 어려운 것이 사실입니다. 많은 자연과학자들도 결정론적 관점을 갖고 있는 것으로 알고 있습니다. 그렇다면 세상 모든 일이 인간의 의지와 관계없이 미리 예정되어 있다는 결론이 되는 걸까요? 잘 모르겠지만 내 생각은 그렇지는 않은 것 같습니다. 우리의 행동이 뇌의 작용으로부터 시작하는 것은 분명하죠. 그렇다면 뇌의 작용은 어디로부터 올까요? 대부분의 뇌과학자들은 뇌의 작용도 물질로부터 야기되는 것으로 보는 것 같습니다. 그러나 뇌 기능의 모든 것을 아는 것은 신의 영역이라고 생각합니다. 무한한 진전이 있을 것이나 모든 것을 알 수 있는 날은 오지 않을 것입니다. 나는 생기론자나 물활론자는 아니지만 스피노자도 존재의 속성은 인간이 상상할 수 없을 정도로 무한하다고 말했듯이 인간에게는 영원히 도저히 알 수 없는 무엇이 있을 것이라는 가능성은 항상 열어 놓고 있습니다. 인간의 의지를 인정하고 싶은 의지에서 그리 생각하는 것인지도 모르겠지만. 결론적으로 이 문제는 결론 내리기 어려운 문제라고 생각합니다. 다음 기회가 있으면 더 공부해서 더 자세히 알아보기로 하죠. 여러분들이 각자 생각하고 토론해 보기 바랍니다.

강의를 마치며

이것으로 강의를 마치겠습니다. 최대한 여러분이 알아듣기 쉽게 강의하려고 했지만 역부족이었던 것 같습니다. 그것은 여러분 잘못이 아닙니다. 내가 충분히 잘 이해하고 있다면 상대방이 쉽게 이해하도록 하는 것은 어려운 일이 아닙니다. 여러분이 내 강의가 이해하기 어렵다면 내가 아직 공부가 부족한 탓입니다. 그래도 여러분에게 당부하고 싶은 것이 있습니다. 여러분 자신도 더 섬세하고 예민해지기를 바랍니다. 예민하다는 것도 여러 과점과 측면에서 말할 수 있겠지만, 지금 여기에서의 나의 규정은 치열함과 사려 깊음입니다. 치열한 열정을 가지기 바랍니다. 그리고 사려 깊은 사람이 되기를 바랍니다. 나는 사려(思慮)라는 단어를 무척 좋아합니다. 사려는 사유와 배려가 결합한 것으로 나는 풀이합니다. 이는 의미의 해석과 가치의 평가에 있어서 들뢰즈가 여러 차례 강조한 '신중함의 기예'와도 다르지 않습니다. 앞서 진정한 윤리적 존재가 되기 위해서는 타자에 대한 배려로는 부족하고 더 나아가 타자-되기의 노력이 필요하다고 한 바 있는데, 그것까지 가지 않더라도 진정한 배려만으로도 우리는 지금보다 월등히 더 많은 것을 성취할 수 있을 것입니다. 타자와 공감하려는 세심한 의지와 노력이 있다면 그것이 진정한 배려라고 생각합니다. 모쪼록 이 강의가 하나의 실마리가 되어 들뢰즈/가타리에 대한 더 뛰어나고 더 예민한 사상가가 많이 등장해서 나의 미진함을 질책해 주기를 바랍니다. 그러한 계기가 되었다면 내 강의는 목표를 이룬 셈입니다.

끝으로 여러분에게 하고 싶은 말은 군건한 들뢰즈 사상으로 무장하고 그것을 실천에 옮기라는 것이 절대 아님을 유념하기 바랍니다. 항상 열린 마음으로 유연한 사고를 하기 바랍니다. 들뢰즈/가타리의 사상도 완벽한 것이 아니며, 앞으로 새로운 해석과 평가가 속속 등장할 것입니다. 그럼에도 불구하고 들뢰즈의 핵심적 가르침인, 이 세상에 절대적인 것은 없다는 것만이 절대적 사실이고, 변화하지 않는 것은 없다는 것만이 변하지 않는 사실이라는 것만은 명심해 주기 바랍니다. 그리고 또 한 가지, 다른 것은 다 까먹더라도 우리말은 아니지만 다음의 두 단어만은 영원히 기억해 주기를 바랍니다. 들뢰즈 존재론의 핵심 키워드 유니보씨떼(univocité). 들뢰즈 철학과 사회사상으로부터 우리가 얻은 결론 에갈리베르떼(égaliberté).

모든 되기와 생성은 마주침으로부터 시작됩니다. 여러분과 나의 마주침, 여러분 사이의 오늘의 마주침들로 인해서 여러분과 나는 새로운 되기로 들어서는 것입니다. 여러분의 들뢰즈-되기, 나의 여러분-되기 등등이 충만히 이루어지는 장이 되었기를 바랍니다. 긴 시간 끝까지 들어 준 여러분에게 깊이 감사합니다.

들뢰즈의 정신적 스승이자 절대적 긍정의 아이콘 니체가 남긴 말과 함께 강의를 끝내고자 합니다.

"있는 것은 아무 것도 버릴 것이 없으며, 없어도 좋은 것이란 없다."(니체, 『이 사람을 보라』)

"위대한 일은 위대한 사람을 위해 있으며, 심연은 깊이 있는 사람을 위해 있고, 섬세함과 전율은 예민한 사람을 위해 있다. 전체적으로 간결하게 말한다면, 모든 귀한 것은 귀한 사람을 위해 있는 것이다."(니체, 『선악의 저편』)

Ⅱ 자유의지

선생님의 강의가 있은 지 몇 년 후 어느 날 여민철과 그 친구들이 모였다. 각자 직장 생활 중인 그들은 정기적인 토론 모임을 만들어 활동하고 있다. 토론 주제나 회원 자격 등에 얽매이지 않는 자유롭고 개방적인 모임이다. 그러니 출석률이 그리 높지는 않다. 주로 술을 좋아하는 회원들을 중심으로 자주 모임이 이루어진다. 오늘도 역시 먼저 술잔이 몇 잔 돈 후 토론이 시작된다. 지난 모임에서 여민철이 예전에 선생님이 생각해 볼 문제로 남겨두었던 자유의지에 관하여 토론해 보자고 제안한 바 있다. 그들은 선생님의 강의 후 이 문제에 대해 진지하게 생각해 왔던 것으로 보인다.

주상호　오늘은 자유의지에 대해서 토론해 보기로 했죠? 자, 민철이 형이 제안한 주제니까 스타트를 끊으시죠.

여민철　선생님 강의 끝 무렵에 어떤 학생이 제기한 의문이 자유의지에 관한 것이었잖아? 그땐 참 예리하다고 생각했었지. 그 후로 줄곧 그 의문에 대해 생각해 왔었는데 뾰족한 답을 찾기가 어렵더라구. 너희들도 이 문제에 대해 생각해 본 적이 있지? 이제는 말할 때가 된 것 같다.

강규석　흐훗. 그래 나도 그 문제에 대해 여러 모로 생각 중이었어. 자기 생각들을 말해 보자구. 각자 공부한 것들도 있을 테고.

여민철 들뢰즈의 생성존재론이 말하는 바와 같이 세상의 이치가 모든 것이 서로 작용을 주고받으며 부단히 변화하는 것이라고 할 때 과연 그 과정에서 인간의 역할은 무엇인지 의문이 생기지 않을 수 없다. 문제는 내재성을 핵심으로 하는 들뢰즈의 철학에서 인간의 자유의지를 인정할 수 있겠는가 하는 것이다. 이는 많은 논쟁이 이루어지고 있는 주체의 문제와는 다르다. 주체를 칸트와 같이 세계를 구성하는 주체로 보든 구조주의와 같이 구성된 주체로 보든 인간의 의지가 자유로운가의 문제와는 다른 것이다. 또한 '인간에게 자유의지가 있는가?' 하는 것은 단지 '인간이 자유로운가?' 하는 문제 하고도 다르다. 자유롭게 무엇이든 할 수 있느냐 없느냐의 문제와도 미묘한 차이를 내포하고 있다. 자유의지의 문제는 인간의 모든 능동과 수동의 작용들이 이미 다른 원인들에 의해 결정되어 있는 것이 아닌가 하는 문제다. 자유의지는 의지 자체가 자유롭다는 것이다. 의지가 자유롭다는 것은 모든 행동의 기원으로서의 의지가 자기원인을 가진다는 것, 자기가 제1원인이 된다는 것이다. 이는 단순히 내부적 원인을 가진다는 것과 구별해야 한다. 내 기억으로는 선생님 강의 때 의문을 제기한 학생도 우리 내부에 원인을 가지는 능동적 활동을 할 때 우리가 자유의지를 가지는 것처럼 말한 것 같은데 이는 정확하지 않다. 의지가 자유롭다는 것은 선제하는 어떤 원인도 그 의지를 조건 짓지 않는다는 것, 즉 그 의지가 제1원인이라는 것이지 단지 내부에 원인이 있다는 것을 의미하는 게 아니다.

강규석 내 기억으로는 아마 그 때 그 학생은 자유의지의 정확한 의미와는 상관없이 들뢰즈 철학에 의하면 인간의 수동적 반응이나 능동적 행동이 모두 필연적으로 결정될 수밖에 없다는 주장이었던 것 같은데.

주상호 하여간 민철이 형이 자유의지의 문제를 정확하게 짚어 주신 거 같은데요, 주체나 능동, 수동 같은 것들도 잠깐씩 짚어 봐야 문제가 더 명확해질 것 같은데요.

강규석 들뢰즈의 존재론에서 어느 지점이 우리의 의지가 작용하는 실천과 당위의 문제로 넘어가는 지점인지를 명확히 하기가 어려운 것이 사실이다. 이는 민철이가 자유의지의 문제와는 다르다고 잘 지적했지만 주체에 관한 문제와 결부될 수밖에 없다. 흔히들 푸코나 들뢰즈를 위시한 구조주의나 후기구조주의 철학자들이 주체는 죽었다고 하면서 주체의 역할을 부정하다고 하지만 전혀 그렇지 않다. "구조주의는 결코 주체를 제거하는 사유가 아니다." 그것은 다만 "주체의 동일성을 부정하는 사유"일 뿐이다(의논 p549). 이들은 실체로서의 고정된 주체는 부정하지만 주체의 자발성과 능동성을 부정하지는 않는다. 세계를 구성하는 초월적 존재로서의 주체는 아니지만, 내재적인 구도 하에서 자신의 바깥과 상호 작용하는, 즉 저항하고 능동적으로 반응하는 개인으로서의 주체성은 얼마든지 인정한다.

푸코는 에피스테메라는 그 시대의 고유한 구조적 인식틀을 강조하지만 지식-권력 메커니즘 형성에 있어서의 개인들의 역할과 또 그에 대한 개인들의 저항을 간과하지 않는다. 탈근대철학이 인간의 역할을 근대철학에서의 그것보다 이론적 차원에서 축소해서 바라보는 것은 틀림없지만 그렇다고 해서 실제적으로도 인간 행동의 중요성을 더 경시한다고 할 수는 없다. 들뢰즈의 존재론은 존재 전체에 적용되는 철학이다. 따라서 인간도 생성이라는 대전제를 벗어날 수는 없다. 그러나 인간만이 스스로 의미 있는 선택을 할 수 있는 여지가 주어져 있다는 것도 부정할 수 없는 사실이다.

최영준 들뢰즈의 생성/되기에서 인간은 능동성과 수동성, 주체성과 객체성을 모두 갖고 있다고 볼 수 있다(하나 p179 참조). 되기는 자연적 생성일 수도 의식적 변주일 수도 있다(하나 p183 참조). 하지만 인간에게서 되기는 주체가 자신을 변주시켜 나가는 측면이 더 크지 않을까? 돌이켜보면 그 때 질문한 그 녀석도 인간의 능동성을 질문한 것이지 자유의지의 문제까지 나간 건 아니라고 할 수 있지. 그런데 선생님께서 인간의 실천과 관련해서 자유의지가 문제가 될 수 있다는 것을 미리 짚어 주신 거지.

여민철 이제 보니 그런 것 같기도 ……. 어쨌든 되기와 생성의 논리에서 인간의 역할에 관해 섬세한 접근이 필요하다. 인간은 작용을 받기만 하는 존재가 아니다. 작용을 가하는 존재임에 틀림없다. 인간은 확실히 능동성을 가진다. 외부적 원인에 의해 수동적으로 변용될 수 있는 역량뿐만 아니라 내부적 원인으로 인해 능동적으로 변용할 수 있는 역량도 갖고 있다. 하지만 능동적인 것이 자유의지가 있다는 것, 즉 의지 자체가 자유롭다는 것까지 보장하지는 않는다. '인간이 주체적으로 어떤 객체에 작용을 가할 수 있는 능동성이 있는가?' 하는 문제와 '인간이 자유의지를 가지는가?' 하는 문제는 다르다. 인간의 자발적 능동성은 어디서 기원하는 것일까? 그것들에도 원인은 존재하는 것 아닌가? 더 근본적인 원인이 존재한다면 이러한 것들도 이미 결정된 것들이 아닌가? 이러한 질문들이 자유의지에 관한 문제들이다.

너희들 의견을 듣기 전에 잠정적으로 미리 내 결론을 말해 보자면, 인간이 자유의지를 가지는가 여부는 관점과 정도에 좌우되는 문제가 아닌가 여겨진다. 한마디로 정답은 없다는 것이지. 선생님도 잠깐 언급하셨듯이 결론은 결론이 없다는 것. 주체의 문제를 넘어 더 근본적으로 필연과 우연, 그리고 결정론과 예측가능성의 문제, 그리고 그것들과 연결된 자유의지의 문제는 그야말로 어디에서 선을 긋는가 하는 정도의 문제라 생각된다. 예를 들자면 너와 내가 길거리에서 만나는 것도 우리가 상정하는 인과의 범위에 따라 우연으로 볼 수도 있고 필연으로 볼 수도 있다. 인과관계의 연결고리를 어디에서 어디까지 보느냐에 따라 우연이냐 필연이냐가 결정되는 것이다. 이는 우리의 인식능력의 정도에 좌우되는 문제이기도 하다. 결정론의 입장에서 본다면 우연이란 것은 인과법칙에 대한 우리의 무지의 결과이기 때문이다. 따라서 우리가 인식 가능한 인과관계의 범위 하에서는 단순히 일정한 외부 조건이 주어진 경우 우리 자신으로부터의 자유롭고 능동적인 행동이 우리의 의지에 따르는 실천이라고 할 수 있을 것이다. 그러나 우리의 인식능력의 범위를 넘어서 더 근본적으로 자유의지의 문제를 생각한다면 우연이냐 필연이냐 하는 것들이 그리 단순한 문제가 아니다.

주상호 우리는 점심으로 짜장을 먹을지 짬뽕을 먹을지 자유롭게 선택할 수 있고, 정치적으로 보수의 길을 갈지 진보의 길을 갈지도 결정할 수 있습니다. 하나의 사물을 볼 때도 매의 눈으로 볼지 비둘기의 눈으로 볼지도 자유롭게 결정할 수 있습니다. 그렇다면 우리에게 자유의지가 있다는 것은 당연하지 않나요?

여민철 단순히 무엇이든 자유롭게 할 수 있다는 것과 자유의지의 문제는 다르다고 내가 지적했던 것이 바로 너와 같은 생각을 바로잡기 위한 거다. 한정된 범위 내에서 선택의 자유가 있다는 것만으로 인간에게 자유의지가 있다고 할 수는 없다. 자유의지(free will)는 어떤 전제조건도 없는 상황 하에서 결정을 내릴 수 있는 의지의 자유(freedom of will)를 말한다. 선택지가 한정되어 있다면, 혹은 선택의 상황이 미리 우리가 알 수 없는 외부의 어떤 힘에 의해 조건 지워져 있다면 그 선택이 진정 자유로운 의지 하에서 이루어진 것이라 할 수 있을까?

자유의지를 가진다는 것을 단지 내가 자유롭다는 말과 혼동하면 안 된다. 나는 자유롭다는 것과 나는 자유의지를 가진다는 것은 다르다. 자유의지는 의지의 자유를 말한다. 내가 자유롭다는 것은 내가 마음대로 선택할 수 있다는 것이다. 상호가 든 사례들처럼 나는 자유로이 빵과 밥 중에 하나를 선택할 수 있고, 또 자유로이 독립운동가가 될 수도 있고, 매국노가 될 수도 있다. 또 독재자가 될 수도 있고 아나키스트가 될 수도 있다. 독재자가 되는 것은 권력을 잡은 자에게만 주어질 자유이기는 하지만, 이때 이 선택이 자유롭다는 것은 나의 의지에 따라 선택이 이루어진다는 의미와 같다. 내 의지에 따라 빵과 밥 중에 선택하므로 나는 자유로이 선택한 것이다. 그러나 자유의지라는 개념은 의지의 발생이 다른 외부의 강요나 구속 없이 나의 통제 하에 이루어지는 것을 의미한다. 따라서 의지에 따라 선택한다는 의미의 자유롭다는 말과 그 의지 자체가 자유로이 발현된다는 말은 차원이 다른 것이다.

우리가 자유의지를 가지는지의 문제는 선택을 자유로이 할 수 있다는 차원에서가 아니라 과연 우리가 의지를 세움에 있어 나 이외의 모든 것으로부터 구속받지 않는 상황이 가능한지를 따져 보는 것에서 그 답을 찾아야 한다. 선택의 자유를 가진다고 해서 자유의지가 있는 것은 아니다. 선택할 수는 있다. 그러나 그 선택이 선행의 원인에 의해 결정된 것이라면 선택이라는 행위도 인과의 사슬을 벗어날 수는 없는 것이다. 쇼펜하우어도 "인간은 자신이 바라는 것을 할 수는 있지만 자신이 바라는 것을 바랄 수는 없다."고 한 바 있다(『자유의지는 없다』 샘 해리스, 2012, 한국어판: 배현 옮김, 시공사, 2013, 이하 '없다'로 약칭, p97 주16에서 재인용). 자유의지는 존재하는가의 문제는 우리가 우리의 의지와 욕망을, 우리가 원하는 바를 원하는 그 마음을 통제할 수 있는가의 문제이고, 이것은 우리의 실천론에서의 중요한 과제 중 하나인, 진정한 욕망을 정립하는 것이 가능한가의 문제와 결부되는 것이기도 하다.

강규석 인과관계와 결정론, 그리고 필연성과 예측가능성에 대해 내 생각을 말해 볼게. 선생님 강의 후 계속 내 관심사여서 그동안 공부 좀 했다. 원인과 결과가 체계적으로 연결되어 순차적으로 진행될 때 이 세계의 미래는 결정되어 있다고 할 수 있다. 세상 모든 일에 원인이 있다는 것이 결정론이다. 결정론에서 미래는 인과관계에 따라 필연적으로 결정되어 있고, 따라서 세상의 모든 인과법칙을 아는 자는 미래를 정확히 예측할 수 있다. 하나의 원인 다발로부터 하나의 결과가 필연적으로 발생한다. 결과가 다르다면 원인의 구조가 다른 것이다. 예를 들어 어떤 환경에서 a의 결과가 나오기도 하고 b의 결과가 나오기도 한다는 것은 우리가 알 수 없는 다른 요인이 환경에 영향을 미쳤다는 것을 의미한다. 여기서의 다른 요인의 대표적인 것으로 우리는 인간의 의지를 들 수 있다. 같은 환경에서도 우리 인간은 자의적으로 선택할 수 있다. 이 지점에서만 보면 인간은 결과에 영향을 미칠 수 있는 자유의지를 갖고 있다고 결론내릴 수 있다. 그런데 인간의 의지에는 원인이 없는가, 우리의 의지는 순수하게 독립적일 수 있는가, 혹은 다른 원인에 의해 예정된 것은 아닌가라는 의문을 이 상황에서도 품지 않을 수 없다.

통상적으로 자유의지 혹은 인간의 독립적이고 능동적인 활동은 그 원인이 인간 내부에 있는 경우라 할 수 있는데 그 원인의 원인은 무엇인가? 모든 인과관계의 연결 고리를 거슬러 올라가면 내부 원인으로 생각되는 것도 결국 외부와 연결된다. 인간의 의지의 원인은 무엇인가? 이 같은 질문들에 대한 궁극적 해답을 찾기 위해 우리의 시야를 최대한 넓혀야 할 필요가 있다.

우리의 의지는 인간의 의식의 한 부분이다. 그 의식이 생기기까지의 인과관계의 사슬을 거슬러 올라간다면, 지금까지 가장 유력한 우주 발생 이론인 빅뱅이론이 맞다고 가정할 때 우리는 우주의 시작이라고 할 수 있는 빅뱅에까지 도달할 수 있다. 빅뱅으로 인해 중력과 전자기력, 그리고 강한 핵력과 약한 핵력의 네 가지 힘의 분화가 일어났고, 강한 핵력에 의한 쿼크 결합으로 양성자와 중성자가 만들어져 마침내 수소 기체가 생성되고, 중력과 핵융합반응으로 헬륨이 형성되면서 별이 탄생하고, 초신성 폭발로 더욱 무거운 원소들이 생겨나고 그것들이 응축되면서 새로운 별들이 탄생하고 태양계가 생기고 지구가 탄생하였으며, 전자기력의 작용으로 고분자가 생성되었고 세포가 생겨나고, 단세포생물 이후 다세포생물에서 신경세포가 출현하고 뇌가 형성되어 마침내 의식이 생기게 된 것이다(『뇌, 생각의 출현』 박문호, 휴머니스트, 2008 참조). 빅뱅 이전도 생각할 수 있으나 여기서는 빅뱅까지만으로도 논의는 충분할 것이다. 과학이 발전할수록 수정이 있을 수 있겠지만 이 세상 만물은 이러한 인과의 사슬의 흐름 속에 놓여 있다. 그 어느 것도, 누구도 예외일 수 없다.

여민철 칼 세이건의 『코스모스』를 보면 빅뱅에서부터 별과 행성을 거쳐 생명이 탄생하는 광대한 과정을 한 눈에 볼 수 있지.

강규석 그렇다. 『코스모스』는 물질과 의식, 그리고 우주와 인간의 연결을 장대한 파노라마처럼 보여 준다. 이제 『코스모스』는 우주 탐험의 고전이라 할 수 있다. 세이건의 주장대로 나도 저 우주에 또 다른 형태와 방식의 생명체가 존재할 것으로 확신한다. 별과 생명의 진화 과정에 무수한 우연이 개입될 수 있다고 볼 때 외계의 생명체는 인간과는 확연히 다른 인과의 과정을 거쳐 형성될 것이 분명하다. 어쨌든 인간의 의식은 앞서 말한 과정을 거쳐 현재에 이르게 된 것이다.

주상호 아, 이제 그 깊은 뜻을 확실히 알겠네요. 자기원인으로서, 즉 시원적으로 자유로운 의지로서의 의식이 존재하는가? 아니면 현실의 의식은 물질적 환경과 뇌 속에 저장되어 있던 잠재적 무의식이 결합되어 표출된 결과물인 뿐인가? 이런 식의 질문이 되는 건가요?

여민철 바로 그거지. 어떤 기발한 생각이 있다고 해 보자. 내가 그 생각을 한 것인가? 아니면 그 생각이 나에게 떠오른 것인가? 그 생각에 기초하여 내가 어떤 행동을 취했다면 그 행동은 내가 능동적으로 한 것인가? 아니면 수동적으로 한 것인가? 내 의지는 자유로운 것인가? 아니면 다른 무엇에 의해 컨트롤되는 것인가?

강규석 결정론과 자유의지의 문제에 대해서 여러 주장이 있지만 이러한 인과적 사슬을 보여 주는 과학적 관점에서 볼 때 자유의지는 성립할 수 없다는 것이 강한 결정론의 입장이다. 자유의지가 없다는 주장은 내가 다음에 뭘 할지, 왜 그것을 할지는 앞선 상태와 자연법칙에 의해 결정되어 있다는 것이다(없다 p51 참조). 하이젠베르크의 불확정성의 원리(uncertainty principle)가 인간의 자유의지의 존재로 연결되는 것은 아니다. 미시 수준에서의 불확정성은 결과의 임의성을 가져오는 것이기는 하다. 결과의 필연성이 약화됨으로써 미래에 대한 예측가능성이 감소하는 것은 확실하다. 그러나 예측할 수 없다고 해서 인과의 사슬이 끊어지는 것은 아니다. 우리의 의지가 여전히 앞선 원인에 의해 구속되어 있기는 마찬가지다. 심리철학자 존 설도 양자역학의 수준에서 비결정론적 설명이 가능하지만 양자 비결정론은 자유의지 문제에 관한 한 지금까지 우리에게 아무런 도움도 되지 못하고 있다고 한다(『신경생물학과 인간의 자유』 존 설, 2004, 한국어판: 강신욱 옮김, 궁리출판사, 2010, 이하 '신경'으로 약칭, pp65,106 참조).

우리의 사고, 기억, 감정 등은 신경세포 사이의 작용의 결과라는 것이 현대과학의 입장이다. 데카르트가 말하는 바와 같은 실체로서의 영혼은 존재하지 않는다는 것이다. "현대과학의 눈으로는 육체와 독립된 영혼의 존재 가능성이 매우 희박해 보이며, 영혼은 자아, 기억, 감정 등의 합집합이고 그 요소들은 뇌의 특정 기능들을 일컫는 다른 이름일 뿐"이라는 것이다(『김대식의 빅퀘스천』 김대식, 동아시아, 2014, p110). 존 설은 "인과적으로 충분히 결정론적인 방식으로 뇌가 작동하는 것이 맞다면 심리적 자유론을 동반하는 일종의 신경생물학적 결정론이 얻어질 수 있다."고 한다. "자유의지를 경험은 하지만 진정한 자유의지는 없다."는 것이다. "이것이 실제로 뇌가 작동하는 방식이고 자유의지의 경험은 착각에 불과하다는 것이 대부분의 신경생물학자들이 가진 견해일 것"이라고 말한다(신경 p87). 데카르트가 주장한 심신이원론에서와 같이 정신이 독립적인 존재로서 물질과 구분되고 의지의 결정이 정신과 물질의 상호작용으로 야기되는 것이라면 자유의지의 존재를 전적으로 부정하기는 곤란할 것이다. 그러나 생물학자이자 과학철학자인 부케티츠는 "이러한 생각은 오늘날의 모든 신경생리학적 소견과 모순되며, 상호작용주의는 어떤 비물질적인 힘이 뇌에서 활동한다고 상상할 경우에만 진지하게 받아들여질 수 있는 것"이라고 말한다(『자유의지, 그 환상의 진화』 프란츠 M. 부케티츠, 2007, 한국어판: 원석영 옮김, 열음사, 2009, 이하

'환상'으로 약칭, p122). "인간 정신은 뇌의 진화의 산물이다. 정신은 뇌와 독립적으로 존재할 수 없다. 그것은 뇌와 상호작용을 할 수 있는 독립적인 범주가 아니다."(환상 p123) 부케티츠는 "오늘날 신경생물학, 진화연구, 생태학과 그 밖의 다른 생물학 등의 연구들에 의하면 이른바 모든 정신 상태는 신경 프로세스들에 의존해 있음을 알려 준다."고 단정한다(환상 p125). "의식이 뇌의 특정한 물리적, 화학적, 생리학적 과정에 완전히 속박되어 있다."는 것이다(환상 p136). "우리 몸의 신경계는 살아 움직이는 신경세포들이 서로 연결되어 전기 신호를 주고받으면서 활성화된다. 그로 인해 의식이 일어나고, 몸이 움직이며, 감정이 생기고, 기억이 쌓이고, 생각하고, 판단하고, 결정할 수 있게 되는 것이다."(『그림으로 읽는 뇌과학의 모든 것』 박문호, 휴머니스트, 2013, 이하 '그림'으로 약칭, p536) 뇌가 의지를 결정하는 증거로서 유명한 리벳 실험(Libet's experiment)이라는 게 있다. 의지가 생기기 전부터 뇌는 선택하고 움직일 준비를 한다는 것인데, "우리의 뇌는 우리가 뭘 할지를 이미 결정해 놓았다."는 것이다(없다 p17). "뇌과학과 진화론에 의하면 인간의 의식은 대뇌피질이 진화한 결과다."(그림 p661) 장구한 세월 동안의 진화의 결과 인간만이 발달된 대뇌피질을 갖게 되었고 그에 따라 다른 생물들과는 대비되는 독자적인 고차원적 의식을 가지게 되었다. 따라서 생기론에서 주장하는 생명력 같은, 물리적 힘 이외의 다른 힘이 작용하지 않는 이상 인간의 의지, 욕망 등의 정신은 뇌의 작용에 달려 있다고 할 수 있다. 이상의 논의에서 볼 때 과학적으로는 인간의 자유의지가 없다고 결론내리는 것이 불가피하다.

하지만 부케티츠도 이러한 결론이 신경 상태와 정신 상태의 동일성을 의미하거나, 정신과 뇌가 서로 환원될 수 있는 것으로 이해되어서는 안 된다는 것을 지적하고 있다(환상 pp125~126 참조). 그리고 뇌에서 의식을 일으키는 모든 과정이 아직 정확히 규명되지 않았다는 것도 인정하고 있다(환상 p136 참조). 나는 이 점이 중요하다고 본다. 과학은 아직 완전하지 않고 영원히 완전해질 수도 없다. 이것은 누구도 부정할 수 없다. 과학이 완벽해지는 날, 생명 현상과 정신 현상 그리고 우주의 모든 비밀이 풀리는 날은 우리에게 결코 오지 않을 것이다. 부케티츠는 상호작용주의가 내세우는 어떤 비물질적인 힘을 상상이나 환시자(幻視者)의 환상에 의한 것으로 돌리고 있으나 과연 그렇게만 보는 것이 옳다고 할 수 있을까? 과학자들의 지적 오만은 아닌가 하는 생각이 드는 것이 사실이다. 더 깊이 생각해 볼 여지가 있다.

여민철 뇌라는 물질의 작용에서 정신의 발생으로 넘어가는 과정에서의 인과관계, 그 사이에 개입할 수도 있는 어떤 힘의 존재 여부 이런 것들이 문제가 되겠군. 이 과정의 메커니즘은 아직도 과학의 수수께끼로 남아 있다고 해야겠지. 이는 결국 물질과 정신의 관계라는 철학의 근본적 질문과 연결되는 문제다. 정신과 물질의 관계에 관해서는 데카르트의 실체이원론을 비롯하여 일원론, 동일론 등 여러 주장이 있어 왔다. 나는 이에 대해 스피노자로부터 유래하는 속성이원론을 주장하고 싶다. 아니 속성다원론이라고 해야 할지도 모르겠다. 자기원인으로서의 실체가 두 가지로 존재하는 것은 상상하기 어렵고, 뇌의 작용에 대해 물질적으로 모든 것을 알면 정신에 대한 것도 모든 것을 알게 된다고 보장할 수도 없다. 뇌라는 물질의 작용 외에도 우리 인간으로서는 도저히 알 수 없는 플러스알파가 작용할 수도 있을 것이다. 물질과 정신은 다른 속성을 가진다고 해야 할 것이다. 스피노자는 실체의 본질을 표현하는 속성으로서 사유와 연장을 들고 사유와 연장의 실존하는 양태로서 정신과 신체를 구분한다. 하지만 선생님도 강의에서 지적하셨듯이, 스피노자는 실체로서의 신에게는 사유와 연장이라는 속성 외에도 인간이 상상할 수 없는 수많은 다른 속성이 존재한다고 말한 바 있다. "신이란, 절대적으로 무한한 존재, 즉 제각각 영원하고도 무한한 본질을 표현하는 무한한 속성들로 이루어져 있는 실체라고 나는 이해한다."(『에티카』 1부 정의6), "사유는 신의 영원하고 무한한 본질을 표현하는, 신의 무한한 속성들 중 하나이다."(『에티카』 2부 정리1 증명)와 같은 말에서 우리는 그 사실을 알 수 있다. 정신과 육체는 다른 것이고 이 세상에는 우리 인간의 이해의 수준을 뛰어넘는 다른 차원의 속성이 존재할 수도 있는 것이다. 따라서 현대과학의 결론만으로 인간의 정신에 관한 문제를 단정할 수는 없다. 과학적으로 증명할 수는 없더라도 철학적으로 사유 가능한 가설을 제시할 수는 있다.

강규석 나도 비슷한 생각이다. 정신과 물질이 다르다 해도 그 상호관계에 있어서는 우리의 정신이 물질에 지배받는 것인지, 독립적인 것인지 우리는 명확히 알 수 없다. 영적인 존재가 따로 있어 그것이 물질에 깃드는 것인지, 아니면 물질의 작용으로부터 정신이 도출되는 것인지 정확히 알 수는 없는 것이다. 이 세상에는 우리가 알지 못하는, 세상에 절대적인 영향을 미칠 수 있는 특이한 존재가 무한히 많을 수도 있다. 인간의 정신에만 국한하여 생각해 본다면, 우리의 의지는 물질만의 작용의 결과일 수도 있고, 물질과 다른 미지의 존재와의 상호작용에 의한 결과일 수도 있을 것이다. 현상적으로만 본다면 뇌로 들어오는 자극과 기존에 뇌에 저장된 관념과 기억들이 혼합되어 상호 작용한 결과 나의 의지가 발생한다고 볼 수 있다. 이 과정에서 정신 발생의 메커니즘을 우리는 정확히 알 수 없고 어쩌면 영원히 알 수 없을 것이다. 이것은 생명 탄생의 메커니즘과 같다고 볼 수 있다. 배아 혹은 태아에서부터 개체로 발생하는 과정에서의 정신의 탄생과 같은 메커니즘인 것이다. 이 과정이 단지 물질들만의 상호작용의 결과인지, 아니면 그에 더한 플러스알파의 다른 영적인 작용이 가미된 결과인지는 우리가 알 수 없다. 나는 아무리 과학이 발전하더라도 생명 탄생의 비밀은 포물선이 점근선에 접근하듯이 영원히 다가가더라도 도달할 수는 없는 넘을 수 없는 벽이라고 생각한다. 그렇지 않고 물질만의 작용의 결과이지만 우리가 아직 알 수 없는 과학법칙에 의한 것이라 할지라도 그 법칙이 양자역학의 불확정성의 원리처럼 우리의 상식을 초월하는 것일 가능성도 얼마든지 있을 수 있다고 생각한다. 이상의 모든 생각을 전제로 할 때 결국 뇌의 작용을 거쳐 의지가 생기는 과정에서 원인과 결과 사이의 필연성이 견고하게 유지될지는 의문이 들지 않을 수 없다.

여민철 이 세상 존재들의 상호작용을 무한한 함수관계들의 체계라고 가정해 보자. 그러면 정신 발생의 메커니즘을 '정신=f(정신에 영향을 미치는 것들)'이라는 함수관계로 표현할 수 있을 것이다. 여기서 f가 나타내는 함수의 정체는 아직까지 알 수 없다. 철저한 과학주의자는 시간이 지나면 밝혀질 또 하나의 자연법칙일 것으로 예상할 것이다. 이제 괄호 안에 있는 함수의 요소들에 관해 생각해 보자. 뇌과학의 결론이 보여주는 것 말고라도 정신의 발생에 뇌의 작용이 결정적 원인이 되는 것은 틀림없다. 동물과 달리 성능 좋은 뇌를 가진 인간이 더 고차원적 의식을 가지고, 마약이나 다른 이유로 뇌가 망가지면 다른 기관이나 사지가 멀쩡하더라도 정신분열이 일어나거나 식물인간이 되는 것을 우리는 알고 있다. 그런데 문제는 과연 정신을 만드는 요소로서 뇌 하나만으로 충분한가 하는 것이다.

우리는 이제 두 가지 가능성을 생각해 볼 수 있다. 하나는 뇌라는 물질 외에도 다른 무엇인가가 정신을 만드는 재료로서 독립적으로 존재하는 경우다. 다른 하나는 수소 원자 2개와 산소 원자 1개가 결합하여 물 분자 하나가 되거나, 액체인 물이 100도가 넘으면 기체인 수증기가 되듯이, 단지 뇌의 작용만을 요인으로 정신이 발생한다는 전제 하에 우리가 모르는 또 다른 원리나 법칙이 존재하는 경우다. 전자는 위에 말한 함수관계에서 뇌 이외에 또 하나의 독립변수가 있는 경우이고, 후자는 관계를 나타내는 f를 지칭하는 것이다. 만일 전자가 사실이라면 정신 발생에 있어서 자유로움이 개입될 여지가 커진다고 할 수 있을 것이다. 뇌 이외의 또 다른 물질일 수도 있겠지만 우리가 도저히 상상할 수 없는 영적이고 특이한 존재일 가능성도 배제할 수는 없다고 생각한다. 후자가 사실이라면 그 법칙에 따라 정신 발생에 있어서의 인과적 결정론은 유지된다고 할 수 있을 것이다. 그러나 그 법칙 자체도 고정된 것이라고 할 수 있을까?

주상호 전자의 경우 그 독립적인 변수의 존재가 우리의 자유의지의 존재를 보장한다고 볼 수는 없는 것 아닙니까? 그리고 반대로 후자에 있어서는 오히려 우리 자신이 알게 모르게 그 원리에 영향을 줄지도 모르는 일이구요.

여민철 그래서 나도 의문을 가지는 거야. 문제는 우리가 진실을 모른다는 것이고 어쩌면 영원히 모를 수도 있다는 것이다. 여러 가지 경우의 수를 생각해 보는 것은, 이 시점에서 현대과학의 관점에서는 결정론이 설득력이 있어 보이는데 그러면 자유의지를 불가피하게 부정하게 되는 것이 우리를 너무나 당혹스럽게 하기 때문이 아닐까? 이렇게 꼬리에 꼬리를 물고 일어나는 우리의 생각과 집념들이 우리의 자유의지를 증명해 주는 것은 아닐까? 단지 우리의 간절한 바람에 기인하는 착각일 뿐일까? 우리의 이러한 물고 물리는 생각들이 우리가 원해서 일어난 것일까, 아니면 단지 다른 원인들로 인해서 저절로 일어나게 된 것일까?

강규석 이제까지 토론한 것들을 정리해 본다면 결국 자유의지를 인정할 것인가 여부는 우리 시야의 폭에 달려 있다고 할 수 있을 것 같다. 무한한 절대자의 관점에서라면 모든 것이 결정되어 있고 미래가 예측 가능하다고 할 수 있을 것이다. 그러나 이 같은 결정론의 입장은 무한이나 절대를 상정했을 때나 의미를 가질 것이다. 전지전능한 절대자나 라플라스의 악마 같은 것이 존재한다는 것도 입증이 불가능하고, 인과관계의 무한한 연결 고리를 우리는 알 수도 없고 미래를 예측할 수도 없다. 유한한 우리의 삶과 우리의 인식능력을 고려할 때, 우리에게 자유의지가 없다고 결론내리는 것은 어리석은 일이 되지 않을까? 그리고 우리 인간의 상식으로 판단할 수 없는 플러스알파가 없다고 단정할 수도 없는 노릇이다. 내 생각으로는 인간의 능력이 아무리 발전하더라도 물질의 조작만으로는 넘을 수 없는 벽이 반드시 있을 것으로 본다. 생명의 탄생이나 정신의 발생 같은 것들이 그럴 것이라고 나는 믿는다.

주상호 결국 믿음의 차원으로 넘어가는 건가요?

강규석 조작을 가하거나 영향을 줄 수는 있더라도 생명이나 정신의 발생 자체의 원리는 영원한 신의 영역이 아닐까?

주상호 형의 해석은 너무 영적이고 신비적인 측면이 있는 것 아닙니까? 우리의 생각은 자연법칙에 기반해야 한다고 보는데요.

여민철 규석이의 결론에 그런 면이 없지 않다고 생각된다. 인간의 자유의지에 대한 미련이 남은 견해라고도 볼 수 있을 것이다. 그렇지만 한번 생각해 봐라. 자연법칙이나 물질의 세계에도 얼마나 신비하고 영묘한 현상들이 존재하는지. 우선 힘이라는 것의 존재 자체가 그렇다. 중력, 전자기력, 약한 핵력, 강한 핵력 같은 것들이 존재한다는 것 자체가 신비하고 경외스럽지 않나? 그리고 불확정성의 원리는 어떤가? 입자가 알갱이이면서 동시에 파동의 성질까지 가진다는 것을 정상적인 머리로 상상이나 할 수 있는 것인가? 참으로 기묘하지 않나?

우리는 자연법칙과 물질의 세계에 대해서도 다 알지 못한다. 현대과학이 극도의 눈부신 발전을 이루었다 해도 우리는 아직 아는 것보다 모르는 것이 더 많다. 이직 우리가 모르는 암흑물질과 암흑에너지가 우주를 구성하는 것의 90% 이상을 차지하고 있다. 우리는 항상 자연에 대해 겸손한 마음을 가져야 한다. 과학이 발전할수록 새로운 인과법칙은 더욱 많이 발견될 것이고 우리가 설명하지 못했던 것을 더 잘 설명하고 예측하지 못했던 것을 더 잘 예측할 수 있게 될 것이다. 그렇지만 우리가 모든 것을 완벽히 예측하는 것은 영원히 불가능할 것이고 모든 것을 완벽히 예측할 수 있는 존재를 상정하는 것도 무리다. 그렇기에 우리는 우리의 의지에 있어서의 자유로움의 여지를 긍정적으로 열어두는 것이 바람직할 것으로 나는 생각한다.

주상호 그렇다면 들뢰즈의 내재성의 철학과는 부합하기가 힘든 것 아닌가요? "신은 모든 것의 내재적 원인이지 초월적 원인은 아니다."(『에티카』 1부 정리18)라고 말한 스피노자의 생각과도 상치되는 것 아닙니까?

여민철 그렇게 생각할 수 있다. 엄밀히 말해 인간의 자유의지를 인정하기 위해서는 각 개인에 대응하여 자기원인을 가지는 실체적 정신체 혹은 영혼체가 각각 존재한다는 것을 전제해야 한다. 그러나 이러한 전제는 초재적 실체를 부정하는 들뢰즈의 내재적 세계관과는 양립할 수 없는 것이다. 반면에 자유의지가 없다고 한다면 들뢰즈의 생성존재론에서 당위의 문제인 실천론이 논의될 여지가 작아지는 것도 사실이다. 자유의지를 긍정하든 부정하든 들뢰즈의 철학과 부딪치는 측면들이 있다.

뇌와 함께 진화하는 것이든 아니면 불변의 고정적인 것이든 각 개인에 대응하는 독립적인 개별적 정신이나 영혼이 존재한다는 근거가 없는 한 인간의 자유의지를 확정적으로 인정하기는 곤란하다. 그리고 이것이 들뢰즈의 생각에 부합하는 것이다. 들뢰즈에 의하면 흐름만이 있다. 나라는 고정된 주체는 없다. 태어나서부터 죽을 때까지 변하는 나의 모습을 상상해 봐라. 마이클 잭슨의 〈black or white〉라는 노래의 뮤직비디오에 나오는 모핑(morphing) 촬영 기법에서처럼 변해가는 나를 떠올려 보면 좋을 것이다. 인과의 흐름만이 있다. 따라서 나의 자유의지라는 것도 없다. 고정된 뇌도 없다. 흐름 속에서 무한히 변화하는 유동적인 뇌만이 있다. 나라는 존재가 나의 자유의지로 선택하는 것이 아니다. 인과의 흐름 속에서 영원히 반복되는 순간적인 선택만이 있을 뿐이다. 사건만이 존재한다. 주체는 고정되어 있지 않다. 자유의지도 없다. 들뢰즈의 철학은 연속적 변이와 무한한 생성의 철학이라는 표현이 말해 주듯이 유동적 흐름의 철학이다. 자기원인을 가지는 초재적 존재를 부정하는 내재적 세계관을 가지는 것이 들뢰즈의 존재론이다. 이러한 관점을 표방하는 들뢰즈의 사상은 인간의 자유의지가 부정되는 인과적 결정론과 부합한다고 할 수 있다. 따라서 극단적으로 이렇게 생각할 수 있다. 고정된 나를 전제로 하여 나를 기준으로 어떻게 살아야 할 것인지를 생각하는 것은 의미가 없다. 모든 것이 흐름에 휩쓸려 갈 뿐이다. 우리는 그냥 살아갈 뿐이다. 삶의 의미란 것은 없다. 의미를 추구하는 순간에도 인생이란 것은 그런 모습 그대로 흘러가고 있을 뿐이다.

주상호　그렇다면 들뢰즈의 철학에서 도덕이나 윤리의 문제는 어떻게 되는 것입니까? 실천철학의 문제와는 양립 불가능한 것입니까? 자유의지가 없다고 한다면 도덕적 책임의 문제가 커질 것 같은데요.

강규석　나는 자유의지가 없는 것으로 본다고 해서 법적이나 도덕적 책임의 문제가 곤란해지지는 않을 것으로 본다. 도덕적 책임을 부과하기 위하여 자유의지를 단순히 타인에 의한 강제가 없는 것으로 규정하는 경우가 있는데, 필연적 원인에 의해 구속되는 것보다 더 큰 강제가 있을 수 있나? 자유의지를 이렇게 정의하는 것은 결정론과 자유의지, 도덕적 책임을 화해시키기 위한 편의적이고 도피적인 사고라 할 것이다. 도덕적 책임을 묻기 위해 자유의지의 존재를 그런 식으로 규정할 필요가 없다. 위험한 행동을 하는 사람들로부터 다른 사람을 보호할 필요가 있고, 스스로를 보호할 권리도 인정되기 때문이다(환상 pp191~192 참조). 오히려 자유의지를 부정하는 것이 인간을 더 잘 이해하고 잔인한 보복을 감소시키는 결과를 가져올 수도 있을지 모른다. 샘 해리스도 "인간을 자연 현상으로 바라본다고 해서 형법제도가 훼손될 이유는 없다."고 한다. 범죄자들의 위협이 실제로 존재하는 한 죄와 무죄를 판정하는 형법제도가 필요하다는 것은 부정할 수 없는 사실이다. 다만 그는 "처벌의 목적이 범죄의 억제나 재활이 아니라면 사람들을 처벌하는 논리가 미완성으로 남을 것"이라고 지적하고는 있다(없다 pp70~71). 범죄 처벌의 근거로 제시되는 응보설이 주장하듯이 보복을 처벌의 목적으로 한다면 자유의지가 없다는 것이 문제가 될 수 있다는 것이다. 우리는 독사가 물을 먹고 우유를 만들지 않고 독을 만든다는 이유로 뱀을 비난하거나 사악한 존재라고 규정하지는 않는다. 그러나 뱀이 우리에게 위협이 될 때는 얼마든지 제거하거나 격리할 수 있는 것이다. 자유의지가 없다 하더라도 한 인간이 사회에 위해가 된다면 처벌은 얼마든지 논리적으로 가능하다.

　도덕적 책임보다는 철학에 있어서의 실천이 더 큰 문제다. 우리의 가치판단과 그에 근거한 우리의 실천이 앞선 원인들에 의해 결정되어 있는 것이라면 어떻게 살 것인가 하는 것을 고민하는 의미가 과연 있을 것인가? 우리는 무엇에 이끌려 이 자리까지 왔을까? 진정 무엇에 떠밀려서 여기까지 온 것은 아닌가? 아니면 조금이라도 독립적으로 나 자신의 의지에 의해 여기까지 온 것인가? 인간의 능동성은 당연한 것이지만 그것이 인간의 자유의지에 의한 것인지는 명확하지 않다. 이것은 들뢰즈에게 있어서도 마찬가지다. 인간 어느 누구도 풀 수 없는 문제일 것이다.

　그럼에도 나는 우리의 의지 속에 혹시라도 스며들어 있을 어떤 독자성 내지는 실체성을 믿으면서 과감히 우리의 의지를 실천해 나가는 것이 우리가 할 일이 아닌가 생각한다. 잉여, 여백, 오차는 반드시 존재한다는 것이 내 생각이다. 4개의 힘 말고 다른 힘은 없는가? 자연법칙은, 생명 탄생의 법칙은, 정신 발생의 법칙은 물리·화학법칙으로만 이루어진 것인가? $E=mc^2$이 나타내는 에너지와 물질의 상호변환 과정에 어떤 불가사의한 존재의 작용은 없는가? 수소 2개와 산소 1개가 합쳐져 물 1개가 될 때 부산물은 전혀 없는가? 혹시 첨가물은 또 없는가? 우리는 자연에 대하여, 존재에 대하여 모르는 것이 너무도 많고 또한 영원히 그럴 것이기 때문에 궁극적인 해답은 내릴 수 없다는 것이 나의 최종적 생각이다. 자유의지에 대한 사유는 과학의 발전과 함께 영원히 지속될 것이다.

여민철　나도 같은 생각이다. 딱 부러지게 결론을 내린다는 것 자체가 어불성설이다. 이상의 논의에 비추어 볼 때 나는 인간에게 의지의 자유가 있는지 여부는 영원히 유보되어야 할 것으로 생각한다. 지금으로서는 결정론적 설명이 힘을 얻고 있지만 아직 우리가 자연을 다 이해하지 못한다는 사실을 항상 명심해야 할 것이다.

최영준　결국은 민철이와 규석이의 생각은 다른 게 아니군. 이 문제에서도 어느 측면에 더 중점을 두는가 하는 각자의 선택이 관건이 되겠군. 여기서 문득 자기충족적 예언(self-fulfilling prophecy)이라는 말이 생각나는데. 자유의지에 대한 신뢰 여부에 따라 결국 유한한 우리 삶은 자기충족적 예언의 결과에 따라 진행되지 않을까? 자기충족적 예언은 그것이 실현되기 위해서는 예언을 하는 주체가 결과에 상당한 영향력을 행사할 수 있을 것이 요구된다. 모든 인간은 자신이 자신의 인생에 있어 가장 큰 영향력을 가진다는 것은 부정할 수 없을 것이다. 자기가 어떤 선택을 하느냐에 따라 자기의 인생이 어떻게 전개될지가 좌우될 것은 분명하다. 자유의지를 믿는 사람은 스스로 자신의 운명을 개척하려는 노력을 기울일 것이며 그것이 결국은 자신의 의지에 어느 정도 부합하는 삶을 살게 할 개연성이 있다. 반면에 자유의지의 존재를 불신하고 모든 것이 나의 행동과는 상관없이 결정되어 있다고 생각하는 사람은 자신의 운명을 개척해 보겠다는 의지도 사라질 것이며 결국 의미 없는 상투적 삶을 사는 데 그치고 말게 될 가능성이 크다. 자기의 신뢰와 선택에 따라 자신의 인생은 달라질 것이라는 얘기.

여민철　어떻게 생각을 하느냐에 따라 결과가 좌우될 것이라는 것을 영준이가 잘 정리해 준 것 같다. 우리는 들뢰즈의 일의적 존재론과 자연주의에 동의하지만 인간이라는 존재의 특수성을 인정할 수밖에 없다. 논리적으로 아무리 시원적인 근원으로부터의 필연적 인과관계가 인정된다 하더라도 시시각각의 선택에 있어서의 인간의 의지를 평가 절하하기는 곤란하다고 생각된다. 순수하게 결정론적 입장을 취하더라도 내 생각은 마찬가지다. 우리 인간의 의식은 다른 존재와는 다르게 끊임없이 의미를 부여하고 가치를 평가하도록 사유하게끔 정해져 있는 것이 사실이다. 어떤 물건이나 행동, 그리고 사건에 대해서 그 의미를 해석하고 가치를 매기도록 우리의 사유구조는 결정되어 있는 것이다. 따라서 우리는 가치를 평가하고 그 평가 결과에 따라서 행동할지 여부를 부단히 고민해야 하는 운명을 타고난 것이다. 필연적으로 사유하도록, 의미를 해석하고 가치를 평가하도록 운명 지어진 존재, 이것이 우리의 자유의지를 입증하는 것은 아닐까? 비록 모든 앞선 불가피한 원인들로 인해 결정되어 있다고 볼 수 있을지라도, 외부 환경에 대하여 저항하며 살 것인지 순종하며 살 것인지는 지금 여기서의 우리들 선택에 달린 문제라는 것은 틀림없는 사실이다. 들뢰즈의 생성론을 바탕으로 우리는 무엇을 할 것인지를 끊임없이 물어야 한다. 생성의 근원으로서 존재하는 탈영토화의 첨점을 연구하고 우리 자신이 그것을 촉진하거나 스스로 탈영토화의 첨점이 될 수 있는 길을 신중히 찾아야 한다.

주상호 그런데 여기서 의문이 드는 게 하나 있어요. 아까 빅뱅 얘기가 잠깐 나왔는데, 빅뱅 이전에는 뭐가 있었을까요? 평소에도 관심이 있었던 것이라 그래서 제가 좀 알아봤는데요. 자연법칙도 절대적인 것은 아니고 단지 빅뱅의 결과일 뿐이라는 거예요. 인과관계의 사슬이 빅뱅 이전까지도 펼쳐질 수 있는 것인지, 자연법칙도 변화하는 것인지 하는 문제들(다큐멘터리 〈빅뱅 이전에 무엇이 있었나?〉, 영국 BBC, 2010, KBS 특선월드, 2011 참조)에 대해 형들은 어떻게 생각해요?

여민철　어후, 주상호. 질문 차원이 엄청난데. 난 잘 모르겠다. 아는 거 있으면 말해 봐라.

주상호　기존의 빅뱅이론은 태초 이전에는 시간도 공간도 존재하지 않는 절대적 무의 세계였다는 것을 전제한다고 하네요. 생각 가능한 모든 것이 존재하지 않는, 그야말로 생각할 수도 없고 생각할 필요도 없는 무의미의 세계라는 거예요. 이러한 세계를 우리는 상상해 볼 수 있죠. 아무 것도 존재하지 않는 상황에서 시간과 공간이 무의미해지는 세계. 또 무엇인가 존재는 할지라도 변화나 운동이 없는 절대 정지의 세계라면 역시 시간은 무의미하겠죠. 지금 당장이라도 모든 존재하는 것이 정지한다면 시간도 사라지는 것이죠. 그렇다면 과연 빅뱅 이전이라는 것은 생각할 수 없는 것일까요?

그러나 이제는 이러한 생각에 많은 이의가 제기되고 있어요. 빅뱅이라는 것이 있었는지 조차 아직 확실하지 않지만 있었다 해도 그것이 꼭 모든 것의 시작일 필연적 근거는 없다는 것이죠. 대폭발의 원인이 없을 수 없고, 그 원인이 있었다면 시공간이 무의미한 절대적 무라는 것은 논리적으로 모순될 수밖에 없다는 거예요. 그래서 아직 증거는 없지만 여러 가지 대안적 가설들이 등장해요.

그 중에서 내가 소개하고 싶은 것은 다음과 같은 가설입니다. 자연법칙도 영원히 불변하는 것이 아니다. 자연법칙도 진화의 결과라는 주장이 있습니다. 자연법칙들은 시간을 초월한 플라톤의 영역에 있는 것이 아니라, 다윈의 통찰과 아인슈타인의 일반상대성이론 등에 의해 시간에 얽매인 우연적이고 역동적인 것이 될 수 있다는 것입니다. 예를 하나 들어 보죠. 입자물리학의 표준모형에 따르면 매개변수들의 자유로운 값들에 따라 수없이 많은 우주가 가능하고 그 중 하나가 빅뱅으로부터 시작한 우리 우주인데, 이러한 가정 하에서 무한히 연결되는 이전의 우주와 이후의 우주들이 바운스(bounce)라는 수축과 팽창을 거듭하면서 진화해 간다고 설명하는 것입니다(『왜 종교는 과학이 되려 하는가』 존 브록만 엮음, 2006, 「우주의 자연법칙도 진화의 결과다」 리 스몰린, 한국어판: 김명주 옮김, 바다출판사, 2011, pp202~221 참조). "근본 입자들의 질량이나 근본적인 힘들의 세기가 우리가 실제로 관측하는 값들에 매우 가깝도록 세팅되어야 하고, 만약 이 매개변수들이 어떤 좁은 범위를 벗어난다면, 우리 우주는 생명체가 존재할 수 없는 곳이 된다."고 합니다(『양자 중력의 세 가지 길』 리 스몰린, 2001, 한국어판: 김낙우 옮김, 사이언스북스, 2007, pp352~353). 이러한 주장은 다중우주(multiverse)론에 진화론의 착상을 덧붙인 것인데, 이에 의하면 "빅뱅은 존재하는 모든 것의 근원은 아니며, 단지 그것을 통하여 시공간의 새로운 영역이 창조되는 일종의 상전이일 뿐"이라는 겁니다. "수많은 대폭발로 수많은 우주가 만들어지는 과정에서 임의의 상을 갖는 우주가 창조될 수 있다."는 것이죠. "이 우주들은 각각 서로 다른 수의 차원과 기하학적 성질을 가질 것이며, 또한 다른 법칙들에 따라 상호 작용하는 다른 근본 입자들을 가지고 있을 것"이라는 겁니다(앞의 책 p355).

이는 마치 니체의 영원회귀가 우주론의 차원에서 적용되는 것으로도 볼 수 있을 것 같아요. 이와 같은 우주론을 전제로 물리학자 리 스몰린은 "아무 것도 시간을 초월하지 못하며, 자연법칙들도 그렇다. 법칙들은 시간을 초월한 것들이 아니다. 다른 모든 것과 마찬가지로 법칙들도 현재의 특질이고, 그래서 시간이 지나면서 진화"(『다시 태어난 시간(Time Reborn)』 리 스몰린, 2013, 서문)할 수 있다고 주장하기까지 합니다. 이같이 시야를 넓혀

광대한 우주론의 차원에서 본다면 영원히 변할 것 같지 않은 자연법칙마저도 고정된 것이라 할 수 없는 것이 됩니다. 그야말로 모든 것은 변한다는 것이죠. 나는 이러한 주장이 들뢰즈의 생각과 매우 잘 통한다고 봅니다. 들뢰즈의 철학에서 존재, 즉 생성은 시작도 끝도 없고, 기원도 없고 궁극적 목적도 없습니다. 따라서 빅뱅이 우주의 시작이라고 주장하는 빅뱅이론은 들뢰즈의 생각과 합치할 수 없다고 생각해요. 빅뱅 이전을 생각하는 사고의 흐름이 들뢰즈 존재론과 부합한다고 생각되네요.

일 동 주상호 대단하다. 많이 컸다.

여민철 그러고 보니 문득 이런 생각이 드는데.

주상호 무슨 생각이요?

여민철 다중우주론이 맞다면 말야, 죽음이 다른 우주로 가는 통로가 아닐까? 죽음이란 게 마치 다른 우주로의 순간적인 공간 이동 같은 게 아닐까? 우리 몸이 미립자들로 분해되었다가 순간적으로 다른 우주로 이동해 다시 새로 태어나는 식으로 말야.

주상호 글쎄요. 다른 우주로 가는 통로는 우주간 블랙홀일 수도 있구여. 막우주론이란 것에 의하면 우리는 우리가 사는 우주로부터 벗어날 수는 없다고 하는데요.

강규석 말이 될 수도 있겠는데. 우주가 여러 개 있는데 물리적 통로는 없고 단지 순간이동만 가능한 경우도 있을 수 있잖아. 아까 내가 외계 생명체의 존재를 확신한다고 했는데 어쩌면 우리 우주에는 고등 생명체가 우리밖에 없을 수도 있겠군. 누군가가 이 우주에 우리만 있다면 엄청난 공간 낭비라고 했는데, 그것이 사실일 수도 있겠어. 이 우주의 주인공은 그야말로 우리인 것인가? 그렇다면 우리가 접할 수 있는 외계인은 없는 것인가?

죽기 전에는? 우주 탐험의 의지를 가지는 의식적 존재는 한 우주에 하나만 할당된 것일까? 아~, 점점 더 공상 속으로 빠져드는 거 같애.

여민철　하나의 우주에 하나의 진화 방식만 할당된다? 그것도 일리가 있네. 실제로도 그럴 듯하지 않나? 이 우주에 존재하는 물질과 물리·화학법칙에 의한다면 생명의 탄생과 그 진화의 과정에 아무리 많은 우연이 개입된다 하더라도 결국은 탄소의 역할이 절대적인 것은 부정할 수 없는 사실이잖아. 탄소의 작용에 의해서 물질로부터 의식으로까지 도달할 수 있는 환경이 지구가 유일할 수도 있을 것이고. 공상 과학에서는 지구와 다른 환경에서는 규소에 기반한 생명체도 가능하다고 하던데, 현 우주와 같은 조건에서는 지구에서의 과정이 가장 확률이 높은 경로를 실현한 것으로 볼수도 있지 않을까? 아마 다른 우주에는 여기와는 다른 물질이 존재하고 다른 자연법칙이 적용될 것이고 그렇다면 여기와 다른 생명 현상도 가능할 테지. 물질과 법칙이 근본적으로 다른 세상이라면 생명의 탄생과 진화의 양상은 우리의 상상을 초월할 거다.

주상호　(딴 생각 하다가) 앗! 그게 암흑물질의 역할이 아닐까요?

여민철　뭐가?

주상호　순간이동 말이에요. 암흑물질이 분해된 미립자들을 다른 우주로 이동시키는 매질 역할을 한다면? 아무도 알 수 없는 거잖아요? 암흑물질에 대해 밝혀진 게 아직까지 거의 없어요. 인위적인 양자전송 기술이 극도로 발전하면 물체의 순간이동도 가능하다고 하는데요, 죽음이 자연적인 양자전송과 같다면, 암흑물질이 무언가 작용을 한다면, 형 말이 전혀 허황된 말도 아니죠.

여민철　인마, 내가 말해 놓고도 어이가 없다. 설마 그렇게 황당한 일이 있을 수 있을까?

주상호 왜 없다고만 생각해요? 이 세상에도 믿기 어려운 일이 어디 한둘이에요? 하이젠베르크의 불확정성의 원리가 그렇고요. 시간과 공간이 휘어져 있다는 상대성원리도 그렇고요. 암흑물질의 역할도 아마 우리의 상상을 족히 뛰어넘을 거라 저는 봅니다.

최영준 그렇다면 암흑물질이 저승사자라는 얘긴가? 단테가 말한 연옥과 지옥의 여러 단계 같은 것이 진짜 있을 수도 있겠네.

여민철 사후의 세상이 정말 있을 수도 있겠구나. 햐~. 영혼불멸인가? 아니 우리의 정체성은 우리의 잠재성이라고 했잖아? 잠재성, 잠재적 역량 불멸이라고 해야 하나?

최영준 최영준이라고 불리는 하나의 잠재적 개체로서의 '이것임'의 다른 우주로의 순간적 이동? 아, 이런 되도 않는 생각을 다 하다니!

주상호 꼭 그렇지도 않아요. 증명할 수 없는 가설에 바탕을 두고 있지만 어쨌든 과학적 추론으로 도출될 수 있는 생각들이잖아요.

최영준 논리적 비약이 심한 거 아닌가?

주상호 논리적 비약이 있다는 증거도 없잖아요.

최영준 그런가? 여하간 착하게 살아야겠다.

일 동 (웃음과 함께 건배)

Ⅲ 민주주의와 파시즘

다음날 평양대학교 근처 강규석의 하숙집. 일찍 일어난 여민철과 김유진이 차를 마시며 담소를 나눈다.

김유진 일찍 일어나셨네요. 어제 과음하지 않으셨어요?

여민철 잘 잤어요? 난 어제 술 별로 안 했는데. 그리고 나는 주식하면서 아침형 인간으로 됐지. 나이 들면서 아침잠도 점점 없어지구. 지금까지 퍼질러 자는 쟤네들은 아직 어리다고 봐야지.

김유진 선생님은 왜 혼자세요? 독신주의신가요?

여민철 아니. 독신주의는 아니고. 그냥 결혼에 관심이 없어서.

김유진 결혼이라는 제도를 싫어하시는군요.

여민철 딱히 그렇지도 않고. 그저 내 취향에 안 맞아서. 번거롭고 귀찮아. 그리 필요한 거 같지도 않고. 하지만 결혼하고 싶은 사람이 생기면 결혼할 수도 있지. 사람 일은 모르는 거니까.

김유진 혼자서도 외롭지 않으신가 봐요.

여민철 외롭긴 한데, 인간관계가 서툴고 성질이 지랄 같아서 함께 사는 게 나도 힘들고 상대방도 힘들게 하는 스타일이지.

김유진 처음 뵐 때부터 원만한 성격이 아니신 것은 알겠더라구요. 나쁜 남자 스타일?

여민철 아니, 전혀 안 그래. 나는 사람을 대할 때 최선의 매너를 다하지. 오해하지 마. 난 그런 스타일이 아니구, 오히려 너무 샤이해서 그래. 그리고 귀찮은 것 되게 싫어 하구.

김유진 매너가 있으시다구요? 아닌 거 같은데.

여민철 난 사교적이지도 않고 인간관계에 무관심하지만 일단 관계가 생기면 최선을 다해. 나보다 위인 분한테는 예를 다하고, 나보다 아래인 사람한테는 배려를 아끼지 않지. 근데 모든 게 너무 피곤해. 나는 딱 은둔 스타일인가 봐.

김유진 자식 욕심도 없으시구요?

여민철 나는 나를 포함해서 인간 자체를 좋아하지 않아. 그러니 번식 욕구도 있을 턱이 없지. 나 닮은 자식을 갖는다는 건 생각만 해도 너무 짜증나. 나는 인간이라는 존재가 싫어요. 왜 인간은 이렇게 만들어졌을까? 왜 단백질로 만들어졌지? 생명의 법칙을 모르는 소리라 욕먹을지라도 사람이 플라스틱이나 강철로 만들어졌으면 더 완벽하지 않았을까 하는 생각이 들 때도 있고. 성과 생식은 왜 같은 방법으로 하도록 만들어졌을까? 생노사까지는 괜찮은데 왜 또 병이라는 게 있을까? 그냥 살다 차차 사그라들게 되면 안 될까? 이런 생각들을 하다 보니 인간뿐만 아니라 존재 전체에 대한 일종의 허무주의에 빠졌다고나 할까? 그런 저런 이유들로 아직 싱글을 유지 중. 근데 이런 내 양식과 이성에 의하면 이 세상에 대한 허무로 가득 차 있지만 내 의지로써 이 모든 존재를 긍정하리라. 이것이 내 철학 중 하나라 할 수 있지. "이성으로 비관적일지라도 의지로 낙관하라." 그람시 형님의 말씀처럼.

김유진 혼자 사시는 이유가 존재에 대한 실망이라는 건가요?

여민철 내 너무 거창하게 말한 것도 같은데, 감히 존재에 대한 실망이라기보다는 존재에 대한 불만 아니 약간의 혐오가 좀 있을 뿐이지. 자연에 대해서도 사회에 대해서도. 유진은 자연이 아름답다고 생각하나?

김유진 아름답지 않나요? 최소한 인간은 안 그렇다 해도 자연은 그렇게 볼 수 있지 않나요? 저는 자연이 아름답다고 생각하고 자연에 대한 경외심마저 갖고 있는데요.

여민철 동물의 왕국에서 들개나 사자들이 먹이를 몇 분만에 다 뜯어먹는 것, 침팬지가 작은 원숭이들을 찢어 먹는 것, 피라냐들이 순식간에 어린 새를 뼈만 남기고 분해해 버리는 것, 들판의 죽은 짐승 시체들에 구더기가 들끓는 것들을 보면 어떤 생각이 들지? 멀리서 보는 폭포나 바다 산 같은 걸 보면 아름다운 생각이 들기도 하지만 막상 가까이 보면 얼마나 잔혹한 것들이 많은가 말야. 왜 그런 식으로 자연은 유지되고 순환하도록 만들어진 것인지……. 다른 대안은 없었던 것인가? 예전에 상호가 말했던 바에 의하면 매개변수 몇 개만 바뀌어도 자연법칙의 많은 부분이 지금과 다를 수도 있다고 하던데.

김유진 그렇게 세상에 대해 비관적이시니 여자에 대한 관심도 별로 없겠네요? 의지로써 이성을 좋아할 수도 없을 테고요.

여민철 하핫, 그럴 리가? 그건 본능에 관한 문제잖아? 내가 사람이 싫다 해도 사람인 것은 분명해. 사람으로서의 기본 욕구는 어쩔 수가 없지. 지금도 코드가 맞는 여자라면 언제나 오케이지.

김유진 어떤 여자가 코드가 맞는데요?

여민철 양갓집 규수는 아니고, 나 같이 혼자서 자유롭고 독특하게 인생을 즐길 줄 아는 여자라 할까?

김유진 양갓집 규수가 왜 싫으세요?

여민철 아무래도 양갓집 출신 처자들은 결혼을 해서 가족과 가문을 이루고 보통의 삶을 살려고 하지 않을까? 나하고 코드가 맞는 사람이 그 쪽은 없을 거야.

김유진 자유롭고 독특하게 사는 여자라구요? 그런 여자들도 선생님 하고 코드가 맞는 여자가 과연 있을까요? 너무 독특하셔서.

여민철 후훗. 나 이리 뵈도 한때는 잘 나가는 남자였다구. 지금은 이리 초라하지만.

김유진 아뇨, 죄송해요. 그런 뜻이 아니구요. 약간~은 까다로우신 스타일이라 …….

여민철 약간이 아니라 엄청 까다롭지. 나도 나를 잘 알아. 애정관계도 인간관계잖아. 그것도 아주 골치 아픈. 인간관계에 서툴고 샤이한 사람이 애정관계라고 다를 리 있겠어? 난 그냥 남자친구와 다른 한 가지를 더 할 수 있는 친구로서의 여자가 있으면 좋을 거 같애. 그게 다야. 만나고 싶을 때 만나고 보고 싶을 때 볼 수 있는, 서로를 이해하는 여자친구면 돼. 근데 그게 쉽지가 않거든. 세상의 반이 여잔데 말야.

김유진 그냥 선생님이 까다로워서 그런 거에요. 결혼도 별루다. 자식도 별루다. 어디 그런 거 맞춰줄 수 있는 여자가 흔하겠어요?

여민철 내가 마냥 그렇게 까다롭지만은 않아. 내가 구애받기 싫어서 약속도 잘 하지 않지만 그렇다고 한 약속을 안 지키는 사람은 아냐. 책임감은 투철하다구. 누구보다 윤리적이고. 약속을 하면 철저히 지키고. 자식이 생기면 잘 키워야지.

김유진 결혼은 싫으시다면서 자식은 잘 키울 수 있다고요? 선생님이 생각하는 가족은 도대체 어떤 거죠?

여민철 나는 가족은 부모자식이면 충분하다고 생각해. 부부 중심의 가족이 오랫동안 정상적인 것으로 생각돼 왔지만 지금은 세태도 달라지고 있어. 가족관계의 형태가 과거와는 완전히 달라지고 있어. 가족에 관한 사람들의 생각이 단시간에 급격히 변했지. 남한에서는 혼자 사는 사람들하고 부모와 자식만 같이 사는 존비속 가족을 합친 것이 전체 가구의 반 이상이야. 개인주의가 퍼지고 탈근대적인 사조가 익숙해지면서 결혼이나 가족에 대한 생각이 급격히 변하고 있어. '각자에게 자신의 성을'이라는 구호 들어 봤지? 단지 성에 관한 모토는 아니지만 사람들이 성에 관해 개방적이고 자유롭게 되어 감에 따라 결혼은 급감하고 가족의 구성도 부부 중심이 아니라 혈연이 중심이 되고 있지. 비혼이면서도 자식을 기를 수 있는 체계가 완벽하게 확립되었고 부부가 되어 검은 머리 파뿌리 될 때까지 사는 것보다는 남녀간의 빈번한 만남이 자연스럽게 됐지.

김유진 남한은 가족이 거의 붕괴된 거 같네요. 그리고 남녀 사이도 프리섹스 사조가 유행인가 보죠?

여민철 무슨 소리? 그런 게 아냐. 가족의 토대는 여전히 굳건해. 방금 말했듯이 단지 형태만 다양하게 바뀐 것뿐이야. 그만큼 삶의 스타일에 대한 시각들이 너그러워졌다고 할 수 있지. 그래서 남한에서는 처녀가 애를 배도 전혀 이상한 일이 아니게 된 거지. 부부로 평생 같이 살기는 싫어해도 자기 자식만은 갖기를 원하는 사람이 많아졌고, 시대상이 그에 맞아떨어져 그러한 삶이 이상해 보이지 않게 된 거야. 그것도 아주 단시간에 말야. 만약에 어제 규석이가 말한 대로 인공자궁이라도 발명되는 날에는 무슨 사태가 벌어질지 ……. 남녀간의 빈번한 만남은 단순한 프리섹스 사조가 아니라 사람들의 신중한 선택의 결과라고 해야지. 사람들의 철학과 인생관이 변한 거야. 민주주의가 실질적으로 정착함에 따라 자유와 평등이 제 모습을 갖추게 되고 따라서 각자의 취향과 선택에 대한 존중이 커지고 삶의 스타일이 극도로 다양하게 된 거야. 가족 구성원이 어떤가는 전혀 중요치 않아. 각자가 자신의 역량을 발휘하고 욕망을 실현하는 일이 가장 중요한 것이 된 거지. 아마 북한도 몇 년 안에 이렇게 바뀔 걸!

김유진 혼자 자신의 일 하면서 자식 키우는 게 쉽지 않잖아요?

여민철 지금은 안 그래. 비혼모나 비혼부가 자연스럽게 받아들여지고 신생아를 돌볼 수 있는 제도가 완벽히 갖추어졌어. 노인을 봉양하는 체계도 완벽에 가까워. 부모님이 연로하게 된다면 자식이 일을 포기할 필요 없이 사회가 대신 노인을 봉양하는 시스템이 잘 갖춰져 있는 거야. 이제는 이러한 제도가 보편화되었기 때문에 옛날 같이 신생아나 노인을 방치하거나 학대하는 행위는 상상도 할 수 없게 됐어. 그러한 행위는 사회를 파괴하는 행위나 마찬가지야. 결코 사회가 용납을 안 하지. 이러한 이유들로 사람들은 이제 남남이 만나 해로하는 것보다는 부모나 자식 하고 생활을 하는 것에 만족하면서 남녀 간에 부담 없이 만나는 것을 많이 선호하게 된 것 같애.

김유진 남한이 우리보다 많이 발전했다는 것은 알고 있었지만 사상적으로 제도적으로 남한이 우리와 그렇게 많이 다른 줄은 미처 몰랐습니다. 선생님도 그런 생각이시라면 얼마든지 외롭지 않게 즐기면서 사실 수 있겠네요.

여민철 하~. 안타까울 뿐이야. 10년만 더 젊었더라면 ······.

주상호 뭘 그리 재밌게 담소를 나누십니까? 누가 보면 사귀는 거 같네요. 민철이 형 지금 죄짓고 있는 거 아닙니까?

여민철 자다가 봉창 두드리는 소리 하지 말고 정신 차려라.

최영준 내가 보기에도 수상한데. 이것 봐, 유진 양도 적극 부정하지는 않잖아.

여민철 야 너까지. 유진이도 어이가 없어서 그러잖아.

주상호 어라. 유진이도라고요? 두 사람 굉장히 친해졌나 봐요.

여민철 아, 최영준! 그나저나 넌 한 학기 동안 강의는 제대로 한 거야? 현장에서 빡빡 기기만 하던 무식한 검사가 제대로 애들은 가르친 거야?

최영준 은근히 말을 돌리네. 후훗.

평양대학교 정치학부 강의실. 초빙강사 최영준이 민주주의와 남한 정치 전반에 관하여 강의하고 있다. 그는 남한의 자유민주당 창립 당시에 핵심 역할을 했고 지금은 제2 검찰에서 프리랜서 검사로 활동 중이다. 그의 강의 주제는 민주주의이지만 자유민주당의 강령인 자유민주주의 전반에 대하여 주로 논하고 있다. 그리고 세습체제에서 벗어난 지 얼마 안 되는 북한의 청년들과 북한의 정치적 미래에 대해서도 열띤 토론을 진행 중이다.

최영준 민주주의란 게 무엇입니까? 데모크라시, 즉 민중이 통치하는 것입니다. 민주, 즉 어느 집단에서든 그 집단의 구성원이 그 집단의 주인이 되는 것입니다. 여러 학자와 정치가들이 나름대로 자기의 주장과 철학을 펼치며 민주주의를 설명해 왔지만 그 어원적인 의미를 그대로 해석하는 것이 이해하기에 가장 좋은 것 같습니다. 누가 민주라는 단어를 데모크라시의 번역어로 했는지 잘 모르지만 매우 탁월한 선택이었다고 봅니다. 말 그대로 국가라면 국민, 지자체라면 그 단체의 주민 모두가 주인이 되는 것입니다. 주인이라는 것의 요체는 무엇입니까? 주인은 노예와 달리 자기 운명을 자기 스스로 결정하는 사람입니다. 자기운명결정권을 갖는다는 것이죠. 따라서 국가적 차원에서 민주주의를 말한다면 그것은 국가적 차원의 정책결정에 있어 국민 모두가 주인으로서 참여하고 자신의 의사를 표현하고 그 뜻이 정책에 반영되도록 할 수 있는 기회가 보장되는 시스템이라고 할 수 있습니다. 국가를 이루는 구성원으로서 주인으로서 산다는 것은 국가적 의사결정에 스스로 참여하여 자신의 의견을 자유롭게 개진할 수 있어야 하는 것입니다. 따라서 민주주의의 핵심은 참여와 의사표현이고 그 실현 수단으로서 언론의 자유의 확립이 가장 중요하다는 결론이 자연스레 도출됩니다.

여러분도 이미 잘 알고 있듯이 언론의 자유는 표현의 자유와 알 권리가 핵심입니다. 자기의 의사를 마음껏 자유로이 표현할 수 있어야만 합니다. 그래야 주인이라고 할 수 있죠. 그런데 그 전제가 되는 것이 알 권리입니다. 사정을 제대로 알아야 정확한 자신의 의견을 개진할 수 있는 것 아니겠습니까? 궁극적으로 민주주의의 성패는 알 권리의 보장, 즉 정확하고 신속한 정보의 제공과 획득에 달려 있다고 할 수 있습니다. 정보가 권력의 핵심입니다. 정보를 가진 자가 세상을 지배합니다. 국가가 아닌 어떤 차원의 집단에서도 마찬가집니다. 힘의 관계, 권력관계의 변화에 가장 큰 영향을 미치는 요소로서 정보의 흐름에 대한 미시분석이 요즘 뜨겁게 부상하고 있는 미시정치론(micro-politique)에서도 가장 중요한 부분을 차지하고 있습니다. 정보의 흐름에 있어서의 미묘한 변화와 특이점을 포착하는 것이 무엇보다 중요합니다. 민중이 통치하기 위해서는 민중이 정보를 가져야 합니다. 지난날 민주주의를 파괴했던 권력자들이 그렇게 정보를 독점하고 통제하려 했던 이유가 있습니다. 구성원들이 정보를 많이 알면 알수록 대표자를 민주적으로 통제할 수 있는 힘이 더욱더 커지는 것은 당연한 일입니다. 따라서 민주주의를 제대로 실현하기 위해서는 정보의 투명화가 가장 우선적으로 요구된다고 할 수 있습니다. 소수의 대표자에게서 생산되거나 그들에게만 우선 제공되는 정보들을 투명하게 다수의 구성원들에게 전달하는 것이 관건입니다. 그 중에서도 인간에게 먹고 사는 일이 가장 중요한 만큼 돈의 흐름에 있어서의 투명성이 가장 중요하다고 할 수 있겠습니다. 모든 정보가 투명하게 제공되는 제대로 된 민주주의는 부패를 뿌리 뽑고 경제도 제대로 작동하게 하기 위한 필수 요건이라고 할 수 있습니다.

이러한 사고를 기초로 우리 자유민주당은 투명한 정보가 유통되는 실질적 자유민주주의를 달성하고자 노력하고 있습니다. 그러려면 자신부터 투명해져야겠지요. 우리 자민당부터 투명하게 모든 정보를 제공함으로써 당원의 참여를 보장하고 그들의 의사를 정확히 반영하는 한편, 국민들에게도 투명한 정보를 제공하는 통로로서의 역할을 충실히 하고 있습니다. 그리고 정보를 다루는 권력기관들에 대한 민주적 통제를 강화하기 위해 힘쓰고 있습니다. 해외정보처에 대한 국회의 감시와 통제를 강화했고, 군대의 민주화를 위한 민간 감시기구도 만들었고, 투명하고 공정한 수사와 기소를 할 수 있는 또 하나의 검찰기관을 둠으로써 권력기관을 민주적으로 통제하고 그 효과가 사회 전체에 파급되게 하여 전 사회의 민주화를 실현하려고 하는 중입니다.

학 생 남한 민주주의의 눈부신 발전상이 부럽습니다. 우리도 하루빨리 민주주의가 활짝 피는 그런 날이 오기를 기대합니다. 그런데 북한은 김씨 일가의 세습 독재체제에서 벗어난 지 얼마 되지 않습니다. 말이 공산주의 혹은 사회주의체제였지 거의 봉건군주체제나 다름없었습니다. 그런 상황에서 갑자기 민주사회로 격변하는 중에 있습니다. 이런 격변기에는 남한의 해방 후의 개발독재체제를 일시적으로라도 유지하는 것이 더 바람직하지 않을까요? 선생님의 이상적인 민주주의는 아직은 북한에서 시기상조가 아닌가 생각되는데요.

최영준 민주주의에 시기상조는 없습니다. 빠르면 빠를수록 좋습니다. 북한은 남한의 과거 정치사로부터 많은 것을 배워야 합니다. 후발주자로서의 이익을 최대한 활용해야 하는 것이죠. 그럼으로써 시행착오를 최소화하여 하루빨리 정치적으로나 경제적으로나 모든 분야에서 민주화를 이루어야 합니다. 그리고 더 나아가 남한의 수준을 추월해야 합니다. 남한은 현재도 이념에 따른 갈등이 적지 않습니다. 북한을 어떤 방향으로 이끌어야 하는지에 대해서도 의견이 분분한 상황입니다. 그렇지만 나와 현 남한 정부의 생각은 확고합니다. 북한에 민주주의를 확고히 뿌리내리고 북한 민중의 자발적인 선택에 따라 북한의 미래가 결정되도록 하는 것입니다. 북한은 지금 백지상태라고 할 수 있습니다. 새로 들어선 북한 정부는 그 어떤 결정도 북한 민중의 결정에 따를 것을 천명하고 있습니다. 하루빨리 북한

이 민주화하는 것이 지금의 과도기적 상황을 안정시킬 수 있을 것입니다. 그러기 위해서 여러분과 같은 대학생들이 민주주의를 열심히 공부하고 남한의 민주주의가 거쳐 온 과정을 세밀히 연구하여 시행착오를 최대한 줄여야 합니다. 그것을 돕기 위해 남한의 현 정부도 최선을 다 하고 있고 그 과정의 하나로 나 같은 사람을 강사로 파견한 것입니다.

북한에서 실질적인 자유민주주의를 구현하는 것이 아직 이르다고 생각하는 사람들이 많은 것으로 보이는데, 그렇다면 '왜 민주주의이어야 하는가?' 하는 기본적인 물음에서부터 시작해 보기로 합시다. 민주주의의 대안으로서 그 비판자들이 주장하는 바는 무엇인가? 다른 비민주적 대안에 비해서 민주주의는 어째서 더 우월한가? 민주주의체제는 정의롭지만 다른 체제에 비해서 비효율적이지는 않은가?

우리는 민주주의가 자유와 평등을 조화롭게 실현하여 정의로운 사회를 건설하는 데 가장 적합하고도 강력한 수단이라고 생각합니다. 그리고 사회의 안정과 발전을 위해서도 가장 효율적일 수 있다고 확신합니다. 그러나 기본적으로 인간을, 민중을, 대중을 신뢰하지 않는 많은 사상들이 존재합니다. 이런 사상들은 민주주의에 비판적일 수밖에 없겠죠. 플라톤의 철인정치론 이래로 민주주의에 대한 가장 강력한 대안적 주장은 공공선을 달성하는 데 있어 우월한 지식과 양심을 가진 엘리트들에게 통치를 맡기자는 것입니다. 동양에서는 요순시대를 이상으로 삼는 공자와 맹자의 왕도정치 사상이 이에 상응할 수 있을 것입니다. 의견은 분분하지만 니체의 초인사상도 이러한 주장의 한 갈래로 보는 시각이 있고, 프롤레타리아 독재를 합리화하는 레닌의 전위당 이론, 그 밖의 전문가정치, 관료정치 등이 그런 류의 주장들이라 할 수 있습니다. 이러한 사상들은 민주주의 이론가인 로버트 달이 말한 수호자주의에 해당하는 것들이라고 할 수 있는데, 문제는 이러한 수호자들을 선발하기도 어려울뿐더러 수호자들의 선의가 지속되는 것도 불가능하다는 것입니다(『민주주의와 그 비판자들』로버트 달, 1989, 한국어판: 조기제 옮김, 문학과지성사, 1999, 제4장, 제5장 참조). 이는 역사가 증명하는 바로서, 절대 권력은 절대적으로 부패한다는 말은 허언이 아닙니다. 이런 주장들은 또한 그 타당성 여부를 떠나 권위주의체제의 정당화를 위해 악용될 가능성도 매우 큽니다.

학 생 자유와 평등에 관한 한 아나키즘이 민주주의보다 한 수 위 아닙니까?

최영준 그렇게 생각할 수도 있다고 봅니다. 아나키즘이야말로 일체의 권위를 부정하며 위계적 질서를 전면적으로 배척하는 주장이니까요. 하지만 아나키즘도 민주주의에 포함될 수 있는 사상이라고 할 수 있습니다. 아나키즘을 흔히 우리말로 무정부주의라고 번역하는데 실제로 아나키즘의 유형과 종류는 매우 다양합니다. 주된 가치는 자유와 자치, 탈(脫)권위이지만 그 외에도 자연과 생태와 환경 등이 있고, 정부에 대한 견해도 무정부하나만 있는 것이 아닙니다. 아나키즘의 유형들 중에는 좋은 정부는 부정하지 않는 것도 있습니다. 아나키즘은 그 핵심을 이루는 가치를 볼 때 민주주의의 극단적 형태 중의 하나로 보는 것이 타당할 것입니다. 민주주의에 배치되거나 민주주의를 배척하는 아나키즘은 있을 수 없습니다. 완전한 직접민주주의에 가깝다고 할까요?

한마디로 민주주의는 자유와 평등의 가장 효과적인 실현 수단이라고 할 수 있습니다. 자기가 원하는 삶을 설계할 수 있는 자유, 삶의 전개 과정에 있어서 다른 누구와의 차별도 용인하지 않는 평등. 이것을 가장 효과적으로 보장할 수 있는 정치체제가 민주주의인 것입니다. 자유와 평등에 대해서 그리고 그 둘의 관계에 대해서 수많은 이론과 비평이 있을 수 있겠지만 자유와 평등이 인류의 이상이자 꿈이라는 것은 누구도 부인할 수 없을 것입니다. 민주주의는 이러한 지고의 가치를 실현하기에 가장 적합한 정치이념이라고 할 수 있습니다.

학 생 민주주의는 평등의 실현에는 적합하지만 자유의 이념과는 잘 조화되지 않는 경우가 많은 것으로 알고 있습니다.

최영준 민주주의를 비판하는 자들 중에는 민주주의가 평등을 담보하는 이념이라고 주장하면서 자유와는 긴장관계에 놓이게 될 가능성이 많다고 경계하는 이가 많은 것이 사실입니다. 민주주의를 실현하기 위해서 가장 필요한 것이 선거에서의 평등과 같은 정치적 평등이라는 점에서 민주주의가 평등을 더 중요시하는 인상이 있음은 분명합니다. 그러나 민주주의가 자유와 긴장관계에 있다는 것은 옳지 않습니다. 자유의 신장을 위해서 민주주의보다 더 유익한 정치체제를 상상하기란 어렵습니다. 앞서 말했듯이 민주주의는 단적으로 구성원이 모두 주인이 되는 체제, 자기운명결정권을 모두에게 보장하는 체제입니다. 이것이 개인의 자유와 마찰을 가져올 수 있다는 주장은 언어도단입니다. 무언가 의도가 있는 것이라고밖에 볼 수 없습니다. 아니면 민주주의와 자유 둘 중의 하나를 오해하는 데 기인한다고 볼 수밖에 없죠.

또 한 가지 오해를 일으키는 문제가 있는데, 과도한 민주주의로 인해 경제활동에 지장을 가져올 수 있다는 것입니다. 이러한 주장은 위에 본 자유와 민주주의가 마찰을 일으킬 수도 있다는 주장과 일맥상통하는 것으로서 자유를 재산에 대한 자유로 협소하게 보는 이들이 이러한 주장을 많이

하고 있습니다. 이는 자유라는 가치를 왜곡하여 심하게 오염시키고 있는 자들의 주장입니다.

민주주의는 개인의 자유와 권리를 광범위하게 보장해 줌으로써 경제적 번영을 가져옵니다. 이는 민주주의가 잘 발달된 국가일수록 경제가 더 잘 발전해 온 역사가 입증해 주고 있습니다. 20세기 중반 이후 한국이나 대만, 싱가포르 그리고 중국과 같은 나라들이 권위적인 개발독재체제 하에서 압축적 경제성장을 이룬 바가 있으나 그것은 장기적인 민주주의 역사에서 볼 때 극히 일시적이고 부분적인 현상입니다. 개발독재가 고속 성장의 원인이라는 것은 증명된 사실이 아닙니다. 민주주의와 함께 고속 성장을 이룬 나라도 많습니다. 실제로 남한도 군사독재정권 시절과 이후의 경제 지표들을 장기간에 걸쳐 비교해 보면 초기의 압축성장을 제외하면 권위적인 정권보다 민주정권이 들어섰을 때 성과가 더 좋았던 것을 수치로 볼 수 있습니다. 10%를 넘나드는 고도성장의 시기도 그 원인은 다양합니다. 민중의 처절한 희생과 미국의 동북아 전략에 따른 적극적 원조 등이 더 큰 역할을 했다고도 볼 수 있습니다. 보수를 가장한 수구적 정권이 성장을 내세우며 집권한 시기보다 성장과 복지의 균형을 강조하고 경제를 민주적으로 운영한 민주적 정권이 집권한 시기가 오히려 성장이 더 빨랐던 경우가 많습니다. 민주주의가, 오염된 것이 아니라 진정한 민주주의가 밥 먹여 준다는 것은 부인할 수 없는 만고불변의 진리입니다. 정보의 투명화를 핵심으로 하는 실질적 민주주의가 이루어진다면 구성원들이 진정으로 원하는 경제정책이 입안되고 실현될 것이며 부패는 발을 붙이지 못하게 되어 내실 있는 경제성장이 이루어지고 경제의 효율성이 제고됩니다. 이는 개발독재에서의 사이비 성장과는 다른 것입니다. 민주주의 반대 세력이 말하는, 지나친 민주주의와 경제적 번영은 양립할 수 없다는 주장은 터무니없는 것으로서 일고의 가치도 없습니다.

민주, 자유, 평등, 정의 등의 개념들 사이의 관계는 정의 관계니 역의 관계니, 비례관계니 반비례관계니, 상쇄관계니 보완관계니 하는 식으로 미리 정해져 있는 것이 아닙니다. 그 개념들을 어떻게 실현해 가는가에 달린 문제인 것이죠. 의도를 가지고 개념을 왜곡과장하거나 혹은 축소하여 상호 갈등을 일으키려 한다면 그러한 방향으로 전개되는 것이고 반대의 의지를 가지고 노력한다면 반대 방향으로도 갈 수 있는 것입니다. 예컨대 신자유주의에서 말하는 자유는 자유에 대한 오역의 역사의 정점에 있는 것으로서 우리 모두의 자유가 아닌 강자의 자유를 의미할 뿐입니다. 이러한 자유라면 민주주의나 평등의 개념들과 부딪히게 되는 것은 불가피하겠죠. 그러나 평등과 조화로운 자유도 얼마든지 가능합니다. 자유와 평등의 관계는 발리바르가 말하는 평등한 자유, 평등-자유, 불어로 에갈리베르떼(égaliberté)의 관계로도 얼마든지 정립될 수 있습니다. 이 관계가 지향하는 바는 주인으로서의 인간이 가질 수 있는 자유를 모두가 공평하게 누릴 수 있는 사회를 만드는 것입니다. 우리는 이러한 사회를 정의로운 사회로 규정합니다. 자유를 억압하는 평등뿐만 아니라 평등을 도외시하는 자유 역시 정의롭지 못합니다. 자유는 인간 존재의 기본적 조건입니다. 그러한 자유를 평등하게 누릴 수 있는, 즉 평등한 자유가 실현된 사회를 정의로운 사회라 할 수 있을 것입니다. 다른 누군가가 자유롭지 않는 한 그 사회는 자유로운 사회가 아니며 그 사회의 구성원 어느 누구도 자유롭다고 할 수 없습니다. "자유와 평등은 함께 설 때 가장 잘 설 수 있습니다."(마이클 월쩌, 『평등론』 박호성, 창작과비평사, 1994, p65에서 재인용)

학 생 그래도 실제 역사를 보면 자유주의와 평등을 주장하는 다른 사상들과는 갈등을 일으킨 사례들이 많지 않습니까? 자본주의가 사회주의에 승리해 온 역사를 봐도 평등보다는 자유를 우선시하는 것이 경제적 번영을 위해서는 더 필요한 것이 아닌가요? 우리 북한도 남한에 빨리 근접하기 위해서는 남한의 발전 과정에서 추구한 불균형발전이론을 택해야 하는 것 아닙니까?

최영준 학생은 남한의 경제개발에 대해 공부를 많이 했군요. 그 열의가 좋습니다. 남한의 실제 경험이 북한의 발전에 중요한 선례가 될 것입니다. 그러나 그 사례들을 해석하고 평가하는 데 있어서는 앞서 언급한 것처럼 매우 신중해야 합니다. 다방면의 측면과 장기적 시야에서의 연구가 필요합니다. 한국의 개발독재 하의 압축성장 과정에서 대기업 위주의 불균형발전, 수출주도형 발전 등과 같은 차별적 정책을 시행한 바 있고, 결과적으로 봤을 때 성장 속도가 빨랐던 것이 사실입니다. 그러나 결과는 성장만 있었던 것이 아닙니다. 혹독한 대가를 요구했습니다. IMF 사태를 가져왔고, 자유지상주의라 할 수 있는 신자유주의가 활개치면서 사회의 양극화가 극심해지고, 세계적으로 자살률이 가장 높은 수준에 출산율이 가장 낮은 수준에 다다른, 그야말로 존재 자체가 피곤하고 행복추구가 사치로 치부될 정도의 사회가 되었던 것입니다. 남한의 압축성장의 역사는 새로이 민주사회를 건설하고자 하는 북한이 추구할 모델은 절대 아니라고 봅니다. 확고한 민주화의 바탕 위에 개발을 추진하는 것이 후발주자의 이점을 최대한 살리는 길이 될 것입니다.

세계적 차원에서 볼 때 자본주의가 사회주의에 거둔 승리로 인해 평등을 무시한 자유주의가 경제발전에 유리하다는 것은 오해가 있는 주장입니다. 들뢰즈와 가타리의 표현대로 자본주의가 세계적 공리계로서 세계체제로서 자리 잡은 것은 맞는 말이지만 그렇다고 해서 평등을 무시한 자유가 더 효율적이라는 명제가 입증된 것은 아닙니다. 자본주의에 패배했다고 인정되는 사회주의의 평등이 우리가 말하는 평등이라 할 수 없는 것이고, 자본주의 하의 자유의 개념도 평등을 무시하는 것이 아니기 때문입니다. 자본주의 역사에서의 자유와 평등의 개념은 그 당시의 정치적, 역사적 상황에 따라 다르게 이해되어 왔습니다. 영국의 존 로크와 함께 데이비드 흄, 아담 스미스 같은 스코틀랜드 계몽주의자들로 대표되는 자유주의의 초기 이론가들○. 그들이 처한 정치경제적 상황, 즉 봉건사회에 대한 저항이데올로기로서 자유를 강조한 것이지 결코 공익과 평등을 배척하지 않았습니다(『자유지상주의자들 자유주의자들 그리고 민주주의자들』 김비환, 성균관대학교출판부, 2004, pp169~206 참조). 현대에 들어와서는 주로 정부의 역할에 관하여 개입주의와 비개입주의로 나뉘어 자유와 평등에 관하여 조화와 갈등의 논의가 이루어지고 있는 중입니다. 여기서 특히 강조하고 싶은 것은 신자유주의에 관한 것입니다. 신자유주의와 네오콘의 주장은 미국의 자유민주주의의 전통적 가치를 훼손하는 것입니다. 미국 건국의 주역들이 품었던 전통적 가치는 정치적 자유와 평등을 핵심으로 하는 민주주의의 기반 위에서 경제적 자유를 부여함으로써 자본주의의 발전을 이루어 내는 것이었습니다. 그러나 신자유주의의 논리는 정치적 자유와 평등을 경시합니다. 아니 배제한다고도 할 수 있습니다. 자유시장경제의 확립을 위해서는 민주주의, 정치적 자유와 평등이라는 가치는 얼마든지 폐기할 만반의 태세를 갖추고 있는 것입니다. 이러한 사조가 한 때 세계를 지배한 결과가 어땠는지는 여러분도 잘 알 것입니다.

우리가 추구하는 평등의 의미는 어떤 구체적 이론에 전적으로 의존하는 것이 아닙니다. 평등을 논함에 있어 절대적 평등, 결과의 평등, 그리고 같은 것은 같게 다른 것은 다르게 취급해야 한다는 비례적 평등, 그 중에서도 기회의 균등, 조건의 평등 등등의 주장들이 있고, 보상을 함에 있어서도 노력에 의한 차이만 인정할 것인가, 재능에 의한 차이도 인정해야 할 것인가 등등 구체적 논의가 많은 것이 사실입니다. 그러나 이에 대한 결론을 일률적으로 내리기는 어렵습니다. 누구나 관점이 다르고 가치판단의 기준이 다르기 때문입니다. 우리는 들뢰즈의 존재의 일의성, 즉 유니보씨떼(univocité)를 철학적 기반으로 하여 모든 존재에 대한 가치를 그 존재함만으로도 인정합니다. 인간 이외의 존재들에게까지 그 존재의 가치를 인정하는 우리의 신념을 기초로 신중하게 사유해 나갈 때 우리는 인간사회에서의 진정한 평등을 가져올 수 있으리라 확신합니다.

예를 들어 상속 문제를 생각해 봅시다. 평등한 자유, 에갈리베르떼의 원칙 하에서는 상속의 폐지가 정당하다고 볼 수 있습니다. 자기의 노력과 기여가 없는 결과물을 가지고 다른 이보다 더 앞서 출발한다는 것은 불공정할 뿐만 아니라 다른 이의 자유를 침해하는 것이기도 합니다. 기본은 상속의 폐지입니다. 이러한 전제로부터 시작해서 신중한 고려를 보태면 되는 것입니다. 원칙대로라면 상속을 폐지하는 게 타당합니다. 그러나 세상사 모든 일이 원칙만으로 해결이 됩니까? 물론 원칙을 세우는 것만도 쉬운 일이 아니지만, 그렇다면 삶이 얼마나 단순하고 선택도 쉽겠습니까? 상속재산 중의 많은 부분은 자식들을 위한 부모의 희생과 절약이 응축된 결과라고 할 수 있습니다. 사유재산제가 완전히 철폐되지 않는 이상 재산의 세습 자체는 평등의 자연적 한계로서 어느 정도 인정되지 않을 수 없다고 봅니다. 단지 상속의 정도가 문제가 될 것입니다. 그 사회의 상황과 구성원들의 가치판단 수준에 따라 민주적으로 참여와 토론을 거쳐 상속비율을 결정하는 과정을 갖는다면 합리적 결론이 도출될 것입니다. 이 외에도 절대적이거나 극단적인 경우를 배제하고 원칙과 현실 사이에서 가치를 비교형량하여 해결해야 할 문제는 수도 없이 많을 것입니다. 그것들에 대응해서 우리는 정보가 투명하게 공개되고 활발한 참여와 토론이 보장되는 실질적 민주주의를 기반으로 하여 평등한 자유의 실현이라는 원칙 하에 신중한 결정을 내려야 할 것입니다. 목적도 평등한 자유를 추구해야 할 것이며 목적에 이르는 절차도 평등한 자유에 의한 것이어야 합니다.

학 생 비교형량하여야 한다고 말씀하셨듯이 상속 문제가 자유와 평등이 갈등관계 혹은 충돌관계에 놓이는 전형적인 사례가 아닙니까?

최영준 네, 사회 전체의 평등과 피상속자 개인의 재산상의 자유가 충돌하는 경우로 볼 수 있는 것이 사실입니다. 그런데 바로 이것이 시각의 차이를 보여 주는 좋은 사례인 것입니다. 앞에서도 말했듯이 자유와 평등의 관계는 사전에 미리 정해져 있는 것이 아닙니다. 상속세의 폐지를 주장하는 자들은 개인의 재산처분의 자유를 절대시하는 경향이 있습니다. 이런 관점에서는 의도적이든 그렇지 않든 자유와 평등의 갈등관계가 부각될 수밖에 없죠. 그러나 우리는 더 포괄적인 시각을 가져야 합니다. 가진 자의 자유만이 아닌 모두의 자유를 사고의 지평에 올려놓아야 하는 것입니다. 이런 관점에서 생각하면 평등과 자유는 결코 갈등관계에 놓이는 것이 아닙니다. 이러한 시각의 차이가 존재한다는 것이 피상속인의 재산처분이 사회전체의 자유와 평등을 해치지 않는 범위에서 이루어지도록 하는 합리적 합의를 이루어 내는 절차로서의 민주주의가 더욱더 필요해지는 강력한 근거가 됩니다. 이런 상황에서 극단적인 선택, 즉 상속 자체를 철폐하거나 반대로 상속에 대한 과세를 아예 없애거나 하는 것은 신중하지 못한 결정이 되는 것입니다. 민주적 과정을 거쳐 조화롭고 타당한 지점을 찾아야 합니다. 모든 것은 정도의 문제입니다. 일도양단의 극단적 선택은 지양해야 합니다. 기본소득이 실행되고 있는 현재 남한에서는 상속의 욕구와 필요성이 현저히 줄어든 상황입니다.

학 생 사유재산제가 철폐되지 않는 이상 재산의 세습이 어느 정도 인정될 수밖에 없다고 하셨는데, 사유재산제도를 철폐하는 것이 평등한 자유를 지향하는 민주주의에 맞는 것 아닌지요? 절대적 평등이나 결과의 평등을 이루자는 말이 아니라 생산수단의 사적 소유를 없애 자본의 지배를 벗어나 보자는 겁니다.

최영준 그것이 이상적인 사회주의를 건설하자는 것이죠. 그것은 들뢰즈/가타리의 표현대로라면 몰적 대응을 하는 것입니다. 자본가계급을 없애자는 거시정치적 대응인 것이죠. 국가권력을 장악하여 자본주의체제 자체를 그 다음 단계로 이행시키자는 것 말입니다. 그러나 지금까지의 그런 시도는 과정은 차치하더라도 결과가 좋지 못했습니다. 본질은 변함이 없이 하나의 덩어리를 다른 덩어리로 대체하는 것에 불과한 경우가 많았습니다. 분자적 차원에서 근본적인 변화가 없는 가운데 거시적 권력만을 대체하는 것은 의미가 없습니다. 여러분도 잘 알다시피 지금은 들뢰즈의 시대입니다. 남한에서 들뢰즈의 사상이 꽃을 피웠고 중국이 그 사상을 적극적으로 받아들이고 있는 실정입니다. 이제 그 사상의 열매를 북한에서 거두려는 저를 포함한 일련의 학자 그룹들을 평양학파라고 부를 정도까지 됐습니다. 여러분도 들뢰즈의 철학과 사상을 깊이 연구하여 동참해 주기 바랍니다. 들뢰즈 그리고 가타리가 주장하는 분자적 차원에서의 근본적 변화는 생산적 욕망의 변화, 진정한 욕망의 배치의 변환을 말하는 것입니다. 노동 자계급만이 존재하는 세계를 완성했다고 선언하는 순간 그 밑에서는 다시 자본가계급과 차이가 없는 욕망의 다발이 자라고 있었습니다. 자본의 욕 망이 자본가의 지배를 위한 욕망이라면 우리는 그것에 대항해서 싸워야 합니다. 그러나 자본의 욕망을 자본을 향한 욕망, 잉여가치의 획득을 향한 욕망으로 본다면, 그것은 우리의 욕망의 불가피한 일부임을 부정할 수는 없는 노릇입니다. 결국은 자본의 철폐보다는 자본의 통제가 실현 가능한 우리의 지향점이 되어야 하다고 봅니다. 자본주의는 더욱 확장되어 전 세 계적 차원의 이른바 제국을 건설했습니다. 신자유주의를 지나면서 자본의 지배는 더욱 강화되었습니다. 들뢰즈/가타리의 해결책은 분자적인 대응, 미 시적인 분자혁명입니다. 무한 차원의 탈주, 탈영토화의 흐름을 전개해 나 가는 것이 자본의 지배에서 벗어나는 길임을 제시합니다. 사회의 각 부문, 각 영역에서 자유로운 개인들이 연합하거나 연대하여, 그것이 여의치 않으 면 혼자서라도 자본의 속박이 존재하면 그 어느 곳에서도 그에 저항하는 이른바 전쟁기계가 되어 새로운 배치를 창조해 나가는 것이 그들의 해법입 니다. 그러기 위해서 우리가 제시하는 현실적인 정치적 수단이 바로 진정 한 자유민주주의의 건설입니다. 자유민주주의를 실질적으로 확립하는 것 만이 단순한 권력의 교체가 아니라 권력의 새로운 작동 방식을 가져올 수 있는 것입니다. 문제는 사적 소유 자체가 아닙니다. 맑시즘은 사적 소유와 민주주의가 모순된다고 하지만 민주주의와 모순되는 것은 소유관계 자체 보다는 생산수단으로부터 소외되어 불가피하게 자본의 지배 하에 놓이게 되는 임노동의 존재라고 할 수 있습니다. 따라서 개인의 재산 소유를 인정하면서도 자유로운 고용관계를 유지하는 다른 방법을 찾을 수는 없을까요? 자본주의를 자본이 지배하는 체제가 아니라 단순히 자본의 사적 소유가 인정되는 정도의 체제로 만들 수는 없을까요? 그것이 모든 이의 자유를 더욱 평등하게 보장하는 길이 아닐까요?

이러한 사고를 토대로 하여 우리는 각자의 선택을 중요시합니다. 기본소득을 도입하여 고용주와의 계약 체결에서 근본적으로 자유를 확보해 주고, 기업민주화의 수단으로 노동자의 잔여수익분배청구권을 확대하고, 위험회피 성향을 가진 노동자는 안정적 임금채권을 확보하게 해 주고 대신 잔여수익분배청구권을 포기하고 자본의 지휘를 자발적으로 받을 수도 있도록 하는 등 여러 가지 창조적 제도들을 만들어 오고 있습니다. 결론은 자본주의냐 사회주의냐 하는 형식이 중요한 것이 아니라 경제민주화라는 내실을 확실히 다지는 것입니다. 들뢰즈 경제학에서 자본주의는 단순히 자본에게도 분배가 이루어지는 체제일 뿐입니다. 어떠한 유형의 억압적 지배도 용인되지 않습니다. 경제민주화에 있어서도 잔여수익분배청구권의 보장, 노동자의 경영참여 등 다양한 제도의 실현에 있어 중요한 것은 정보의 문제입니다. 노동자가 관련 문제에 있어서 자본가와 동등한 정보를 가져야만 이런 제도들이 실효성을 가질 수 있습니다. 제도들의 구체적인 내용은 경제학을 공부하면서 알아보기로 하고 여기서는 역시 민주주의에서 정보의 중요성, 구성원의 알 권리의 중요성을 강조하는 데 논의의 초점을 맞추고자 합니다.

학 생 민주사회에서 정보의 중요성이 얼마나 큰지 알겠습니다. 그러면 정보를 투명하게 공개하고 확산시키려면 어떻게 해야 하나요? 남한은 어떤가요?

최영준 정보를 지배하는 자가 주인입니다. 국민이 정보를 제대로 알아야 제대로 된 민주주의가 됩니다. 남한에서도 여러 우여곡절이 있었지만 정보의 비대칭을 제거하는 것을 목적으로 하는 제도들을 착실히 도입하여 사회 전 부문에서 정보의 투명성을 제고함으로써 민주화가 성공적으로 정착해 가고 있습니다. 정치적으로뿐만 아니라 사회경제적 부문에서도 민주화가 실질적으로 이루어지고 있는 것입니다. 여기서는 정치 과정을 논의하는 자리이니만큼 정치적 민주화, 그 중에서도 핵심이라 할 수 있는 정당과 선거에 관한 민주화에 대해 알아보기로 합시다.

우리 자유민주당은 확신하게 정당민주화를 지향하고 정착시켜 나가고 있습니다. 모든 당원이 자유롭고 평등합니다. 모두가 자유롭게 차별 없이 참여하고 의견을 개진하고 선택할 수 있습니다. 그러기 위해 다른 정당이 알지 말아야 할 극소수의 몇 가지를 제외하고 정당의 모든 정보를 투명하게 공개합니다. 공개하지 말아야 할 것들도 사후적으로 당원들의 결정에 따라 공개를 명령할 수 있습니다. 사전적인 것만 아니라 사후적인 조치도 꾸준히 개선해 가고 있습니다. 어느 조직이든 돈의 흐름이 투명하게 공개되어야 합니다. 정당이라면 당비의 사용 내역이 한 점 의심 없이 공개되어야 합니다. 우리 자민당은 일주일마다 천원 단위로 인터넷에 당비의 사용 내역을 공개하면서 당의 활동도 연계하여 보고하는 시스템을 갖추고 있습니다. 당의 활동을 당원들이 언제 어디서든 훤히 들여다볼 수 있습니다.

자민당은 최첨단의 인터넷 정당입니다. 이는 남한의 광범하게 구축된 최첨단의 유무선 인터넷 인프라 덕분에 가능했습니다. 비좁은 국토에 아파트나 연립주택 같은 집합건물이 많습니다. 그리고 빠른 것을 좋아하는 국민성 덕분에 최적의 인터넷 기반이 남한에 구축되었던 것이죠. 이러한 이유들로 남한은 세계 최고의 인터넷 보급과 속도를 자랑하고 있습니다. 그래서 자민당은 세계 최고 수준의 인터넷 정당으로서 당원의 직접적인 참여가 가능한 정당민주화를 달성할 수 있었던 것입니다. 인터넷을 통한 쌍방향의 소통이 가능해짐으로써 이제 민주주의의 오랜 숙원이었던 직접민주주의의 실현에 더욱 가까이 접근할 수 있게 되었습니다. 북한도 인터넷 인프라가 하루가 다르게 발전하고 있습니다. 조만간 남한 수준에 도달하여 북한 민주화에도 크게 기여할 것으로 기대합니다.

이렇게 훌륭한 인터넷 인프라가 잘 갖춰진 나라가 그것을 활용하여 세계 민주주의 발전에 선도적 역할을 하는 것은 당연한 일입니다. 인터넷이라는 도구로 인해 선거와 투표에 있어서도 직접민주적인 제도가 많이 도입됐습니다. 당의 주요 안건에 대해서 당원 전체의 의견을 묻는 투표가 실시간으로 가능하게 되었습니다. 당의 상임위원회는 당원 전체의 결정이 필요하다고 생각되는 안건을 전체 투표에 부의할 수 있습니다. 또한 당원 전체의 다수의 제안이 있는 경우에도 전체 투표가 이루어질 수 있습니다. 인터넷상으로 당원들의 의견 개진이나 제안은 얼마든지 가능합니다. 투표가 이루어지기 전에 활발한 공개 토론이 이루어집니다. 안건에 대하여 상반된 의견을 가진 당원들은 대표 토론자를 지목할 수 있습니다. 그들 중에 뽑힌 토론자들이 횟수에 제한 없이 충분할 만큼, 당원들이 수긍할 만큼 충분히 토론합니다. 당원들의 다수가 투표 개시에 동의할 때 투표가 이루어집니다. 상임위원들의 일상적인 회의도 공개가 원칙입니다. 당의 공식적인 회의와 토론은 모두 기록됩니다.

학 생 인터넷으로 투표하는 것은 해킹이나 조작과 같은 부작용이 많지 않습니까? 신뢰도가 많이 떨어질 것 같은데요.

최영준 그에 대한 대책도 마련되어 있고 더 발전하고 있습니다. 디지털화폐에 사용되는 블록체인 기술의 발전이 선거의 투명성과 신뢰성을 높이는 데에도 한몫하고 있습니다. 그와 더불어 사전적 대책으로 성문(聲紋)과 지문을 확인하여 신원을 확실히 하고 사후적 대책으로 해킹과 같은 조작과 방해를 민주주의의 근간을 해치는 중대한 범죄로 규정하여 그 처벌을 무겁게 하고 있습니다. 아마도 100% 완벽한 신뢰를 갖춘 인터넷선거는 영원히 불가능할지 모릅니다. 그러나 그런 이유로 인터넷선거를 포기할 수는 없습니다. 국가 수준에서는 아니더라도 정당이나 다른 조직 수준에서는 신뢰도를 꾸준히 높여 가면서 진화하는 방식으로 인터넷선거는 계속 유지되어야 합니다. 부작용의 해악보다 직접민주주의의 긍정적 효과가 훨씬 더 크고 막대하기 때문입니다. 사후적으로 해킹이 발견되면 투표는 무효가 될 것임은 물론입니다. 그러나 해킹을 방지하는 기술은 날로 발전하고 있습니다. 또한 아날로그적 투표와는 다른 인터넷투표의 근본적 취약성을 인정하여 안건에 따라 승패가 3~5%의 차이로 벌어지지 않는 이상 무효 처리가됩니다. 그럴 때는 재투표가 실시될 수도 있습니다. 인터넷상의 투표는 얼마든지 실시간 투표가 가능하기 때문에 재투표는 전혀 부담이 되지 않습니다.

학 생 국가 차원에서도 가능하지 않습니까? 국민 전체의 의사를 실시간으로 반영하면 좋을 것 같은데요. 그리고 인터넷으로 인해 직접민주주의가 정착되면 대의민주주의는 생명을 다한 것이 아닙니까? 근데 남한에서도 직접민주주의 확산에 대한 회의와 거부감이 지금도 남아 있는 것 같은데요. 특히 의원들 사이에서요.

최영준 국가 차원에서는 생각을 좀 달리 해야 할 것입니다. 국민투표나 대선, 총선에 있어서는 국민의 의사가 100% 오차 없이 반영되어야 합니다. 선거는 민주주의의 꽃이라고 합니다. 선거 과정에서의 흠결은 그 조직의 태생적 결격사유인 만큼 조직 자체의 존립의 문제로 연결될 수도 있는 것입니다. 정당 차원에서는 사실과의 편차가 생길 경우 최악이라도 정당 존립의 문제로 끝날 것이지만 국가 존립의 문제가 생기면 안 되지 않겠습니까? 국가적으로는 아무리 비용이 들고 시간이 걸리더라도 100% 아날로그 방식으로 해야 한다고 봅니다. 그에 따라 수개표와 함께 투표가 이루어진 동일한 장소에서 개표를 하는 것이 제도화되었습니다. 개표 과정에서 혹시 일어날지도 모를 부정을 사전에 완벽히 차단하고 비용과 시간도 과거보다 훨씬 절약되고 있습니다.

직접민주주의는 민주주의의 이상입니다. 가능하다면 주민이 직접 자기의 의사를 반영시키는 것이 바람직합니다. 고대 그리스 아테네의 민주주의가 비록 완전하지는 않았지만 그래도 그 이상적 모델이 실현되었던 사례로 인정되고 있습니다. 그 후로 국토가 넓어지고 인구가 증가함에 따라 불가피하게 대의민주주의가 시행될 수밖에 없었던 것입니다. 일부 사람들이 민주주의의 대명사로 지칭하는 의회민주주의는 민주주의의 이상이 아닙니다. 직접민주주의가 불가능한 상황에서 보충적으로 불가피하게 실시되었던 것입니다. 이제 기술적으로 그동안 불가항력적인 것으로 치부되었던 것들이 가능하게 되었습니다. 특히 한국에서 직접민주주의를 실현하기에 가장 좋은 여건이 갖추어졌던 겁니다. 기술적 요인 말고도 민도가 낮다는 이유로 직접민주주의는 대표자를 선출하는 것보다 다수의 공공선 실현에 불리하다는 주장도 있습니다. 그러나 이것은 앞서 말한 바 있는 수호자주의에 입각한 논리로 기득권자들의 이기적 주장에 불과합니다. 실질적으로 자유민주주의가 확립되어 정보가 제대로 제공되고 교육이 제 역할을 한다면 민의를 그대로 반영하는 직접민주주의는 대의민주주의로 대체할 수 있는 것이 아닙니다. 그렇다고 대의민주주의의 용도가 사라지는 것은 아닙니다. 정당민주화와 직접민주주의의 확대로 의원들이 할 일이 없어질 것이라고 걱정하는 사람도 있는가 본데, 의원들이 할 일은 여전히 많습니다. 일반적으로 법을 만드는 것은 여전히 입법 전문가인 의원들이 할 수밖에 없습니다. 당원들은 각자 자기의 생계 분야가 따로 있습니다. 그들은 특별하고 중요한 것으로 투표에 부의된 안건과 의제에 대해서만 최종 결정을 하는 것입니다. 안건과 의제를 만드는 것은 물론 당원들의 제안에 의해서도 가능하지만 대부분 의원들이 할 일입니다. 대부분의 안건은 신속하게 당내의 공개적인 과정에 의해서 의원들의 의사로 결정됩니다. 그리고 입법 이상으로 중요하다 할 수 있는, 정부를 견제하고 감시하는 일도 변함없이 의원들이 할 역할입니다. 사회가 다양해지고 복잡해질수록 대표자의 역할은 더욱 커질 것입니다. 따라서 직접민주주의가 확산되더라도 의원들의 역할과 기능에 대한 수요는 줄어들지 않을 것입니다. 실제로도 오히려 남한의 국회의원들의 숫자는 점차적으로 증가해 왔습니다. 직접민주주의와 대의민주주의는 상호 보완하면서 계속 발전해 갈 것입니다.

학 생 자유민주당이 만들어진 구체적 과정은 어땠습니까? 일본의 자민당 아니 지민또와는 어떻게 다르죠?

최영준 자유민주당은 당명 그대로 자유와 민주주의를 대의명분으로 하는 정당입니다. 대통령께서 강력히 밀어붙여 당명을 고수했습니다. 처음에는 일본의 지민또를 따라한다는 것에 대한 거부감도 있었지만 자유와 민주주의를 생명과 같이 중시하는 백년 정당을 목표로 하는 정당이 자유민주당이라는 명칭을 갖는 것은 당연한 것이었습니다. 또한 일본이 그 당시 우경화가 극심한 상태여서 자유와 민주의 진정한 모델을 보여 주겠다는 대통령의 설명이 호소력을 발휘하기도 했습니다. 해방 후 이승만의 자유당 정권의 폭정이 있었고, 그리고 신자유주의와 같이 자유의 의미를 축소하거나 왜곡하는 사조들이 유행한 때문에 우리 정당사에서 자유라는 단어를 쓰는 것을 기피하려는 경향이 있었던 것이 사실입니다. 그러나 자유라는 지고의 가치를 추구하는 정당으로서 자유민주당의 당명 채택은 불가피했습니다. 그 후로 자유민주당, 자민당은 지민또와는 다르게 본연의 자유와 민주주의의 모습을 여실히 보여 준 바 있고 앞으로도 더욱 그러한 모습을 발전시켜 나가리라 봅니다.

자유민주당은 소수 정당으로 출발했습니다. 거대 양당이 지배하고 있는 상황에서 우리 당은 자유민주주의의 기본으로 돌아가 바닥에서부터 시작한다는 마음으로 첫 걸음을 떼었습니다. 정치는 한 사회의 가장 중요한 요소로서 여타 부문의 향배를 좌우한다고 할 수 있습니다. 한 때 "바보야, 문제는 경제야", "바보야, 문제는 모모야" 하는 언표들이 유행한 적이 있었습니다. 그러나 모든 문제는 정치로 귀착됩니다. 국가뿐만 아니라 모든 차원의 집단에서 최종 결정을 내리는 것은 정치적 과정입니다. 문제는 정치입니다. 정치가 잘 되어야 경제, 사회, 문화가 잘 됩니다. 경제는 잘 굴러가는데 정치가 문제야 하는 말은 어불성설입니다. 정치가 안 좋은데 경제가 잘 될 리가 없습니다. 설사 정치와는 상관없이 경제만은 잘 굴러가는 것 같이 느껴질지라도 정치가 훨씬 더 잘 될 수 있는 경제를 발목잡고 있는 경우가 많습니다. 그만큼 정치는 중요합니다. 따라서 정치가 공짜로 잘 되기를 기대하면 안 됩니다. 그만큼의 노력과 비용을 들여야 합니다. 자민당은 당비를 내는 진성당원들만을 중심으로 하여 꾸준히 세력을 넓혀 나갔습니다. 당원들에게 직접 결정권을 주고 참여를 확실히 보장하자 얼마 안 되어 사회의 개혁을 바라는, 참여에 목말라하던 수많은 뜻있는 국민들이 당비의 부담을 무릅쓰고 대거 당원이 되었습니다. 정치의 중요성이 얼마나 큰지를 깨달은 남한의 민중들은 참여가 보장되고 자기의 의견을 마음껏 개진할 수 있게 되자 정당에 가입하는 것이 자연스런 일이 되었고 자민당과 같이 민주화가 잘 확립된 정당에 가입하는 것을 큰 자랑으로 여기게까지 이르렀습니다. 자민당은 확실히 정치를 개혁할 것을 모토로 꾸준히 정당민주화를 이루어 나간 결과 이제 집권당으로까지 발돋움하게 되었습니다.

학 생 진성당원만으로 투표권을 제한함으로써 당의 확장성에 장애가 되지는 않았나요?

최영준 자유민주당 설립 초기에 일정 안건의 경우에는 일반 국민들에까지 정당 투표를 확장하자는 주장이 많았던 것이 사실입니다. 그러나 정당의 진로와 미래는 당원이 결정하는 것입니다. 정당이 민주적으로 운영된다면 정당의 의사결정을 외부인들에 맡길 필요가 없습니다. 정당이 국민의 뜻에 부합하면 살아남는 것이고 아니면 도태되는 것입니다. 그리고 국민 다수의 뜻과 꼭 일치할 필요도 없습니다. 정당은 정치결사체로서 그 자신의 독립적인 가치를 추구하면 되는 것입니다. 중요한 것은 정당 운영의 민주화, 즉 투명한 절차에 의한 의사결정입니다. 정당이 국민의 지지를 받는가 여부보다는 내부의 민주적 운영이 먼저입니다. 민주적 정당이 아니라면 사당이지 공당이 아닙니다. 공당이 아니라면 정당이라 할 수 없지요. 패거리에 불과합니다. 설사 그러한 집단이 국민의 지지를 받는다면 국민들에게 문제가 없다고 할 수 없지요. 국민이 옳지 않을 수도 있으니까요. 대표적으로 우리는 민주주의가 파시즘으로 치달았던 역사를 잘 알고 있습니다. 우리는 시작이 미약할지라도 원칙을 고수했습니다. 정당민주화가 확실히 자리를 잡는다면 당원의 확장은 자연스레 이어질 것이라는 확신이 있었습니다. 과연 사람들의 심리는 자기의 의사가 반영되고 관철될 수 있다면 기꺼이 비용 지불을 감수하는 쪽으로 작용했습니다. 물론 감당할 만한 수준의 비용이어야 하겠지만 사회를 내 스스로의 선택에 의해서 변화시키는 것이 가능하다는 확신이 든다면 우리 모두 그 일에 적극 참여하고 싶은 마음이 생기지 않겠습니까? 그러한 통로가 없는 게 문제였지 당 설립 당시의 우리의 사회 상황은 참여의 열기만큼은 대단했습니다. 그만큼 민주주의에 대한 위기가 큰 상황이었습니다.

20세기 군사정권 같은 무지막지한 폭력적 독재정권도 한참 지난 마당에 21세기 문민정권에서마저도 민주주의가 이렇게까지 망가질 수 있다는 것을 깨달은 민중들, 그리고 민주주의가 망가지면 민생도 같이 망가질 수밖에 없다는 것을 몸소 체득한 서민들에게 새로운 정치에 대한 갈망이 그 어느 때보다도 높은 상황이었죠. 그러한 상황에서 들뢰즈학파를 위시한 재야 학자들을 중심으로 새로운 대안이 마련되었고, 대통령이 그 새로운 사상을 받아들이고 세력을 규합하여 자유민주당을 설립했습니다. 자민당은 완전한 정당민주화라는 혁신적인 무기를 가지고 새로운 경제 패러다임의 도입과 부패의 추방을 위한 개혁을 추진했습니다. 이로써 자유민주주의를 실질적으로 확립하여 자유와 평등을 제대로 보장함으로써 국민 각자가 자신이 원하는 삶을 최대한 실현할 수 있도록 하자는 목표를 달성하기 위한 대장정을 시작했던 것입니다.

이렇게 원칙을 고수하는 데 대해서 처음에는 과연 이 세력들이 집권 의지가 있기나 한 거냐는 비아냥도 있었습니다. 이에 대해 대통령은 다음과 같이 말한 바 있습니다. "우리 당은 백년 정당을 꿈꾸는 당입니다. 정당인 이상 권력을 당연히 추구합니다. 그러나 우리는 원칙을 지키면서, 룰을 철저히 지키면서 집권을 향해 나갈 것입니다. 원칙을 한번 어기기 시작하면 아무 것도 이룰 수 없습니다. 우리 세대에 집권을 하지 못한다 해도 상관없습니다. 100년이 지난 뒤에야 집권을 하게 되더라도 오늘 나와 우리 당원들은 자유민주주의의 원칙과 정당민주화의 룰을 지켜 냄으로써 여러분의 신뢰와 선택을 받는 영광된 그날의 열매를 맺는 데 한 알의 밀알이 되고자 합니다. 민주 정당으로서 정권의 획득을 추구하지만 반칙을 하지 않고 목표를 향해 정도를 걸어갈 것입니다." 이러한 대통령의 진정성과 시대 환경이 맞아떨어져 강고한 소선거구제 하에서 야권 통합의 필요도 없이 단독으로 자유민주당이 제1 야당이 될 수 있었고, 결국 대통령이 당선됨으로써 집권당까지 될 수 있었던 것입니다.

......

최영준 오늘은 남한의 민주주의 발전 과정에서 이룩한 중요한 개혁들을 알아보는 시간을 갖도록 합시다. 우선 제2 검찰의 설립부터 시작해 볼까요? 북한은 지금 역사적 과도기에 처해 있습니다. 지독한 독재체제에서 벗어나 신생 민주국가로 탈바꿈하는 과정에 있습니다. 그 과정에서 해야 할 일은 너무나도 많겠지만 하루빨리 법치주의를 정착시켜 사회를 안정시켜야 할 것입니다. 그러기 위해서는 치죄와 징벌을 행사하는 검찰권의 정립이 무엇보다 시급히 요청됩니다. 남한의 수사와 기소제도에 대한 연구가 이에 많은 도움이 될 것입니다.

학 생 우리는 모두 남한과의 통일이 하루빨리 이루어지기를 염원하고 있습니다. 그러기 위해서는 무엇보다 남한과의 경제적 격차가 줄어들어야 한다는 데에 모두가 공감하고 있습니다. 또한 거기에 더하여 사회문화적 차이도 많이 좁혀져야 할 텐데요. 특히 부패의 추방과 범죄의 감소 같은 것이 하루빨리 남한 수준까지 도달해야 할 것으로 봅니다. 그런데 남한에서도 제2 검찰이 필요할 정도로 검찰권의 정립이 어려운 문제인가 보군요. 제2 검찰까지가 왜 필요하고 그것은 어떻게 운영되는지 매우 궁금합니다.

최영준 제2 검찰의 설립이 왜 필요했는지를 알기 위해서는 남한의 민주화 역사를 이해할 필요가 있습니다. 역사를 돌이켜볼 때 검찰이 자기의 역할을 제대로 한 적이 얼마나 있었을까요? 제 기억에는 아마 없었던 것 같습니다. 이승만, 박정희의 독재정권 시절은 말할 필요도 없이 대부분의 정권에서 정권의 시녀 노릇을 해 왔습니다. 김대중, 노무현 정권 당시의 민주정부 하에서 잠시나마 기이하게도 정권을 향하여 독립을 외친 바 있으나 반민주적 정권이 들어서자 도로 정권의 하수인으로 돌아간 것이 역사적 사실입니다. 민주정부가 들어섰을 때에는 자신이 권력의 중심으로 행세하려 하고, 권위주의적 정부가 들어서면 그 정권에 충성하는 부도덕성을 표출해 온 것이 그 동안의 검찰의 행태였습니다. 따라서 검찰개혁에 대한 다방면의 노력이 뒤따랐던 것도 사실입니다. 그러나 모든 것이 부질없었습니다. 그런 와중에 대통령의 특단의 조치로 제2 검찰이 설립되어 성공적으로 검찰개혁의 열매를 맺게 되었습니다.

학 생 모든 것이 부질없었다는 것은 검찰 스스로의 개혁은 물론, 외부 세력에 의한 개혁도 저항에 부딪혀 소용이 없었다는 말씀이실 텐데요. 제2

검찰의 설립은 검찰 자체의 개혁보다 더 어렵지 않았습니까? 꾸준히 인내를 가지고 검찰을 잘 개혁해서 민주적으로 운영하면 될 것 아닙니까? 비용이나 효율의 측면에서도 두 개나 검찰 조직을 갖는다는 것은 좋지 않을 수도 있다고 생각되는데요. 제도가 중요한 게 아니라 그것을 운영하는 사람이 중요한 것이 아닌가요?

최영준 매우 적절한 지적입니다. 운영하는 사람이 가장 중요한 것이죠. 그러나 역으로 생각해 보면 운영하는 사람에 따라 성과가 안 좋을 수도 있는 것이니만큼 제도를 더욱 구조적으로 민주화할 필요가 있는 것입니다. 그리고 권력자의 성향에 따라 검찰의 의사가 좌우되지 않도록 할 대책이 필요한 것이죠.

검찰 기능은 국가의 가장 중요한 기능 중의 하납니다. 그 기능은 정의를 세우고 부패를 없애는 것입니다. 자유와 평등을 올바르게 확립하는 것이 정의입니다. 이것 하나만 봐도 검찰보다 더 중요한 국가기관이 무엇이 있겠습니까? 또한 부패를 없애는 것이 정의를 세우는 일과 동전의 양면을 이루는 것이지만 특하나 경제의 효율을 위해서도 매우 중요하다고 할 수 있습니다. 비용이 많이 들더라도 검찰의 확실한 개혁이 이루어진다면 그 편익은 이처럼 막대합니다. 이러한 이유들로 해서 대통령은 단숨에 모든 저항을 뛰어넘어 제2 검찰 설립에 모든 역량을 집중해서 목적을 이루어 낸 것입니다. 대통령은 반대하는 자들을 설득하기 위해 혼신의 노력을 기울였습니다. 이것만 성공한다면 그 다음부터는 사회 모든 분야의 개혁이 저절로 스스로 이루어질 것이라는 확신이 있었기 때문입니다. 부패의 청산은 내심은 어떨지 몰라도 모두가 동의하는 과제입니다. 그래서 부패청산이라는 구호 아래 면밀히 설득과 타협을 위한 작전을 펴 나갔습니다. 좀 전에 말했듯이 부패를 없애는 일은 정치 과정을 깨끗이 한다는 의미 외에도 경제적으로도 큰 의미가 있습니다. 돈이 비효율적인 곳으로 새 나가는 것을 방지하는 것이니까요. 부패가 만연하면 경제의 모든 부문에서 비용을 그만큼 더 지불하게 되죠. 이러한 사실들을 국민 대부분과 공감하게 되면서 서서히 제2 검찰의 필요성에 대한 인식을 확산시켜 나갈 수 있었습니다.

학 생 그렇다 해도 제2 검찰이 꼭 필요하다는 데 국민들이 쉽게 수긍했습니까?

최영준 그렇게 중요한 검찰의 기능이 독점적인 기관에 의해 전횡된다는 데 문제가 있음을 국민들이 인식하기 시작했습니다. 역사적으로 기소권을 독점하고 기소 여부를 재량껏 선택할 수 있었던 검찰이 자신의 권력을 자의적으로 남용한 사례가 허다했습니다. 앞서 말했듯이 민주정부 하에서는 독립을 외치며 자신의 구미에 맞게 권력을 휘둘렀고 권위적 정권 하에서는 정부의 요구에 순응하는 위선적 행태를 보여 왔습니다. 심지어는 군사독재가 끝난 지도 한참이 지난 후였는데 검찰공화국이라는 말이 유행할 정도로 당시 한국은 검찰독재의 시대였다고 할 수 있었습니다. 권위적 정권 하에서도 초기에는 권력에 어느 정도 순응하다가도 권력의 힘이 조금이라고 빠질 때면 권력을 자기 의도대로 요리하려는 사악한 행태를 여지없이 보여 주곤 했습니다. 누구도 검찰의 권력을 제대로 민주적으로 통제할 수가 없었습니다. 정치인들도 모두가 검찰의 눈치를 보는 지경이었고 검찰 마음대로 나라가 굴러가는 형국이 계속됐습니다.

어떤 조직이건 민주적 통제가 중요합니다. 특히나 국민에게 죄를 묻고 자유를 제한할 수 있는 검찰과 같은 조직은 반드시 민주적으로 통제할 수 있어야 합니다. 이는 민주주의의 생사가 걸린 문제입니다. 그 방법으로서 또 하나의 검찰 기구를 도입하여 경쟁을 시키는 것을 고안한 것입니다. 경쟁은 경제에만 필요한 것이 아닙니다. 민주주의 사회에서는 사상도 경쟁하게 해야 하고 권력기관도 분리하여 서로 견제하게 해야 합니다. 삼권분립만으로는 충분하다고 할 수 없습니다.

학 생 그러면 비슷한 기구를 하나 더 만들어 경쟁을 시키면 저절로 검찰의 체질이 개선될 것으로 보신 겁니까? 새로운 조직은 어때야 한다고 생각하신 겁니까?

최영준 조직이론에 의하면 별의별 조직이 많습니다. 그런데 쉽게 아주 단순하게 보면 조직이란 것을 크게 군대식 조직과 국회식 조직으로 나눌 수 있습니다. 군대식 조직은 다 알다시피 상명하복을 생명으로 하는 극단적인 질서추구형입니다. 국회식 조직은 그 대척점에 있는 것으로 극단적인 자유추구형이라고 할 수 있죠. 국회의 구성원인 국회의원은 각자가 모두 독립적 헌법기관으로서 자율과 책임을 다하고 국회의 수장인 국회의장은 단지 절차적인 면에서만 강한 권한을 가지고 있습니다. 의장이라도 각 국회의원의 실체적인 권한에 대해서는 전혀 관여할 수 없습니다. 원래의 검찰 조직은 전자에 해당한다고 할 수 있습니다. 검사동일체원칙이라는 것이 관행적으로 지켜지며 상사의 명령에 복종하고 나이나 능력보다는 기수를 중요시하고 개개의 검사의 자율권보다는 조직의 운명을 우선시하는 경향이 있습니다.

이런 상황에서 대통령은 시민사회의 성원에 힘입어 국회식 조직의 형태를 가진 민주적인 성격의 제2 검찰을 세운 것입니다. 비슷한 조직을 하나 더 세우는 것은 의미가 없습니다. 여기서도 탈주와 창조가 필요합니다. 민주적 통제가 쉽지 않은 기존의 검찰은 공적 안정을 위한 기능을 전담하게 하고 민주적 통제가 가능한 제2 검찰로 하여금 권력에 관련된 부문에 대한 수사와 기소를 하게 함으로써 부패 구조의 청산이 확실히 이루어지도록 했습니다. 검찰과 제2 검찰은 상호견제와 감시 관계에 놓임으로써 스스로를 반성하고 약점을 상대방에 잡히지 않도록 최선을 다할 것으로 기대됩니다. 정의감에 불타는 젊은 법조인들로 하여금 자기의 적성에 맞는 조직을 선택하여 이 사회에 기여하게 하는 데도 좋은 성과를 가져올 것입니다. 제2 검찰에서는 각 검사들은 국회에서의 국회의원처럼 검사장으로부터 독립하여 자신의 판단에 따라 수사와 기소를 행하고 있습니다. 각 검사는 일종의 프리랜서로서 직급도 없고 승진도 없습니다. 오직 법조사회와 시민사회의 합의된 민주적 통제에만 구속되어 행동하면 됩니다.

학 생 검찰개혁만으로 사회의 구석구석에 도사린 부패 구조가 청산될 수 있을까요? 다른 부문의 개혁도 동시에 이루어져야 할 것 같은데요?

최영준 맞는 말입니다. 다른 부문의 개혁도 자발적으로든 강제적으로든 동시에 진행되는 것이 이상적일 것입니다. 그러나 국가 차원에서 집중적으로 해야 하는 것이 검찰개혁인 것입니다. 이것이 정의를 구현하기 위한 열쇠라고 생각합니다. 검찰권은 사회 전반의 잘못된 것을 징벌하는 권한입니다. 이것이 바로 서야 다른 부문에서의 정의가 연쇄적으로 바로 설 수 있습니다. 정치가와 관료들이 깨끗해진다면 그들과 커넥션을 형성하는 많은 부문, 가령 정부 각 부처와 연결된 경제, 사회, 문화, 교육, 언론 등 모든 부문의 정화가 함께 이루어질 수 있습니다. 이와 같은 인식으로 대통령은 제2 검찰의 설립이라는 한 지점에 개혁의 역량을 집중했던 것입니다. 기존의 검찰과 조직의 성격 면에서 전혀 다른 새로운 사정 조직을 만드는 데 온 힘을 쏟아부었습니다. 그 조직의 의미를 아주 잘 알고 있었던 기득권 세력들의 저항이 만만치 않았으나 대통령은 그 고비만 넘는다면 우리 사회 모든 부분이 구석구석 정화될 것이라는 확신을 가지고 밀어붙였던 것입니다. 대통령은 제2 검찰 설립을 관철시켰고 그의 예측대로 성과가 이루어져 오늘에 이르고 있습니다. 기존의 검찰도 제2 검찰의 존재로 인해 자극받아 자기 스스로의 개혁을 단행하여 새롭게 태어나고 있습니다. 양 조직이 서로 부패청산의 전선에서 서로 경쟁함으로써 남한의 청렴지수는 단숨에 세계 최상위권으로 진입하게 되었습니다.

단언컨대 대통령은 21세기의 세종입니다. 그의 검찰개혁은 2000년을 내려온 쌓이고 쌓인 폐단을 청산한, 위대한 정의의 승리입니다. 기본소득의 시행과 함께 제2 검찰의 설립은 600여 년 전 한글을 창제하여 우리 민족이 자유민주주의의 주인공으로 살아갈 터전을 마련해 준 세종의 업적에 버금가거나 그 이상일 수도 있다고 감히 평가하고 싶습니다.

……

최영준 오늘은 민주주의의 최대의 적, 파시즘에 대해 공부해 봅시다. 파시즘은 관점에 따라 여러 의미로 규정될 수 있지만 우리는 들뢰즈와 가타리의 사상에 기초한 미시적 관점에서 파시즘을 바라봅니다. 민주주의의 내재적인 분자적 흐름과 관련된 퇴행적 현상들 중의 하나로 파시즘을 바라보는 우리의 입장에서는 파시즘은 미시파시즘일 수밖에 없습니다. 들뢰즈/가타리의 논리에 의하면 파시즘은 양자들로 이루어진 흐름을 좌표로 하는 미시적 관점에서 분석되고 규정될 수 있는 분자적 운동에 속합니다. 이들은 파시즘을 거시적 몰적 운동이라 할 수 있는 전체주의와는 다르게 본다는 점에 주의해야 합니다. 전체주의는 처음부터 군대나 국가장치와 같은 몰적 장치에 의한 물리적 억압으로부터 오는 경우도 있고, 또한 분자적 절편화작용의 퇴행적 결과로 하나의 몰적 절편으로서 굳어지는 경우도 생각할 수 있습니다. 두 경우 다 거시적인 몰적 과정과 관련된다고 할 수 있습니다. 파시즘을 민주주의의 최대의 적이라고 하는 이유는 그 분자적 성격 때문입니다. 외부로부터의 몰적 억압이 아닌, 민주주의에 내재하는 자체적인 분자적 흐름, 구성원 각자의 내부에 있는 파시스트적 욕망 때문인 것입니다. 민주주의를 물리적으로 억압하는 외부적 요인들은 힘들고 어려울지라도 싸워서 제거할 수 있습니다. 그러나 파시즘적 요인은 민주주의 자체에 내재하는 것이라 궁극적인 해결이 불가능합니다. 파시즘적 광풍의 발호를 방지하기 위해서는 끊임없는 성찰과 신중함이 필요합니다. 더 구체적으로 알아봅시다.

들뢰즈/가타리에 의하면 탈영토화의 선, 탈주선이 파괴의 선으로 역전되는 과정에서 가장 위험한 경우라고 볼 수 있는 것이 파시즘입니다(천고 p440 참조). 우리가 파시즘에 주목하는 이유는 민주주의가 파괴의 선으로 퇴행하는 경우에 나타날 수 있는 것이 파시즘이라는 점 때문입니다. 민주주의가 순간적으로 전체주의화할 수 있는 것이 파시즘을 통해서죠. 따라서 사람들이 민주주의의 단점을 지적하는 데 전가의 보도와 같이 사용하는 것도 파시즘입니다. 민주주의를 반대하는 중우정치론 중에서 가장 대표적인 것이 파시즘이라 할 수 있습니다.

파시즘은 국가장치에 의한 욕망의 억압이 아닌 '자발적 예속'에 의한 지배 형태입니다. 따라서 파시즘은 민주주의와 마찬가지로 내재적 지배 형식의 하나로 볼 수 있습니다. 대중의 동의가 필수적이라는 점에서 민주주의와 차이가 없습니다. 이런 점에서 파시즘은 "전체주의적인 고정된 유기체가 아니라" 들뢰즈/가타리가 말하는 탈기관체의 퇴행적 유형 중의 하나인 "암적인 몸체"입니다(천고 p409). 파시즘과 욕망의 관계를 우리는 펠릭스 가타리의 다음과 같은 표현에서 잘 이해할 수 있습니다. "파시즘은 밖에서 오는 것처럼 보이지만, 그 에너지는 우리 각자의 욕망의 핵에서 나온다. 외관상 문제가 없는 상황에서 재앙은 어느날 갑자기 나타날 수 있다. 욕망과 마찬가지로, 파시즘은 사회적 장 전체에 걸쳐 파편적으로 흩어져 있다. 파시즘은 어디에서든 세력관계를 작동시키는 형태를 취한다."(분혁 p81) "모든 가능한 탈주선들을 봉쇄하려 하는 전체주의 국가와는 달리 파시즘은 강렬한 탈주선 위에서 구성되며, 이러한 탈주선들을 순수한 파괴와 소멸의 선으로 변형시킵니다." "파시즘이 전체주의 국가로 구성된다는 것은 국가의 군대가 권력을 장악한다는 의미가 아니라 탈주선들이 국가를 탈취한다는 의미로 이해해야 합니다."(천고 p437)

우노 구니이치에 의하면 "왜 대중은 파시즘을 원했는가?"라고 질문했던 라이히는 어떠한 사회운동도 이데올로기와 의식에 의해서 실현되는 것이 아니라 오히려 욕망에 의해서 실현되는 것임을 통찰하고 있었습니다(유동 p158~159). "라이히는 파시즘을 설명하기 위해 대중들의 오해나 착각을 내세우기를 거부하고, 욕망을 통한 설명, 욕망의 견지에서의 설명을 요구합니다." 대중들은 속지 않았다는 것이죠. "그 순간 그 상황에서 저들은 파시즘을 욕망했고, 군중 욕망의 이런 변태성을 설명해야만 한다."고 그는 말합니다(안오 p65). 계급적 전의식적 이해관계는 몰적 거대집합들의 차원에서 작동하지만, 무의식적 욕망은 욕망적 기계들의 분자적 차원을 작동시킵니다(안오 p432 참조). "욕망은 절대로 속는 법이 없다. 이해관계는 속거나 오인하거나 배반당할 수 있지만 욕망은 그렇지 않다."는 것입니다. "사람들은 자기 이해관계에 거슬러서 욕망하는 수가 있습니다."(안오 p433) 파시즘은 의식에 직접적으로 작용하여 억압을 수행하는 거시적 몰적 체제와는 거리가 있습니다. 하지만 라이히는 아직 욕망에 대한 심리적, 주관적 측면에 경도되어 있었습니다. 따라서 이러한 무의식적 욕망의 변태성을 객관적으로 충분히 설명하기에는 한계가 있었습니다. 들뢰즈와 가타리의 욕망 개념이 라이히의 부족한 부분을 채울 수 있다고 봅니다.

그들의 욕망 개념은 잠재적 생산력을 내포하는 하나의 의지를 뜻합니다. "확실히 군중들은 그저 수동적으로 권력을 받아들이는 것은 아닙니다. 나아가 군중들은 이데올로기적 속임수에 기만당하는 것도 아닙니다."(천고 p409) 욕망은 스스로 억압되기를 바랄 수 있습니다. 파시즘은 대중들의 욕망을 동원하고 이용할 줄 압니다. "히틀러는 파시스트들을 흥분시켰다."(안오 p489)는 말은 이런 의미를 내포하고 있습니다. "탈주선들 자체는 자신의 창조적인 잠재력을 포기함으로써 죽음의 선으로 돌변해 파시즘과 같은 순수하고 단순한 파괴의 선으로 돌아설 위험을 항상 간직하고 있습니다."(천고 p964) 로널드 보그는 이러한 위험이 생길 수 있는 이유를 다음과 같이 설명합니다. "억압받고 있는 사람들은 모두 종종 그들의 억압을 바랄 수 있습니다. 그들이 자신들의 욕망을 지배 기계들 내에서 코드화하기 때문에, 또는 지배 기계들이 그들의 욕망을 생산해 내기 때문에."(『들뢰즈와 가타리』 로널드 보그, 1989, 한국어판: 이정우 옮김, 중원문화, 2012, p173) 이것을 우리는 미셸 푸코가 『안티 오이디푸스』 서문에서 언급했던 다음과 같은 적절한 표현에서도 알 수 있습니다. "우리 모두의 안에 있는, 우리의 머리와 우리의 일상 행동 속에 있는 파시즘, 우리가 권력을 사랑하게 만들고 우리를 지배하고 착취하는 바로 그것까지도 욕망하게 만드는 파시즘"(안오 p7). 푸코는 『안티 오이디푸스』의 주요한 전략적인 적수는 파시즘이라고 하며, 『안티 오이디푸스』를 '비파시스트적 삶의 입문서'로서 우리 시대 자유민주주의사회를 위한 참다운 윤리서로서 평가합니다(안오 pp7~8 참조).

욕망은 하나의 배치임을 우리는 알고 있습니다. 이것이 기관 없는 몸체, 즉 탈기관체는 욕망이라는 들뢰즈/가타리의 주장이 갖고 있는 의미입니다. 그들의 주장에 따르면, "설령 탈기관체가 너무 폭력적인 탈지층화에 의해 파괴된 지층의 잔해 위에 있는 텅 빈 공허함으로 추락하거나 암적인 지층의 증식에 빠지더라도, 그것은 여전히 욕망입니다. 욕망은 자신의 소멸을 욕망하거나 소멸할 수 있는 역량을 갖는 자가 되기를 욕망하는 단계까지 가기도 하는 것입니다. 돈의 욕망, 군대의 욕망, 경찰과 국가의 욕망, 파시스트-욕망. 파시즘조차도 욕망입니다. 이러저러한 관계 하에서 하나의 탈기관체가 구성될 때마다 거기에는 언제나 욕망이 있습니다."(천고 p316) 욕망이란 필연적으로 여러 분자적 층위들을 지나가는 복합적인 배치들과 절대 분리될 수 없습니다. 들뢰즈/가타리는 "욕망은 결코 미분화된 충동적 에너지가 아니라 정교한 몽타주에서, 고도의 상호작용을 수반한 엔지니어링에서 결과하는 것"이라고 합니다(천고 p409). 이러한 생각을 우리는 들뢰즈와 파르네의 다음 대화의 구절에서도 엿볼 수 있습니다. "어떻게 욕망이 억압되기를 욕망할 수 있는가, 어떻게 욕망이 종속되기를 욕망할 수 있는가라는 질문에, 우리는 욕망을 억압하거나 종속시키는 권력이, 욕망의 배치 그 자체의 일부가 되었기 때문이라고 대답합니다. 그래서 욕망은 바로 그 선을 따라가기만 하면 되고, 한 척의 배처럼, 바로 그 바람에 사로잡혀 있는 것을 느끼기만 하면 되지요. 이제 혁명을 향한 욕망은 없습니다. 마찬가지로 권력을 향한 욕망, 억압하기를 향한 욕망이나 억압받기를 향한 욕망도 없고요. 여기서 혁명, 억압, 권력 등은 주어진 한 배치의 현행 선분을 이루는 선들입니다. 이 선들은 절대로 앞서 존재하지 않지요. 이 선들은 서로에게 내재적이고 서로 얽혀 있는 상태로 그려지고 구성되는데, 이와 동시에 욕망의 배치가, 얽혀 있는 그 배치의 기계와 군데군데 잘린 그 배치의 판과 더불어 만들어집니다. 그러므로 결국 무엇이 경사선으로 작동하게 될지, 어떤 형식이 이 선을 차단하게 될지 미리 알 수 없는 거죠."(『디알로그(Dialogues)』 질 들뢰즈/클레르 파르네, 1977, 한국어판: 허희정/전승화 옮김, 동문선, 2005, pp231~232). 욕망 개념의 심리적 성격에 경도한 라이히와는 달리 욕망의 배치의 성격을 잘 보여 주는 대목입니다. 결국 들뢰즈/가타리의 이론에 의하면 파시즘은 욕망의 문제이고, 따라서 배치의 문제라는 것입니다.

따라서 우리의 과제는 '우리 안에 있는 파시스트의 암적인 탈기관체가 되지 않고, 또 마약중독자, 편집증환자나 우울증환자의 텅 빈 탈기관체도 되지 않으면서 어떻게 충만한 탈기관체들을 만들어 낼 수 있을까?'(천고 p313) 하는 문제를 고민하는 것이어야 합니다. 이는 어떻게 배치를 변화시켜 갈 것인가, 어떻게 새로운 배치를 창조할 것인가를 묻는 것입니다. 따라서 배치의 구성요소인 선과 속도가 중요합니다. 그 사회를 규정하는 탈주선, 탈영토화의 첨점들과 그 속도를 포착하고 분석해야 합니다. 이것이 미시정치학의 가장 중요한 과제입니다. 그것들이 충만한 몸체로 향하는 경우에는 그것들을 촉진하고, 암적인 몸체로 향하는 경우에는 그것들에 저항해야 하겠죠.

들뢰즈와 가타리는 이렇게 욕망과 배치, 그리고 탈주의 개념으로 파시즘을 설명하면서 이를 미시파시즘이라 부릅니다. 그들이 제시하는 구체적 사례들을 봅시다. 전체주의 국가라는 개념은 파시즘의 발명품이지만, 스탈린주의 유형 또는 군사독재 유형처럼 파시즘 없는 전체주의 국가도 있습니다. 전체주의 국가라는 개념은 거시정치의 단계에서만 유효하며, 견고한 절편성 그리고 총체화와 중앙집중화의 특수한 양태에만 한정되는 것으로 봅니다. 농촌의 파시즘과 도시의 파시즘 또는 도시 구역의 파시즘, 젊은이의 파시즘과 퇴역 군인들의 파시즘, 좌익의 파시즘과 우익의 파시즘, 커플, 가족, 학교나 사무실의 파시즘 등 파시즘은 분자적 초점들과 불가분의 관계에 있는데 이것은 국가사회주의(Nazi) 국가에서 이 초점들이 다 함께 공명하기 이전에 이미 그 자체로 존재합니다(천고 p408 참조). 나치와 같은 우익 집단뿐만 아니라 좌익 조직들도 미시파시즘을 가지는 경우를 볼 수 있습니다. 몰적으로는 반파시즘을 외치면서도 자기 자신의 분자적 측면에서 파시스트적 소양을 가지는 그런 인간과 집단들을 우리는 흔히 볼 수 있습니다(천고 p410 참조).

파시즘을 이렇게 미시파시즘으로 규정하는 것은 민주주의사회가 어려움에 처하게 될 때 어떻게 파행적인 체제로 치달을 수 있는지를 실감나게 보여 줍니다. 역사적으로 볼 때 독일의 민주적 정부였던 바이마르공화국이 히틀러의 나치체제로 급속히 돌변했던 것이 대표적 사례라 할 수 있습니다. 또한 남한에서도 금세기 초에 어떤 일이 벌어졌는지를 이해하는 데 이 논의가 적절한 지침을 제공해 줄 수 있습니다. 욕망의 흐름을 긍정적이고 창조적인 방향으로 이끌 수 있는 신중함의 기예가 절실히 요구되는 것이 바로 이러한 때입니다. 그것을 위해 투명한 정보의 공개와 열린 토론, 그리고 개개인의 부단한 성찰이 필수불가결하다 하겠습니다. 결국은 어떠한 어려움이 닥쳐도 흔들리지 않는, 토대가 굳건한 민주주의를 건설하는 것만이 파시즘과 같은 암적인 몸체로의 탈주를 방지하고 창조적이고 충만한 탈기관체로 가는 길이 될 것입니다. 우리가 진정 두려워해야 할 것은 파시즘밖에 없습니다. 우리가 모든 영역, 모든 분야에서 비파시스트적 삶을 추구함으로써 건전한 민주주의를 실현해 나갈 수 있다면 작금의 자본주의체제뿐만 아니라 그 어떤 것이라도 민주적으로 통제할 수 있습니다. 모든 지배와 억압으로부터 벗어날 수 있다고 확신합니다.

학 생 파시즘으로 가는 이유가 이데올로기 때문도 아니고 착오와 기만에 의한 것도 아니라면 정보의 투명성을 높이고 정확한 정보를 제공한다고 해서 무의식적 욕망이 반동화하고 순응적으로 되는 것을 막을 수 있겠습니까? 다른 해결책이 더 필요한 것이 아닌지요?

최영준 맞습니다. 정보만 투명하게 제공된다고 해서 민주주의가 저절로 실현되는 것은 아니죠. 정보 제공은 자유민주주의를 실질화하기 위한 필요조건이지 충분조건은 될 수 없습니다. 그러나 정보의 투명한 제공을 단초로 하는 실질적 자유민주주의의 확립만이 비파시스트적 삶으로 가는 유일한 방법이라고 생각합니다. 때로 전쟁이나 자연재해, 그리고 경제공황 등과 같은 요인들로 인해 민주주의에 위기가 올 수 있을 것입니다. 그런 상황에서는 모든 정보가 정확하게 제공될지라도 각자의 욕망이 어떻게 발현될 것인지는 알 수 없습니다. 다양한 외부 환경에 대응하여 군중의 욕망은 다양한 모습으로 전개될 것입니다. 민주주의 자체 내에 도처에 내재한 파시즘적 요소들이 꿈틀거리며 날아오를 기회를 노릴 것입니다. 현실이 어려울수록 지배하거나 지배받기를 욕망하는 의지들이 춤을 출 것입니다. 그러나 확립된 실질적 자유민주주의가 건재하다면 욕망의 배치가 파시즘으로 탈주하는 모습을 상상하기는 어렵다고 봅니다. 성찰의 자세와 신중함이 잘 갖춰진 민주 시민의 역량은 그럴 때 발휘될 것입니다. 독일에서 파시즘이 발호한 모습을 보면, 바이마르공화국에서 히틀러의 제3제국으로 변화하는 과정에서 바이마르공화국이 자유민주주의가 실질적으로 이루어졌던 사회라고 보기는 어렵습니다. 당시 독일은 제1차 세계대전에서의 패전 국가로서 정치적 경제적으로 매우 불안정한 상황에 있었습니다. 바이마르의 민주주의는 실질적 자유민주주의로 확고히 뿌리내리지 못한 상황이었습니다. 파시즘은 불안정한 사회에서 자랍니다. 정치, 경제, 문화 등 모든 분야에서 실질적으로 민주화가 이루어진 사회가 오랜 기간 불안정한 사회로 유지될 가능성은 크지 않습니다. 자유로운 개인들의 자발적인 토론과 타협으로 사회는 곧바로 복원될 것입니다. 따라서 민주화가 충분히 이루어진 사회에서는 어떤 어려움이 닥치더라도 개인들이 스스로를 악마적 충동으로 내모는 욕망의 배치를 형성하는 것, 암적인 몸체로 탈주하는 것은 그 가능성이 희박하다고 볼 수밖에 없습니다. 라이히의 말대로 파시즘이 대중들의 오해와 착각에 의해 생기는 것이 아니라면, 대중이 스스로 원해서 생기는 것이라면 진정한 민주사회의 진정한 주인으로서의 대중은 파시즘이 생기는 상황과 결코 부합할 수 없습니다. 바이마르공화국처럼 민주주의가 허약하고 불완전할 때 히틀러가 파시스트들을 흥분시켰듯이 파시즘이라는 암세포는 민주주의의 허점을 파고들며 똬리를 틀고 뿌리를 내립니다. 자유민주주의를 실질화하고 공고히하는 것만이 파시즘을 원천적으로 차단할 수 있을 것이라고 믿습니다. 그러나 자유민주주의의 실질화는 끝없는 과정입니다. 니체가 말한 영원회귀의 과정이라 할 수 있습니다. 그 과정에서 파시즘과 같은 암초를 만날 수도 있고 퇴행을 맞을 수도 있을 것입니다. 그러나 다른 길은 없습니다. 사회 각 부문에서 각 영역에서 정치·경제·사회·문화 모든 방면에서의 민주화를 이루는 것만이 그 구성원들이 주인으로서 성찰하는 삶을 살도록 해 줄 것이며, 그것이 들뢰즈와 가타리가 말하는 신중한 기예로서의 삶으로 가는 길이 될 것입니다. 비파시스트적 삶, 즉 인간의 해방과 정의사회를 꿈꾸는 우리 모두 실질적 자유민주주의의 확립을 위하여 부단히 정진하도록 합시다.

IV 들뢰즈 경제학

아침 식사를 하며 그들의 대화는 계속 이어진다.

강규석   아침부터 시끄럽게 무슨 말들이 그리 많았어? 다른 사람 잠도 못 자게.

주상호   민철이 형이 유진 씨한테 여자 소개시켜 달라고 졸랐나 봐요.

여민철   (눈을 부라리며) 야, 인마! (손가락질하며) 이 녀석 없는 말 지어내는 데는 선수야. 기자가 그래도 되냐?

강규석   유진아, 제 굉장히 까다로운 애다. 말려들지 않는 게 좋아.

김유진   그런 거 같기도 하고 안 그런 거 같기도 하고. 오히려 순진하신 분 같아요.

주상호   웬걸요. 사람 보는 눈 없으시네.

여민철   조용들 하고 밥이나 먹어라.

강규석   민철이는 순진한 게 아니라 너무 완벽을 추구하지. 객관적인 완벽이 아니라 자신에 딱 들어맞는.

김유진   뚜렷한 이상형은 없으신 거 같던데요.

강규석   이상형이라기보다 자신의 조건에 100% 맞아야 한다는 거지. 결국 같은 건가? 하여튼 쟤는 여자가 정치 성향까지 맞아야 한다고 하니까. 저 녀석은 보다시피 외모는 관점에 따라 봐 줄 만한 구석도 있지만, 성격은 이성적인 여자라면 싫어할 요소를 가지가지 갖췄지.

여민철 정치 성향이 부부관계를 유지하는 데 얼마나 중요한데. 꼭 잠자리 성향만 맞으면 되는 건가? 규석이 너도 마찬가지잖아. 영준이도 와이프하고 정치적 지향점이 같으니까 근근이 깨지지 않고 유지가 되잖아.

최영준 왜 내 얘기는 갑자기? 나 와이프하고 아무 문제 없다. 정치 같은 거 상관없이 와이프랑 끈끈해요.

주상호 뭐가 그래요? 영준이 형은 형수님의 하해와 같은 인내심이 없었으면 벌써 힘들었을 걸요! 지난 세월 영준 형이 얼마나 가정을 내팽개치고 살았나요? 다 정의를 사랑하는 형수님 덕분에 가정이 유지됐던 거죠. 고마운 줄 아세요.

최영준 그건 인정. 맞어. 그래, 민철이 말이 틀린 말은 아냐.

여민철 난 원래 너희들도 아다시피 샤론 스톤 스타일을 좋아했잖아.

주상호 얼굴은 샤론, 머리는 스톤을 말하는 거죠? 헤헤.

여민철 근데 나이 들수록 생각이 비슷한 사람이 좋은 거 같애. 특히 정치적 성향이 중요하더라구. 아무리 예뻐도 생각이 반동적이면 금방 추해지더라구. 인간에 대한 예의가 없는 사람, 자기 몸 가꾸는 데는 시간을 아끼지 않으면서 자기 주위에는 역겨운 냄새를 풍기는 사람은 여자나 남자나 인간으로 보이지 않더라구.

주상호 그래도 예쁜 여자 찾잖아요.

여민철 물론이지. 거기에다 생각도 맞아야 된다 이거지. 너는 안 그렇냐?

김유진 남한에 예쁜 여자 많잖아요.

강규석 민철이가 원하는 건 아주 예쁜 여자도 아니라구. 자신한테 어울리는 여자, 아까도 말했지만 완벽히 자기에 맞는 여자. 그리 눈이 높은 것도 아냐.

최영준 저리 까다로우니 아직 제대로 된 사랑 한 번 못했지. 쯔쯔.

여민철 영준이 말이 맞을지도 몰라. 하지만 난 사랑은 정해진 것은 없다고 생각해. 예전에 사랑은 아무나 하나라는 노래도 있었지만 사랑은 아무나 하는 거라고 생각해. 누구나 자기식의 사랑이 있는 거 아니겠어? 하룻밤 즐긴 거를 사랑이라 하든 한평생을 같이 살아야 사랑이라 하든 자기 좋은 걸 서심 없이 아낌없이 좋아하는 게 사랑 아닌가? 단지 상대방을 존중하고 그 순간만이라도 아낄 줄 안다면. 이성이면 어떻고 동성이면 어때? 육체적이면 어떻고 정신적이면 어때? 스피노자의 가르침을 실천하면 되는 거지. 꼭 도덕적으로 거룩하고 순결해야 할 필요도 없다고 봐.

김유진 이렇게 개방적인 생각을 가지신 분이 왜 여지까지 제대로 된 사랑을 못해 보셨죠?

주상호 생각은 그런데 실천은 꽝이죠. 상대방과 주파수 맞추기가 영 피곤하다나 어쩐다나.

여민철 너는 나에 대해 아는 게 너무 많다. 가까이 하기가 저어되는구나.

주상호 유진 씨는 어떤 스타일이세요? 민철이 형 생각에 동의하시나요?

김유진 저는 뭐 ……. 사랑은 일생에 한 번 하는 거라고, 음 …….

여민철 홧? 뭐라고? 유진이 강규석 제자 맞아? 규석아 제자 교육 어떻게 시킨 거야? 포스트모던 스승이 제자를 첨단으로 가르쳐야지 저리 보수적이라니!

강규석 포스트모던 같은 소리 하구 자빠졌네. 사랑은 한 번만 찐하게 하겠다는데 무슨 보수 어쩌구 그래. 자기 스타일대로 사는 거지. 유진이가 얼마나 대찬 사람인데. 이 아이 같이 진취적인 애는 남한에도 드물 거야. 들뢰즈가 말하는 탈영토화, 탈주의 첨병이지 그야말로. 소위 좌우, 진보 보수를 넘어 진정한 상파 중의 상파다.

김유진 제가 처음부터 그런 성향은 아니었어요. 선생님 만나기 전까지는요. 선생님 강의를 듣고 제 사고방식이 완전히 바뀌었어요. 지금도 강의 첫날이 생생히 기억납니다. 선생님께서는 경제뿐만 아니라 모든 것을 새로운 시각으로 바라보도록 저를 이끌어 주셨죠.

몇 년 전 평양대학교 경제학부 강의실. 남한의 서울대학교에서 파견되어 이 학교에 갓 부임한 경제학과 조교수 강규석이 들뢰즈 경제학을 강의하고 있다. 그는 들뢰즈 경제학을 창시한 학자군 출신으로서 평양학파로 불리는 그룹의 대표적인 학자다. 이 강의에 참여하는 학생들은 이미 들뢰즈의 철학과 사상을 교양과정에서 충분히 습득한 상태다. 강규석은 신생 독립국이나 다름없는 북한을 세계 최초로 들뢰즈 경제학을 기반으로 하여 경제발전을 이룬 나라로 만들려는 비전과 포부를 갖고 있다. 당시 학부생이었던 김유진도 수강 중이다.

강의 첫날

강규석 들뢰즈 경제학을 공부하기 전에 우선 경제학에 대해 알아보기로 하자. 경제학이란 게 무엇일까? 경제학이 경제에 관한 학문이라는 것은 당연한 것이고, 경제라는 것이 재화와 용역의 생산, 분배, 소비와 관련된다는 것쯤은 누구나 다 알 것이다. 무엇을, 어떻게, 얼마만큼을 생산, 분배, 소비할 것인가가 관건이라는 것도 주지의 사실이다. 자원이 무한하거나 아니면 욕구가 소박하고 잘 절제가 되어서 자원이 욕구의 충족에 부족함이 없다면 경제학은 설 자리가 없을 것이다. 그러나 현실은 자원은 희소하고 욕구는 무한하다. 따라서 이 문제를 해결하기 위해 최소의 비용으로 최대의 효용을 거두는 방법을 모색하는 것이 경제학이다. 어떻게 하면 좋은 것을 극대화하고 나쁜 것을 극소화할 수 있을 것인가를 연구한다. 요컨대 비용편익분석이 경제학의 핵심이다. 이를 순수하게 이론적으로만 접근하여 체계를 세운 것이 신고전파를 대표하는 한계효용학파다. 한계효용체감의 법칙, 한계비용체증의 법칙 등을 근간으로 하여 수요와 공급의 법칙을 유도하고 이로부터 미시경제학이 정립되고 여기에 케인즈의 거시경제학이 접목되어 마침내 신고전파종합이라는 주류경제학의 거대한 이론체계가 구축된다. 신고전파종합이라는 용어는 케인즈의 사상을 계승한 사뮤엘슨의 작품이다. 엄밀히 말하면 신고전파종합은 케인즈의 개입주의를 뒷받침하기 위해 도입한 편향된 개념이라고 할 수 있다. 따라서 그 후에 케인즈의 주장들을 비판하는 통화주의를 위시한 신자유주의 사상이 풍미하면서 이 용어가 잠시 힘을 잃기도 한 바 있다. 하지만 역설적이게도 이러한 비판적 사조들의 이론들조차 이 종합의 체계를 근간으로 하고 있다. 또한 지금은 이러한 사조들이 사그라지고 다시 케인즈의 사상이 부활하여 학계를 주도하는 추세에 있다. 우리는 미시적 신고전파와 거시적 케인즈학파를 결합하여 새로운 버전으로 진화해 가는 신고전파종합이 주류경제학 중에서도 주류를 형성하는 정통적 이론체계라고 보아도 무리는 없다고 생각한다.

그러나 이코노믹스(economics)의 어원인 오이코스(oikos)와 노모스(nomos) 그리고 경제(經濟)의 어원인 경세제민(經世濟民)에 비추어 볼 때 경제학을 이렇게만 규정하는 것이 우리의 경제적 삶을 제대로 규명하는 데 적합한 것인지 의문이 들지 않을 수 없다. 제대로 세상을 경영하고 민중을 구제하는 방법을 연구하는 것이 경제학이다. 주류경제학이 모색하는 순수 이론적 정교함만으로는 충분하지 않다. 주류경제학의 이론체계가 경제 현상을 설명하는 데 유용한 도구임에는 틀림없지만 그것만으로는 경제적 실재를 설명하기에 역부족이고 이론의 발전을 위해서도 바람직하지 않다. 새로운 차원의 학문적 논리나 학문적 사유의 구도의 개발뿐만 아니라 기존 이론의 발전을 위해서도 사고의 지평을 넓혀야 할 필요가 있다. 그것은 새로운 관점으로, 새로운 철학적 토대를 가지고 경제를 바라보는 것이다. 경제만 홀로 존재할 수 없다. 경제와 경제외적인 것과의 관계들을 제대로 설명하는 해석과 평가가 필요하다. 주류경제학은 철학적 토대가 부족하다. 철학적 토대를 아예 결여하거나 토대를 갖더라도 포괄적이 아닌 파편적인 세계관을 가진다고 할 수 있다. 자연이나 자유를 보는 관점, 정부의 역할이나 분배에 대한 관점 등에 있어서 심각한 편향성을 드러내고 있다. 강의가 진행되면서 이런 모습들이 차례로 부각될 것이다. 우리는 경제학의 핵심이 편익의 최대화와 비용의 최소화라는 데 동의한다. 경세제민을 하는 데도 사회와 민중의 편익과 행복을 극대화하고 비용과 고통을 극소화하는 것이 핵심인 것은 분명하다. 우리는 다만 편익과 행복 그리고 비용과 고통을 바라보는 관점을 달리한다. 편협한 가정 하에 이론적 만족으로 그치는 것이 아니라, 수치적으로 계량적으로 정확한 파악이 곤란할지라도 더욱더 엄밀하고 현실설명력이 큰 경제학을 구축하려는 것이 우리가 추구하는 경제학, 즉 들뢰즈 경제학의 목표다. 들뢰즈 경제학은 비정확하지만 엄밀한 본질을 추구하는 탈근대 사상을 토대로 하는 경제학이다. 오늘 첫날 강의에서는 들뢰즈 경제학의 전반적 윤곽을 알아보기로 하자.

일반적으로 실증경제학에서는 가치의 문제가 배제되고 규범경제학에서는 가치의 문제가 개입될 수밖에 없는 것으로 알려져 있다. 그러나 실증적이냐 규범적이냐에 관계없이 경제학뿐만 아니라 모든 학문은 세계관이나 인간관 등의 철학적, 사상적 토대에 의해 그 연구의 방향이 결정될 수밖에 없다. 가령 가치의 문제를 배제한다는 실증경제학의 차원에서도 인간중심주의적인가 아닌가, 자연친화적 세계관을 가지는가 그렇지 않은가 등에 따라 연구의 방향이 좌우될 수밖에 없다. 실증경제학이나 규범경제학이나 모두 최대의 편익과 최소의 비용을 추구하는 연구일 뿐이다. 다만 비용과 편익을 분석함에 있어 어떤 범위와 영역에서, 어떤 차원의 관점에서 볼 것인가가 문제다. 경제학을 어떻게 정의하든지 간에 그것의 철학적 사상적 토대가 매우 중요하다. 근대적 세계관을 기초로 하는 신고전파 경제학과 맑스 경제학, 그리고 탈근대적 세계관을 기초로 하는 들뢰즈 경제학은 근본적으로 철학적 토대를 달리한다.

들뢰즈 경제학(Économie ou Économique Deleuzienne), 들뢰지언 이코노믹스(Deleuzian Economics)는 들뢰즈 사상으로부터 출발한다. 들뢰즈 경제학은 경제적 문제들을 해결함에 있어 들뢰즈의 철학과 사상을 토대로 한다. 즉 들뢰즈 경제학은 들뢰즈의 존재론과 인식론, 그리고 윤리학과 정치학을 토대로 구축된 경제학이다. 물론 들뢰즈의 사회사상에서 가타리의 공헌을 빼뜨릴 수 없다. 들뢰즈 경제학은 들뢰즈 철학의 구체화의 한 양상으로서의 경제학이다. 들뢰즈의 정치학이 사회과학의 일 분과로서의 정치학이 아니라 들뢰즈의 실천철학, 즉 들뢰즈 윤리학의 구체화로서의 정치학이듯이 들뢰즈 경제학도 사회과학의 일 분과로서의 사회공학적인 경제학이 아니라 들뢰즈의 실천철학, 윤리학을 경제의 측면에서 구현하는 사유체계 혹은 관점으로서의 경제학이라 할 수 있다. 들뢰즈에게 있어서 철학은 내재성의 평면이라는 사유의 구도 위에서 개념을 창조하는 것이다. 이러한 철학적 관점, 세계관이 경제의 분야에 투영되어 학문적 체계를 이룬 것이 들뢰즈 경제학이다.

들뢰즈 경제학은 우리에게 익숙한 근대경제학과는 근본적으로 다르다. 탈근대적 세계관으로 경제를 바라볼 것을 요구한다. 가장 먼저 들뢰즈 존재론의 기본적 세계관인 존재의 일의성에서 출발해야 한다. 그리고 경제적 현상을 제대로 사유하고 분석하기 위해서는 잠재성의 세계를 포착해야 한다. 그러기 위해 들뢰즈의 비인간주의와 들뢰즈/가타리가 규정하는 무의식을 이해해야 한다. 인간중심주의와 합리적 이성을 기반으로 하는 의식적 학문체계를 지향하는 근대경제학은 탈근대적인 들뢰즈 경제학에 의해 수정되고 보완되어야 한다. 일의적 존재론, 내재적 세계관에서 인간과 자본은 세계의 한 부분일 뿐이다. 인간과 비인간, 자본과 노동 그 어느 것도 이 세상을 초월해서 존재할 수 없고 가치 면에서 사전적으로 우월하게 평가받을 수 없다. 이러한 세계관을 바탕으로 하는 들뢰즈 경제학은 자본 위주나 인간 위주의 학문이 아니다. 그것은 자본과 노동을 동등하게, 인간과 환경 전체를 동등하게 연구대상으로 한다.

들뢰즈 경제학은 주류경제학이 지향하는 순수한 이론경제학이 아니다. 신고전파종합으로 대표되는 근대적 주류경제학처럼 경제외적 상황을 배제한 순수한 경제적 가정에 입각하여 경제를 분석하는 것도 이 사회를 이해하는 데 유용한 도구를 제공할 수 있다. 그러한 이론적 토대 위에서 현실을 분석하는 것이 학문, 특히 근대적 학문의 기본 자세라 할 수 있고 그래야만 학문의 순수성이 유지된다고 할 수도 있다. 그러나 이러한 학문적 태도는 부득이하게 현실적합성의 측면에서 한계를 가질 수밖에 없다. 경제는 사회의 한 분야일 뿐이며, 자연을 포함한 세계의 일부일 뿐이다. 이러한 경제를 분석함에 있어 외부와의 관계를 무시한 채 순수 경제이론만을 추구하는 것은 학문적 결핍을 내재적으로 잉태할 수밖에 없다. 따라서 보편타당성을 추구하는, 진정한 진리를 모색하는 학문이라면 그 자신의 초월적 순수함만을 추구하는 것은 바람직하다고 할 수 없다. 경제학은 맑스의 정치경제학이 의미하는 바 이상으로 정치경제학일 수밖에 없다. 들뢰즈 경제학은 경제와 그 경제를 내재적 일부분으로 가지는 세계와의 역학관계를 엄밀하게 분석하는 것을 궁극적 목표로 하는 보편적 학문으로서의 정치경제학이다.

들뢰즈 경제학은 자본주의를 분석하고, 자본의 지배를 저지하는 혁명적 실천을 모색한다. 이것은 맑스가 세계의 분석과 변화를 위해 개진했던 그의 자본주의 분석의 목적과 다르지 않다. 다만 이러한 것들은 모두 들뢰즈의 실천론, 즉 윤리학과 정치학의 실현 과정이라는 면에서만 차이를 가질 뿐이다. 맑스 경제학은 주류경제학과 구분되거나 대립되는 하나의 소수파로서의 경제학이라 할 수 있다. 그러나 그것 역시 근대적 사고에 갇힌 경제학이다. 맑스주의도 인간중심적이고 노동중심적인 세계관이나 자본주의에 관한 이성중심주의적 분석에 머물러 있기는 주류경제학과 다를 것이 없기 때문이다. 이와 달리 들뢰즈 경제학은 비인간주의의 일의성의 철학, 이성과 의식의 확실성에 의문을 제기하는 잠재성의 철학을 구현하려는 소수자 윤리학, 소수자 정치학을 기반으로 한다. 소수파로서의 성격을 가지는 맑스 경제학과 소수자적 성격을 가지는 들뢰즈 경제학의 차이를 잘 이해해야 한다. 들뢰즈 경제학은 모든 초재와 중심주의를 거부하고, 다수자적 용법과 방식에 저항하는 소수자적 삶의 양식의 창조를 모색한다. 끊임없는 생성과 되기, 탈주, 탈영토화를 추구한다. 소수자 윤리학, 소수자 정치학을 구현하려는 들뢰즈 경제학은 그 자체가 기존의 경제학으로부터의 탈주와 탈영토화라 할 수 있다. 들뢰즈 경제학은 기존의 경제학에 끊임없이 새로운 영감을 수혈하여 탈주와 탈영토화를 야기하는 창조적인 소수자 경제학이다.

들뢰즈 경제학은 잠재적이고 무의식적인 욕망을 주요 분석대상으로 하는 욕망경제학이자 리비도경제학이다. 이러한 측면이 들뢰즈 경제학의 탈근대적 경제학, 소수자 경제학으로서의 성격을 극명하게 보여준다. 들뢰즈 경제학은 모든 존재에 깃들어 있는 무의식적 욕망의 에너지인 리비도를 투자단위로 하여 논리를 전개하는 추상적이고 포괄적인 경제학이다. 이에 비하면 근대경제학은 의식적 이성을 기반으로 하여 물질적 재화와 용역의 생산, 분배, 소비를 연구하는 구체적이고 특수한 학문 분야라고 할 수 있다. 탈근대경제학으로서의 들뢰즈 경제학은 무의식적인 분자적 흐름들의 종합으로서의 생산, 분배, 소비를 연구한다. 그리고 그것을 포괄하는 개념으로 욕망적 생산을 제시하고 그것과 사회체가 요구하는 조건에 부합하는 욕망적 생산으로서의 사회적 생산을 생산의 가장 큰 두 개의 범주로 하여 이론을 전개한다. 욕망의 투자에서 모든 가치의 창조가 이루어진다고 보는 것이 들뢰즈 경제학의 입장이다. 욕망의 투자, 즉 리비도의 투자에 의한 정동의 생산, 효용의 생산이 가치의 창조다. 들뢰즈와 가타리에 의하면 욕망적 기계들에 고유한 에너지인 리비도가 사회적 장에 투여되는 바로서의 리비도 투자가 사회장의 성격을 규정한다. 리비도의 투자에 대응하여 작용하는 사회적 조건들에 따라 들뢰즈/가타리는 사회체를 원시 영토기계와 야만 전제군주기계, 문명 자본주의기계의 세 가지로 분류하며, 현대 자본주의사회를 이 자본주의기계의 하나의 구체적인 경우로 삼아 분석을 수행한다. 들뢰즈와 가타리가 보는 자본주의적 생산도 하나의 사회적 생산으로서 자본주의적 조건 하에서의 욕망적 생산일 뿐이다. 자본주의 분석에 대한 들뢰즈/가타리의 결론을 미리 말하자면, 현실의 자본주의체제는 분열증적이고 혁명적인 극과 오이디푸스적이고 반동적인 극 사이를 진동하는 무의식적 욕망의 움직임에 따라 진보와 퇴행을 거듭하며 자신의 과정을 전개해 나가는 자본주의-추상기계가 현실화한 하나의 구체적 배치다.

요약하면, 들뢰즈 경제학은 들뢰즈의 철학과 들뢰즈/가타리의 사회사상을 토대로 하는 탈근대경제학이다. 탈근대적 세계관을 기초로 하는 정치경제학이자 소수자 경제학이며 욕망경제학이다. 들뢰즈와 가타리 사상의 핵심인 잠재성에 대한 사유가 들뢰즈 경제학의 논리를 일관되게 지배한다. 들뢰즈 경제학은 분자적이고 미시적인 잠재적 세계를 분석대상으로 하는, 즉 양자적 흐름을 관점의 좌표로 삼는 미시분석(micro-analyse)의 한 분야로서의 미시경제학(micro-économie)이다. 주류경제학의 한 분야인 미시경제학과 잘 구별하기 바란다. 가계와 기업을 분석대상으로 하는 주류의 미시경제학은 들뢰즈/가타리의 관점에서 보면 절편적 선들을 관점의 좌표로 삼는 몰적이고 거시적인 분석에 해당된다고 할 수 있다.

이상의 여러 특성들에서 볼 때, 들뢰즈의 철학을 토대로 하는 들뢰즈 경제학과 맑스 경제학을 포함한 기존의 근대경제학의 가장 큰 차이는 무엇보다도 인간을 보는 관점에 있다. 들뢰즈의 탈근대적인 인간관은 근대적인 인간중심주의가 아니다. 일의적 존재론에서 파생되는 비인간주의다. 결과적으로 들뢰즈 경제학이 바라보는 인간도 세계 내적 존재로서의, 자연의 일부로서의 인간이다. 인간을 초재적인 고정된 주체나 대상으로 보는 근대경제학과 달리 들뢰즈 경제학은 인간을 내재적으로 외부와 상호 작용하는 유동적 존재로 본다. 비인간주의와 내재성의 구도를 사고의 지평으로 하는 들뢰즈 경제학에서의 인간관은 곧바로 철학의 주체의 문제처럼 경제적 주체의 문제에도 새로운 논리적 기반을 제공한다. 들뢰즈 경제학에서는 인간만이 아니라 존재하는 모든 것이 경제적 주체가 될 수 있다. 들뢰즈/가타리에게 존재하는 모든 것은 기계다. 욕망하는 기계, 욕망적 기계다. 모든 욕망적 기계가 생산, 투자, 소비의 주체가 될 수 있다.

경제주체에 관한 논의는 오늘 강의의 정리이자 앞으로 할 강의의 논점들의 대전제가 되는 매우 중요한 부분이다. 들뢰즈 경제학은 합리적 개인을 가정하지 않는다. 합리적 개인을 주체로 하는 경제학이 근대경제학이다. 의식적 주체로서의 인간이 이해관계에 기초하여 비용과 편익을 합리적으로 계산하고 분석하여 가장 효율적인 선택을 한다는 것이 주류경제학의 기본 가정이다. 이러한 주체에 관한 해석은 주류경제학뿐만 아니라 맑스 경제학의 관점에서도 크게 다르지 않다. 의식적 인간의 행동과 이해관계에 기반한 계급들의 투쟁을 주체의 고유한 속성으로 보는 맑스도 근대적 관점에 머물러 있기는 마찬가지다. 들뢰즈 경제학은 정치경제학이면서 동시에 욕망경제학으로서의 탈근대 경제학이다. 합리적 개인이 아니라 비인칭적인 욕망적 기계들이 주체의 역할을 담당한다. 궁극적으로 인간의 행동을 지배하는 것은 합리적 예측이나 이성적 판단과 같은 의식이 아니라 그보다 더 심연에 위치한 무의식적 욕망이다. 들뢰즈 경제학이 기초로 하는 세계관과 인간관은 근대경제학의 그것들과 근본적으로 다르다. 존재는 일의적이고, 현실적임과 동시에 잠재적이기도 하다. 그에 따라 인간도 자연의 일부일 뿐이며 의식적임과 동시에 무의식의 지배를 받는 존재이기도 하다. 따라서 들뢰즈 경제학은 합리적 개인의 행동을 경제를 작동시키는 출발점으로 삼지 않는다. 욕망이 배치되고 사회를 규정하듯이 무의식적 욕망이 사회와 경제를 움직이는 궁극적 동인이다. 들뢰즈 경제학은 존재의 일의성에 입각하여 인간사회와 자연과 생태를 아우르는 모든 범주를 포괄하여 경제를 사유한다. 비용과 편익을 분석함에 있어서도 그 근거를 이해관계에 기초한 인간 세계에 한정하지 않는다. 자연을 포함한 모든 존재를 기초로 하여 사고함으로써 그 시야를 최대한 확장한다. 비용과 편익이 발생하는 가능한 한 모든 영역을 대상으로 삼음으로써 가장 진실에 가까운 결론을 이끌어 내고자 한다.

우선 들뢰즈 경제학에서는 인간을 자본가나 노동자라는 두 가지 유형으로 단순화하지 않는다. 인간은 자본가도 될 수 있고 노동자도 될 수 있고 그 혼합도 될 수 있으며, 노동이 아닌 다른 유형의 활동도 얼마든지 하면서 삶을 영위할 수 있는 존재다. 인간은 무한한 차원의 독특성을 가진다. 철학적으로뿐만 아니라 경제학적으로도 인간은 그 같은 대우를 받아야 한다. 그러므로 들뢰즈 경제학은 각 개인의 존재 기반을 확고히 하고 그 개인들이 자유로운 주인으로서 각자의 독특한 잠재적 역량을 마음껏 실현할 수 있는 경제체제를 지향한다. 인간 모두를 각자 주인으로서 취급하려는 학문적 노력이 수반되어야 한다. 따라서 자본 우위의 자본주의, 노동만이 가치를 생산한다는 노동가치설, 일하지 않는 자 먹지도 말라는 식으로 노동만으로 인간존재를 규정하는 노동의 인간학(미맑 pp53~76 참조), 그리고 노동자에 대한 보상을 비용으로 바라보는 시각 등은 들뢰즈 경제학에서는 용인될 수 없다. 이러한 것들은 인간을 몰적 단위들로 유형화 또는 절편화하여 분석을 단순화하는 근대적 사고방식들로서 존재의 분자적이고 독자적인 특성들을 중시하는 들뢰즈/가타리의 관점과 부합할 수 없다. 기본적으로 모든 인간은 경제적 대상이나 수단이 아닌 경제의 주체로서 취급되어야 한다. 더 나아가 들뢰즈/가타리의 비인간주의를 충실히 철저하게 관철한다면, 들뢰즈 경제학에서의 경제주체는 좀 전에 말한 것처럼 인간, 사물, 그리고 자연을 포함하는 욕망적 기계들의 독특한 잠재적 역량이라고 할 수 있다. 이는 달리 표현하면 존재하는 것들의 무의식적 욕망이 될 것이다. 하나의 개체로서의 기계보다는 기계들의 절속(絶續)이, 나아가 더 광범위하게 형성되는 기계들의 네트워크 전체가 경제의 주체가 된다. 비인간주의는 근대경제학에서의 가계, 기업, 정부의 세 가지 경제주체라는 개념과는 차원을 달리한다. 무엇이든 가치를 생산하는 생산의 주체가 될 수 있다. 무엇이든 잉여가치를 생산할 수 있는 자본의 지위를 가질 수 있다. 무엇이든 자본으로서의 투자 주체가 될 수 있다. 무의식적 욕망의 에너지인 리비도를 투자함으로써 가치를 생산하고, 확대재생산, 자기증식을 꾀할 수 있다. 들뢰즈 경제학에서 생산은 상품으로서의 재화와 용역의 생산만을 의미하지 않는다. 가치를 가진 모든 것이 욕망적 생산의 대상이다.

이제 탈근대적 관점에서 재화와 용역도 새로이 규정할 필요가 있다. 상상을 초월하는 눈부신 기술의 발전과 생활패턴의 급격한 변화에 따라 인간에게 효용을 제공하는 가치의 범위와 영역이 더욱 복잡해지고 모호해지고 있다. 그에 따라 근대적 관점으로는 포착할 수 없는 현상들이 날로 증가하고 있다. 들뢰즈/가타리 식으로 말하면 욕망적 기계들의 절속(絶續)의 양태와 성격이 우리의 인식능력의 일상적인 경험적 실행으로는 따라가기가 길수록 이려워지고 있는 것이다. 존재자에게 효용을 주는 모든 것, 존재자의 역량을 증대시키는 모든 것이 재화와 용역이 될 수 있다. 몰적 절편의 가치을 좌표로 하는 근대경제학의 입장에서는 문질적이고 감각적인 차원에 재화와 용역을 한정할 수밖에 없다. 구체적이고 정확하고 계산 가능한 것만을 포함한다. 그러나 그러한 제한은 성긴 그물처럼 실재의 포착을 불가능하게 한다. 실재에 다가가기 위해서는 분자적 흐름을 좌표로 하는 탈근대적 관점이 필수적이다. 소수자과학으로서의 탈근대적 관점은 모호한 측면이 있지만 엄밀함을 추구한다. 들뢰즈 경제학은 이러한 탈근대적 관점 하에서 비물질적이고 정동적인 차원으로까지 재화와 용역의 범위를 확장한다. 이러한 차원에 대한 논의는 뒤에서 더 자세히 할 것이다. 요컨대, 탈근대적 관점에서는 욕망적 기계의 절속으로 인한 모든 생산물이 인간에게 효용을 주는 재화와 용역이 될 수 있다. 재화와 용역에 대한 이러한 시각은 들뢰즈 경제학이 바라보는 생산과 가치 혹은 잉여가치의 개념과도 불가분의 관계에 있다. 또한 탈근대적 관점의 노동과 자본을 규정하는 데에도 필연적으로 관련될 수 밖에 없다. 앞으로 차례로 알아볼 것이다.

들뢰즈 경제학에서 경제주체가 욕망적 기계들이라고 하는 것은 매우 중요한 의미를 내포한다. 사람, 사물, 자연이 모두 기계로서 맞물려 돌아가는 내재적 세계에서는 생산자, 생산수단, 생산물의 명확한 식별이 불가능하다. 자본과 노동과 인간의 다른 활동의 구분도 모호해진다. 실제로 생산수단으로서 노동과 자본의 식별 불가능성의 증대가 현대와 같은 탈근대 사회의 중요한 특징 중의 하나이기도 하다. 우리가 아는 들뢰즈/가타리의 욕망적 기계에 대한 규정들로부터 이러한 결론들이 도출된다. "기계는 흐름의 절단들의 체계다."(안오 p74) "한 기계는 흐름을 방출하고, 이를 다른 기계가 절단한다."(안오 p23) "하나의 기계는 언제나 다른 기계와 짝지어 있다."(안오 p28) "흐름을 생산하는 어떤 기계와 이 기계에 연결되는, 절단을, 흐름의 채취를 수행하는 또 다른 기계가 항상 있다."(안오 pp28~29) 하나의 기계는 그 자체가 흐름 자체 또는 흐름의 생산이지만, 다른 기계와 관련해서는 흐름의 절단이기도 하다(안오 p75 참조). "욕망은, 욕망적 기계는 흐르게 하고 흐르고 절단한다."(안오 p29) 이 과정에서 기계의 결과들로서의 뭔가가 항상 생산된다(안오 p23 참조). 상황이 이렇다면 무엇이든 경제활동의 주체가 될 수 있고, 대상도 될 수 있다. 주체와 객체의 구분이 모호해지고 영역과 부문간의 명확한 구분도 사라진다. 이러한 결과는 경제 전반에 대한 논의와 함께 특히 현대 자본주의체제의 분석과 전망에 결정적으로 중요한 시사점을 제공한다. 자본주의 하의 혁명의 문제와 관련하여 뒤에서 논의할 것이다.

지금까지 들뢰즈 경제학의 커다란 윤곽을 그려 보았다. 자세한 것은 차차 알아 가기로 하자. 이 외에도 기존의 경제학적 사고에서 비롯된 고정관념들에서 탈피하는 것이 중요하다. 여러 가지가 있겠지만 그 중에서도 특별히 지적하고 싶은 것이 성장이라는 환상이다. 근대경제학적 사고에 젖은 사람들은 끊임없이 성장을 추구한다. 그러나 그것이 과연 가능할까? 또 필요할까? 현대 여러 나라들에서와 같이 상당한 수준의 기술발전과 산업의 고도화로 고용 없는 성장이 이루어질 정도의 수준에 이른 경제는 성장보다는 안정이 중요하다. 무한성장은 불가능하기도 하거니와 필요하지도 않다. 성장이 안 돼서 생활이 어려워지는 것이 아니다. 경제위기의 반복이 문제다. 절대적인 빈곤이 아니라 상대적인 빈부의 격차가 존재하는 상황에서 주기적으로 반복되는 자본주의의 위기가 사람들을 극한 상황으로 내모는 것이다. 이는 자본주의 역사가 증명하는 사실이다. 이제 우리는 경세제민을 위한 새로운 경제학이 필요하다. 우리는 그것을 들뢰즈 경제학에서 찾고자 한다. 기술의 발전으로 노동의 필요가 급속히 감소함으로써 고용의 증대는 기대하기 어려워진 지 이미 오래다. 고용이 줄어들고 있는 곳도 있다. 이러한 상황에서 물질적 생산이나 물질적 투자에 의한 성장보다는 무의식적 욕망, 욕망적 생산, 리비도의 투자와 같은 들뢰즈 경제학의 주요 개념들이 중요한 화두로 떠오르고 있다. 생산력의 과잉과 고용의 불안으로 사람들은 성장보다는 안정을 찾게 되고 인생의 목표도 부의 증대보다는 더 질적으로 낮은 생활에서 찾게 되었다. 따라서 계량적인 성장에 얽매이지 않는, 새로운 정동과 변용태의 창조를 통하여 진정한 욕망의 정립에 기여하는 학문으로서의 경제학이 필요하다. 들뢰즈 경제학이 우리를 그 길로 인도할 것이다.

맑스의 『자본』을 새로 쓰려는 시도로 평가받기도 하는 『안티 오이디푸스』는 하나의 걸출한 경제학 서적일 뿐만 아니라 서문에서 푸코가 밝혔듯이 우리 시대의 위대한 윤리서이기도 하다. 『안티 오이디푸스』를 토대로 하는 들뢰즈 경제학은 들뢰즈의 생성의 철학, 되기의 윤리, 소수자 윤리를 경세제민의 차원에서 실현하고 분자적·미시적 차원에서의 혁명적 실천을 추구하는 신중한 기예이자 과학이다. 더 구체적으로는 자본주의 하에서의 생산을 참된 욕망적 생산으로 이끌기 위한 실질적 자유민주주의를 실현하기 위하여 경제 분야에서의 자유와 평등의 확대를 위한 제도와 정책을 개발하는 것을 주된 목표로 하는 실천적 학문이다. 들뢰즈/가타리의 소수자 정치의 실현은 진정한 자유민주주의의 확립을 목표로 하여야 한다는 것이 우리의 생각이다. 자유와 평등이 조화를 이루는 사회, 즉 지금은 유행어가 된 평등한 자유, 에갈리베르떼(égaliberté)가 실현된 사회에서 각 개별자들은 자신의 잠재적 역량을 충분히 발휘할 수 있다고 보기 때문이다. 진정한 자유민주주의는 모든 구성원들이 정보의 투명한 공개를 바탕으로 자신들의 운명을 스스로 결정할 수 있는 체제를 말한다. 들뢰즈를 비롯한 탈근대의 사상가들은 이러한 구조가 국가적 수준에서뿐만 아니라 사회 각 분야에서, 모든 수준과 차원에서 구축되어야 함을 강조한다. 들뢰즈 경제학은 이러한 사유를 바탕으로 경제 전 분야에서의 민주화를 핵심 과제로 삼고 있다. 경제의 민주화는 사회의 실질적 민주화의 핵심이다. 이를 통하여 우리는 참된 욕망의 정립이라는 혁명의 목표에 한 걸음 더 다가갈 수 있을 것이다.

학 생 선생님, 들뢰즈 경제학이 소수자-되기의 경제학이며, 소수자-되기라는 것이 다수자에 구멍을 내어 변형을 시키는 것이라면, 기존의 주류 경제학을 비판하고 새로운 관점에서 이론을 정립하는 제도학파 경제학(institutional economics)이나 행태경제학(behavioral economics) 같은 것들도 들뢰즈 경제학에 포함되는 것으로 볼 수 있습니까?

강규석 그것들도 새로운 관점과 전제 하에서 경제를 분석할 수 있는 유용한 도구를 제공해 준다는 면에서는 들뢰즈 경제학과 다르지 않다. 그러나 그렇다고 해서 그러한 학파들이 들뢰즈 경제학에 속한다고 할 수는 없다. 기본적으로 들뢰즈 경제학은 들뢰즈와 가타리의 철학과 사회사상을 토대로 하는 경제학이다. 하지만 경제학의 소수자-되기에 포함될 수는 있을 것이다. 기존의 다수자과학으로서의 주류경제학으로부터의 탈영토화나 탈주의 형태들이라고 할 수 있다. 제도학파 경제학이나 행태경제학은 주류경제학의 비현실적인 가정들과 지나친 단순화를 비판하고 수정, 보완한다. 특히 행태경제학은 들뢰즈 사상을 토대로 하는 들뢰즈 경제학이라고 할 수는 없어도, 인간의 행태를 바탕으로 하여 모호하지만 더 엄밀한 본 실에 다가서려는 목적을 가진다는 면에서 들뢰즈/가타리가 정의하는 소수자과학으로서의 경제학, 즉 소수자 경제학에는 딱 들어맞는 사례라 할 수 있다.

들뢰즈 경제학은 새로운 이론의 정립이나 새로운 학파의 설립에 목매지 않는다. 이성중심주의, 인간중심주의 등에 기초하는 모든 기존 경제학에 대한 비판을 수행하고, 탈근대사상에 기초한 새로운 관점을 제시하고 그에 따르는 결과를 정리함으로써 자연스럽게 새로운 해석과 평가가 이루어지게 된다. 대표적으로 자본주의에 대한 분석을 들 수 있다. 자본과 자본주의에 대하여 주류경제학은 물론, 맑스적 시각에서의 분석들도 탈근대의 관점에서는 근본적 혁신이 요구된다. 이 요구에 부응하는 것이 들뢰즈와 가타리의 〈자본주의와 분열증〉 2부작 『안티 오이디푸스』와 『천 개의 고원』이다. 이것들은 잠재적인 것들에 대한 새로운 사유, 무의식적 욕망에 대한 분열분석, 주체와 사회에 대한 새로운 시각의 정립 등을 시도하면서 끊임없이 인간의 해방을 추구하는 혁명적 책-기계들이다. 그 과정에서 자연스럽게 엄밀한 자본주의 분석과 변혁을 위한 사유가 이루어질 수 있다. 이렇게 볼 때 『안티 오이디푸스』와 『천 개의 고원』은 들뢰즈 경제학의 기본서로서 새로운 『자본론』이라는 칭호를 받기에 부족함이 없다고 생각한다.

　정책적 측면에서 들뢰즈 경제학은 기본소득의 실시, 그리고 투명한 정보 공개를 통한 각 경제단위의 민주화, 특히 기업의 민주화 두 가지를 핵심 축으로 삼고 있다. 보편성과 독특성을 동시에 만족시키는 정책들이라 할 수 있다. 어느 누구도 빠짐없이 인간으로서의 존재를 확실히 보장하고 각자의 역량을 충분히 발휘할 수 있는 경제적 토대를 마련하는 것이 들뢰즈 경제학이 지향하는 목표다. 기본소득의 도입은 우리 사회 전반에 혁명적인 변화를 가져왔다. 가장 큰 변화는 우리 사회의 거의 모든 지배 또는 억압 장치들을 무력화시키는 결과를 가져왔다는 점이다. 그리고 경제민주화의 실현으로 기업과 산업의 경제 운용이 민주화됨으로써 진정으로 각 개인의 역량을 발휘할 수 있는 여건이 마련되었고, 경제 전체적으로 형평성과 효율성이 동시에 만족되는 이상적인 체제가 구축될 수 있게 되었다. 앞으로도 많은 저항과 난관이 예상되지만 이러한 과정은 지속적으로 발전되어 갈 것으로 확신한다.

　들뢰즈 경제학이 발전해 온 과정을 간략히 소개해 보기로 하겠다. 들뢰즈 경제학은 확립된 체계를 가지고 있지 않고, 한 가지 조류만을 가지고 있는 것도 아니다. 단지 들뢰즈 사상에 입각해서 경제학을 다시 구성해 나가려는 탈영토화의 흐름들을 포괄적으로 지칭하여 들뢰즈 경제학이라는 용어를 사용하는 것일 뿐이다. 들뢰즈 경제학이라는 이름이 중요한 것이 아니다. 이름은 얼마든지 다른 것도 가능하다. 관건은 들뢰즈의 사상을 토대로 한다는 것이다. 들뢰즈 사상의 핵심 중의 하나가 도그마에 빠지지 말라는 것이다. 항상 연속적 변주의 상태를 유지해야 들뢰즈 경제학이라는 칭호를 얻을 자격이 생긴다. 따라서 역설적으로 들뢰즈 사상을 무조건적으로 추종하는 것은 들뢰즈 경제학이 아니다. 들뢰즈 경제학이 하나의 안정적 분석체계로서 재영토화를 이룰 때 과감히 탈주의 선을 열어젖히고 평등한 자유의 확산을 위한 새로운 비전을 제시해 나가는 것, 그러한 학문적 입장이라면 들뢰즈 경제학이 될 필요조건은 갖추었다고 할 수 있다. 들뢰즈 경제학은 과정의 학문이다. 항상 새로이 변신하는, 연속적 변이의 과정에 있는 경제학이다.

지금은 들뢰즈의 사상을 기조로 하는 경제학이 세계적으로 큰 시대적 흐름이 되고 있지만 그 단초는 남한의 소수 학자와 사상가들의 연구로부터 시작되었다. 물론 세계적 흐름이 탈근대적 경향을 타면서 이미 들뢰즈 경제학의 어렴풋한 모습이 드러나고 있었던 것은 사실이지만 그러한 흐름을 포착하여 구체적인 학문의 수준으로 체계화한 것은 세계 최초로 들뢰즈 경제학회를 설립하고 국가적으로도 지원을 아끼지 않은 한국이 처음이었던 것이다. 신자유주의의 대표학자이자 시카고 경제학파의 거두 밀턴 프리드먼 등이 몽펠르랭협회를 만들어 케인즈주의가 지배하던 시절부터 미리 자신들의 사상의 싹을 틔워 왔듯이, 들뢰즈 사상을 기반으로 하는 일련의 학자와 사상가들을 중심으로 신자유주의가 횡행하던 시절부터 그에 대항할 수 있는 사유체계를 확립하기 위한 야심적 목표를 가지고 가칭 백두협회를 창설한 것이 들뢰즈 경제학파의 모태가 되었다. 그 선구적 역할을 했던 학자들 중의 많은 이들이 남북통일의 기운이 무르익는 이 때 평양대학교를 중심으로 들뢰즈 경제학이라는 새로운 패러다임을 적용해서 북한을 신속히 선진적 자유민주사회로 발전시키려고 전력을 기울이고 있다. 이들 학자들의 그룹이 평양학파로 불리게 된 것이다.

평양학파는 빠르게 새로운 학파로서 정립되어 가고 있는 중이다. 지금 평양대학교의 경제학부에서는 평양학파가 대세를 차지하고 있는데, 이는 의도적으로 서울대학교를 중심으로 하는 주류경제학자들에 맞서게 하기 위한 대통령의 전폭적 지원이 있었기 때문에 가능한 일이었다. 대통령은 북한의 개발을 기존의 미국식 경제학이 아닌 새로운 사상에 입각하여 추진하려는 복안을 갖고 있다. 서울대 교수들을 비롯한 남한의 대부분의 경제학자들은 많이 순화되었지만 아직도 미국 중심의 주류경제학에 경도되어 있는 실정이다. 그 결과 경제학을 중심으로 하는 학자 그룹 간에 서울학파와 평양학파의 대립 구도가 형성되고 있는 국면인데, 마치 고려 시대 김부식 중심의 개경파와 묘청 중심의 서경파 간의 대립이 재현되는 모습이다. 역사의 흥미로운 반복이라 아니할 수 없다.

학 생 현대 경제학파들 사이의 대립을 과거 개경파와 서경파의 대립에 견주어 볼 수 있다는 말씀이신데 아주 재미있는 비유네요. 평양학파도 세계적인 경제학파로 부상할 수 있을까요? 미국의 시카고학파, 영국의 케임브리지학파, 오스트리아학파처럼 말이죠.

강규석 이미 그러한 기운이 무르익고 있다. 평양학파의 사상이 세계적으로 확산될 시대적, 환경적 요건이 갖추어지고 있다. 평양학파는 지난 세기 말부터 재야에서 자발적으로 탈근대사상을 연구하던 학자와 사상가들의 선구적 노력으로 빛을 보게 됐다. 앞서 말한 백두협회가 설립되었고, 협회의 리더였던 김 선생께서 재야의 학자들과 제도권을 연결하는 구심점의 역할을 했다. 그리고 젊은 시절 선생님의 가르침을 받았던 대통령께서 당선된 후 이 사상을 정책에 적극 반영하고 학문적으로 적극 지원한 결과 하나의 학파로서의 입지가 확고하게 되었다.

평양학파의 부상은 자연스레 기존의 경제사상을 신봉하는 주류경제학 측의 반발을 불러왔는데, 서울대학교를 중심으로 하는 학자들이 대표적이 었기에 이들을 서울학파라고 부르게 된 것이다. 치열한 양측의 학문적 대립과 갈등 그리고 양측을 지지하는 세력 간의 눈에 보이지 않는 암투가 벌어졌지만 결과는 평양학파의 승리였다. 새로이 당선된 대통령은 평양학파에 호의적이었고 정책에도 그대로 그들의 견해를 반영했다. 그리하여 기본소득을 비롯한 수많은 혁신적 조치들이 취해졌고 북한의 개발도 평양학파가 주도하게 되었던 것이다. 돌이켜보면 금세기 초 짧은 민주정부 시절 정치경제적인 민주화와 사회의 선진화가 이루어질 기회가 있었지만 국내적으로 그 기반이 탄탄하지 못했고 대외적으로도 당시 세계를 제패한 기득권세력의 논리, 즉 신자유주의의 논리를 극복하지 못하고 결국 수구적 반동세력에 다시 정권을 내주게 되었다. 그 뒤는 암흑의 시절이었다. 민생은 피폐하고 부정이 판을 치는 세태가 극에 달했다. 압축성장의 표본인 한국에서 신자유주의의 모순이 집약적으로 표출되었다. 영미에서 시작한 신자유주의는 한국에 비판 없이 도입되어 고용 없는 성장, 양극화의 심화 등 그 부작용이 원조 신자유주의 국가들을 능가했다. 압축성장으로 경제의 외형은 커졌지만 그만큼 내실을 다질 수는 없었던 결과 신자유주의의 부작용은 다른 어떤 나라보다도 더 클 수밖에 없었던 것이다. 외교적으로도 세계 유일의 분단된 국가로서 남북한은 극한 대치를 멈추지 못하고 북한의 핵개발 문제는 해법을 찾기가 요원한 상태였다. 양극화는 끝 간 데 없이 확대되고 출산율은 세계 최저, 자살률은 세계 최고라는 지표가 보여 주듯이 극단적으로 인간의 삶을 공황상태로 떨어뜨리는 암울한 상황이 계속되고 있었다. 상황이 암울할수록 변화의 열망은 더 뜨거워지는 법. 이러한 철저한 파괴적 상태에 직면하여 서서히 지식인들과 대중의 각성이 이루어져 대안적인 철학과 사상을 요구하게 되었고 이 시대적 요구에 부응하여 한국에서 선도적으로 탈근대의 사상이 열매를 맺게 되었던 것이다.

이러한 대내적 상황과 더불어 신자유주의 사조의 세계적 퇴조와 함께 그에 이은 사고의 대전환이 서울, 평양과 북경을 중심으로 하여 전체 동아시아, 더 나아가 전 세계적으로 퍼져 나가고 있다. 이런 와중에 미국의 쇠퇴와 중국의 부상으로 경제뿐만 아니라 사상 체계 전반적으로 혼돈과 대립이 극심한 상황에서 들뢰즈의 사상이 새로운 세계를 기획하는 대안으로서 자리를 굳히고 있는 것이다. 이는 한국과 중국의 활발한 학문적 교류의 결과다. 새로운 지도국으로서 새로운 미래의 비전을 보여 주어야 하는 중국과 통일의 시대를 맞아 북한을 개발하고 역시 통일한국의 비전을 세워야 하는 한국의 사상가들의 고민과 노력으로 나온 성과물인 것이다. 새로운 초강국으로 부상한 중국이 어떠한 사상으로 정치와 경제의 토대를 구축하느냐에 따라 앞으로 세계의 운명이 결정될 것이다. 결국은 중국도 자유민주주의로 나갈 것이고 그것을 뒷받침하는 사상적 토대는 들뢰즈를 비롯한 탈근대의 흐름일 수밖에 없을 것이다. 세계의 지도국으로 떠오르는 중국의 수도 북경과 함께 세계의 운명을 선도할 사상이 생성되고 확산되는 중심에 한반도의 서울과 평양이 있다는 사실이 감격스러울 따름이다.

이러한 결과는 지적한 바와 같이 시대적, 환경적 요인이 결합되어 이루어진 필연적인 측면이 있다. 이 시기 한반도에서 들뢰즈 사상이 만개하게 된 것은 세계사적 필연인 것이다. 제자백가의 중국과 그리스 아테네를 중심으로 하는 동양사상과 서양사상의 두 원류가 자리 잡아 동서양을 양분해 사상적으로 인류를 이끌어 온 이래로 동양에서는 중국, 인도, 이슬람 세계가 각자의 사상을 발전시켜 온 반면, 서양에서는 데카르트와 칸트를 거쳐 독일 예나를 중심으로 활동한 헤겔에 이르러 집대성되는 근대적 철학체계가 확립되었다. 그러나 세계 대전을 두 번이나 거치면서 근대에 대한 반성과 비판이 고조되었다. 그런 흐름 속에서 지난 세기 프랑스 파리를 중심으로 탈근대로의 혁명적인 사상의 전환이 이루어졌다. 이후 마침내 정서상 탈근대적 흐름의 잠재성이 내재해 있던 아시아에서, 특히 물질적으로 세계 어느 곳보다도 역동적인 변화가 빠르게 이루어지고, 그에 따라 새로운 정신적 지침을 필요로 했던 동아시아의 중국과 한국에서 그 혁명적 사상이 자연스레 받아들여지고 꽃을 피우게 된 것이다. 헤겔이 집대성한 주류의 근대철학과 달리 스피노자, 니체 등을 관류하는 서양 비주류의 전통은 동양 사상과 통하는 면이 적지 않다. 실제로 들뢰즈 사상의 핵심 명제인 존재의 일의성이나 내재성의 구도 등은 모두 서양 전통보다는 동양 전통에 더 가깝다고 볼 수 있는 것들이다. 들뢰즈는 프랑스 후기구조주의를 대표하는 학자들 중의 한 명에 불과하지만 다른 학자들과는 달리 존재론을 중심으로 하는 형이상학을 새로운 차원에서 집대성한 사람으로서 플라톤과 헤겔 이후로 새로운 세계관을 제시했다고 평가될 수 있는 대철학자다. 21세기 탈근대의 시대에 탈근대의 전통에 익숙하면서 또 새로운 사상의 정립이 절박했던 동아시아의 사유하는 자들이 탈근대의 사상을 체계적으로 집대성한 들뢰즈를 만나 들뢰즈 경제학이라는 거대한 생성을 이루어 냈다.

소수자과학으로서의 들뢰즈 경제학

강규석 오늘은 앞서 말한 여러 들뢰즈 경제학의 특성들 중에서 소수자 과학으로서의 특성에 대해 더 자세히 알아보려고 한다. 소수자과학으로서 의 특성이 들뢰즈 경제학과 다수자과학으로서의 특성을 가지는 주류경제 학과의 차이를 가장 명확히 보여 주기 때문이다. 들뢰즈 경제학은 탈근대 경제학, 탈주의 경제학으로서 소수자과학 또는 유목과학의 한 분야라 할 수 있다. 소수자과학은 사유의 대상을 다양체로 본다. 다양체는 하나도 아 니고 다수도 아닌, 무언가 여럿으로 구성되었지만, 복수가 아닌 하나의 개 체로서 성립될 수 있는 어떤 것이다. 이러한 다양체 중에서도 리좀형 다양 체를 대상으로 한다. 리좀형 다양체는 셀 수 없는, 비계량적인, 질적이고 내포적(intensive)이며 연속적인 거리(distance)의 다양체다. 이 다양체는 미 시적이고 분자적이다. 이 다양체는 나무형 또는 수목형 다양체, 즉 셀 수 있는, 계량적인, 수적이고 외연적(extensive)이며 불연속적인 크기(magni- tude)의 다양체, 거시적이고 몰적인 다양체와 구분된다(천고 p72 참조). 다수 자과학이 절편적 선을 좌표로 하는 거시적이고 몰적인 관점을 토대로 하 는 반면, 소수자과학은 양자적 흐름을 좌표로 삼는 미시적이고 분자적인 관점을 토대로 한다. 학문적 관점으로서의 미시적인 것과 거시적인 것을 주류경제학에서의 미시이론, 거시이론과 구별해야 한다. 우리는 미시경제 학과 거시경제학을 소수자과학으로서의 경제학과 다수자과학으로서의 경 제학으로 본다. 맥락에 따라서 혼동하는 일 없이 용어를 이해하고 사용하 기 바란다.

이처럼 소수자과학은 리좀형 다양체를 사유한다. 이 다양체는 비정확

(anexact)하지만 엄밀하다(천고 p922). 리좀형 다양체를 사유대상으로 한다는 것은 어떤 대상의 비정확한 본질, 다시 말해 유동적이고 모호하지만 엄밀한 본질을 추구한다는 것이다. 비정확하다는 것은 수량화, 계량화하기가 곤란하다는 것이지 결코 부정확한 것이 아니다. 소수자의 특성은 '셀 수 없는 것의 역량'을 확보하는 것으로서 들뢰즈/가타리는 이것을 다양체의 공식이라고까지 말한다(천고 p899 참조). 다양체는 일자와 다자의 대립을 넘어선다. 셀 수 없는 것, 비정확한 것이 소수자과학이 대상으로 하는 다양체의 본질이다. 소수자는 불가산집합, 공리계가 제어할 수 없는 탈주에서 비롯되는 다양체를 구성한다(천고 p898 참조). 요컨대 소수자과학은 다양체의 공식을 실현하는 것으로서 비정확하지만 엄밀한 것의 역량을 사유하고 파악하고자 하는 인식 태도라 할 수 있다. 다수자과학으로서의 근대적 사유가 명석하고 판명한 진리를 추구하는 데카르트적 사고에 기초하고 있는 반면, 소수자과학은 이처럼 모호하지만 엄밀한 본질에까지 인식을 확대한다. 들뢰즈 경제학도 소수자과학으로서 근대 주류경제학에 결여된 엄밀함을 추구한다. 주류경제학이 수적으로 정확하게 계량화할 수 있는 경제학을 구성하더라도 그것은 세상의 엄밀한 본질을 설명하기에는 너무나 성기고 빈틈이 많다. "어떤 것을 정확히 그려 내기 위해서는 비정확한 표현들이 반드시 필요하다." 비정확함은 결코 부정확함이 아니고 하나의 근사치도 아니다. 반대로 그것은 엄밀하다. 들뢰즈와 가타리의 표현에 의하면 "그것은 일어나는 일이 지나가는 정확한 통로다."(천고 p46) 물론 탈근대과학도 세상의 모든 것을 다 설명할 수는 없다. 그러나 완벽을 추구한다. 다가설 수 없을지라도 다가서려고 노력한다. 이러한 경향을 다른 말로 하면, 근대적 사고는 일반성을 추구하지만, 탈근대적 사고는 보편성을 추구한다고 할 수

있다. 완전한 보편성은 도달할 수 없는 것이라는 것을 안다. 그러나 그러한 추구가 일반성을 추구하는 근대적 사고에 영감을 주고 그것을 더욱 윤택하게 만든다. 일반성만으로는 엄밀할 수 없고 보편성의 추구는 끝이 있을 수 없는 것이지만, 양자는 서로를 보완한다. 누누이 강조하건대, 근대와 탈근대의 관계는 대립과 지양의 변증법적인 관계가 아니라 영토화와 탈영토화, 그리고 재영토화의 영원한 이중운동의 과정에 있는 상호 보완적인 관계다. 들뢰즈 경제학은 되기와 생성의 경제학, 소수자-되기의 경제학이다. 다수자 경제학인 주류경제학에 새로운 구멍을 뚫는 역할을 한다. 다수자 과학으로부터 도주하여 대립 각을 세우는 소수파 경제학이 아니라 다수자 과학 자체를 탈주시키는 소수자과학으로서의 경제학이다. 들뢰즈 경제학은 기존의 경제학으로 하여금 보다 더 포괄적이고 보편적인 관점에서 현상을 바라보게 하여 그 불완전함을 보완하고 변혁할 수단을 제공한다.

소수자과학은 정리적(théorématique)이기보다는 문제설정적(problématique)이다. 연역적 추론에 의하기보다는 특정한 문제에서 출발해 이 문제를 조건짓고 해결하는 다양한 사건들로 나아간다. 정리는 이성의 질서를 따르는데 반해, 문제는 변용태의 차원에 속하는 것으로서 과학 자체의 다양한 변신이나 발생, 창조와 불가분의 관계에 놓여 있다(천고 p693 참조). 고정된 본질은 하나의 법칙으로서 정리적 형태를 취하지만, 연속적 변이로서의 세상의 모든 변화는 모호하지만 엄밀한 문제설정적인 형태를 취한다(천고 p705 참조). "사람들은 변수들을 다룰 때, 때로는 변수들에서 상수들과 상수적 관계들을 뽑아내기도 하고 때로는 변수들을 연속적 변주 상태로 만들기도 한다."(천고 p199) 상수적 형식을 법칙으로서 도출해 내려는 것이 정리적 형태를 추구하는 다수자과학의 목적이고(천고 pp709,714 참조), 연속적 변주 과정에 있는 변수들에서 엄밀한 실재의 모습을 찾으려는 것이 문제설정적인 소수자과학이다. 우리는 들뢰즈/가타리의 사상이 잠재성을 사유한다는 것을 잘 알고 있다. 실재는 현실적인 것들과 잠재적인 것들로 구성된다. 그들은 하나의 몸체를 탐구함에 있어 고정된 몰적 본질이 아니라 모호하지만 엄밀한 분자적 본질을 모색한다. 이것이 잠재적인 것들에 대한 사유다. 절편이 아닌 흐름에 대한 사유, 추상기계로서의 기계적 문과 변용태들의 집합으로서의 '이것임'과 사건들에 대한 사유다. 유기적으로 조직화된 기관과 형식화된 기능들로부터 도출되는 정리는 이러한 문제설정적 사유로부터 끊임없는 보충을 필요로 한다.

소수자과학은 잠재적 차원의 추상기계를 사유한다. "추상기계는 연속적 변주의 선을 그린다. 반면에 구체적 배치는 변수들을 다루며 변주의 선들에 따라 변수들의 다양한 관계들을 조직한다."(천고 p194) 추상기계 안에서 변수들은 형식화되지 않은 질료나 비형식적 기능의 상태로 연속적 변이의 과정에 놓여 있다. 이러한 질료와 기능이 형식화되어 지각 가능한 구체적 배치로 현실화할 때 변수들은 연속적 변이를 멈추고 변수 간의 상수적 관계에 돌입하여 하나의 정리로서의 법칙이 도출되는 것이다. 이상에서 보듯이 이론을 정립하는 것은 기본적으로 다수자과학으로서의 근대경제학의 몫이다. 소수자과학으로서의 들뢰즈 경제학의 역할은 근본적으로 새로운 문제를 제기하고 새로운 관점을 제시하는 일이다. 들뢰즈 경제학은 기존의 경제학에 지속적으로 총체적 비판을 가하는 탈영토화와 탈주의 과정으로서의 경제학이다. 학문 자체가 고정된 이론적 체계가 아니라 연속적 변주의 과정에 놓여 있는 경제학인 것이다.

다수자과학으로서 근대경제학은 주류경제학이나 맑스 경제학을 막론하고 방금 말한 바와 같이 구체적으로 지층화된 배치 하에서 이루어지는 변수들 간의 관계들을 연구한다. 예를 들면 경제학에는 생산, 소비, 물가, 실업, 국민총생산, 노동, 자본, 지대, 임금, 이윤 등 수많은 변수들이 있다. 근대경제학은 이러한 변수들 간의 고정적인 관계를 법칙으로 도출해 내는 데 관심을 갖는다. 자본과 생산의 관계, 이자율과 물가의 관계, 환율과 수출의 관계, 노동 자본 이윤율의 관계 등등등. 다수자과학은 이러한 고정된 관계들로부터 한계생산체감의 법칙, 이윤율의 경향적 저하의 법칙 등의 이론을 도출하는 데 주력한다. 반면에 소수자과학으로서 들뢰즈 경제학은 각각의 변수들 자체의 연속적 변주, 즉 생성에 더 관심을 갖는다. 소수자과학, 탈영토화와 탈주, 생성의 경제학으로서 들뢰즈 경제학은 모든 개념들을 고정된 것으로 취급하지 않는다. 더 나아가 개념과 개념들 간의 관계도 고정되어 있지 않다. 관점과 상황에 따라 얼마든지 그 관계도 유동적일 수 있다. 한계생산이 체감하거나 이윤율이 저하하는 경향은 절대불변의 법칙이 아니다. 들뢰즈 경제학은 자유와 평등, 성장과 분배, 효율성과 형평성, 자본주의와 사회주의 등의 관계들에 대해서도 새로운 관점의 정립을 모색한다. 이것은 맑스 경제학과는 차원이 다른 진정한 새로운 정치경제학의 창조라고 할 수 있다.

자본이라는 변수에 대해 좀 더 생각해 보자(천고 pp936~938 참조). 자본의 개념도 앞서 본 재화와 용역의 경우처럼 거시적인 몰적 절편의 관점과 미시적인 분자적 흐름의 관점에서 파악할 수 있다. 거시적 관점에서 본다면 그것은 형식화된 생산수단으로서의 자본, 형식적 기능으로서의 계량적 자기증식 또는 확대재생산을 의미한다. 미시적 관점에서 본다면 그것은 『안티 오이디푸스』의 버전으로 말하면 자기증식을 위한 무의식적 욕망이라고 할 수 있을 것이고, 『천 개의 고원』의 버전으로 말하면 자본주의-추상기계를 구성하는 형식화되지 않은 질료나 비형식적 기능의 하나라고 할 수 있을 것이다. 탈기관체로서의 자본주의사회체 위를 흐르는 특이성 혹은 강도로서의 힘이나 질료로서 볼 수 있는 것이다. 들뢰즈와 가타리의 사회사상을 토대로 할 때 자본은 이처럼 근원적으로는 자본주의-추상기계를 구성하는 기본적 요소로서의 힘들 중의 하나로 볼 수 있다. 우리는 힘의 관계 혹은 권력관계가 특이성들을 결정하며 순수한 기능들을 구성한다는 것을 알고 있다(푸코 p68 참조). 현대사회의 정체성을 규정하는 데 있어 푸코가 규율-추상기계를 제시한 바 있다. 당연히 현대사회는 자본-추상기계에 의해서도 규정될 수 있다. 자본은 자본주의체제를 구성하는 잠재적 역량으로서, 자본주의적 욕망, 무의식적 욕망의 에너지로서의 리비도를 대표하는 것이라 할 수 있다. 비인간주의를 근거로 하여 욕망적 기계가 경제주체라고 보는 들뢰즈 경제학에서는 무엇이든 자본이 될 수 있다. 주체 간의 상호작용이 더욱 복잡해지고 있는 현대 자본주의체제에서는 그러한 논리가 더욱 설득력을 얻고 있다. 추상기계의 질료나 기능으로서의 자본이 형식화되고 실체화한 것이 구체적 몸체로서의 자본이다.

자본의 욕망은 잉여가치의 생산과 전유, 즉 자기증식이라고 할 수 있는데, 이러한 욕망, 힘의 의지, 잠재적 역량으로서의 자본의 본질은 고정되어 있지 않다. 잉여가치라는 개념 자체가 유동적이다. 노동만이 잉여가치를 생산한다는 노동가치설은 옳지 않다. 노동 착취와 잉여노동을 전제로 하는 잉여가치라는 표현도 새로이 그 의미가 재구성되어야 한다. 노동가치설에 동의하지 않는 들뢰즈 경제학에서 잉여가치의 의미는 가치의 증식, 재생산, 생성 또는 되기와 사실상 같은 의미를 가진다. 인간에게 효용을 주는 새로운 가치의 생산이 모두 잉여가치라고 할 수 있다. 들뢰즈의 용어로 말하면 존재자들의 역량을 증대시키는 것, 기쁨과 행복을 주는 모든 것들이 가치를 가지는 것이다. 들뢰즈 경제학에서 바라보는 잉여가치의 개념은 이처럼 잉여노동과는 관계가 없는, 역량의 증대로서의 효용의 창출을 의미한다. 우리의 입장에서는 사실상 자본의 몫으로 할당된다는 의미 외에는 잉여가치라는 용어의 사용은 불필요하다고 생각한다. 자본이 창출하는 가치, 자본의 자기증식이 중요하다. 자본의 연속적 변주에 따라 자본의 증식의 방법은 천차만별일 수 있다. 현대 자본주의체제에서는 자본 개념 자체가 더욱 모호해지고 있을 뿐만 아니라, 노동과 자본의 구별 자체도 예전 같지 않다. 생산자와 생산수단의 구별이 어려워지고 있다. 자본의 기계화, 자동화를 지나 이제는 개인화와 동시에 촘촘하고 광범위한 네트워크화가 이루어진 지 오래다. 들뢰즈/가타리의 용어로 말하면 정주적 자본에서 유목적 자본으로, '홈패인 자본'에서 '매끈한 자본'(천고 p938)으로 옮겨가고 있다. 인간의 노동뿐만 아니라 인간 자체도 자본이 될 수 있고, 기술의 발전이 계속된다면 길가의 돌멩이도 공기 중의 원소들도 자본이 될 수 있다.

다시 말하지만 자본의 본질은 고정되어 있지 않다. 들뢰즈 경제학이 바라보는 자본이라는 다양체는 모호한 본질을 가지면서 연속적인 변주 상태에 놓여 있다. 뒤에 자세히 논의할 자본주의의 양의성(兩義性)도 추상기계의 요소로서의 자본의 양의성에서 비롯된다. 들뢰즈와 가타리는 "자본은 가장 뛰어난 주체화의 점"(천고 p253)이라고 한 바 있다. "자본은 모든 인간을 주체로서 구성하는 주체화의 점으로 작용한다."(천고 p877) 주체화의 점으로 작용하여 인간을 예속시킬 수도 있고, 탈영토화의 첨점으로 작용하여 인간의 해방을 촉진시킬 수도 있다. 이처럼 자본이라는 변수의 변주는 무한하다. 이로부터 자본을 소유한 자 또는 자본의 욕망을 소유한 자로서의 자본가 또는 부르주아지의 개념도 미시적 관점에서 새로이 볼 수 있게된다. 몰적 집합체인 계급으로서의 부르주아지가 아닌 분자적 다양체인 군중 또는 다중으로서의 부르주아지가 그것이다. 하나의 지배계급으로 굳어져 노동자를 착취하는 데 진력하는 자본가로서의 부르주아지가 전자에 해당한다면, 자본주의 초기 탈영토화의 첨점의 역할을 톡톡히 한 도시의 상업 부르주아들은 후자에 해당한다고 할 수 있다.

정리해 보자. 들뢰즈 경제학은 연속적 변주에 주목한다. 변수들 간의 관계를 이론화하고 법칙으로 정립하는 것은 다수자과학으로서의 주류경제학의 몫이다. 들뢰즈 경제학은 소수자과학으로서 변수 자체의 연속적 변이, 탈영토화와 탈주에 더 관심을 갖는다. 자본이 누구의 소유에 있는가, 자본과 다른 변수들 간의 관계는 어떤가 하는 것들도 중요하지만, 자본이 어떻게 변이해 나가는가에 대한 분석도 똑같이 중요하다. 자본 자체의 변이에 따라 자본과 다른 변수들 간의 관계도 새로운 변화에 직면할 것이다. 이렇듯 들뢰즈 경제학과 주류경제학은 대립하는 것이 아니라 상호 침투하고 보완하는 관계에 있다. 우리는 둘 다를 사유해야 한다.

학 생 선생님의 말씀을 들어보면 결국 들뢰즈 경제학은 사회과학의 일 분과로서의 경제학이 아니라 경제철학이 되는 게 아닙니까? 소수자과학으로서의 경제학은 결국 탈근대철학으로서의 경제철학 이상은 아닌 것 같습니다

강규석 들뢰즈 경제학은 경제철학인가 경제학인가? 이것이 학생의 질문이다. 그렇지?

학 생 네.

강규석 이런 질문이 있을 줄 예상하고 있었다. 들뢰즈 철학을 알고 있는 사람에게는 그런 의문이 드는 것이 당연하다. 사실상 소수자과학은 들뢰즈의 철학 개념과 다르지 않다. 들뢰즈를 공부하면서 느꼈겠지만 들뢰즈가 규정하는 철학 개념은 잠재성의 사유를 주축으로 하는 그의 탈근대적 사유와 같다고 볼 수 있다. 들뢰즈에 의하면 탈근대적 사유는 원천·근거로서의 무한한 잠재적 세계를 사유하며, 유동적이고 모호하지만 존재의 엄밀한 본질을 추구하는 것으로, 그것이 그가 정의하는 철학이다. 들뢰즈에 의하면 근대적 사유는 결과로서의 유한한 현실을 사유하며, 존재의 명확하고 고정된 본질을 탐색하는 것으로, 그것이 그가 정의하는 과학이다. 들뢰즈의 철학은 의미를 해석하고 가치를 평가하는 것이다. 그렇다면 해석하고 평가하기 위한 대상이 필요할 것인데, 철학적 사유, 철학적 해석과 평가의 대상이 바로 개념이다. 여기서 들뢰즈가 말하는 "개념은 본질이나 사물이 아니라 사건이다. 그것은 순수한 사건이자 '이것임'이다."(무엇 p35) "철학의 과업은 하나의 사건을 개념으로서 추출해 내는 것이다."(무엇 p52) 들뢰즈의 철학은 잠재성의 철학이다. 현실적인 것들의 원천·근거로서 잠재적인 것들을 사유하는 것이 들뢰즈의 철학이고 이러한 잠재적인 것들을 개념으로 규정하는 것이 바로 들뢰즈 철학의 핵심이다.

『철학이란 무엇인가』에서 들뢰즈는 철학은 무한을 사유한다는 점에서 과학과는 다르다고 한다. 무한을 사유하는 것은 실재를 사유하는 것이고 그러기 위해서는 잠재의 세계를 천착해야 한다. 그것이 바로 모호하지만 엄밀한 본질의 세계다. 과학은 무한을 사유하는 것을 포기하고 고정된 본질의 파악에 주력한다. "철학은 무한을 그대로 간직함으로써 개념을 통해 잠재태에 일관성을 부여하는 반면, 과학은 무한을 포기함으로써 기능 혹은 함수들을 통해 잠재태에 그것을 현실화하는 지시작용을 부여한다."(무엇 pp170~171) 철학적 개념은 분리 불가능한 변주들이며 내재성의 구도상의 사건들이다. 과학적 기능은 독립변수들로서 지시체계 내에서의 사물의 상태다(무엇 p183 참조). "철학자가 카오스로부터 가지고 오는 것은 변주들(variations)"이지만 "과학자는 변수들(variables)을 카오스로부터 가져온다." "채택된 변수들은 하나의 기능 내에서 규정 가능한 관계들을 맺게 되는데"(무엇 p291) 이것을 이론적으로 정리한 것이 과학적 법칙이다. 이처럼 『철학이란 무엇인가』에서는 철학과 과학은 엄격히 구분된다.

그러나 『천 개의 고원』에서는 사정이 좀 다르다. 『천 개의 고원』에서 들뢰즈와 가타리는 소수자과학의 사유대상을 모호한 본질이라고 하면서 그 "모호한 본질이 바로 '이것임'"(천고 p710) 내지 사건이라는 것을 분명히 밝히고 있다. 사실상 철학의 과업이라 해야 할 것에 과학의 지위를 부여하는 것이다. 그들은 소수자과학의 역할을 설명하면서 문제제기적인 소수자과학은 다수자과학에 수많은 영감을 제공하여 그것을 끊임없이 풍부하게 만들어 준다고 한다(천고 pp925~926 참조). 그리고 "소수자과학도 최고도의 과학적 요구에 직면해 이를 통과하지 않으면 아무런 의미도 없게" 됨을 지적한다(천고 p928).

우리는 철학과 과학에 대한 들뢰즈/가타리의 이러한 모호한 태도에 대해서 비난할 생각이 없다. 철학과 과학은 분명히 다르다. 그러나 현실과 잠재를 왕복하는 영원한 이중운동, 연속적 변이로서의 생성이 세계와 존재의 본질임을 생각할 때 사유하는 과정으로서 철학과 과학의 구분이 모호해지고 사유의 대상이 겹쳐질 수밖에 없는 인접지대가 있는 것도 또한 부정할 수 없는 사실이다. 그 본질을 추구하는 과정에 철학이든 과학이든 어떤 이름을 붙이는가는 중요하지 않다. 소수자과학은 무한을 사유하는 철학과 유한을 사유하는 다수자과학을 연결한다고 볼 수도 있지 않을까? 유목론으로서의 들뢰즈/가타리의 탈근대철학이 각 분야에서의 독립된 사유로서 구체화된 것이 유목과학이라 할 수 있을 것이다. 이것을 근대적인 다수자과학에 대응하여 탈근대적인 소수자과학이라고 부른다 하여 큰 무리는 없을 것이다. 들뢰즈의 철학, 들뢰즈의 형이상학 자체가 정교하게 이론화되어 있는 소수자과학이라고 할 수 있다.

소수자과학은 모호하지만 엄밀한 본질을 사유하여 문제화한다. 무한을 사유하면서 거기에서 문제를 추출하고, 그 문제를 해결하기 위한 방법을 모색한다. 소수자과학으로서의 들뢰즈 경제학도 마찬가지다. 기존의 경제학에 영감을 주고, 문제를 제기하여 탈영토화하고 탈주케 하여 실재에 더 부합하는 이론과 정책을 도출하는 데 기여한다면, 경제철학으로 불리든 경제학으로 불리든 무슨 상관이란 말인가? 우리는 기존의 경제학을 잘 알고 있으며 또 잘 알아야 한다. 그러나 우리는 소수자적 관점을 항상 유지한다. 우리는 지금 여기에 만족하지 않고 항상 전진하기 위해 노력할 것이다. 우리는 다수자와 소수자, 근대와 탈근대는 상호 배타적인 것이 아니라 서로를 필요로 하는 상호전제의 관계에 있다는 것을 인식하고 그것을 토대로 실천으로 나아갈 것이다.

성장과 분배

강규석 우리는 성장 신화라는 고정관념에서 벗어나야 한다고 했다. 그만큼 기존의 경제학에서는 성장의 문제가 중요하게 다루어지고 있다. 이번 시간에는 들뢰즈 경제학의 관점에서 그러한 성장의 문제와 그에 직결되는 분배의 문제를 더 다뤄 보고 정부의 역할은 어때야 하는지 논의해 보기로 하지.

적절한 보완책이 갖춰지지 않은 상태에서는 마이너스 성장은 물론이고 지성정이나 성장 정체기 있다면 경제의 구성원들이 생활이 어려워질 것이 분명하다. 가령 성장률이 0%라면 그것은 평균적으로 그렇다는 것이므로 성장하는 부문도 있지만 성장이 정체하거나 후퇴하는 기업과 가계도 많다는 것을 의미한다. 전체적으로 성장이 작년과 같은 수준이지만 구체적으로 들어가 개별적으로 살펴보면 힘든 경제주체들이 많다는 것이다. 특히 저개발국가에서 고용의 측면에서 경제가 어려워질 수 있다. 성장이 더딘 경우 모든 기업들의 경제 전망이 방어적으로 되어, 정체하거나 후퇴하는 기업은 고용 수준을 유지하기가 쉽지 않고 성장 기업도 충분히 공격적으로 고용을 창출하기 어렵게 되기 때문이다. 따라서 이제 본격적인 개발이 시작된 북한과 같이 유휴 노동력이 과다한 저개발국가에서는 그것을 소화하기 위한 고도성장이 필수적이라 할 수 있다. 그러나 이미 개발이 이루어진 선진국은 사정이 다르다. 저성장이 지속되거나 또는 성장이 정체되더라도 물가와 고용 등에 미치는 부작용이 크지 않을 수 있다. 왜냐하면 잔여수익분배청구권이나 기본소득 같은 제도가 잘 갖추어져 있는 선진국이라면 성장이 없더라도 디플레이션을 유발하거나 고용에 큰 타격을 주거나 하는 일은 없을 것이기 때문이다. 개발은 충분히 이루어졌지만 아직 그러한 제도가 갖추어지지 않은 국가들에서 성장의 필요성이 큰 논쟁거리가 된다. 여전히 성장 신화에 사로잡혀 성장 위주의 정책을 주장하는 자들이 많다. 그러나 이런 나라들에서의 실업은 생산력이 부족한 데서 생긴 것이 아니고 노동절약적인 기술의 발전에 따른 고용 없는 성장 그리고 노동을 비용으로 보는 시각에 기초한 인력 감축 위주의 구조조정 등에서 연유하는 바가 크다. 이 경우에는 고성장정책으로 고용을 늘리는 것도 한계가 있을 수밖에 없다. 제도적으로 잔여수익분배청구권을 채택하여 인력 감축에 의한 구조조정을 최소화하여 실업을 줄이고 기본소득을 보장해서 안정적인 수요를 창출하고 개별 주체들의 경제활동이 안정적으로 보장되도록 하는 것이 경기순환에 관계없이 고용과 물가수준을 안정적으로 유지하는 데 효과적이다. 기본적으로 기본소득이나 잔여수익분배청구권 같은 제도들은 그 자체가 경기순환을 완화하거나 제거하는 기능을 갖고 있다. 생태학의 측면에서 보더라도 생산력이 기본적으로 상당한 수준에 올라 이미 과잉생산이 우려될 정도의 선진국일수록 GDP를 기준으로 하는 고도성장에 매진하는 것은 자연에 과부하를 주게 됨으로써 오히려 인간의 행복에 지장을 줄 수 있다. 따라서 성장 문제는 저개발국에서나 중요한 과제이지 개발이 충분히 이루어진 나라들에서는 성장이 아니라 경제의 안정을 위한 제도의 보장이 선결과제가 된다.

전체 생산력이 국민의 수요에 미치지 못하는 저개발국가에서 생산력이 증가함에 따라 공급이 충분해질수록 인플레이션이 안정되고 저금리 기조가 정착하게 된다. 저금리가 정착된다는 것은 투자수익률이 하락한다는 것이며 이는 경제의 구조가 더 이상의 생산 확대의 필요성과 가능성이 줄

어드는 단계에 접어들었다는 것을 의미한다. 이런 단계에서는 파이를 크게 하는 것보다는 분배를 적절히 하는 것이 우선순위가 되어야 한다. 이런 수준이 되면 성장 문제에 집착하는 것은 더 이상 의미가 없다. 구성원들이 개성에 맞는 각자의 생활을 추구하며 안정적으로 가계를 꾸려 나갈 수 있도록 하는 것이 국가의 경제 목표가 되어야 한다. 성장이 아니라 사회 전체의 발전이라는 포괄적 시각에서 경제의 발전이 이루어져야 한다. 인간의 평등한 자유가 더욱 확대되고 자연 생태계가 건강하게 순환하는 데 부합하거나 또는 그것을 촉진하는 수단으로서의 경제발전이 목표가 되어야 하는 것이다. 우리는 부단한 기술발전과 생산력의 발전으로 이루어질 경제 선진화의 과정에서 성장에 대한 발상을 획기적으로 바꿔야 한다.

학 생　그렇다면 선생님께서는 북한과 같은 저개발국가에서는 성장우선 정책을 시행하는 것에 동의하시는 거군요? 남한에서와 같은 빠른 경제성장을 위해서는 불가피한 것이겠죠?

강규석　결론부터 말하면, 그렇지 않다. 우리는 자유와 평등이 서로 배척하는 것이 아니라 조화롭게 어우러질 수 있다고 보듯이 성장과 분배도 갈등관계라기보다는 보완관계에 있다고 본다. 성장은 분배를 가능하게 하고 분배는 성장을 촉진한다. 남한의 빠른 경제성장은 분배가 더 적절히 이루어지면서 진행되었더라면 더욱 빨라질 수 있었다고 보는 것이 들뢰즈학파, 특히 우리 평양학파라 불리는 학자들의 진단이다. 직관적으로 생각해보자. 분배가 고르게 이루어질수록 유효수요가 더 커질 것은 당연하다. 많이 가진 자들의 한계소비성향은 적게 가진 자들의 그것보다 클 수가 없다. 많이 가진 자들을 더 부유하게 만들어 소비와 투자를 촉진하여 적게 가진 자들의 소득을 올리겠다는 소위 낙수효과(trickle-down effect)라는 것은 직관적으로도 이해하기 힘들 뿐 아니라 그 동안의 경제지표에 의해서도 확실히 효과가 없다는 것이 드러났다. 구체적으로 기본소득 논의 과정에서 더 언급하겠지만 분배가 더 잘 될수록, 다시 말해 소득이 고르게 분배될수록 경제 전체의 총수요가 증가하고 그에 대응하여 투자와 성장이 더 촉진되는 것이다. 낙수효과가 아니라 분수효과(fountain effect, trickle-up effect), 나아가 더 역동적인 상황이라면 화산효과(volcano effect)라고도 불리는 것이 직관적으로 옳다고 할 수 있으며 실증적으로도 입증되고 있다. 로버트 라이시의 『위기는 왜 반복되는가(AFTER SHOCK : The Next Economy and America's Future)』와 토마 피케티의 『21세기 자본』을 참조하기 바란다.

북한은 후발주자의 장점을 최대한 활용해야 한다. 남한의 성장 과정에서의 장점과 그 부작용을 면밀히 연구하여 최대한의 성과를 이뤄야 한다. 그러므로 최대한 빠른 경제개발을 돕기 위해 평양으로 파견된 남한 출신 학자들의 임무가 매우 중요하다. 나를 포함한 남한 출신의 학자들, 기업가들과 북한의 애국심 강한 학자들과 청년 학생들이 힘을 합쳐 북한이 하루빨리 모범적인 경제발전을 이루도록 다 같이 노력해야 할 것이다. 여러분들이 해야 할 일이 막중하다. 이 과정에서 정부의 역할이 무엇보다 중요하다. 남한과 북한의 새로운 정권이 어떤 자세와 철학을 가지고 정책을 수행하느냐에 따라 그 성과는 천양지차로 달라지리라 본다.

정부의 역할

정부의 역할에 대한 경제학적 시각은 지금까지 케인즈학파에 바탕을 둔 간섭주의 혹은 개입주의 그리고 고전학파나 신자유주의사상에 근거하여 프리드리히 하이에크와 밀턴 프리드먼 등이 주장한 방임주의 혹은 비간섭주의, 비개입주의 양자의 대립이 있어 왔다. 개인적 차원으로는 케인즈와 하이에크의 대립으로 축소해서 볼 수도 있다. 순수하게 학문적으로만 본다면 케인즈와 하이에크라는 두 학자 간의 철학이나 세계관의 차이가 양 진영간 논제의 핵심을 이루는 것이다. 하지만 양측의 대립이 격화될수록, 그리고 논쟁이 사회계층간, 국가간의 이해관계에 관련될수록 불순한 세력들의 이득을 옹호하기 위해 이러한 학자들의 이름이나 이론이 악용되는 현상이 증가해 왔다. 우리는 순수한 학자들의 주장과 그러한 주장을 차용하여 자신의 이익을 취하려는 이면에 도사린 추악한 의도를 분리해서 바라볼 수 있는 혜안이 필요하다.

우선 하이에크에 대해 얘기해 보자. 시장자유주의에 투철한 그는 신자유주의자들이 그들의 주장을 뒷받침하기 위해 내세우는 가장 대표적인 학자다. 그러나 신자유주의자들의 건강부회를 떠나 순수하게 보더라도 하이에크는 인간성의 본질을 일면적으로만 바라본다는 점에서 우리는 기본적으로 그에게 동의할 수 없다. 인간은 탐욕 못지않게 정의감을 가진 존재이며, 경쟁을 추구하기도 하는 반면 협동해서 문제를 해결하려는 성향도 갖고 있다. 그리고 인간의 성향을 어떻게 볼 것인가 이전에 무엇보다 인간의 본성을 단정 짓고자 하는 본질론이 더 큰 문제다. 다른 모든 존재와 마찬가지로 인간은 들뢰즈가 말하는 열린 다양체로 봐야 한다. 그 본질을 단정적으로 규정하고자 하는 것은 이 시대의 사상적 조류와 맞지 않다.

정부와 시장의 관계에 대해서도 하이에크는 시장의 자생적 질서를 중시하지만 자본주의적 시장이란 게 성립과 발전 과정 모두에 있어서 정부의 개입과 도움을 받은 역사가 수도 없이 많다. 자본주의 성립 시기 자본축적의 과정에서 보여 준 영국의 역사가 이를 단적으로 증명한다. 그리고 시장이 파국의 위험에 처했을 때마다 정부는 시장을 지키는 데 충실한 역할을 해 왔다. 정부의 협조나 후원이 없었다면 시장이 붕괴할 수도 있었던 경우가 시장경제의 최전선을 자랑하는 미국의 역사에서도 여러 번 반복된 바 있다. 시장 지배자들은 언제나 그들이 어려울 때면 정부에 손을 벌려 온 것이 사실이다. 시장의 형성과 발전 모두 자생적이지 않았던 것이다.

이렇게 볼 때 하이에크의 주장은 자유지상주의자의 이상을 추구한 것으로서 현실적으로는 공감하기 어려운 면이 많다. 하이에크는 순수한 자유경쟁시장이 탐욕적이지만 합리적인 인간의 상호작용으로 노예로 가는 길을 막아 줄 것으로 보았다. 그러나 필연적으로 그러한 과정은 승자독식의 결과를 초래하고 더 나아가 정글자본주의로 귀결될 수밖에 없다. 자본주의 역사는 그러한 증거를 수도 없이 보여 주고 있다. 하이에크 자신도 경쟁을 촉진하기 위해서라면 정부가 개입하는 것을 긍정하는 언급을 하기도 했고, 약자보호를 위한 정부의 역할이 필요하다는 데 대해서도 인정하는 듯한 글을 쓰기도 했다(『케인스 하이에크』 니컬러스 웝숏, 2011, 한국어판: 김홍식 옮김, 부키, 2014, pp363~364 참조).

개입주의의 대표자라 할 수 있는 케인즈는 자주 사회주의자로 비판받기도 하는데 이는 부당하다. 케인즈는 자유당 당원이기도 했고, 정확히 말하면 사회주의와 자유방임의 양 극단 사이의 중도에 속한다고 할 수 있다. 케인즈를 반시장주의자 혹은 사회주의자라고 비난하는 자들은 기득권을 지키려는 불순한 자들이라 보지 않을 수 없다. 케인즈나 하이에크나 인간의 자유와 번영을 위해 가장 도움이 되는 것을 찾고자 했던 위대한 경제학자들이다. 그들의 사상에 동의하건 않건 그들의 사상이 악용되는 것은 주의해야 한다. 특히 극우 보수주의자들에 의해 하이에크의 사상이 오용되고 케인즈의 사상이 왜곡되는 것을 경계해야 한다. 시장의 과실을 독식하고자 하는 불순한 자들은 하이에크를 자신의 주장을 대변하는 자로 내세우는 한편, 케인즈를 위시한 시장의 보정을 주장하는 자들을 좌파로 낙인찍고 있다. 하이에크 자신도 자유가 아닌 폭정을 가져올 위험성이 있는 보수주의자를 비판한 바도 있는 것과 같이 오염된 보수주의자들과 하이에크는 분리해서 봐야 한다. 또한 케인즈는 기본적으로 자본주의 시스템을 구제하기 위한 최선의 방법을 찾으려 노력했던 보수적 경제학자로서 사회주의와는 무관한 인사였다. 이러한 오해들은 좌파라 불리는 자들의 주장에서도 기인하는 바가 있다. 신자유주의에 적대적인 학자들은 신자유주의의 이념을 제공한 사람으로 하이에크를 꼽는다. 이들은 하나같이 면밀한 검토 없이 신자유주의 정책의 이론적 기초를 제공한 사람으로 하이에크를 설정하고 그를 비판함으로써 간접적으로 신자유주의의 문제점과 취약성을 폭로하려는 경향이 있다. 하이에크는 인간의 이성에 대한 과도한 믿음을 비판하고 그 한계를 직시하여 정부의 계획보다는 시장에 기초한 자생적 질서에 더 우위를 둔 것일 뿐 극단적 보수주의를 대변하는 학자는 아니다. 정권과 민족국가에 과도하게 집착하는 보수주의자들은 시장질서의 원리를 지키는 신뢰할 만한 사람들이라 할 수 없으며 하이에크와 그들을 동일시하는 것은 커다란 오류가 될 수 있다(「스코틀랜드 계몽주의, 자본주의, 신자유주의」 신중섭 외 3인, 윤리연구 제46호, 한국윤리학회, 2001 참조).

　케인즈적인 정부 개입을 사회주의적 정책이라고 비판하며 들어선 미국의 레이건정부 그리고 영국의 대처정부 모두 오염된 보수정권이라고 할 수 있다. 겉으로는 하이에크식의 작은 정부를 주창하며 권력을 잡았지만 속으로는 국방비를 마구 늘린 바 있다. 그 후 네오콘이라 불렸던 신보수주의를 표방한 아들 부시정부도 마찬가지였다. 특히 통화주의 경제학의 거두로서 하이에크와 함께 비개입주의의 또 한 명의 대표 학자인 밀턴 프리드먼의 경우에 있어서는 보수파의 주장들이 얼마나 정치적으로 심하게 오염되었는지를 명확히 알 수 있다. 프리드먼을 중심으로 하는 시카고 경제학의 자유시장경제론은 정치적 자유민주주의와는 결코 양립할 수 없었다. 이는 칠레, 아르헨티나, 브라질, 우루과이, 볼리비아 등의 남미 국가들 거의 전체와 폴란드, 인도네시아 등지에서의 개발 과정에서의 사례들이 여실히 증명해 주고 있다. 중국의 개방 과정에 있어서도 마찬가지였다. 세계적 저널리스트이자 진보적 운동가인 나오미 클라인에 의하면 "천안문 사태의 진실은 권위주의적 공산주의와 시카고학파 자본주의가 매우 유사하다는 것이다. 그들은 기꺼이 정적들을 제거하고, 저항을 일절 허용하지 않으며, 백지상태에서 새롭게 시작하려 했다."(『쇼크 독트린』 나오미 클라인, 2007, 한국어판: 김소희 옮김, 살림Biz, 2008, p250) "프리드먼이 내린 자유의 정의에 따르면 규제 없는 교역의 자유에 비해 정치적 자유는 부수적인 것이다. 심지어는 불필요하다고 말하기도 했다."(앞의 책 p243) 프리드먼은 기꺼이 독재정권의 수괴들과 친분을 쌓고 그들에게 조언을 아끼지 않았으며 그의 국내외의 제자들은 독재정권과의 협력 하에 경제개발이라는 명목으로 민주주의를 압살하는 데 직간접적으로 동참했다. "밀턴 프리드먼이 1950년대에 개시한 운동은 고수익이 생기는 무법의 개척지를 포획하려는 다국적 자본의 시도라고 보면 가장 좋을 것이다."(앞의 책 p312) 신자유주의가 확산된 곳에서는 자유의 확산은 없었다. 가진 자들, 강자들만의 자유가 판을 쳤고 양극화는 어디에서나 극심했다. "시카고학파 운동이 승리를 거둔 곳은 어디든지 인구의 25~60퍼센트에 달하는 만성적 하류계층을 만들어 냈다."(앞의 책 p514) 하이에크 그리고 프리드먼의 시카고학파가 주장하는 자연스런 시장사회의 발전은 자발적이고 우연한 사건들의 결과가 아니라 폭력적인 국가 개입의 결과임을 역사가 증명한다.

하 생 그렇다면 개인주의 개입주의 혹은 간섭주의기 옳다고 보는 것이 선생님의 생각입니까? 2008년 미국에서부터 시작된 금융위기 이후 케인즈의 시각이 다시 부각된 바가 있지만 위기 해결에 그리 적절하지는 않았던 것으로 알고 있습니다. 정부의 개입으로 금융시스템의 붕괴는 막았지만 양극화는 더 심해졌고 케인즈적인 정책들이 성장이나 고용에 그리 효과적이지 못했습니다.

강규석 '경제에 있어서 정부의 역할은 어떠해야 하는가?' 하는 문제는 사유의 여러 측면에서 바라볼 필요가 있다. 그것은 인간의 본질과 이성에 대한 관점, 그리고 정부가 민주적인가 비민주적인가, 민주적 통제가 가능한가와 같은 정치적 문제와도 연결되어 있고, 경기변동에 대비한 정책들이 적절히 마련되어 있는가에 따라서도 결론이 좌우될 수 있다.

인간의 무한한 잠재적 역량을 전제하고 있는 들뢰즈 경제학은 인간의 본질을 탐욕과 이기심으로 보는 입장에 동조할 수 없다. 또한 인간 이성의 합리성을 근거로 하여 경제를 적절히 관리할 수 있다고 보는 지나친 낙관도 거부한다. 인간은 탐욕적이기도 하지만 자유와 평등을 추구하는 정의

감을 가진 존재이기도 하다. 그리고 인간의 이성은 완벽하지 않기 때문에 정부의 관리만으로 시장의 역할을 대신할 수는 없다. 완전한 시장경제와 완전한 계획경제는 우리가 추구하는 바가 아니다. 시장도 필요하고 정부도 필요하다고 본다. 아니 필요한 것이 아니라 자연스럽다고 본다. 시장이 형성되는 것은 물론이려니와 정의를 실현하고자 하는 정부가 시장에 개입하고자 하는 것도 자연스런 현상이 아닐 수 없다. 민주적으로 잘 통제되는 정부라면 정부의 정책들에 국민들, 즉 각 경제주체들의 의사가 잘 반영되어 정부와 비정부부문 간의 상호작용이 원활히 이루어져 개입이냐 방임이냐 하는 정부 역할의 문제가 자연스럽게 사라질 수 있다. 정부는 국민에게 정확한 정보를 제공하고 그에 기초한 국민의 의사를 반영하여 가능한 최선의 정책을 마련하면 된다. 그런 상황에서 정부의 실패가 있다면 그것은 시장의 실패와 마찬가지로 누구의 책임으로 귀속될 수 없는 불가피한 결과가 될 것이다. 정부가 개입해야 하거나 방임해야 한다는 것과 같은 사전적 필연성은 없다. 국가권력의 민주화 정도가 정부 역할의 문제에 관건이 될 것이다. 초재적인 비민주적 권력 하에서라면 개입 여부의 옳고 그름을 떠나 권력자의 자의에 따라 정부 개입의 정도가 결정될 것이다.

경기변동에 대응해서 정부가 개입하는 것이 옳으냐 방임하여 시장의 자기교정을 기다리는 것이 옳으냐 하는 문제는 경제만의 문제도 아니고 경제적으로만 해결할 수 있는 문제도 아니다. 수많은 경제적, 경제외적 사건들이 얽힌 결과로 일어나는 것이 경기변동이고, 그에 대응한 정부의 정책도 다양한 비경제적 요소에 의해 좌우되는 것은 불가피하기 때문이다. 1970년대 미국의 대호황이 끝나고 스태그플레이션 현상이 나타나자 케인즈의 시대는 가고 하이에크의 시대가 도래했다는 목소리가 커졌다. 그러나 경기침체와 물가상승이 동시에 일어나는 현상이 케인즈의 처방이 잘못됐다는 것을 입증하는 것이라고 단정할 수는 없다. 물론 1970년대에 들어오면서 완전고용 수준에서 베트남전쟁의 전비 조달과 같이 계속 재정지출이 증가해 온 것도 한 원인이 되었다. 하지만 제4차 중동전쟁에서 미국이 이스라엘을 지원한 데 대한 보복으로 석유수출국기구 OPEC이 원유 가격을 4배나 인상한 것이 직접적인 스태그플레이션의 도화선이 되었다고 할 수 있다. 이처럼 경기변동은 순순한 경제적 현상도 아니고 개입이냐 방인이냐 하는 이분법적인 순수한 경제적 해법만으로 해결할 수 있는 것도 아니다. 제반 상황들을 고려하여 최선의 정책을 수립하는 것이 정부의 대응일 수밖에 없다.

경제적 요인과 경제외적 요인들이 상호 작용하여 발생하는 복잡한 사태들에 대응하여 최선의 정책을 추구하는 정부의 노력은 그 자체로 자생적인 현상이라 할 수 있다. 따라서 정부가 전혀 개입하지 않고 시장을 그대로 내버려두는 것만이 자생적 질서를 가져온다는 하이에크의 주장에는 동의할 수 없다. 시장에 어떤 일이 일어나도 정부가 그대로 방치한다는 것은 오히려 자연스럽지 못하다. 그래서 들뢰즈 경제학에서도 정부의 개입은 불가피한 것으로 보는데, 자유민주주의의 실현을 위한 제도의 확립이 어느 정도로 갖추어져 있는가에 따라 그 개입의 정도도 좌우된다고 할 수 있다. 기본소득이나 경제민주화를 위한 잔여수익분배청구권 등의 제도가 잘 갖추어진 상태라면 이러한 것들이 스스로 경기변동을 감소시키는 자동안정화장치 역할을 하게 되어 정부의 개입 필요성은 그만큼 줄어들게 된다. 또한 가계와 기업에 대한 보호책이 잘 마련되어 있는 경우 시장의 자기교정에 대한 기다림의 시간도 길어질 수 있다. 즉 비교적 순수하게 경제내적 요소로 인한 문제가 발생했을 때 시장참가자들에 대한 보호 장치가 적절히 구비되어 있다면 문제 해결에 시간이 오래 걸릴지라도 시장 스스로의 조정에 맡길 수 있는 여지가 커지게 되는 것이다. 들뢰즈의 내재성의 철학을 토대로 하는 들뢰즈 경제학의 입장에서는 민주화된 정부는 내재적인 상호작용 하에서 행동하는 하나의 경제주체로서의 역할을 가질 뿐이다.

학 생 그렇다면 결국 각국의 상황에 따라 정부의 역할이 달라야 한다고 보면 되겠군요. 남한은 어떤 상황입니까?

강규석 현재는 컴퓨터의 계산 능력이 눈부시게 발전하고 빅데이터의 누적으로 경제계획의 가능성과 매력이 점증하는 것이 사실이다. 이러한 기술적 발전과 거의 모든 정보가 투명하게 공개되는 민주화된 사회가 결합됨으로써 소비주체와 생산주체의 행태에 대한 시뮬레이션 기술이 고도로 발전하여 매년 기본소득의 적합한 액수가 새로이 책정되고 기업에 있어서의 기본임금도 매년 갱신되고 있다. 그러나 아직 국가 전체적인 차원에서의 계획과 예측이 가능하리라는 것은 이상에 불과하다. 소규모 지자체나 개별 기업 수준에서의 계획과 예측이 활발히 진행되고 있는 것이 남한에서의 현 상황이다. 더 시간이 흐르면 사람의 개입이 전혀 없이 기계가 모든 차원의 정책을 개발하고 예측하여 경제계획을 추진하는 꿈같은 시절이 올지도 모르겠다.

학 생 부럽군요. 북한은 언제 그런 수준에 도달할까요?

강규석 부러워할 것 없다. 여러분이 남한의 경험을 거울삼아 착실히 노력해 간다면 부작용을 최소화하면서 남한을 능가하는 수준에 머지않아 다다를 수 있을 것이다. 누차 말하지만 후발주자의 이점을 최대한 활용해야 한다.

학 생 선생님, 아직도 제 생각으로는 들뢰즈의 입장이 대단히 애매모호합니다. 개입주의나 방임주의와 같은 순수한 모델을 상정하고 현실에 적용함에 있어서 유연성을 발휘하는 것이 이론적으로 명쾌하고 원칙에도 부합하는 일관적 정책을 실행할 수 있는 길이 아닐까요? 경제에서는 불확실성을 제거해 주는 것이 무엇보다 중요하지 않습니까? 들뢰즈의 입장은 원칙이 불명확한 것 같습니다. 아니 없다고도 할 수 있을 것 같구요. 임기응변식의 대증요법인 거 같기도 하고요.

강규석 우선 지적하고 싶은 것은 우리가 내세우는 경제학적 주장을 들뢰즈의 입장이라고 표현하는 것은 오해의 소지가 있다는 점이다. 들뢰즈는 자본주의에 대하여 전반적인 철학적, 사상적, 역사적 분석을 통하여 그에 대한 진단과 처방을 내리고는 있으나 경제에 대하여 구체적인 이론적 체계를 세운 바는 없다. 들뢰즈 그리고 가타리의 자본주의에 대한 분석은 이번 학기의 후반부에서 자세히 알아볼 것이고……. 들뢰즈 자신이 정부의 경제적 역할에 대해 구체적인 입장을 밝힌 것은 내가 알기로는 없다. 들뢰즈 경제학은 들뢰즈의 철학과 사회사상을 토대로 후대의 학자들, 특히 평양학파로 불리는 한국의 학자들이 중심이 되어 이루어 낸 결과물이라는 것을 유념해 주기 바란다. 들뢰즈 철학은 기존의 근대적 사고를 중심으로 하는 경제학으로부터 새로운 경제학으로 이행하는 데 있어 수많은 단초와 영감을 제시해 주는 토대로서 커다란 역할을 하고 있는 것이다.

학생의 지적은 들뢰즈 사상에 익숙하지 않은 상황에서라면 얼마든지 가능한 비판이다. 들뢰즈적 사고에 하루빨리 친근해지기를 바란다. 강의 초기에 말했듯이 들뢰즈의 사상은 근본적으로 탈근대의 사상이다. 따라서 명석하고도 판명한 진리를 추구하는 데카르트적 근대사상과는 다르다. 데카르트는 명석하고 판명한 결론에 도달하기 위하여 방법적 회의를 동원한다. 끝없는 의심을 통하여 절대적 진리에 도달하려는 의지를 보인 것이다. 그 결과 도출된 것이 유명한 "나는 생각한다. 고로 나는 존재한다."라는 코기토 명제다. 탈근대사상도 방법적인 면에서는 다르지 않다고 할 수 있다. 끊임없이 의심하라는 것은 기존의 것에 순응하지 말라는 것, 들뢰즈 식으로 말하면 끝없이 탈주하고, 소수자-되기를 실천하고, 지속적인 생성을 추구하라는 것과 의미가 다르지 않다. 그러나 결론은 다르다. 인간 이성과 의식에 절대적 확신을 가지는 근대의 인간중심적 사고의 한계를 직시하고 무의식과 잠재적인 것들에 대한 사유를 펼치는 탈근대의 사상은 데카르트가 도달한 명석·판명한 진리까지도 의심할 수밖에 없다. 생각하는 나를 넘어서는 더 근본적인 것이 존재하는 것이다. 이것을 사유해야 우리는 실재, 즉 진리에 더 가까워질 수 있다. 그것은 표상하거나 재현할 수 없는 영역, 언어로 표현할 수 없는 영역까지도 대상으로 포함하는 초월적 경험 혹은 인식능력의 초월적 실행과 관련된다는 면에서 불가피하게 애매하거나 모호할 수밖에 없다. 그러나 애매하거나 모호하지만 그것이 엄밀한 것이다. 우리는 궁극의 끝에 도달할 수 있으리라 기대하지는 않지만 완벽함을 추구한다. 탈근대적 사고는 시작도 끝도 없는, 기원도 목적도 없는 과정에서의 최선을 추구한다.

철학적 너스레는 이 정도로 하자. 용어와 개념들의 더 정확한 의미는 철학 선생님들한테 배우기 바란다. 탈근대 사상의 특성상 애매하거나 모호한 측면이 있다 해도 들뢰즈 경제학은 들뢰즈의 철학과 사상이라는 명확한 원칙에 근거한다는 것을 명심해야 한다. 사실 주류경제학이 근거로 해왔던 여러 전제들이 훨씬 더 비현실적이고 추상적이라고 할 수 있다. 너무 나이브하기까지 하다. 명석하고 판명한 이론체계를 세워야 한다는 아카데밀한 허울 좋은 목표에만 집착한 나머지 지나친 단순화와 이상화로 인해 경제학이 현실을 설명하는 능력이 형편없이 떨어졌다. 그리고 임기응변식의 대중요법적인 처방을 내린다는 것도 오히려 주류경제학에 대한 비판으로서 더 적절하다. 경제에 대한 해결책들을 내놓는 것을 보면 과연 그것들이 어떤 지속적인 효과가 있을 것인지 알 수가 없다. 신자유주의를 내세우는 자들이 어떤 때는 케인즈가 주장하는 것보다도 더 정부의 개입을 구걸하는 경우가 다반사였고, 케인즈를 신봉하는 자들도 장기적인 근본적 처방보다는 단기적 대처에만 급급한 것이 그 동안의 모습이었다. 케인즈 경제학 자체가 시장실패에 대한 단기적 대응을 위한 경제학이기도 하다. 특히 불황이나 공황 시에 저들이 보이는 일관성 없는 행태들을 우리는 너무도 많이 생생하게 목격해 왔다.

들뢰즈 경제학의 처방은 단기적 대중요법이 아니다. 우발적인 상황에 대처하여 근본적이고도 장기적인 대책 수립을 목표로 할 뿐만 아니라 원칙에도 충실하다. 들뢰즈 경제학은 들뢰즈의 일의성의 존재론이 함축하는 존재에 대한 경외심과 그로부터 연유하는 실천과 윤리의 지표로서 자유민주주의를 원칙으로 삼아 창조적 탈주를 지속적으로 시도한다. 경기변동에 대한 정부의 역할에 관해서도 단기적 대응책이 아니라 경기변동 자체를 완화하거나 경기변동에 가장 취약할 수 있는 약자들을 보호하기 위한 예방적이고 근본적인 정책을 개발하는 데 목표를 두고 있다. 인간에 대한 보편적인 경제적 보호 장치로서 기본소득을 저변으로 하여 경제 모든 분야의 실질적 민주화를 달성함으로써 경세제민이라는 이상을 구현하기 위해 매진하고 있다. 들뢰즈 경제학에서 주장하는 정부의 역할은 하나의 내재적인 경제주체로서의 정부도 이러한 이상을 실현하는 과정에 참여해서 그 역량을 십분 발휘하는 것이다. 중요한 것은 경세제민을 실질적으로 수행할 수 있는 실질적인 민주정부여야 한다는 것이다.

학 생 선생님의 설명을 들으니 어느 정도 이해가 되네요. 그런데 아직도 납득이 되지 않는 것은 북한과 같은 상황에서도 들뢰즈 경제학이 현실 적합성이 있는지 하는 것입니다. 현 상황에서는 남한의 박정희 시대에서와 같이 개발독재의 수단이 더 효과적인 것 아닙니까?

강규석 독재도 괜찮다는 말인가?

학 생 과거 북한의 3대 세습 치하에 비하면 박정희의 독재는 약과가 아닌가요? 신속한 경제개발을 위해서라면, 효율적 독재라면 북한 인민들은 얼마든지 감수하고 남한 인민들 이상으로 더 열심히 일할 것이라 확신합니다. 빨리 그들을 따라가야지요.

강규석 나라의 발전을 위해서라면 독재라도 감수할 수 있다는 학생과 일부 북한 주민들의 애국적인 열정에 대해서만은 높이 평가한다. 그러나 독재에 대한 비정상적인 환상 같은 것은 제발 갖지 말기를 바란다. 학생은 나의 강의를 정말 잘 들어야 하겠다. 열정이 충만한 사람이 안 좋은 방향으로 가면 결과가 특히 심각해질 수 있으니. 후훗. 독재가 효율적일 수도 있다는 생각은 그야말로 환상이다. '효율적인 독재'라는 말은 '나쁜 정의', '둥근 삼각형'이라는 말들처럼 형용모순이다. 군대식으로 상명하복으로 일사천리로 일을 해 나가는 것이 효율적일 수 있다고 보나?

학 생 예, 그렇다고 할 수 있지 않나요?

강규석 흐음~. 백번 양보해서 아무리 좋게 보더라도 군대식 효율성은 전쟁이나 큰 재난 같은 위기상황에서 일시적으로 발휘될 수 있을 뿐이다. 그러한 상황을 가상해서 평소에 군대식으로 훈련을 하는 것이다. 그 외에서라면 군대 내의 생활도 당연히 민주적이어야 한다. 군대식 독재는 필요악의 대표적인 사례다. 남한에서는 군대마저도 모병제가 시행된 이래로 오래된 징병제의 비효율성이 해소되었고 군 스스로도 최대한 투명한 민주 군대가 되기 위해 노력하고 있다. 군대도 이러한 마당에 하물며 경제발전을 목표로 한다면서 도대체 무슨 근거로 구성원 모두의 자발적인 참여에 의한 역량의 발휘를 마다하고 소수 지배자가 자의에 의해 모든 것을 결정하는 것을 용인할 수 있단 말이지? 민주적인 조정자로서의 자격을 갖춘 리더의 지휘 하에 구성원들의 자유와 평등을 보장해 주는 것이 훨씬 더 효율적이다.

학 생 민도가 낮고 기술이 낙후된 후진적 사회에서는 민주주의가 갈등을 일으키는 요소가 될 공산이 크지 않을까요?

강규석 그것이 바로 독재의 흑심을 가진 자들의 핑곗거리다. 민주주의를 하겠다는 확고한 신념을 가지고 모든 정보를 투명하게 공개하고 공개적인 석상에서의 국민들의 자발적인 토론을 보장하면서 효과와 장단점을 세세히 예측하고 평가하며 정책을 수행해 나간다면 부패와 같은 걸림돌을 방지하면서 시행착오를 최소화하는 효율적인 경제를 실현할 수 있다. 제대로 된 민주주의라면 경제에 방해가 되는 경우는 상상하기 어렵다. 민주주의는 그 어떤 체제보다도 더 효율적이다.

북한은 후발주자의 이점을 잘 활용해서 남한이 겪었던 부작용 없이 조속한 발전을 이루어야 한다고 했다. 그러기 위해서는 박정희 시대와 같은 독재가 필요한 것이 아니라 진정한 민주주의가 하루속히 자리잡아야 한다. 민주주의가 바로 서야 성장과 분배, 효율과 형평이 조화를 이룰 수 있다. 남한의 독재의 과정에서 분배는 무시되고 형평성은 찾아볼 수 없었다.

구성원들의 참여와 역량의 발휘는 원천적으로 불가능했고, 절대 권력은 절대적으로 부패한다고 했듯이 독재 정권은 부정부패에 찌들어 있었다. 부정부패는 경제의 능률을 갉아먹는 가장 큰 적이다. 또한 권력과 지배층의 유착으로 성장과 분배의 선순환은 애초에 기대 난망이었다. 독재는 이처럼 태생적으로 효율성의 적이다. 독재를 거치지 않았다면 남한의 성장이 더 빨랐을지도 모른다. 분배와 형평성을 염두에 두었다면 훨씬 더 효율적인 성장이 이루어졌을 것이라는 게 우리의 판단이다. 자유와 평등, 성장과 분배, 효율과 형평은 서로를 상쇄하는 것이 아니라 상호 보완이 가능하며 선순환을 이룰 수 있다는 것이 들뢰즈 경제학의 입장이다. 그리고 이것은 민주주의 하에서 가능하다. 남한의 그 후의 역사를 볼 때 분배를 무시한 성장 위주의 경제개발이 얼마나 큰 후유증을 가져왔는지는 여러분이 이미 다 알고 있을 것이다. 들뢰즈 경제학은 성장과 분배, 효율성과 형평성의 균형 있는 경제발전을 추구하는 것이 바람직하다는 데 확고한 신념을 가지고 있다.

결론적으로 들뢰즈 경제학은 민주적이고 효율적인 정부를 지향한다. 내재성의 철학을 토대로 하는 들뢰즈 경제학에서 하나의 경제주체로 행동하는 정부는 수동성과 함께 개입과 간섭을 할 수 있는 능동성을 가진다. 다만 그 개입과 간섭의 수단과 절차가 민주적이어야 하고 정책은 장기적이고 근본적이어야 한다. 구체적으로 우리는 들뢰즈 경제학의 핵심 정책인 기본소득과 경제민주화를 위한 제도들을 시행하여 경제의 확고한 안정을 다지는 것을 목표로 한다.

내일은 남한에서 이미 시행되어 정착되어 가고 있는 기본소득에 대해 알아보기로 하겠다. 북한에서도 경제의 규모가 적절한 수준이 되면 머지않은 장래에 실현될 것이다.

강규석의 연구실. 강규석이 평양신문 기자의 인터뷰에 응하고 있다. 평양신문은 남한의 경제 상황을 북한에 소개하기 위한 특집을 기획 중이다. 다음은 기본소득을 주제로 하여 강규석과 대담한 내용이다. 기본소득은 남한에서는 이미 10여 년 전에 국가적 차원으로 도입되어 시행되고 있지만 북한에서는 여건상 아직 미입한 제도라고 할 수 있다. 그러나 북한을 하루 빨리 남한 수준의 경제로 끌어올리기 위한 북한 주민들의 열의와 노력은 대단하다. 그들은 생산력을 조속히 증가시켜 그에 따른 과실을 기본소득으로서 분배하여 자신들도 머지않은 장래에 남한 주민 수준의 생활의 안정과 자유를 누릴 수 있도록 하기 위해 모든 노력을 경주하고 있다.

기본소득

기 자 우선 기본소득에 관해 전반적인 소개를 부탁드립니다.

강규석 기본소득은 조건 없이 국가나 지자체가 개인에게 정기적으로 지급하는 일정 금액의 현금을 말합니다. 금액이나 지급 단위, 재원충당 방법 등에 있어 구체적으로 다양한 형태를 띨 수는 있으나 기본적 뼈대는 자산 조사 없이 그리고 근로 여부와 관계없이 무조건적으로 개인에게 일정 소득을 정기적으로 지급하는 것입니다. 기본소득을 주장하는 사람들은 이를 21세기의 가장 큰 혁명이라고 말합니다. 19세기의 노예해방, 20세기의 보통선거의 실시와 견줄 수 있는, 인간의 자유와 평등을 고양시킨 21세기의 최대 업적이라 보는 것입니다. 남한에서의 기본소득의 실시는 이러한 의의에 걸맞은 획기적 사건이었습니다. 기본소득의 시행을 두고 수많은 논의와 정쟁이 있었지만 세계적인 흐름과 국내의 개혁적 분위기에 따라 우여곡절 끝에 도입이 결정되었습니다. 기존의 복지정책으로는 시대적 요구에 부응할 수 없는 한계에 직면하게 된 결과입니다. 사회는 탈근대로 진입하고 있는데 경제적으로는 아직도 신자유주의가 횡행하는 상태에서 개개인의 사회경제적 여건이 매우 다양해진 동시에 극도로 불안정해졌습니다. 그에 따라 복지정책도 복잡해지고 비용도 과다하게 증가하게 되었고 정책적으로 보호받지 못하는 사각지대에 속하는 자들의 불만도 날로 증가하고 있었습니다. 즉 제도가 사회구조의 변화를 따라갈 수 없는 지경에 이르자 복지국가의 이념이 뿌리부터 흔들리게 되었던 것입니다. 이런 사정을 배경으로 하여 단순하고 명료한 기본소득이 이러한 사회변화에 부합하는 제도라는 인식이 점차 확대되고 마침내 다수 국민들의 지지를 얻어 시행되기에 이르렀던 것입니다.

기 자 획기적 사건이라고 말씀하셨듯이 기본소득이 시행되고 나서 남한 사회에 커다란 변화가 있었죠?

강규석 네, 그렇습니다. 가장 큰 변화는 역시 사회 전체적으로 자유와 평등이 확대된 것을 들 수 있습니다. 일정한 소득이 보장됨으로써 자아실현을 위한 기회가 확대됐고 인간을 경제적으로 얽어매려는 시도가 급격히 감소했습니다. 특히 기업의 고용에 있어서 그 동안은 차별을 당하면서도 감내해야 했던 노동자들에게 사용자와의 계약 과정에서 협상력이 증대된 것이 가장 눈에 띄는 변화라고 할 수 있겠습니다. 기본소득은 경제민주화를 통한 정의사회의 실현에 지대한 역할을 했습니다.

기 자 이제 구체적으로 본격적인 질문을 드리겠습니다. 기본소득은 왜 실시해야 하는지의 당위 내지 필요성의 측면과 필요하다면 그것이 실현 가능한지의 가능성의 측면, 크게 두 가지로 나누어 생각해 볼 수 있을 것 같습니다. 우선은 왜 이 제도기 필요했는지부터 시작해 보겠습니다. 이 제도는 왜 실시하게 되었습니까?

강규석 기본소득을 실시해야 할 이유는 철학적, 윤리적 당위로서뿐만 아니라 오늘날과 같은 시대적 상황에 직면하여 경제적으로도 여러 가지를 들 수 있습니다. 가장 근본적으로는 인간 존재에 대한 관점의 변화에 따른 기본소득 도입의 당위성을 들 수 있겠습니다. 인간은 존재 자체만으로도 가치를 지니며 경제적으로도 생산 과정에 어떤 의미로든 기여하고 있다고 보는 생각이 확대된 결과입니다. 우리 들뢰즈 경제학의 기본 관점이기도 합니다.

기 자 언뜻 이해하기가 쉽지 않군요. 왜 노숙자나 중증장애인과 같이 겉으로 보기에 생산에 참여하지 않는 사람들에게까지 기본소득을 지급해야 하나요? 이들에게 약자보호의 차원에서 복지를 확대하는 것은 이해가 되지만 기본소득 지급의 당위성은 인정되기가 곤란하지 않습니까? 기본소득에 대한 가장 큰 거부감은 일도 안 하는 사람들에게까지 소득을 분배해 준다는 것 아닙니까? 사람들의 나태함을 유발할 염려는 없습니까?

강규석 그들도 우리 모두가 상호 작용한 사회적, 역사적 결과라는 것을 인식하는 것이 중요합니다. 선천적 장애인의 경우는 자연적이고 환경적인 상호작용의 결과가 덧붙여진 것이라고 할 수 있겠죠. 우리의 인식은 인간과 자연, 의식과 무의식, 현실과 잠재의 모든 구분을 초월하는 포괄적 기반 위에 있습니다. 그것이 우리 들뢰즈 경제학파의 기본 시각입니다. 우리 사회는 톱니바퀴처럼 얽혀 있다고 자주 말하는데 그 정도로는 부족하고 무한한 연속선상의 네트워크 속에서 식별 불가능할 정도로 촘촘히 뒤엉켜 있다고 하는 것이 더 정확한 표현일 것입니다. 이런 관계는 네트워크 기술이 발달할수록 더욱 심화될 것이 분명합니다. 기본적으로 우리는 탈근대적 사상의 기본 시각인 관계론에 기초하여 개인을 바라봐야 합니다. 이는 들뢰즈의 내재성의 철학의 중심 테제이기도 합니다. 개인으로서의 나라는 존재는 홀로 존립할 수 있는 실체나 고립된 개체가 아닙니다. 나의 행위 또한 나만의 행위가 아니라 세계 전체가 그 행위에 동시적으로 함께 관여함으로써 이루어진다는 점을 깨달아야 합니다. 사회가 복잡해질수록 그런 경향은 더욱 커질 것입니다. 이러한 관점에서 모든 사회적 결과는 그 원인이 어느 한 개인에게 전적으로 귀속될 수 없습니다. 우리 모두가 상호 작용한 결과인 것입니다. 노숙자가 노숙자가 되고 장애인이 장애인이 된 것, 선천적 장애인으로 태어난 것도 마찬가지입니다. 그것은 정확한 인과관계는 따지기 불가능하지만 우리 모두가 서로 관계를 맺고 작용한 결괍니다. 그 영향의 멀고 가까움은 있으나 그것은 틀림없는 사실입니다. 그것을 증명하기는 어렵지만 반증하기는 더 어렵습니다. 우리가 자본주의의 승자독식을 비판하고, 소득세 등의 징세와 누진세를 주장하는 것도 다 이러한 시각에 기초를 두고 있는 것입니다. 정리하자면 우리 인간은 모두 사회적 작용의 영향 하에 있으며 또한 어떤 형태로든 경제적 부의 생산에도 나름대로 기여하고 있다고 볼 수 있습니다. 생산, 유통, 소비의 경제적 과정에서 우리 모두는 다른 모두로부터 영향을 주고받을 수밖에 없는 것입니다.

　이러한 역사적, 사회경제적 상호연관성에 대해 그럼에도 아직 납득할 수 없다는 분들을 위해 또 다른 측면에서 생각해 보도록 합시다. 우리 모두는 이 세계에 원래부터 존재하는 모든 것들에 대해 권리가 있다고 할 수 있습니다. 예를 들어 공유자원 혹은 공통재라고 불리는 것들인데요. 공기나 물은 물론이고 토지를 비롯한 천연자원, 그리고 언어와 문자 등의 인류의 축적된 지식 같은 것을 들 수 있습니다. 과학과 기술이 발달할수록 이러한 자원이나 재화는 더 많아지는데 전파나 주파수가 대표적인 예가 될 것입니다. 그리고 사회가 발근대로 진입할수록 임금노동에 포함되지 않는 인간의 활동과 불특정 다수의 사람들의 협력으로 성과물이 생산되는 경우가 많아지고 있습니다. 이러한 사회구조 하에서는 공유재나 공통재의 사회적 생산이 많아질 수밖에 없으며 이러한 것들을 사적으로 이용해서 이익을 얻는다면 그 이익의 일부를 사회로 환원하여야 하는 것은 당연하다고 할 수 있습니다. 따라서 여기에서 나오는 이득을 기본소득의 일부로 분배할 근거가 충분히 생기는 것이죠.

　이러한 사고가 이론적으로도 정착돼 가고 있습니다. 그 중의 하나가 이른바 지식유산이론이라는 것인데요, 이 이론의 주된 내용은 지식경제가 심화할수록 개인의 소득증대와 경제성장에 있어 역사적으로 누적되어 온 지식과 사회적, 공공적 요인의 기여가 더욱더 커진다는 것입니다. 지식유산론은 사회와 공공 부문이 경제의 성장과 개인의 부의 축적에 얼마나 큰 기여를 하고 있는지를 설득력 있게 보여 줍니다. "오늘날 모든 부의 압도적 원천인 지식은 우리 자신의 노력을 하나도 거치지 않은 채 우리에게 그냥 다가온 것들"이라 할 수 있습니다(『독식비판 : 지식경제시대의 부와 분배(Unjust

Deserts : How the Rich Are Taking Our Common Inheritance)』가 알페로비츠/루 데일리, 2008, 한국어판: 원용찬 옮김, 민음사, 2011, p17). 지식유산론은 "과거의 축적된 지식을 공동 유산으로 취급해야만 한다."고 주장합니다(앞의 책 p169). 한 개인의 업적으로 당연히 평가받는 것도 엄밀히 따지면 과거와 현재의 수많은 사회구성원들의 지원에 힘입은 것으로 볼 수 있습니다. 지식경제의 성향이 더욱 불거지는 현대의 상황에서 갈수록 부의 형성에서 개인적 요소는 사회적 요소에 비하면 보잘것없게 될 것이 확실합니다.

지식유산론에 의하면 "오늘날 우리가 향유하는 부는 주로 과거의 선물이기 때문에, 그리고 어느 개인도 과거의 선물과 비교해 아주 적은 양밖에 기여하지 못했기 때문에, 전체로서 사회는 유산으로 상속받은 지식 덕분에 현재 창조되고 있는 부의 일정 부분에 대해서 일차적인 도덕적 청구권을 갖는다"(앞의 책 p139)는 결론이 도출됩니다. "유산으로 받은 지식이 우리 시대가 향유하는 부와 소득의 근본 원천"(앞의 책 p164)입니다. 따라서 "현재의 부와 소득의 상당 부분은 사회의 모든 구성원들에게 평등하게 재분배되거나 적어도 평등을 확산시키도록 촉진하는 데 쓰여야 합니다."(앞의 책 p165) 지식유산론은 "사회의 모든 구성원들은 동등하게 과거 세대가 유산으로 물려준 기여분에 대해서 잔여 청구권자가 되어야만 하며, 이러한 과거의 기여도는 사적 부에 대한 사회적 청구권을 의미 있게 할 정도로 충분한 규모"라고 주장합니다. 게다가 "사회적 청구권의 도덕적 기초는 우리가 지식 기반 성장의 궤도로 더욱 진입해 감에 따라 점점 더 강화된다."는 점도 강조합니다(앞의 책 pp189~190). 결론적으로 현대사회에서 누진적 과세와 부유세와 같은 조세제도의 정당성은 더욱 커질 것이며 기본소득의 사회 전체 구성원의 권리로서의 성격도 점점 더 커진다고 할 수 있습니다. 기본소득은 약자보호와 같은 것을 명분으로 하는 시혜가 아니라 사회 구성원 모두의 권리로 보아야 한다는 주장이 더욱 설득력이 커지고 있습니다.

이러한 인식과 함께 서서히 일과 노동에 대한 관점도 바뀌게 되었습니다. 기본소득의 정신은 노동만이 가치를 창조한다는 노동가치설과는 거리가 있습니다. 자본주의적 임금노동 외에도 아직 화폐화나 시장화가 되지 않은 필요한 사회적 노동이나 개인의 자유로운 행동에도 가치 창조의 능력을 인정하는 것입니다. 기본소득은 이러한 활동에도 가치를 부여함으로써 새로운 사회의 발전을 이루려는 탈근대 사상에 부합하는 소득분배 장치라고 할 수 있습니다. 이러한 관점은 기존의 GDP 중심의 성장론에서 점차 벗어나는 추세와 일치하는 것입니다. 그러나 기본소득의 도입은 GDP의 측면에서 보더라도 결코 불리하지 않은 성장을 가져올 수 있습니다.

그 동안의 실제 결과를 보면 사회적으로도 경제적으로도 아주 양호한 결과가 나타났습니다. 일부 부작용도 없지 않았지만 개인의 선택 가능성을 높여 준다는 점에서 기본소득은 근본적으로 유용하다고 할 수 있습니다. 기본소득이 보장됨으로써 극소수의 사람이 노동을 포기하는 모습을 보이기도 했습니다. 그러나 대부분의 사람들은 기본소득에 만족하지 않았습니다. 기본소득이 생활의 안정은 어느 정도 보장해 주지만 자아실현을 위해 충분한 양이라고는 결코 말할 수 없습니다. 각자의 꿈을 실현하기 위해 사람들은 더 많은 소득이 필요하고 그러기 위해서는 어떤 식의 노동이건 해야 합니다. 그 결과 기본소득이 보장된 상태에서 노동시간이 단축된 다양한 형태의 노동의 수요와 공급이 증가했고 기존의 고용에 대해서는 영향이 미미해 고용률이 급격히 증가했습니다. 기본소득이 도입되면 게으른 무임승차자가 늘어나 고용이 악화될 것이라는 예상이 여지없이 빗나갔던 것입니다. 오히려 국민의 광범한 구매력의 증가로 인하여 경기변동의 영향이 줄어들고 기업들의 안정적인 매출이 가능해졌습니다. 사람들은 기본소득이라는 최소한의 보장이 이루어짐에 따라 자기계발, 취미생활, 봉사활동 등의 자기 적성에 맞는 일에 더욱 많은 역량을 투입할 수 있게 되고 이러한 부문의 발전이 여타 부문의 경제 활성화에도 도움이 되어 전체적인 경제의 규모도 커지는 선순환이 이루어지고 있습니다. 신자유주의가 주장하는 낙수효과는 실패했지만 기본소득의 보장으로 낙수효과의 정반대 현상인 분수효과가 나타나고 있는 것입니다. 이런 결과는 특히 기술발달로 노동생산성이 증가하고 노동수요가 감소함에 따라 고용 없는 성장이 큰 문제로 대두되는 상황에서 실업의 해소에 큰 도움이 되었습니다. 노동시간 단축, 일자리 나누기 등의 효과를 가져옴과 동시에 기본소득이 지속 가능하고도 안정적인 새로운 산업부문을 다수 창출하여 고용의 증가에 크게 기여한 것입니다. 따라서 기본소득이 성장에 저해가 될 것이라는 생각은 기우에 불과합니다. 반대로 안정적인 성장을 가져오는 데 크게 기여하고 있습니다. 이상과 같은 탈근대적인 노동관과 경제관, 그리고 그에 따른 결과가 기본소득 도입의 정당성을 더욱 강화시켜 주고 있습니다.

기 자 기본소득이 경제적으로도 왜 필요한지 대략적으로 설명해 주셨는데요, 기본소득이 자본주의적 경제성장에 도움이 된다는 것을 좀 더 자세히 설명해 주시겠습니까? 흥미로운 현상이 아닐 수 없습니다.

강규석 직관적으로도 금방 이해할 수 있습니다. 기본소득은 그 실행의 정당성 여부를 떠나 실제적으로 매우 강력한 소득분배의 수단입니다. 소득이 골고루 분배될수록 성장에 도움이 되는 것은 확실한 사실입니다. 소득이 커질수록 소비성향은 작아지기 때문이죠. 고소득층보다 소비성향이 상대적으로 더 큰 저소득층은 소득의 많은 비중을 소비에 충당할 수밖에 없습니다. 따라서 소득이 저소득층으로 흘러들어 갈수록 유효수요는 더 커지고 생산도 더 증가하게 됩니다. 또한 부유층을 대상으로 하는 사치품보다 저소득층을 대상으로 하는 값싸고 질 좋은 생필품 생산의 증가를 가져와 건전한 내수 중심의 성장도 가능해집니다. 이는 다시 탄탄한 중산층의 확대를 가져오고 중산층의 안정화와 함께 유효수요의 기반이 더욱더 튼튼해지는 선순환 구조를 가져오게 되는 것입니다. 이러한 과정은 결국 대기업의 매출증가로 이어질 것이고 고소득층의 소득도 증가하게 되는 분수효과를 가져오게 됩니다. 기본소득은 여러 측면에서 그 필요성이 인정되지만 경제적 이상인 성장과 분배의 조화를 이루기 위해서도 매우 유용한 수단이 될 수 있습니다.

기 자 그렇군요. 교수님의 말씀을 들어 보니 기본소득은 철학적, 도덕적으로도 그렇고, 정치경제적으로도 필요성이 크다는 것을 알겠습니다. 이제 실행 가능성의 측면에서 질문을 드리겠습니다. 시행을 둘러싸고 실제로 저항은 없었습니까? 재원의 문제는 어떻게 해결했습니까? 재원조달이 가장 큰 문제였겠지요?

강규석 국내적으로 민주주의가 발전함에 따라 기본소득에 대한 홍보와 토론이 활성화되는 가운데 긍정적 인식이 퍼지고 마침내 기본소득 도입에 관한 컨센서스가 형성되기에 이르렀습니다. 세계적으로도 신자유주의 사조가 저물고 들뢰즈 사상을 비롯한 탈근대의 사조가 힘을 얻고 있는 상황이었기 때문에 저항은 당연히 있었지만 그리 큰 힘을 발휘하지는 못했습니다. 그리고 극심한 양극화로 인해 경제가 빈자뿐만 아니라 부자들에게도 점차 부담이 심해져 가는 상황이었기 때문에 분배를 위한 획기적인 조치가 필요하다는 공감대가 널리 퍼져 있었고, 그 덕분에 재원에 대한 문제도 의외로 어렵지 않게 해결될 수 있었습니다. 분수효과로 인해 오히려 자기들에 이득이 될 수 있다는 점을 고려한 결과 부자들의 대표라 할 수 있는 재벌들이 이를 수용함으로써 큰 저항 없이 도입될 수 있었던 것입니다. 관건은 돈 문제가 아니었습니다. 기득권자들을 불안하게 만든 것은 돈 문제보다는 자본과 노동 간 역학의 변화였습니다. 자본주의가 자본의 지배를 의미하는 것으로 이해하는 기득권 집단은 노동자를 자기들 마음대로 통제할 수 없게 될 가능성에 더 큰 저항감을 가지고 있었습니다. 자기들의 통제가 어려워짐으로써 자본주의가 위험해지는 것은 아닌가 하는 것입니다. 금전적으로 기본소득이 그들에게 큰 손해를 끼치지 않을 것이라는 것은 그들도 잘 알고 있었습니다. 문제는 미래에도 자기들의 기득권이 존속될 수 있는가 하는 것입니다. 그러나 오해하지 말아야 할 것은 기본소득은 사회주의를 표방하는 제도가 아니라는 점입니다. 사회주의는 생산수단의 공유가 확립되어 기본소득 자체가 필요 없는 체제입니다. 기본소득을 징검다리로 하여 자본주의를 새로운 대안 사회로 이끌려는 생각을 가진 사람들이 있는 것은 사실입니다. 그러나 기본소득이 필연적으로 자본주의를 대체하는 체제로 이끌게 되는 것은 아닙니다. 오히려 자본주의를 건전화하여 더 지속 가능한 자본주의로 만들려는 생각을 가진 이들이 많습니다. 앞서 말한 바와 같이 기본소득은 자본주의 발전에 선순환을 가져오는 역할을 합니다. 건전한 보수를 표방하는 많은 기업가들이나 학자들도 기본소득의 도입을 선도적으로 주장한 바 있습니다. 일부의 수구적인 기득권자들만이 아직도 탐탁지 않게 여기고 있을 뿐입니다.

기본소득 재원에 대해 얘기해 보죠. 기본소득 재원 마련을 위해 조세제도의 전반적인 개혁이 단행됐습니다. 우선 부유세가 도입되었습니다. 자본주의가 지속 가능하기 위해서는 자본의 지배가 아니라 자본에 대하여 안정적이고 지속 가능한 이윤이 보장되는 것이 핵심이라는 들뢰즈의 경제사상이 널리 퍼짐에 따라 부유세에 대한 합의가 순조롭게 이루어졌습니다. 부유세는 신자유주의 하에서의 극심한 부의 양극화가 자본주의에 대한 심각한 위협이 된다는 것을 목도한 상황에서 선진국을 중심으로 이제는 보편적인 세제로 자리잡았습니다.

그리고 자본거래세가 도입되었습니다. 잔여수익분배청구권의 도입에 의해 노동자도 지분에 대한 관심이 높아지고 국제간의 자본거래 기술의 발달로 말미암아 주식시장이 활성화되고 자본거래의 규모가 엄청나게 증가하고 있습니다. 그 결과 투기적 자본거래에 대한 규제가 필요하다는 공감대가 형성되었고 그런 생각과 더불어 기본소득의 재원을 마련하기 위해 자본거래에 대한 과세가 이루어졌습니다. 그 징세액도 어마어마하여 기본소득 시행에 재정적으로 막대한 도움이 되었습니다.

그 외에도 부동산에 관한 조세를 강화하고 환경보전의 인식이 널리 확대됨에 따라 탄소세를 중심으로 하는 환경세가 도입되어 기본소득 재원의 일부를 담당하고 있습니다. 또한 정보통신기술의 발전과 적절한 유인책의 시행으로 지하경제의 양성화가 급속도로 이루어져 세원의 확대로 인한 재원 마련도 가능했습니다. 물론 기존의 복지재정의 대부분이 기본소득으로 전용된 것이 가장 큰 부분을 차지합니다만, 이러한 과정을 밟으며 부가가치세와 같은 간접세에 변동을 주지 않으면서도 기본소득의 재원 마련이 가능했습니다.

전 국가적으로 시행된 것은 10여 년 전이지만 그 전부터 이미 지자체 단위로 점차적으로 시행되어 온 것이 시행착오를 줄이는 데 크게 도움이 되었습니다. 재원의 마련도 그에 따라 서서히 확대되는 과정을 거쳐 순조로이 진행될 수 있었습니다. 대체로 기본소득 액수의 추이는 일인당 국민소득의 약 5분의 1을 전후해서 이루어지고 있습니다. 이 정도의 액수는 국가적 합의로 충분히 가능합니다. 역시 중요한 것은 사람들의 인식과 의지입니다. 재정상의 문제로 기본소득의 추진이 어렵다는 것은 말이 되지 않습니다. 재정 문제는 기본소득을 거부할 명목이 될 수 없습니다.

기 자 인식과 의지가 중요하다는 말씀이 가슴에 팍 꽂히는군요. 기본소득의 도입으로 남한에서 구체적으로 어떤 변화가 일어났는지 더 자세히 알고 싶습니다.

강규석 자아실현, 들뢰즈 식으로 말하면 참된 욕망의 정립과 그 실현을 할 수 있는 일에 자신의 노력을 더 투입할 수 있게 된 것이 가장 큰 소득이라는 것은 앞서 언급한 바 있는데요, 이는 실로 자본주의사회에서의 혁명적 변화라고 할 수 있습니다. 조그마한 여유의 증가가 노동자들의 개별적 협상력을 증가시켜 경제민주화가 확실히 자리잡는 계기가 되었습니다. 인간의 해방과 사회의 실질적 자유민주화를 이루는 데 성큼 다가선 쾌거가 아닐 수 없습니다. 기본소득의 시행은 노동자로 하여금 자기계발에 더욱 매진할 수 있도록 하여 고급 노동자들이 요구할 수 있는 잔여수익분배청구권을 도입하는 기업이 급격히 증가했고 그렇지 않은 기업도 임금상승과 작업환경의 개선을 가져왔습니다. 그 결과 경제 전체의 수준이 질적으로 괄목할 만한 상승을 이루게 되었습니다. 이로써 금세기 초까지 선진화에 뒤쳐져 있던 한국이 일거에 경제를 선도하는 입장에 서게 되었습니다. 기본소득을 전면적으로 도입한 한국 등의 사례가 많은 여타 국가들의 전범이 되어 세계적인 경제 문제의 해결에 거스를 수 없는 흐름으로 작용하고 있습니다. 궁극적으로 21세기 기술발전에 따른 고용 없는 성장으로 딜레마에 빠져 있는 현대자본주의의 최대 난점을 해결하는 데 기본소득이 돌파구 역할을 하고 있습니다. 자본주의의 지속적 발전을 위한 필수적 제도가 된 것입니다.

경제의 민주화뿐만 아니라 기본소득은 사회 각 영역에서의 자유와 평등을 증진시키는 데도 큰 기여를 했습니다. 개개인의 경제적 자립 가능성이 각자의 정치적 자유와 평등에도 크게 영향을 미친 것이고, 특히 사회의 뿌리인 가정에도 큰 변화를 가져왔습니다. 소득이 개별적으로 지급됨으로써 여성과 미성년자의 지위가 크게 향상되었습니다. 여성의 경제적 상황이 기본소득으로 안정되고 자기가 원하는 시간에 일을 할 수 있는 직장 구조가 많이 생김으로써 육아의 편의도 개선되어 미혼모의 지위도 안정되는 결과를 가져왔습니다. 따라서 버려지는 아이도 급감하여 고아수출국이라는 불명예도 사라지게 됐습니다. 아동의 복지도 실질적으로 크게 개선된 것입니다. 일부의 학자는 기본소득의 개별적 지급이 노동을 필요로 하지 않는 여성을 집안으로 가두게 되어 오히려 성적 역할을 고착화시킬 것이라는 주장을 하기도 했는데 여성의 자기주장이 강해지고 물적 독립성이 강화됨으로써 그러한 현상은 거의 나타나지 않았습니다. 기본소득은 성 평등과 아동의 권리를 강화하여 이제 한국에서는 가부장적 요소가 자취를 감추게 됐습니다. 실로 기본소득은 21세기의 가장 큰 혁명적 업적이라고 하는 주장이 허언이 아니라는 것을 남한의 현실이 증명해 주고 있습니다.

이처럼 사회가 민주화되고 위계적 관습이 사라지고 또 물질적 발전이 극에 달하고 경제적 생활이 안정됨에 따라 사람들이 이제는 물질적 생활의 증가나 발전보다는 가치중심적인 생활에 점점 더 큰 관심을 가지는 경향이 나타나고 있습니다. 자본의 지배와 물신숭배는 사라지고 사람들은 각자의 삶을 의미 있고 가치 있게 영위하는 데 더욱 큰 관심을 쏟고 있습니다. 착한 자본주의가 실현됨에 따라 부에 대한 공정한 경쟁, 그리고 그에 뒤따르는 성공한 부에 대한 진정한 존중도 이루어지고 있습니다. 그러나 부의 축적은 수많은 생활패턴 중의 하나일 뿐입니다. 자신의 능력과 적성과 선호와 취향에 기초하여 다양한 삶의 양식을 개척해 나가는 데 사람들은 시간과 노력을 집중하고 있습니다. 이러한 경향이 증가함에 따라 궁극적으로는 모든 사람이 철학자, 예술가, 과학자가 되는 시대가 도래하리라 기대됩니다. 소수의 부유한 자본가와 철학적, 예술적, 과학적 소양을 갖춘 다수의 유복한 시민들이 공존하는 사회가 이루어질 것입니다.

기 자 그렇게 많은 장점에도 불구하고 앞으로 기본소득의 규모가 생활의 안정을 가져다줄 정도로 충분하게 된다면 아무리 생각해도 무임승차하려는 사람들이 지금보다는 많아질 것 같은데요.

강규석 그렇게 생각할 여지도 있겠죠. 더구나 기본소득제가 기반을 잡아 가고 그 효과가 드러나면서 기본소득의 액수를 증가하여야 한다는 주장이 무성하자 그에 반대되는 의견을 가진 언론매체가 그런 예측 보도를 꾸준히 내보내고 있기도 합니다. 그러나 우리는 일부 기득권자들의 여론 조작에 흔들리면 안 됩니다. 여기서 분명히 해 두어야 할 것은 완전한 정책은 있을 수 없다는 것입니다. 한 사회의 구성원을 모두 다 완벽히 만족시키거나 부작용이 전혀 없는 정책은 있을 수 없습니다. 국가가 무조건적으로 금전을 지급한다면 노동을 하지 않으려는 사람이 생길 것이라는 예상은 누구나 할 수 있는 것입니다. 그러나 그 순효과는 이제까지 얘기한 것처럼 엄청납니다. 구성원들에게 평등한 자유를, 사회의 실질적 민주화를 가져올 수 있는 위대한 제도를 몇몇 빈둥거리는 자들을 유발할지도 모르는 역효과가 있을 수 있다는 이유로 그 가치를 폄하하는 것은 잘못되어도 한참 잘못된 것입니다.

실제로도 이제까지와 같이 앞으로도 그 부작용은 크지 않을 것입니다. 이는 조금만 생각해도 금방 알 수 있는 것입니다. 내가 사는 사회가 나의 존재를 확실히 보장해 준다는 믿음이 있다고 생각해 보십시오. 사람들이 얼마나 진취적이고 과감해지겠습니까? 사람들은 자신이 진지한 욕망을 실현시키기 위해 거침없이 도전할 것입니다. 실패를 두려워하지 않게 됩니다. 물론 분수를 모르고 과도하게 행동하다가 낭패를 보거나 더 크게는 파멸로 가는 경우도 있겠지만 그것은 인간사 어쩔 수 없는 것이지요. 기자님의 염려와는 반대로 오히려 기본소득 시행 초기에 일부 환경론자들로부터 이런 비판을 받고 했습니다. 기본소득으로 과소비가 일어나고 지나친 생산 욕구로 인하여 자연파괴가 더 심해질 수도 있다는 우려였습니다. 누구도 자신의 인생을 허비하고 싶어 하지 않습니다. 누구나 욕망과 의지와 내적 역량이 있습니다. 기회가 안 주어져서 실행을 못하는 것이 다반사죠. 기본적인 생활의 안정이 보장되면 빈둥거리며 무위도식하기보다는 누구나 진취적이고 도전적이 될 가능성이 더 큽니다. 자신의 욕망을 실현시키려는 욕망은 자연스런 것이니까요.

기 자 (약간 의기소침해져서) 그렇군요. 저 같은 기자도 발상의 전환이 시급하군요. 그런데 일과 관련해서 또 하나 의문이 있습니다. 기본소득이 도입되어 기본적인 생활의 안정이 이루어진다면 더럽고 힘들고 위험한 일을 아무도 하지 않으려 할 것 같은데요. 사회적으로 큰 혼란이 오지 않았습니까?

강규석 염려하지 않으셔도 됩니다. 그러한 일들에 대해서 가치의 재평가가 이루어지고 있습니다. 3D 직종에 대한 보상이 크게 증가했고, 기술발전과 사회적 인식의 변화로 깨끗하고 안전하고 힘을 덜 들이는 방향으로 대체되거나 업그레이드되어 3D 업종 자체가 현격히 줄어들고 있는 상황이기도 합니다. 그에 따라 오히려 높은 보상을 노리고 희귀해진 3D 업종에 취업을 하려는 사람들이 늘어나는 현상이 나타나고 있기도 합니다. 또한 사회 분위기 자체가 되도록이면 그러한 일들은 모두가 스스로 나눠서 하는 방향으로 바뀌고 있습니다. 내가 할 일은 내가 한다는 분위기가 증가하고 있는 것입니다. 사회의 근본적인 재조직화가 이루어지고 있는 중입니다. 인간적이고, 생태적, 친환경적이며 경제민주화가 뿌리내린 지속 가능한 자본주의가 공정한 분배와 선순환을 이루며 발전해 나갈 수 있는 토대가 구축되었다고 하겠습니다.

기 자 구체적으로 기업 조직과 고용 환경이 어떻게 변하고 있습니까?

강규석 기본소득이 시행됨에 따라 자주적인 노동자들이 자신들의 취향에 따라 다양한 형태의 기업을 설립하고 있습니다. 대부분의 대기업에서는 잔여수익분배청구권이 정착되어 노사간의 이해와 협력 하에 기업 운영이 민주화되었습니다. 그리고 중소기업 차원에서는 이미 정착된 협동조합 이외에 여러 실험적인 형태의 기업들이 성쇠를 거듭하고 있습니다. 게다가 3D프린팅, 3D메일 기술의 발달과 함께 독특한 아이디어로 무장한 1인 기업들도 속속 등장하고 있습니다. 기본소득이 받쳐 줌으로써 실패에 대한 두려움 없이 과감한 시도들이 이어지고 있는 것입니다.

기본소득의 시행으로 생활패턴의 혁명적 변화를 가져왔고 그에 따라 새로운 산업들도 등장했습니다. 자유로운 행동가들이 자연스레 자신들의 독특한 개성을 발휘할 기회가 많아지자 지식과 상상력을 생산수단으로 하는 지식정보산업이 크게 활성화되었습니다. 이러한 산업에서의 투자가 활성화되고 지적재산권이 철저히 보장됨에 따라 새로운 부의 창출 영역이 대규모로 확대되었습니다. 그리고 파트타임 산업이 급팽창했습니다. 기본소득의 정착으로 파트타임 업종이 발달하여 고용의 중요 부분을 담당하고 있습니다. 네트워크의 발달로 구직자와 구인자 간의 결합, 즉 잡맷칭(job matching)이 실시간으로 이루어집니다. 그리고 직업도서관제(job library)를 시행하여 책을 대출하듯이 대기자들이 파트타임 자리를 구하고 반납할 수 있는 전국적 시스템이 갖춰졌습니다.

기본소득이 정착되면서 궁극적으로 새로운 인간상의 탄생이라는 혁명이 이루어지고 있습니다. 누구나 철학자, 예술가, 과학자가 될 수 있습니다. 누구나 사유할 수 있고, 창조할 수 있고, 누구나 지식의 공급자와 수요자가 될 수 있는 시대가 도래했습니다. 모든 사람이 문학, 음악, 미술, 연극, 영화, 스포츠, 방송, 비평, 3D 기반 제작 등의 각 분야에서 자기의 개성을 발휘하면서 문화 전반의 다종다양한 발전이 이루어지고 있습니다. 자연스럽게 교육 분야도 획기적으로 변화하고 있습니다. 전 생애에 걸쳐 언제 어디서든 누구나 가르칠 수 있고 누구나 배울 수 있습니다. 지식의 교환시장이 엄청나게 확대되고 있습니다. 누구나 문화의 창조자가 될 수 있고 그에 따른 창조적 산업의 개척도 가능합니다. 세계는 지금 그야말로 인간의 해방, 새로운 인간의 탄생이라는 혁명의 와중에 있습니다.

다시 경제학부 강의실. 강규석이 강의를 하고 있다.

경제민주화와 잔여수익분배청구권

강규석 오늘은 들뢰즈 경제학이 지향하는 경제민주화에 대해 알아보기로 하겠다. 민주주의는 간단히 말해 어떤 집단의 구성원이 주인의 역할을 하여야 한다는 것인데, 주인으로서 산다는 것을 좀 더 형식을 갖추어 말한다면 자기운명에 영향을 미치는 문제에 대하여 자기가 결정할 권리를 가지는 것이라고 할 수 있다. 책임부담자 또는 결과를 감당할 자가 의사결정의 권한을 가져야 한다는 것이다. 민주주의에 대한 더 자세한 논의는 정치학을 공부할 때 하기로 하고 여기서는 이러한 민주주의의 정의를 전제로 하여 경제민주화를 논의해 보려 한다. 경제민주화는 따라서 경제 부문에 있어서 구성원의 자기운명결정권의 보장을 의미하며 필연적으로 각 경제 조직들에서의 노동자들의 경영에 대한 참가 형태가 중심적 내용이 된다. 물론 국가 전체적이고 산업적인 더 넓은 차원에서 보면 대기업과 중소기업의 관계, 독과점의 문제와 같은 것들도 경제민주화의 주된 과제에 속한다고 할 수 있다. 그러나 이러한 것들은 시장거래의 공정성, 정부의 개입과 규제 등 정치·사회적 문제들과 관련된 복합적이고 포괄적인 민주화의 문제라 할 수 있다. 정부의 역할에 대해서는 앞에서 이미 논의했다. 우리는 여기서 경제민주화를 좁은 의미로 보아 기업 또는 직장민주화, 공장 또는 작업장민주화에 한정해서 논의할 것이다. 어떤 차원에서든 경제민주화는 실질적인 자유민주주의의 확립에 있어 핵심적 역할을 한다. 경제민주화가 빠진 민주주의는 앙꼬 없는 찐빵과 같다.

노동자생산협동조합 같이 노동자들 혹은 그 대표가 경영까지도 맡아 실행하는 노동자의 경영지배 형태 외에 노동자가 경영에 참가하는 형태는 이익참가, 자본참가, 의사결정참가 등으로 나눌 수 있고 이들 유형들이 혼합된 형태도 얼마든지 가능하다. 들뢰즈는 우리에게 어떤 전형적인 틀을 강요하지 않는다. 경제 부문에 있어서도 들뢰즈 철학에 기반한 자유민주주의의 신념에 투철하면 된다. 기본소득이 도입된 상태에서 어떤 조직을 구성할지, 조직 내에서 어떤 참가 유형을 이루어 낼지 등은 모두 각자의 선택에 달린 문제다. 이 과정에서 자본가와 노동자의 분리가 무의미해지고 있다. 그리고 경영자에 대한 시각도 전반적이고 포괄적인 분야에 대해 능통한 하나의 전문 노동자(general-specialist)일 뿐이라는 생각이 강해지고 있다. 자본가, 경영자, 노동자의 구분이 전반적으로 모호해지고 각자의 역할이 중첩되는 현상이 나타나고 있는 것이다. 생산자들이 아무 생각 없이 자본출자자의 지휘를 받으며 임금만을 목표로 노동을 제공하는 전형적 자본가기업도 노동자들은 선택할 수 있다. 자본의 소유나 경영참가의 책임 부담은 지지 않은 채 안정적인 임금채권만을 선택할 수도 있는 것이다. 사회 전반의 민주화가 이루어진 상태라면 이러한 기업도 크게 문제가 될 소지는 없다. 다른 모든 분야의 민주화와 마찬가지로 경제의 민주화에 있어서도 정보의 투명화가 관건이다. 중요한 것은 지속적으로 조직을 투명하게 유지하려는 각 구성원들의 신념과 노력, 그리고 제도적 뒷받침이다. 경제외적인 차원에서의 끊임없는 민주화의 노력과 함께 각 조직에서의 민주화의 노력이 지속적으로 유지된다면 경제민주화는 꽃을 피울 수 있다. 그 속에서 각 개인은 경제적 삶을 꾸려가는 데 있어 다양한 선택의 자유와 창조적 생산의 기쁨을 누릴 수 있을 것이다.

　구체적으로 들어가 보면,

......

　이제 이 시간의 마지막 주제로 노동자 경영참가의 기초가 될 수 있는 잔여수익분배청구권을 논의해 보기로 하자. 잔여수익분배청구권은 잔수권이라고 줄여 말하기도 하는데 이 제도의 실행으로 자본가와 노동자 간의 협력이 증진되고 더 나아가 양자간의 구분이 무의미해지는 중요한 결과를 가져왔다.

　잔여수익분배청구권은 기업 수익에서 전체 비용을 제외한 잔여수익에 대하여 기업 구성원 모두가 분배를 청구할 수 있는 권리다. 사내유보나 R&D 연구비의 책정, 자본과 노동에 할당될 비율 등은 모두 자본가와 노동자 양자의 협력으로 결정된다. 협력을 위해 정보가 투명하게 공개되는 것은 물론이다. 물가에 연동하여 구성원들에게 지급하는 생활비 개념의 기본임금을 제외하면 전체 비용에서 임금이라는 비용 항목은 사라지게 된다. 기본임금은 평균적인 라이프사이클을 기초로 하여 산출된 액수가 연령대에 따라 모든 구성원에게 지급되기 때문에 임금상승을 위한 노사간 단체교섭이나 투쟁 같은 것은 처음부터 문제될 여지가 없다. 그동안 주류 경제학은 노동하는 인간을 자원이나 기계와 같이 생산요소의 하나로 취급하여 생산주체로서보다는 관리의 대상으로 간주함으로써 기업에서 자본가의 지배를 인정해 왔다. 기본적으로 사람을 주체가 아닌 하나의 대상으로 보는 데서 학문상의 오류, 계급 간의 갈등을 근원적으로 배태하고 있는 것이다. 그러나 잔수권제도는 노동자를 자본가나 기업가와 똑같은 주체로서 인정하는 시각을 가지는 들뢰즈주의 경제학의 대표적 정책 중 하나다. 자본주의를 경제주체 간의 상호작용에 의한 내재적 발전 과정의 체제로 보는 들뢰즈 경제학에서 보상체계의 중심에 위치하고 있는 것이 잔여수익분배청구권이다.

잔여수익분배청구권을 채택한 기업은 자본가와 노동자 간의 진정한 파트너십을 이룰 수 있다. 아니 자본가나 노동자와 같은 계급의 구분 자체가 모호해질 수 있다. 전형적인 탈근대적 흐름이라고 할 수 있다. 경영에 참여하는 자본가도 가치를 창출하는 노동자로 인정되고 노동자도 기업의 지분을 취득한 자본가가 될 수 있다. 잔수권을 가진 기업의 구성원들은 누구나 주인으로서 행세할 수 있고 기업민주주의, 직장민주주의 혹은 작업장민주주의는 저절로 달성될 수 있다. 기업의 효율도 모두가 주인으로서 참여하는 조직이니 만큼 크게 고양될 수 있다.

학 생 그동안 기업민주화를 위한 방안이 많이 실행된 것으로 알고 있습니다. 종업원지주제라든가 생산자협동조합이라든가 하는 것들이 있었는데 남한에서도 전사회적으로 확대되지는 못했죠. 잔여수익분배청구권이 기업민주화에 철저하고 효율성도 제고할 수 있는 좋은 제도라면 법으로 강제되지 않은 이유는 무엇입니까?

강규석 종업원지주제도 잔수권제와 비슷한 취지를 가진다고 할 수 있지만 기업민주화로서 철저하지 못해 직원들의 적극적인 참여를 유도하는 데 한계가 있었다. 생산자협동조합 같은 조합 형태는 구성원들의 완전한 지배 형태로서 기업의 민주화에 가장 철저한 제도라고 볼 수 있는 것으로 지금 남한 경제의 많은 부분을 차지하고 있다. 하지만 조합 형태는 자본주의와는 어울리지 않는 형태로서 자본주의 형태라고 할 수 있는 잔수권제와 경합 중에 있다. 구성원들의 비전과 취향에 따라 양 제도는 더욱 발전해 갈 것으로 예상된다. 모든 것이 구성원들의 선택에 달려 있다. 양 제도의 경합은 사회의 다양성과 건전성을 대변해 주고 있다. 법으로 강제할 필요가 없다. 사회가 민주화될수록 구성원들의 자율적인 결정이 더 유익하다고 보기 때문이다.

　최초의 잔여수익분배청구권의 도입은 소수 선구적인 기업들에 의해 자발적으로 이루어졌다. 자본주의의 계급 대립의 속성을 벗어나고자 하는 노력으로 이루어진 것인데 탈근대라는 개념에 대한 인식도 없이 스스로 각성한 주체들에 의해 자연스레 일이 수행된 결과다. 잔여수익분배청구권은 주인이 되고자 하는 각 주체들에 의해 요구되는 것으로 기업 규모가 너무 작거나 기업의 사업내용이 단순하고 기계적인 경우는 적절하지 않다고 할 수 있다. 또한 초기에 비민주적인 소수 재벌기업들에 의해 배격되기도 한 바 있다. 그러나 그 유효성이 서서히 입증이 되고 기업민주주의를 핵심으로 하는 경제민주화의 압력이 고조되어 감에 따라 전사회적으로 확산된 것이다. 한편으로는 잔여수익분배청구권을 법제화하여 모든 기업에 의무적으로 실시케 하는 방안도 제시된 적이 있었다. 그러나 대통령을 위시한 잔수권 지지 세력은 이미 그 제도의 실효성을 인지하고 있었기 때문에 강제하는 방법을 쓰지 않더라도 사회적으로 널리 확산될 것이라는 확신이 있었기에 법제화하지는 않았다. 그리고 그것이 옳았다는 것이 확인되었다.

　학 생　잔여수익분배청구권이 있는 조직은 정리해고가 없는 것으로 알고 있는데요, 실업문제 해결에 많은 도움이 됐죠?

　강규석　물론이다. 잔여수익분배청구권을 도입한 기업은 망할 수는 있어도 경기 상황에 따른 해고는 없다. 효율성의 증가 외에도 잔수권제의 가장 중요한 장점 중의 하나가 경기변동에 대한 적응력이 강하다는 것이다. 저성장이 당연시되고 성장 담론 자체가 소멸되어 가는 시점에서 안정적인 고용을 유지할 수 있는 잔수권제를 채택하는 기업이 많아졌고 그럴수록 거시적인 실업 문제에도 적절히 대응할 수 있게 되었다. 기업이 어려울 때는 구성원들 모두가 기업의 운명과 자신의 운명을 같이 봄으로써 기업 회생의 노력이 더 증가하여 파산의 가능성도 최소화할 수 있었다. 그럼에도 정부는 기본소득마저 도입하여 기업 파산이 증가할 가능성에도 대비하고 있다.

하 새 잔여수익분배청구권의 확대와 디볼이 기본소득제의 병행 실시는 매우 탁월한 선택이었다고 봅니다. 남한의 경제정책이 장기적으로 성공을 거둔 데는 이 두 가지 제도가 큰 역할을 했다고 생각합니다.

강규석 잘 보았다. 남한 정부의 경제정책의 사상적 배경이 된 것이 들뢰즈 경제학이다. 경제주체들의 자발적인 의지의 결과물로 발생한 잔여수익분배청구권을 지원하고, 급격한 경기변동 시 발생할 수 있는 경제의 불안정을 차단하고 무리 없이 경제의 회복을 가져올 수 있는 기본소득제도를 도입하는 것은 들뢰즈 경제학이 득세하고 있던 남한에서는 필연적인 정책적 선택이 될 수밖에 없었다. 잔여수익분배청구권과 기본소득이 결합됨으로써 경기변동에 대한 자동안정화장치가 잘 구비되어 구조조정이 부담 없이 수시로 이루어지게 된다. 그만큼 경제의 효율성이 제고되는 것이다. 대마불사라는 말도 사라졌다. 아무리 큰 기업이라도 더 이상 존재이유가 없어지면 사회경제적으로 큰 부담 없이 해체될 수 있다. 일시적 충격이 있을 수도 있겠지만 곧바로 정상화가 가능하다. 두 제도와 더불어 직업교육과 창업교육 그리고 기업 정보 제공을 위한 인프라가 고도로 발달하여 순조로운 해결이 가능하게 되었다. 경기의 변동폭 자체가 작아지거나 경기변동에 대한 대책이 잘 수립되어 있다는 것은 우리의 경제생활이 더욱더 안정되고 미래에 대한 불확실성이 감소된다는 것을 뜻한다. 그에 따라 경제가 더욱 창의적이고 진취적으로 전개될 수 있는 바탕이 마련되었다. 들뢰즈 경제학이 목표로 하는 안정적이고 효율적인 경제가 바로 이런 것이다.

학 생 기본소득이나 기본임금 액수의 책정은 어떻게 이루어집니까?

강규석 그동안 축적된 빅데이터에 근거하여 매년 미세하게 조정되고 있다. 소비자들의 소비행태, 물가수준과 산업의 부문별 생산성 등을 기초로 하여 매년 갱신되는데 네트워크의 발달이라는 기술적 측면과 정보의 투명한 공개라는 제도적 측면이 잘 조화되어 그 정교함이 날로 더 커지고 있다.

학 생 그러한 시도들을 사회주의적 계획경제로 가는 현상이라고 비판하는 자들도 있는 것 같습니다.

강규석 한마디로 난센스다. 빅데이터는 시장경제의 작동의 결과로 나타나는 거대한 자료들을 집적한 것이다. 그것을 기초로 하여 시장의 효율적 운영을 위한 최소한의 가이드라인을 제시하는 것은 사회주의적 계획과는 거리가 멀다.

자본주의와 분열증

강규석 오늘부터 자본주의에 대한 들뢰즈와 가타리의 생각을 본격적으로 알아보려 한다. 들뢰즈/가타리의 자본주의 분석은 『안티 오이디푸스』를 근간으로 한다. 이 책은 정신분석 비판이라는 테마를 출발점으로 하여 무의식적 욕망과 분열증이라는 개념을 중심으로 자본주의에 대한 새로운 시각을 제시한다. 들뢰즈/가타리는 프로이트와 맑스를 통합하고자 한다. 그러나 이 통합은 사유의 역사에 거대한 전환을 가져온 이 두 위대한 인물의 사상을 철저히 비판하는 방식을 통해서 이루어진다. 그 결과 그들은 프로이트의 정신분석학과 맑스의 정치경제학을 종합하고 그것을 넘어서는 하나의 욕망경제학을 구축한다. 욕망을 오이디푸스 콤플렉스로 대변되는 가족의 표상에서 탈출시키고, 경제를 도처에서 작동하는 그 욕망을 기반으로 분석한다(유동 p160 참조). 들뢰즈/가타리의 분열분석의 일반적 원리가 욕망이 사회장을 구성한다는 것이었다(안오 p576 참조). "그 어떠한 경제적 요인도 욕망에 연결되어 있다."(유동 p161) 욕망경제학은 의식적이나 전의식적 수준의 현실적 이해관계에 좌우되는 욕망 혹은 욕구보다는 무의식에 의해 움직이는 잠재적 욕망을 더 중요시한다. 우노 구니이치는 "화폐가 바로 이러한 사회적 구성요소의 배후에 있는 욕망을 하나의 단위 하에서 모두 교환하고 순환시키는 기적적인 장치"라고 한다. "우리는 화폐에 의하여 욕망을 교환하고 있다."고 할 수 있다(유동 p161). "자본주의가 욕망의 경제이고 욕망의 교환이라고 한다면, 그 교환을 파괴하고 끊임없이 불균형을 초래하는 것도 욕망 그 자체다."(유동 p162) 욕망이 자본주의를 지배한다. 욕망은 자본주의를 촉진하기도 하고 위협하기도 한다. 『천 개의 고원』도 욕망의 개념을 배치로까지 확장하는 배치의 존재론을 기반으로 하여 자본주의체제의 욕망이라는 기계적 배치로서의 모습을 그리고 있다. 하지만 이 위대한 역작은 '자본주의와 분열증'이라는 그 부제에도 불구하고 자본주의

만을 대상으로 하는 책이 결코 아니다. 한마디로 세상의 모든 것을 대상으로 모든 것을 사유하고자 하는 책이다. 이 책에서 자본주의는 끊임없는 과정의 일부로서 하나의 배치 혹은 사건으로서의 지위를 가질 뿐이다. 반면에 『안티 오이디푸스』는 직접적으로 자본주의에 초점을 맞춘 들뢰즈와 가타리의 '자본론'이라고 할 수 있다.

학 생 선생님, 『안티 오이디푸스』를 대충 보면 저의 경제학적 상식으로는 도대체 이해가 안 되는 것이 많습니다. 들뢰즈의 철학과 사상을 어느 정도 공부한 저도 이 책은 너무나 낯설게 느껴집니다. 들뢰즈와 가타리의 결합이 이렇게 엄청난 것인지 잘 모르겠습니다. 들뢰즈와 가타리는 왜 정신분석 비판에 그토록 목을 매는 것입니까? 왜 자본주의를 분석하면서 정신분석에 대립하는 분열분석이 필요한 것입니까? 도대체 정신병, 신경증, 편집증, 분열증 같은 정신의학적 용어들이 자본주의와 무슨 상관이 있는 것인지 모르겠습니다. 케인즈도 경제에서 심리적 요소가 중요하다는 것을 강조한 바가 있다는 정도는 저도 아는데요. 하지만 들뢰즈와 가타리의 분석은 이런 것과도 너무나 많이 동떨어져 있는 거 같습니다.

강규석 그런 생각을 하는 것은 학생의 시각이 아직도 근대경제학의 관점에 머물러 있기 때문일 것이다. 이성, 합리성, 정상, 논리, 의식 이런 용어들에 우리는 너무 잘 순응되어 있다. 들뢰즈를 공부했다고 해도 이런 용어들에서 초연하기는 쉽지 않으리라 본다. 하지만 데카르트의 방법적 회의를 이러한 것들에도 적용해야 한다. 끊임없이 의심해야 한다. 우리는 광기, 비정상, 균열, 분열, 열정, 정념, 무의식 같이 근대적 사유들이 배척하거나 푸대접한 개념들을 다시 생각해야 하고 익숙해져야 한다. 그것들에 선입견을 갖지 말아야 한다. 더 나아가 그것들로부터 긍정적 변이와 변주를 이끌어 내야 한다. 그래야만 우리는 한 곳에 갇혀 있지 않고 탈주와 유목을 지속할 수 있다. 이것이 탈주의 경제학이며, 유목과학이자 소수자과학인 들뢰즈 경제학을 공부하는 우리가 첫 번째로 갖추어야 할 태도라 할 수 있다.

차차 알게 되겠지만 학생이 지적한 것들은 들뢰즈와 가타리가 자본주의를 규정하는 방식 때문에 그런 것이다. 기본적으로 그들은 사회체를 욕망과 탈주의 기계적 과정으로 규정하듯이, 자본주의체제를 규정하는 데 있어서도 몰적이고 거시적인 절편적 선을 좌표로 하는 주류경제학과 달리 무의식적 욕망의 관점, 양자적 흐름을 좌표로 하는 분자적이고 미시적인 관점을 기반으로 한다. 들뢰즈의 자본주의관도 들뢰즈의 철학과 세계관으로부터 비롯된다. 들뢰즈의 철학은 잠재성의 철학이다. 잠재적인 것들을 사유하지 않고는 우리는 실재에 다가갈 수 없다는 것이 들뢰즈 철학의 핵심 중의 핵심이다. 경제를 사유함에 있어서도 마찬가지다. 잠재적 세계를 논하기 위해서는 인간의 의식과 이성을 넘어 무의식의 세계를 탐구하는 것이 필수적이다. 이 같은 이유로 무의식을 학문적으로 정리한 정신분석에 대해 연구하는 것은 들뢰즈 경제학의 필수 코스일 수밖에 없다. 들뢰즈/가타리는 이러한 정신분석이 자본주의에 끼친 영향 또는 정신분석과 자본주의와의 공모관계가 지대하다고 본다. 따라서 정신분석에 대한 비판과 함께 무의식을 제대로 규명함으로써 현실의 자본주의에 대한 비판과 그것으로부터의 해방의 실마리를 동시에 찾을 수 있다고 생각한다. 그러다 보니 사용하는 용어도 정신분석에서 많이 차용하게 되고 정신의학적 용어들이 많이 등장하게 된 것 같다. 그 결과 그들이 제시하는 결론도 분열분석이라는, 정신분석에 대응하는 명칭을 갖게 된 것으로 보인다. 정신분석이 자본주의적 욕망의 예속성을 창출하는 데 핵심적인 공헌을 하는 만큼 그 욕망의 해방을 위해서도 역시 정신분석에 대응할 수 있는, 분열증, 분열자, 분열분석과 같은 정신의학적 용어들을 차용해서 쓰는 것이 적절하리라 생각한 것 같다. 얼마 전에 단행본으로 출간된 『분열분석』이라는 책자를 참고하기 바란다. 많은 도움이 될 것이다.

들뢰즈 경제학, 들뢰즈와 가타리의 욕망경제학의 토대가 되는 분열분석은 유물론적 정신의학의 관점에서 욕망적 생산과 분열증을 연결한다. 들뢰즈/가타리는 "참된 유물론적 정신의학을 기계론에 욕망을 도입하기, 욕망에 생산을 도입하기라는 이중 작업으로 정의"한다(안오 p55). 우리는 들뢰즈/가타리의 세계에서는 모든 것이 기계로 규정된다는 것을 안다. 기계는 또한 욕망하는 기계, 욕망적 기계라는 것도 안다. 욕망은 결핍이 아니라 생산이다. 욕망은 항상 무엇인가를 생산하려는 의지다. "욕망은 실재계(le réel)를 생산한다."(안오 p60) 욕망은 실재하는 모든 것을 생산한다. 욕망은 고정된 주체가 없고, 욕망적 생산의 대상 역시 하나의 기계로서 생산과 생산물은 일체가 된다. "욕망과 그 대상은 일체이며, 기계의 기계로서의 기계다. 욕망은 기계이며, 욕망의 대상 역시 연결된 기계다."(안오 p61) "모든 것은 생산이다."(안오 p27) 생산은 생산을 생산하고, 그 외의 모든 과정도 생산한다. 들뢰즈/가타리가 말하는 생산, 등록, 소비의 모든 과정이 생산이고, 생산은 모든 것을 생산한다. 사회적 생산은 단지 특정한 조건과 형식들 하에서의 욕망적 생산일 뿐이다(안오 pp64,569 참조). 사회적 생산도 욕망적 생산과 다르지 않다(안오 p65 참조). 하나의 사회적 생산으로서의 자본주의적 생산도 자본주의적인 조건들 하에서의 욕망적 생산일 뿐이다. 그것은 욕망적 생산에 의한 생산물들을 화폐화하고 자본화하여 교환시키고 상품화한다. 욕망적 생산은 단순한 재화와 용역의 생산이 아니다. 그것은 정념의 생산, 정동 혹은 변용태의 생산을 포함한다. 자본주의는 이러한 것들을 포획하고 전유하여 상품화하기를 그치지 않는다. 자본주의적 욕망이 존재하는 한 이러한 자본주의적 생산과정은 영원히 지속될 것이고, 공간적으로 달나라를 넘어 우주의 끝까지 미칠 것이다. 이미 우리는 달 개척이 본궤도에 오른 시점에 살고 있다. 얼마 전에는 달협약이 체결된 바 있다. 달에서 개발되는 무진장한 자원들을 기본소득 정신에 입각하여 그 일정 부분을 공동의 재원으로 삼아 저개발국들에도 할당해서 분배하기로 한 협약이다. 들뢰즈/가타리의 사상을 구현하려는 중국과 한국 정부의 적극적 노력에 의해 견실을 보았다.

기계와 욕망과 생산을 접목시키는 유물론적 정신의학의 관점에서 보는 "분열증은, 자폐증 속에서 억지로 인물화된 분열자의 질환이기에 앞서, 욕망과 욕망적 기계들의 생산과정이다."(안오 p58) "과정으로서의 분열증은 욕망적 생산이지만, 그것은 끝에 가서, 자본주의의 조건들 속에서 규정된 사회적 생산의 극한으로서 그러하다."(안오 p232) 사회적 생산은 특정 조건들에서의 욕망적 생산 자체라고 했다. 따라서 하나의 사회적 생산으로서의 자본주의적 생산은 화폐화, 상품화, 자본화와 같은 자본주의적 조건들 하에서의 욕망적 생산이다. 즉 자본주의에 순화된, 자본주의를 내면화한, 자본 자체에 대한 사심 없는 사랑을 품은 욕망적 생산인 것이다. 사회적 조건들에 의해 순화되거나 굴절되지 않은 순수한 날 것으로의 욕망적 생산이 참된 욕망이고 이것이 사회적 생산의 극한으로서 분열증이다. 생산의 사회적 형식이 욕망적 생산에 대해 본질적 탄압을 행사함으로써 참된 욕망은 왜곡된다(안오 p208 참조). "욕망적 생산은 무엇보다도 사회적이며, 끝에서야 자신을 해방하는 데로 향한다."(안오 p69) 이는 욕망과 욕망적 생산의 순응적 측면과 해방적 측면을 잘 보여 준다. 우리는 이미 욕망과 배치가 지층화와 탈층화, 영토화와 탈영토화라는 양면성과 이중운동의 성향을 가지고 있음을 알고 있다. 질병이 아닌 해방으로서의 "분열증은 사회적 생산의 극한으로서의 욕망적 생산이다."(안오 p73) "자본주의의 극한에서 탈코드화된 흐름들은 욕망적 생산으로 뛰어든다."(안오 p246) 따라서 해방으로서의 분열증은 아무 조건에 구애받지 않는 무조건의 순수한 욕망적 생산의 과정이라고 할 수 있다. 이렇게 볼 때 우리가 참된 욕망의 정립이라는 자본주의 하의 혁명적 실천을 위해 요구하는 것, 즉 자본주의를 절대적 탈영토화로 밀어넣는 것, 과정을 더욱 가속화하는 것은 결국 자본주의를 분열증화하는 것과 같은 것이다. 자본주의 하의 사회적 생산을 분열증으로서의 욕망적 생산으로 이끌려는 노력이 바로 사회적 구속으로부터 자유로운 진정한 욕망, 참된 욕망을 실현하는 일이다. 이는 자본주의 하의 혁명을 강의할 때 더 자세히 논의될 것이다.

　분열분석은 이상과 같이 자본주의와 불가분한 이러한 분열증에서 임상적 의미보다는 해방적 의미를 포착하여 자본주의 하에서의 혁명적 실천을 모색한다. 우리는 푸코의 분석으로부터 광기에 대한 시각이 어떻게 변화해 왔는지를 알고 있다. 들뢰즈/가타리가 가장 혁명적인 반-정신의학자라고 평가하는 로널드 랭도 다음과 같이 말한다. "광기는 반드시 붕괴(breakdown)일 필요는 없다. 그것은 돌파(breakthrough)일 수도 있다." 광기를 미친 것으로 볼지라도 "미친 것이 반드시 병든 것은 아니다."(로널드 랭, 안오 p234에서 재인용) 우리는 광기의 일종으로서의 분열증을 하나의 돌파로서의 분열증적 과정으로 본다(안오 p466 참조). "분열증적 과정은, 우리를 욕망적 생산으로부터 떼어 놓는 벽이나 극한을 뛰어넘고, 욕망의 흐름들을 지나가게 하는 것이다."(안오 pp597~598) 정신분석은 분열증을 통제된 욕망의 실패와 좌절의 결과로 나타나는, 순응하지 못하는 자폐증적, 임상적 현상으로 보는데 반하여, 분열분석은 무의식적 욕망을 봉쇄하려는 모든 시도들에 대하여 무의식을 해방시키는 과정으로서 분열증을 바라본다.

'자본주의와 분열증'이라는 부제가 양자에 모두 달린 것처럼 『안티 오이디푸스』와 『천 개의 고원』은 자본주의를 주요한 분석대상으로 한다. 하지만 앞서도 말했듯이 무의식적 욕망과의 관련 하에서 본격적으로 치밀하게 자본주의를 분석하고 비판한 것은 『안티 오이디푸스』다. 우노 구니이치는 『안티 오이디푸스』를 도발적이고 실험적인 책으로서 높이 평가한다. 그는 『안티 오이디푸스』를 새로운 『자본』을 쓰려는 시도였다고 평가한다(유동 p178 참조). 들뢰즈와 가타리는 『안티 오이디푸스』에서 욕망경제학 또는 리비도경제학이라고 불릴 수 있는 새로운 경제학적 사고의 틀을 제시한다. 이에 대한 우노 구니이치의 평가를 정리해 보면 다음과 같다. 경제는 끊임없이 욕망을 은폐하고 배제하고 변형하고 있지만, 그럼에도 불구하고 욕망이야말로 경제를 움직이고 경제의 목표가 되기도 한다. 욕망이 경제보다도 근원적이다. 경제란 욕망의 경제이고 자본주의도 욕망의 자본주의임에 틀림없지만, 자본주의경제는 화폐의 형태와 그것에 철저히 종속되는 노동의 형태에 의해서 욕망을 변형하고 굴절시킨다. 가족도 성애(性愛)도 그러한 욕망의 경제 속에 편입되어 있다. 욕망은 이러한 경제의 외부에서부터 경제를 끊임없이 움직이게 하지만 경제는 이 욕망을 자신의 내부에 굴절시켜 가두고 종종 욕망의 표상만을 유통시킨다. 들뢰즈/가타리에게 있어서 임상적 분열증이란 바로 이러한 욕망과 경제의 상호작용 하에서 욕망의 외부성이 내부로 향하여 파괴되는 지점에서 나타나는 병이다. 분열증은 순수함, 자유로움, 탈주를 상징하는 욕망의 외부성의 기호다. 욕망 자체는 병이 아니다. 병은 욕망을 변형하고자 하는 장치의 효과로서 드러날 뿐이다. 자본주의는 욕망을 내부의 영역으로서 구성하는, 즉 내부화·조건화하는 기계로서, 들뢰즈/가타리는 자본주의의 이러한 특성을 하나의 공리계로 설정한다. 자본주의뿐만 아니라 이 세계의 생기하는 모든 것을 분열증을 기준으로 하여 응시하는 일은 욕망의 외부성을 끊임없이 시야에 두고 이 사회의 외부와 내부의 경계상에서 모든 사건들을 보는 것이다. 이로써 분열증은 하나의 병증이나 분석의 대상이 아니라 분석의 원리가 되고 방법이 된다. 욕망경제학은 경제와 욕망이 포개어지면 일탈하고 서로 자극하면 대항하는 과정을 정밀하게 응시하고, 욕망의 다양한 강도와 그 변질, 그 외부성, 그 주름을 검출하는 것이다. 정신분석은 바로 욕망과 경제가 짜내는 이러한 주름의 하나였다고 할 수 있다(유동 pp177~179 참조).

들뢰즈와 가타리는 정신분석이 자본주의의 파시즘화, 편집증화에 기여하는 점을 비판하려는 시도로 『안티 오이디푸스』를 썼다. 정신분석은 무의식을 발견하였지만 그것을 오이디푸스화, 즉 파시즘화, 반동화하였다. 자본의 지배에 의한 예속적 인간의 창출에 정신분석이 지대한 공헌을 하고 있는 것이다. 따라서 정신분석학적 오이디푸스의 본질을 파헤치고 비판하고 공격함으로써 무의식적 욕망에 새로운 의미를 부여하고 자본주의에서의 해방을 모색하는 것이 들뢰즈와 가타리가 『안티 오이디푸스』를 쓴 목적이다. 여기서 우리는 자본주의를 가장 예리하고 포괄적으로 분석한 맑스와 대비되는 정치경제학자 그리고 욕망경제학자로서의 들뢰즈/가타리의 면모를 볼 수 있다. 맑스와의 차이를 한마디로 요약한다면, 맑스는 자본주의를 이데올로기나 의식적 측면에서, 몰적 차원에서 분석하고 해명했다면, 들뢰즈/가타리는 무의식적 측면에서, 분자적 차원에서 자본주의를 해명하고 그 극복 방법을 모색했다는 점이다. 따라서 그 결론으로서 자본의 지배로부터의 해방, 즉 궁극적 혁명의 방법으로서도 몰적인 계급투쟁을 주장하는 맑스와는 다르게 들뢰즈/가타리는 분자적인 분열증적 해방을 제시한다. 이것이 맑스와 들뢰즈/가타리를 근대와 탈근대로 나누는 핵심적인 경계선이다. 그 구체적 모습은 강의의 마지막 부분에서 밝혀질 것이다.

들뢰즈 경제학에서의 생산과 잉여가치의 의미

들뢰즈 경제학에서 바라보는 생산과 잉여가치의 개념을 알아보기로 하자. 들뢰즈 경제학은 들뢰즈와 가타리의 사상을 토대로 하듯이 인간에게 효용을 주는 회소한 것들을 얼마나, 어떻게 생산, 분배, 소비해야 할지 등의 경제 문제들의 해결에 있어서도 그들의 비인간주의 또는 자연주의에 철저하다. 따라서 인간에게 효용을 주는 회소한 것들을 사유하는 데 있어서도 그 폭이 근대경제학보다 훨씬 광범위하다. 그리고 효용을 창조하는 생산과 자본의 몫으로 할당되는 잉여가치를 사유하는 지평도 기존의 시각보다 훨씬 넓고 포괄적일 수밖에 없다.

근대적 사고의 기초는 명확한 분석에 있다. 데카르트 식으로 말하면 근대적 사고는 명석하고 판명함을 추구한다. 분석은 어원 그대로 나누는 것,

구별하고 분해하는 것이다. 근대적 관점에서 보는 생산의 개념도 명확한 구별을 전제로 한다. 인간과 자연, 산업과 자연이 구별된다. 인간이 주체가 되고 자연은 객체화된다. 인간중심적인 근대적 사고는 데카르트의 기계론 (mécanisme)을 토대로 자연을 바라본다. 산업은 자연과 대립된다. 한편으로 산업은 자연에서 원료를 퍼오며, 다른 한편 산업은 자연에 폐기물을 반환한다. 사회 안에서도 생산, 분배, 소비라 불리는 상대적으로 자율적인 영역들이 구별된다(안오 p26 참조). 그러나 들뢰즈/가타리는 진실로 상대적으로 독립된 영역들은 존재하지 않는다고 한다. "생산은 즉각 소비이며 등록이고, 등록과 소비는 직접 생산을 규정하며, 그것도 생산 자체의 한가운데서 생산을 규정한다. 그리하여 모든 것이 생산이다."(안오 pp26~27) 들뢰즈/가타리의 비인간주의는 더 이상 인간과 자연을 구분하지 않는다. 근대적 기계론이 아닌 탈근대적 기계주의(machinisme)에 따라 인간과 자연을 모두 욕망적 기계(machine désirante)로 본다. machinisme은 데카르트의 동물기계설로도 번역되는데 우리는 mécanisme과 구별되는 의미로 사용한다. "더 이상 인간도 자연도 없다. 오로지 하나 속에서 다른 하나를 생산하고 기계들을 짝짓는 과정만이 있다."(안오 p24) 그들은 자본주의적 분업을 전제로 하는 독립된 산업의 영역들을 상정하지 않고 사유를 전개한다. 모든 것이 기계적 과정에 의한 생산이다. 생산, 분배, 소비가 모두 생산의 생산이고, 분배의 생산이고, 소비의 생산이다. 들뢰즈/가타리에게 인간과 자연과 산업의 구별은 없다. 자연의 인간적 본질과 인간의 자연적 본질은 생산 내지 산업으로서의 자연 안에서 일치한다(안오 pp26~27 참조). 이처럼 들뢰즈와 가타리가 바라보는 생산 과정 속에서는 인간과 산업, 그리고 자연의 구별은 존재하지 않는다. 모든 것은 욕망하는 기계다. 기계는 언제나 다른 기계들과 짝지어져 흐름을 방출하고 그 흐름들을 절단한다. 욕망경제학으로서 들뢰즈 경제학이 바라보는 생산은 욕망적 생산이다. 욕망적 생산은 욕망적 기계에 의한 생산, 즉 욕망적 기계들의 절속의 결과로 이루어지는 새로운 흐름들의 생산이다. 욕망적 생산은 욕망적 기계에 의한 이러한 되기와 생성의 과정을 의미한다. 기계와 기계의 연결에서 결과하는 보편적 과정을 생산으로 본다. 들뢰즈 경제학은 실재계, 즉 실재하는 모든 것을 생산하는 욕망적 생산을 사유한다. 이로부터 특정한 사회적 생산으로서의 자본주의적 생산이 유도되는 것이다. 비인간주의적 관점에서의 생산과 잉여가치의 개념을 토대로 하여 자본주의를 비롯한 인간의 경제적 문제들에 접근함으로써 들뢰즈 경제학이 성립하게 된다.

들뢰즈와 가타리의 비인간주의를 이 같은 욕망적 기계의 과정으로 보는 것은 인간과 자연의 외연이 서로 같다는 것이고, 이는 인간의 의식이나 전의식이 아니라 무의식이 늘 주체로 있으면서 스스로 자신을 생산하고 재생산하는 순환운동을 한다는 뜻이다(안오 p193 참조). 모든 존재하는 것들을 욕망적 기계로 보는 들뢰즈의 존재의 일의성에 비추어 볼 때 생산의 주체로서의 무의식은 인간만이 아닌 자연 전체, 세계 전체로 확장된 차원에서 규정될 필요가 있다. 비인간주의는 무의식을 인간의 의식 이외의 모든 것으로, 비인간의 잠재적 역량으로까지 확장하는, 인간중심의 무의식 이론과는 차원이 다른 견해다. "조직화된 몸은 생식을 통한 재생산의 대상이다. 그것은 재생산의 주체가 아니다. 재생산의 유일한 주체는 생산의 순환 형식을 고수하는 무의식 자신이다."(안오 p193) 인간과 자연의 구분이 없는 이 세계는 무의식의 내재적 자기생산에 의해 모든 생성이 이루어진다. 모든 생산의 주체는 무의식적 욕망이다. 무의식의 연결, 분리, 결합의 종합들이 생산을 규정한다. 이것이 생산적 무의식이다. 근대경제학에서는 가계, 기업, 정부의 세 주체의 의식적 작용의 결과로 경제가 굴러간다고 보지만, 자본주의사회체를 작동시키는 것은 무의식으로서의 자본주의적 욕망이라는 것이 들뢰즈 경제학의 핵심적 주장이다. 생산의 주체를 이와 같이 볼 때 생산에 대한 규정도 새로운 차원에서 바라볼 수 있다. 생산을 인격화된 주체에 의해서, 상품화된 노동력의 소유자인 노동자에 의해서만 이루어지는 것으로 보는 것은 편협한 근대적 논리에 근거한 것이다. 탈근대적 관점, 들뢰즈 경제학의 논리에 의한다면 생산은 자연과 인간, 자연과 산업의 구분을 넘어서는 모든 존재하는 것들의 상호작용의 결과라 할 수 있다. 생산의 결과물이 화폐화되고 상품화되는 것은 그 다음 문제다.

그러나 생산적 무의식의 순수성을 지키는 대신에 무의식을 인물화, 오이디푸스화하고 그것에 죄책감을 주고 그것을 거세하는 많은 힘들이 있다. 그 중에서도 정신분석은 이 조작들을 뒷받침하고 제 나름의 탁월함을 발휘하여 새로운 자원들과 절차들을 제공하고, 마침내 정신분석가라는 최후의 사제를 발명하여 자본주의의 탄압 작업에 가담한다(안오 pp95,126,200 참조). 들뢰즈/가타리의 자본주의 분석은 탈근대적 분열분석이다. "분열분석의 실천적 문제는 이러한 방향을 역전시키는 일이다."(안오 p200) 탈오이디푸스화하는 것. "분열분석의 테제는 단순하다. 즉 욕망은 기계이며, 기계들의 종합이며, 기계적 배치, 즉 욕망적 기계들이라는 것이다. 욕망은 생산의 질서에 속하며, 모든 생산은 욕망적인 동시에 사회적이다." "정신분석이 이러한 생산의 질서를 으깼고, 또 그것을 재현 속으로 전복시켜 버렸다."(안오 p494)

원시 영토기계, 야만 전제군주기계와 같은 전(前)자본주의 사회체들은 코드의 잉여가치, 즉 코드 또는 덧코드화의 체계 하에서의 잉여가치를 획득한다. 코드의 잉여가치 현상을 들뢰즈/가타리는 다음과 같이 설명한다. "기계의 한 부분이 자기 고유의 코드 속에 다른 기계의 코드의 파편을 포획하고 그럼으로써 이 다른 기계의 한 부분 덕에 자신을 재생산할 때가 그때"(안오 p477)라는 것이다. "각 코드는 다른 코드들의 파편을 포획하여 그 파편들에서 잉여가치를 끌어온다."(안오 p78) 서양란의 말벌-되기와 말벌의 서양란-되기가 그 예다. 서양란은 자신의 꽃에 암컷 말벌의 모습과 향을 지님으로써 수컷 말벌을 가로챈다(천고 p25 참조). 이는 기호체제의 영역에서도 마찬가지다. 혼합된 기호체제 하에서 각각의 기호계는 하나 또는 여러 다른 기호계들의 파편들을 강제로 포획함으로써 자신의 재생산을, 새로운 되기를 이룰 수 있다(천고 pp260~261 참조). 문명 자본주의기계 또는 자본주의사회체는 '코드의 잉여가치에서 흐름의 잉여가치로'라는 기치를 내건다. 흐름의 잉여가치는 탈코드화와 탈영토화의 흐름들의 잉여가치를 의미한다. 들뢰즈 경제학에서의 생산의 주체는 의식적 인간이 아니라 비인간적 무의식이라고 했는데, 흐름의 잉여가치는 이러한 주체에 의해 포획되는 잉여가치, 이러한 무의식의 자기생산, 순환적 재생산에 의해 도출되는 생성/되기로서의 의미를 가진다. 그것은 실제로 다음과 같이 국가 형태의 진화에 의해 설명될 수 있다.

고대의 제국적 국가에서는 덧코드화에 의해 잉여의 축적과 흡수 또는 실현이 이루어진다. 원시적 토지의 코드화 위에 전제군주라는 초월적 심급의 초코드화가 덧대어진다. 고대국가는 농업에서 잉여를 축적하고 군대와 관료기구 그리고 장인과 상인들이 이 잉여를 흡수하면서 유지된다. 한편 "고대국가는 덧코드화를 행할 때는 반드시 동시에 이로부터 벗어나는 다량의 탈코드화된 흐름을 만들어 낸다."(천고 p861) "모든 코드는 자유롭게 변이될 수 있는 덤(supplément)을 갖고 있다."(천고 p109) 영토성과 탈영토화가 표리의 관계에 있듯이 하나의 코드는 그것에 내재하는 탈코드화 과정과 분리될 수 없다. 코드에는 늘 탈코드화의 여백이 존재한다는 것인데, "그 어떤 코드이건 탈코드화의 여백에 의해 변화된다."(천고 p110) 들뢰즈/가타리는 이러한 현상의 근거로 유전학과 현대의 돌연변이 이론의 사례를 들고 있다(천고 pp109 참조). 고대의 전제적 국가에 있어서도 국가의 덧코드화 자체가 이것을 벗어나는 새로운 흐름을 발생시킨다. 대토목공사를 일으킬 때마다 국가는 반드시 독립적인 노동의 흐름을 관료기구로부터 파생시키고, 화폐 형태로 세금을 부과할 때는 반드시 교역과 은행 등에서의 화폐의 다른 역량을 발생시키는 흐름을 만들어 내고, 국가의 공유(公有)체계는 반드시 이 체계와 함께 사유(私有)체계의 흐름을 생겨나게 한다(천고 p862 참조). 고대국가는 이러한 흐름들을 따라 진화하게 되고 결국은 이전과는 전혀 다른 국가의 극이 등장하게 되는데, 이 국가의 새로운 임무는 기존의 코드화된 흐름을 덧코드화하는 것이 아니라 탈코드화된 흐름들의 접합접속 혹은 결합을 조직하는 것이다(천고 pp865,866 참조). 잉여가치의 포획은 이제 코드로부터 이루어지는 것이 아니라 탈코드화된 흐름들로부터 이루어진다. 고대국가의 굴레에 얽매어 있던 장인과 상인들은 훨씬 더 자유로운 조건 하에서 새로운 흐름을 만들어 내고 이 흐름들로부터 새로운 잉여가치를 창출한다. 이렇게 진화한 새로운 국가들이 자본주의기계의 실현모델들이다.

자본주의는 이와 같이 코드나 덧코드화로부터가 아니라 탈코드화된 흐름들의 결합으로부터 잉여가치를 획득하는 체제다. 이는 달리 말하면 자본주의기계의 독특한 양의성(兩義性)을 내포하는 공리계의 체계 하에서 잉여가치를 획득하는 체제라 할 수 있다. 지속적인 탈코드화와 탈영토화는 공리계의 개방성을 의미한다. 공리의 추가 혹은 제거로부터 새로운 잉여가치가 창출된다. 예를 들면 잉여가치에는 잉여노동에 의한 인간적 잉여가치뿐만 아니라 자동화와 정보화에 의한 기계적 잉여가치도 포함된다. 이러한 공리계의 운동에 의한 더욱더 확대된 규모로의 잉여가치 창출을 통해 이윤율의 경향적 저하라는 내재적 한계를 극복해 감으로써 자본주의기계는 다른 모든 사회체의 극한으로서, 음화로서 그 생명력을 유지할 수 있다. 자본주의가 끊임없이 탈영토화, 탈코드화 한다는 것, 그러한 흐름들로부터 끊임없이 잉여가치를 취득한다는 것, 그것은 자본주의가 끊임없이 자신의 내재적 한계를 극복한다는 것을 의미한다. 그 과정에서 정신분석과 공모하여 죽음의 공리계를 작동함으로써 전자본주의 사회체와는 차원이 다른 극단의 탄압성을 보이기도 한다. 그러나 분열분석에 의해 욕망의 혁명성을 정립함으로써 자본주의의 반동성을 막을 수 있다. 욕망적 생산 과정으로서의 분열증을 가속화하는 것만이 우리를 자유로운 삶으로 이끌 수 있다. 사회기계로서의 사회구성체와 욕망기계로서의 욕망의 상호작용은 영원한 과정이다. 이러한 결론은 다음의 공리계와 자본주의의 지속성을 공부한 후에 그 의미를 명확하게 이해할 수 있을 것이다.

뒤에서 보듯이 탈영토화와 탈코드화의 흐름들의 결합으로 정의되고, 그 흐름들로부터 잉여가치를 생산하는 자본주의기계의 작동은 들뢰즈/가타리의 생성 혹은 되기의 가장 전형적인 사례 중의 하나다. 분자-되기이자 소수자-되기를 본질로 하는 들뢰즈/가타리의 생성과 되기는 바로 탈영토화와 탈코드화의 흐름들의 결합 그 자체이기 때문이다. 생성, 되기로서의 자기증식, 잉여가치의 생산은 바로 자본주의적 사회구성체의 내재적 작동 방식의 이론적 모델이 될 수 있다. 이것이 들뢰즈의 생성존재론을 토대로 하여 들뢰즈/가타리의 소수자 윤리학과 소수자정치를 거쳐 들뢰즈 경제학의 자본주의 분석이 이루어지는 과정이다.

들뢰즈 경제학은 인간 활동의 동력장치, 모터의 유형으로서 자유로운 행동 모델과 일 또는 노동의 모델을 제시한다. 그 중에서 들뢰즈 경제학은 자유로운 행동 모델에 주목한다. 들뢰즈/가타리는 인간의 활동을 자유로운 행동과 일/노동으로 구분한다. 그들의 설명에 의하면 "노동은 저항에 부딪치면서 외부에 작용해 결과를 창출하고 소비 또는 소진되는 동력원으로서 매 순간 끊임없이 갱신되어야 한다. 자유로운 행동 역시 동력원이기는 하지만 극복해야 하는 저항에 부딪치는 일은 없으며, 오직 동체 자체에만 작용하고, 따라서 결과를 창출하기 위해 소진되는 일이 없는 연속적 동력원이다."(천고 p763) 시장에서 교환되는 노동에 대해서는 시장가격에 의한 보상이 주어진다. 그러나 자유로운 행동에 대해서는 그러한 보상이 불가능하다. 들뢰즈 경제학은 자유로운 행동에 의해서도 잉여가치의 생산이 가능하다고 본다. 이에 대해서는 기본소득과 같은 사회적 보상이 필요하고 경제적으로 가능하다고 본다. 근대적 물리학과 사회학은 노동 모델을 중심으로 인간의 활동을 규정한다. 모든 활동을 가능한 또는 잠재적인 노동으로 번역하고, 자유로운 행동을 노동과 관련해서만 존재하는 여가로서 간주한다(천고 p934 참조). 테일러 시스템과 같은 작업의 분화, 고전파 경제학의 노동가치설, 맑스의 추상적인 평균적 노동 등과 같은 개념들은 모두 이러한 노동 모델에 기초하여 인간의 활동을 바라본 결과물들이라 할 수 있다.

앞서 우리는 자본이라는 변수를 논하면서 잉여가치의 개념을 살펴본 바 있다. 잉여가치의 개념도 양 모델의 관점에 따라 새로이 바라볼 수 있다. 노동 모델의 관점에서 보면 잉여가치는 잉여노동의 결과다. 갱신을 위한 필요노동을 초과하는 노동량에서 잉여가치가 생산되는 것이다. 그러나 자본주의가 발전할수록, 자본의 탈영토화가 진행될수록 우리는 자유로운 행동 모델의 관점에서 잉여가치를 사유할 필요성이 증가한다. 들뢰즈/가타리의 다음과 같은 주장은 설득력이 매우 커 보인다. 잉여가치의 형태가 명확히 드러나는 것은 전자본주의 사회에서 잉여노동이 공물이나 부역 형태로 고립되고 구별되는 경우다. 자본주의체제에서는 이와 반대로 잉여노동은 점점 노동 자체와 구별할 수 없게 된다. 재생산을 위해 필요한 시간과 착취된 시간은 시간 속에서 분리되지 않는다. 또한 자본주의가 발전할수록 가변자본과 불변자본의 구분은 의문시되고 기계 자체가 잉여가치를 생산할 수 있는 여지가 커지게 된다. 잉여노동은 더 이상 노동조차 필요로 하지 않게 되고, 전혀 노동하지 않고도 잉여가치를 제공할 수 있게 된 것처럼 보인다. 사용자 자체가 피고용인이 되는 경향이 나타날 뿐만 아니라 자본주의는 노동량에 작용하기보다는 교통수단, 도시적 모델들, 미디어, 여가산업, 지각하고 느끼는 방법 등 온갖 기호계를 동원하는 복잡한 질적 과정에 작용하게 되었다(천고 pp936~937 참조).

들뢰즈와 가타리의 이러한 주장은 현대 자본주의의 모습을 정확히 그리고 있다. 컴퓨터를 기반으로 하는 자동화를 넘어 유무선 인터넷을 통한 정보화의 혁신이 자본의 탈영토화를 가속화하고 있다. 모바일 인터넷의 발달로 언제 어디서나 정보의 양방향 교환이 가능한 유비쿼터스 시스템이 갖춰짐으로써 미디어와 광고 분야에서 대중의 활동이 자본의 증식에 더욱더 중요한 요소로 작용하고 있다. 또한 이 과정에서 엄청난 자료의 축적이 가능해져 빅데이터에 기반한 산업이 발전하고, 생산·유통·소비의 네트워크화로 인해 새로운 잉여가치 창출의 여지가 증가하고 있다. 인간의 활동을 편협한 노동 모델의 관점에서가 아니라 광범위한 영역을 포함하는 자유로운 행동 모델의 관점에서 바라보아야 한다. 사람들의 자유로운 행동이 잉여가치 창출에 기여할 기회가 더욱더 많아지고, 비노동으로서의 여가가 아니라 노동으로부터 독립한 새로운 활동양식으로서의 자유로운 행동이 새로운 산업으로서의 자격을 갖출 수 있는 기회도 점점 더 많아지고 있다. 이러한 모든 현상이 자본의 탈영토화라고 할 수 있다. 오늘날 급격히 가속화하고 있는 자본의 탈영토화는 불변자본과 가변자본의 구별, 그리고 고정자본과 유동자본의 구별마저도 상대적인 것으로 만들고 있다. 들뢰즈/가타리의 표현대로 말하자면 영토화된 홈패인 자본과 탈영토화하는 매끈한 자본 간의 구별만이 본질적인 것이 되고 있다(천고 p938 참조).

결론적으로 자본의 잉여가치 창출, 즉 자본의 자기증식, 재생산의 수단이 극도로 다양화되는 동시에 사회화되고 있다. 잉여가치 생산의 원천이 사회 전체로 확대되고 있는 것이다. 들뢰즈의 비인간주의와 기계주의 그리고 내재적 세계관을 토대로 하는 들뢰즈 경제학에 의하면 생산자, 생산수단, 생산물 사이의 구분이 모호해짐과 함께 자본과 노동과 인간의 다른 활동 사이의 식별 불가능성도 커진다고 했다. 과학과 정보기술의 극도의 발전을 특징으로 하는 탈근대적 현대사회의 잉여가치의 원천은 사회 전체, 자연 전체라고도 할 수 있고 이러한 현상은 탈근대경제학, 욕망경제학으로서의 들뢰즈 경제학에 의해 제대로 설명될 수 있다. "기관 없는 몸체가 자신을 재생산하듯, 자본은 잉여가치를 생산하고, 싹이 터서, 우주 끝까지 뻗어나간다."(안오 p36)는 들뢰즈/가타리의 표현이 이제 현실로 이루어지고 있다. 현대와 같은 탈근대사회에서는 노동과 자유로운 행동의 구분 자체가 불확실해졌다. 자율주의적 맑스주의자들에 의해 심도 있게 논의되고 있는 비물질노동(『비물질노동과 다중』 자율평론 기획, 갈무리, 2005 참조)이나 정동적 노동(앞의 책에 수록된 「정동적 노동」 마이클 하트, 1999, 자율평론 번역모임 옮김 참조)이라는 개념들도 이러한 자유로운 행동 모델의 관점에서 바라보면 이해의 폭이 더 넓어질 수 있다. 지식, 정보, 소통, 정동 등의 비물질적 생산물 또는 노동 과정의 비물질적 특성에 의해 규정되는 것이 비물질노동(imma-
terial labour)이나 생산자, 생산수단, 생산물 사이의 구분이 불분명하게 되는 대표적인 사례가 비물질노동의 경우라고 할 수 있을 것이다. 비물질노동의 한 축을 차지하는 것이 정동적 노동(affective labor)인데 돌봄노동, 연예활동, 문화활동과 같이 행복, 만족, 열정, 건강함 등의 역량의 증대를 가져오는 활동을 일컫는다. 사회가 발전하고 복잡해질수록 이러한 영역의 활동이 더욱 증가할 것이고, 소진되는 동력원으로서 자신의 지속적 갱신을 위한 노동인 것인지, 소진되는 일 없이 자아의 실현을 위한 동력원으로서의 자유로운 행동인지 구분하기가 불가능해지는 영역이 급격히 증가하리라 예상된다. 이러한 활동들과 그것이 생산하는 가치들을 시장화, 상품화, 화폐화하는 방법들을 개발하는 것이 현대 기업경영학의 중요한 연구과제다. 생산과 잉여가치에 대한 자유로운 행동 모델의 관점에서 자본주의의 변화를 분석하고 예측해야 할 필요성이 갈수록 더 커지고 있다.

이제 이러한 기초 개념들에 대한 이해를 바탕으로 하여 들뢰즈와 가타리가 행하는 자본주의 분석의 본체로 들어가 보자.

자본주의 공리계

　자본주의는 내재성의 평면 위에서 작동한다(진화 p445 참조). 현대사회를 지배하는 체제라는 이유 외에도 자본주의는 내재적 법칙에 의해 작동된다는 점에서 존재의 모든 운동이 내재적으로 이루어진다고 보는 들뢰즈/가타리의 주요 분석대상이 된다. 모든 탈영토화는 재영토화를 작동시킨다. 들뢰즈/가타리는 자본주의의 재영토화가 코드화나 덧코드화의 과정이라기보다는 공리계의 형태를 취한다고 본다. "자본주의는 탈코드화된 흐름을 위한 일반 공리계와 함께 형성된다."(천고 p869) 덧코드화는 초재적이지만 공리계는 내재적이다. 들뢰즈/가타리는 공리계라는 수학적 체계를 원용하여 내재적으로 작동하는 자본주의를 설명한다.

　수학적으로 공리계(axiomatique)는 변수들 사이의 고정된 관계를 설정하는 개방된 등식들의 집합으로 정의된다. 몇 개의 공리들과 그로부터 연역적으로 추론되는 명제 혹은 정리들로 이루어지는 공리적 연역체계가 공리계다. 유클리드 기하학의 체계가 대표적인 예다. 공리계와 관련하여 쿠르트 괴델의 불완전성 정리(incompleteness theorem)를 이해할 필요가 있다. 이 정리는 공리계의 불완전성을 보여 준다. 공리계가 불완전하다는 것은 공리계가 '결정 불가능한 명제'(천고 p903)를 가진다는 것이다. 결정 불가능한 명제는 증명도 반증도 할 수 없는 명제를 말한다. '진리는 증명보다 크다'는 말로도 표현되는 이 정리는 기존 체계의 논리로는 설명할 수 없는 현상이 체계 내에 존재함을 의미한다. 즉 하나의 공리적 연역체계가 그 체계 자체에 의해서는 설명할 수 없는 현상을 포함하고 있다는 것이다. 이 현상을 설명하기 위해서는 새로운 공리가 추가되거나 기존의 공리가 제거되거나 함으로써 새로운 공리계로의 변화가 필요한데, 이렇게 형성된 새로운 공리계도 괴델의 정리에 의하면 불완전하기는 마찬가지다. 이러한 공리의 추가와 제거의 과정을 거치며 학문이 발전하는 것이며 그 과정은 끝이 없다. 유클리드 기하학이 비유클리드 기하학으로 발전하고, 뉴턴 역학이 아인슈타인의 상대성원리와 양자역학으로 발전하는 것이 바로 이러한 과정을 보여 준다. 이러한 논리는 비단 수학과 물리학 같은 자연과학이나 논리학에만 적용되는 것이 아니라 논리적 사유를 기본으로 하는 철학이나 법학 등의 인문사회과학에도 작용하기는 마찬가지다. 이러한 분야에서는 변화와 발전의 상대적 속도로 볼 때 적용되는 공리계의 유연성이 더 크다고 할 수 있다. 공리의 추가와 제거가 자연과학에서보다 더 활발히 이루어질 여지가 많기 때문이다.

자본주의 공리계도 결정 불가능한 명제를 가진다. 들뢰즈/가타리가 자본주의 공리계의 "결정 불가능한 명제라고 부르는 것은 체계에 따라 결합되는 것과 그 자체가 연결 가능한 다양한 탈주선에 따라서 끊임없이 이 체계에서 벗어나는 것이 동시에 존재하는 것 또는 분리 불가능한 것을 말한다."(천고 p903) 자본주의는 기존 자본의 주기적인 가치 저하라는 고유한 한계에 부딪치면 이윤율이 더 높은 산업에서 새로운 자본을 형성하는 등의 방법으로 그 한계를 되밀치고 이동시킨다(천고 p887 참조). "자본주의는 끊임없이 스스로의 한계를 설정한 다음 다시 이것을 더 멀리 밀어내지만 이와 동시에 이 공리계를 벗어나는 온갖 종류의 흐름들을 사방으로 발생시킨다."(천고 p902) 이 흐름들의 존재가 결정 불가능한 명제를 가리키는 것이며, 이것이 혁명적 결정인들의 맹아이며 장(場)으로서 이 명제와 이러한 흐름들의 운동은 모든 사람들의 소수자-되기에 무기를 제공한다(천고 p903 참조). 지금 말한 것이 어쩌면 자본주의 분석의 모든 것, 핵심이라고 할 수 있다. 자본주의기계의 독특한 성질과 그것의 지속성, 그리고 자본의 지배로부터의 해방이라는 핵심적 문제들의 결론을 압축해서 보여 주고 있다. 앞으로의 설명은 이것을 알기 쉽게 풀어헤치는 것에 불과하다.

들뢰즈와 가타리가 자본주의기계, 자본주의사회체를 하나의 공리계로 본다는 것은 자본주의체제에도 괴델의 불완전성 정리가 적용된다는 것을 의미하는 것이고, 이는 자본주의체제 자체가 불완전하다는 것을 인정하는 동시에 공리의 추가 혹은 제거를 통하여 새로운 모습으로 그 체제가 지속적으로 확장, 변형될 수 있음을 인정하는 것이다. 괴델의 불완전성 정리는 들뢰즈/가타리의 자본주의 공리계의 개방성의 논리적 근거가 된다. 요컨대 공리계로서의 자본주의기계는 내재적이고 개방적이며 유연하다. 더 자세히 알아보도록 하자.

하나의 공리계가 성립되는 과정은 하나의 공리화가 이루어지는 층화의 한 예다. 자연과학적 관점에서 볼 때 "공리론은 과학의 첨점이 아니라 정지점으로서 질서를 재편하면서 수학적으로 또 물리적으로 탈코드화된 기호의 흐름이 사방으로 이탈하는 것을 막으려 한다."(천고 pp883~884) 그러나 공리계는 고정된 진술의 계열들이 아니라 변수들의 등식의 집합이라는 점에서 정확히 내재적이다. 공리계 자체에는 어떤 주체들도 객체들도 없다. 변수들만의 내재적 관계만이 있을 뿐이다. 변수들은 모두 고정된 관계에 따라 서로 영향을 주고받는 내생변수다. 초재적인 외생변수는 없다. 이런 측면에서 공리화는 코드화나 덧코드화와 구별된다. 자본주의는 이처럼 내재적 법칙에 따라 운동한다. 자본주의의 내재성은 자본주의 공리계의 내재성이다. 자본주의기계의 재영토화 장치인 공리계는 전(前)자본주의

사회체의 코드와 덧코드화와 같은 초재적 성격이 아닌 내재적인 성격을 갖는다.

자본주의적 공리계의 내재적 과정은 크게 잉여가치를 창출하는 생산의 과정과 잉여가치를 흡수하는 반생산의 과정으로 나눌 수 있다. 생산 과정은 다시 인간적 잉여가치의 생산과 기계적 잉여가치의 생산으로 나누어진다. 반생산은 욕망에 의해 생산된 잉여가치를 흡수하면서 욕망적 생산에 대하여 억압 또는 통제의 역할을 수행한다. 들뢰즈/가타리는 "기관 없는 충만한 몸체도 반생산에 속한다."(안오 p33)고 하면서 기관 없는 몸체에 의한 욕망적 기계들에 대한 반발을 본원적 억압이라고 부른다(안오 p36 참조). 명확한 의미가 잘 전달되지 않는 부분이다. 그러나 우리는 욕망에 대한 사회체들의 억압장치로서의 반생산을 이해하는 것으로 충분하다. 자본주의 사회체에서의 반생산 장치는 생산 장치 내부에 주입되어 잉여가치의 방출을 보증하는 한편, 다른 한편으로는 잉여가치를 흡수하거나 실현한다(안오 p402,399 참조). 이렇게 내재적으로 작동하는 반생산의 양상은 생산 내부에서 자본주의 국가의 위치를 지시한다. 국가는 잉여가치 증가에 기여하기도 하지만 반생산이 생산 장치들에 내부적으로 되도록 보증한다(진화 p365 참조, 안오 p399 참조). 이 반생산 장치는 전자본주의 기계들에서처럼 욕망적 생산에 대립되고 그것을 한정하거나 저해하는 초월적 심급이 아니다. 반대로 자본주의기계에서의 그것은 도처에서 생산 기계에 스며들어 이 기계와 밀접하게 맺어져 그 생산성을 조절하고 그 잉여가치를 실현한다. 이로부터 가령 초재적 덧코드화 장치인 전제군주 관료제와 내재적으로 작동하는 공리의 하나로서 자본주의 관료제 사이의 차이가 생기는 것이다. 전자는 영토적 흐름들을 초코드화 또는 덧코드화하는 것이 문제인 반면, 후자는 탈코드화된 흐름들을 재영토화하는 것이 문제다(안오 pp400,440 참조). 군사 기구, 관료 기구, 경찰 기구와 같은 자본주의 국가의 작용은 자본주의 공리계의 한 축을 담당하고 있다. 그것들이 경제 자체에 기초를 두게 되고, 경제 자체는 욕망의 탄압의 리비도 투자들을 직접 생산하는 그런 방식으로, 잉여가치의 실현 내지 흡수로서의 반생산이 생산 속에 스며들어 있다(안오 p614 참조). 원시 영토기계와 야만 전제군주기계가 초재적 억압에 의해 그 사회체를 유지하는 것과는 달리 문명 자본주의기계, 즉 자본주의 사회체는 공리계라는 내재적 장치에 의해 생산과 반생산 양자의 측면을 포함함으로써 탈영토화와 재영토화가 반복되는 자본주의의 지속성을 관철시킨다.

공리계는 새로운 공리가 끊임없이 덧붙여질 수 있다는 의미에서 개방적이다. 공리계의 개방성과 다원적 성격은 발생하는 문제들에 대해서 다양하고 유연한 해결책을 제시할 수 있다는 것을 의미한다. 이는 자본주의의 영속적인 탈영토화의 흐름들의 다양한 공리계적 결합의 가능성을 보여 주는 것이다. 여기서 들뢰즈/가타리의 흐름의 연결접속 혹은 연접(connexion)과 결합(conjugaison)이라는 두 개념을 알고 넘어가야 한다. "탈코드화되고 탈영토화된 흐름들이 서로를 활성화하고 흐름들 공통의 탈주를 촉진시키고 흐름들의 양자들을 더하거나 자극하는 방식을 가리키는 것을 연결접속이라고 하며, 흐름들의 결합은 흐름들의 상대적인 정지를 가리키는 말로서 이 정지는 탈주선을 봉쇄하거나 가로막고 일반적인 재영토화를 수행할 뿐만 아니라 흐름들을 덧코드화할 수 있는 여러 흐름들 중 한 흐름의 영역으로 흐름들을 지나가게 한다."(천고 pp419~420) 연결접속은 리좀을 형성하고 결합은 하나의 수목형 체계를 구성한다(천고 p797 참조). 공리화는 흐름들을 결합시키는 하나의 층화로서 이에 맞서는 다양한 흐름의 연결접속의 시도들은 하나하나 모두 혁명적인 것들이라 이름 붙일 수 있는 것이다(천고 pp903,904 참조).

들뢰즈와 가타리는 자본주의를 "탈코드화되고 탈영토화된 모든 흐름들의 결합(conjonction)"으로 정의한다(안오 p385). 결합이라는 용어는 접합접속이나 통접이라고 하기도 하는데(천고 p869 참조, 진화 p363 참조), 그것은 무의식적 욕망의 흐름들의 종합을 표현하는 연접, 이접, 통접 중의 하나로서 탈영토화된 흐름의 계열들이 수렴하여 서로 합쳐져 재영토화를 이루는 것을 말한다. 앞서 말한 것처럼 자본주의에서의 재영토화하는 새로운 공리계를 이루는 것이다. 『천 개의 고원』에서는 결합(conjugaison)과 접합접속(conjonction)을 구분해 사용하기도 하지만(천고 p881 참조), 두 용어는 같은 의미로 보아도 무방하다. "자본주의와 그 절단은 단순히 탈코드화된 흐름들에 의해 정의되는 것이 아니라 흐름들의 일반화된 탈코드화와 새로운 거대한 탈영토화 그리고 탈영토화된 흐름들의 결합에 의해 정의된다. 자본주의의 보편성을 만든 것은 바로 이 결합의 특이성이다."(안오 p383) "자본주의는 질적으로 아무런 규정도 받지 않는 부의 흐름과, 마찬가지로 질적인 한정을 받지 않는 노동의 흐름이 만나 접합될 때 형성된다."(천고 p869) 실제로 최초의 자본주의는 "돈-자본이라는 형식을 지닌 생산의 탈코드화된 흐름들과 '자유노동자'라는 형식을 지닌 노동의 탈코드화된 흐름의 만남으로 탄생한다."(안오 p70)

들뢰즈와 가타리의 자본주의 정의는 소수자과학의 미시적 관점, 즉 양자적 흐름(flux à quanta)의 관점에서 이루어진 것이다. 이는 절편적 선(ligne à segments)을 좌표로 하는 거시적 관점을 바탕으로 하는 근대적 자본주정의와는 다르다. 기본적으로 들뢰즈의 잠재성의 철학에 입각한 들뢰즈 경제학은 자본주의사회기계의 정체성을 그 잠재성인 자본주의-추상기계에서 찾는다. 추상기계는 구체기계인 배치의 잠재성이다. 『차이와 반복』에서의 들뢰즈의 반복이론에 의하면, 하나의 몸체의 정체성은 반복되는 것으로서의 그 잠재성이다. 따라서 하나의 사회적 몸체, 사회체로서의 자본주의를 개념화하는 것도 영속적으로 반복하는 현실적 배치로서의 구체적 자본주의기계들의 정체성, 잠재성인 자본주의-추상기계를 규정하는 것일 수밖에 없다. 추상기계는 구체적인 기계들, 배치들로 현실화하기 이전의 잠재적인 차원에서 작동하는 기계다. 추상기계는 다양한 방식에 의해 하나의 현실적 기계로 구체화될 수 있는 비물체적인 반복적 기계다. 푸코의 미시적 권력장치 분석에 의하면 감옥, 학교, 병영, 병원, 공장 등은 모두 감옥-추상기계 혹은 규율-추상기계가 반복적으로 작동한 결과 현실화된 구체적 배치들이라고 할 수 있다. 푸코는 규율의 기능을 현대사회의 고유한 권력 작용으로 규정한다. 이와 마찬가지로 현실적인 구체적 배치로서의 자본주의기계도 자본주의-추상기계가 현실화한 것이라 할 수 있다. 자본주의체제의 변화와 발전은 그 잠재성인 자본주의-추상기계의 반복에 다름 아니다. 자본주의-추상기계를 구성하는 힘의 관계, 권력관계의 변화에 따라 자본주의는 연속적으로 변이의 과정을 거친다. 자본주의-추상기계의 질료와 기능의 조합, 질료의 독자성과 표현의 특질들의 조합에 따라 새로운 형식과 실체를 형성하고, 결국 새로운 내용과 표현의 이중분절을 가지는 배치로서 구체적인 자본주의기계가 성립하게 된다. 이 과정에서 가장 핵심적인 기능으로 작용하는 것이 자본의 흐름인 것이다. 앞에서 자본주의사회체는 '코드의 잉여가치에서 흐름의 잉여가치로'라는 언표에 의해 성립된다고 했듯이 탈코드화의 흐름으로부터의 잉여가치 획득이 자본주의-추상기계를 구성하는 자본의 핵심 기능이다. 자본의 양가적인 독특한 기능, 즉 주체화의 점으로서의 기능과 탈영토화의 첨점으로서의 기능이 추상기계를 덧코드화의 추상기계와 변이의 추상기계로 각각 작동시킴으로써 다음과 같은 자본주의의 상반된 경향성을 야기한다.

"흐름들의 탈코드화, 사회체의 탈영토화는 자본주의의 가장 본질적 경향이다."(안오 p70) 전(前)자본주의 사회체가 코드와 초코드화에 의해 그 본질이 지속적으로 유지되었던 것과는 달리 자본주의사회기계 혹은 사회체는 그 사회체 자체의 고정된 본질이나 정체성이 오래 지속될 수 없는, 탈영토화가 끊임없이 일상화된 사회체다. 원시 영토기계에서 야만 전제군주기계로 넘어가는 과정도 하나의 거대한 탈영토화의 과정으로 볼 수 있지만 이것은 영토 공동체들을 수집하고 덧코드화하고 초과노동을 전유함으로써 보존하는 영토 공동체들에 탁월한 통일을 덧붙이기 위한 일회성의 사건일 뿐이다(안오 p439 참조). 자본주의 이전의 사회체들이 욕망의 흐름들을 코드화하거나 덧코드화하는 데 사회 유지의 기반을 두었던 반면에, 자본주의기계는 사회장 전체를 포괄하는 코드를 제공할 능력이 없다(안오 pp69,70 참조). 대신 공리계라는 흐름들의 내부화 장치가 재코드화를 대체한다. 이것이 자본주의의 상반된 경향성이다. 이는 근본적으로 자본주의적 욕망의 상반된 경향성에서 유래한다고 할 수 있다. 들뢰즈/가타리의 분열분석에서 무의식적 욕망은 편집증과 분열증, 반동적인 것과 혁명적인 것의 두 극 사이에서 진동한다. 자본주의의 상반된 경향성은 이러한 분열분석의 좋은 본보기다.

학 생 선생님, 존재의 이중운동과 무의식적 욕망의 양극 사이의 왕복

운동은 같은 것으로 보면 되는 것입니까?

강규석　결국은 같은 것이지. 엄밀히 말한다면 같다기보다는 존재의 이중운동이 차이의 역량을 근거로 한 일반론이라면 무의식적 욕망이나 망상의 분열증의 극과 편집증의 극 사이의 진동은 인간사회를 설명하는 특수한 논리라 할 수 있을 것이다. 잠재와 현실, 탈영토화와 재영토화 사이의 이중운동이 혁명적 극과 반동적 극 사이의 진동과 꼭 일치한다고 할 수는 없지만 들뢰즈의 철학사상과 들뢰즈/가타리의 사회사상 사이의 차이 정도가 있다고 한다면 적절한 비유가 되지 않을까 하는데, 여러분 생각은 어떤가? 인간의 무의식적 욕망의 흐름들이 아무리 변화무쌍하고 복잡하더라도 지배세력에 대한 복종과 욕망의 억압을 지향하는 경향은 곧 영토성으로서의 반동적인 다수자-이기와 다를 바 없고, 반대로 욕망의 해방을 지향하는 경향은 다수자로부터의 탈영토화와 탈주로서 소수자-되기, 혁명적으로 되기와 차이가 없는 만큼 양자를 같은 것으로 봐도 무방할 것이다. 『천 개의 고원』의 일반적인 배치론으로서의 분열분석과 『안티 오이디푸스』의 특수한 사회경제적 욕망론으로서의 분열분석 사이의 차이로 이해해도 될 것 같다.

자본주의는 자신의 극한으로 향하는 동시에 끊임없이 이 극한을 억지한다. 자본주의는 자신의 경향성을 가속하는 동시에 끊임없이 이 경향성을 반대하고 금지한다. "맑스는 이윤율의 경향적 저하와 잉여가치의 절대량 증가라는 이중운동을 상반된 경향의 법칙이라 불렀다. 이 법칙의 따름정리로서, 흐름들의 탈코드화 내지 탈영토화와 이 흐름들의 격렬하고 인조적인 재영토화라는 이중운동이 있다."(안오 p71) "자본주의는 자기가 한 손으로 탈코드화하는 것을 다른 손으로 공리화한다."(안오 p416) "자본주의는 탈코드화되고 탈영토화된 흐름들의 일반적인 공리계다."(진화 p446) 들뢰즈와 가타리는 맑스주의의 상반된 경향의 법칙을 이런 방식으로 재해석한다. 결국 자본주의의 전개 과정도 존재의 내재적 전개 과정인 탈영토화와 재영토화의 영원한 이중운동으로 귀결되는 것이다. 전(前)자본주의 사회체와 구별되는 이러한 자본주의에 독특한 상반된 경향성으로부터 자본주의의 보편성이 유도될 수 있고, 자본주의의 지속성이나 자본에 대한 저항의 문제 등 여타 문제들에 대한 해답이 차례로 제시될 수 있다.

자본주의가 탄생하기 위해서는, 탈코드화된 흐름들만으로는 충분치 않고, 이 모든 흐름들이 만나, 결합, 그리고 이것들 상호 간의 반작용이라는 우발적 사건들이 더 필요했다. 어느 시대 어느 체계에서나 부분적으로 혹은 일시적으로 탈코드화는 일어나지만, 그것만으로는 자본주의가 발생할 수 없었다는 것을 들뢰즈/가타리는 고대 로마와 중세 봉건제의 사례에서 보여 주고 있다(안오 pp380~382 참조). 자본주의기계는 탈코드화된 흐름들로부터 잉여가치를 획득한다. 코드화와 덧코드화로 정의되는 전자본주의 체제와 달리 자본주의는 코드의 잉여가치로부터 흐름의 잉여가치로의 변환에 의해 근본 성격이 규정된다(안오 pp388,395 참조, 천고 p865 참조). 요컨대 자본주의는 탈코드화된 흐름들의 결합으로부터 잉여가치를 생산해 내는 체제다. 자본주의 공리계는 이러한 흐름들의 전면적 결합을 의미하며(천고 p880 참조), 흐름의 잉여가치 획득을 유지하기 위한 자본주의 수호 장치라고 할 수 있다. 공리계는 변수들 사이의 고정된 관계를 설정하는 개방된 등식들의 집합이라고 했다. 재영토화 장치로서의 공리계 내에서 탈코드화와 탈영토화는 변수들의 연속적 변이로서 나타난다. 변수 자체의 변이와 생성 그리고 변수들 간의 관계들의 변이와 생성들이 탈코화와 탈영토화의 흐름들인 것이다. 코드화와 덧코드화와는 달리 공리계의 개방성과 유연성으로 말미암아 자본주의사회체는 공리의 추가나 제거를 통해 새로운 변수들 간의 새로운 관계가 성립하는 과정에서 발생하는 잉여가치를 포획할 수 있다. 전자본주의적 사회체는 코드와 덧코드화에 의해 유지되지만 자본주의사회체는 공리계에 의해 그 지속성이 보장된다. "이 공리계는 옛 코드화들을 대신하며, 과학과 기술 코드의 흐름들을 포함해서 탈코드화된 모든 흐름을 조직하여 자본주의 체계의 이익을 도모하고 그 목적들에 복무한다."(안오 pp396~397)

코드와 대비되는 공리계의 특징은 이상 설명한 것처럼 내재성과 개방성에 있다. 공리계가 개방적이라는 것은 자본주의가 내재적으로 발전해 가는 과정에서 어떤 한계에 직면할 경우 새로운 공리의 추가에 의해 그 한계를 언제든지 극복할 수 있다는 것을 의미한다. 그 극복의 방법은 잉여가치 생산의 새로운 방법을 제시함으로써 자본주의 자체의 내재적 한계를 더 바깥으로 밀쳐 내는 것이다. 자본주의는 기존 자본의 주기적인 가치 저하와 같은 그 자체에 고유한 한계에 충돌할 때 그 한계를 되밀치고 이동시켜 이윤율이 더 높은 산업에서의 새로운 자본의 형성이라는 새로운 공리계를 구축한다(천고 p887 참조). 이윤율의 경향적 저하라는 공리에 자본의 중심부에서 주변부로의 이전이라는 공리가 덧붙여지는 것이 그 대표적인 예다.

지금까지 논의에서 우리는 자본주의 공리계는 자본주의사회체를 유지하기 위한 재영토화 장치이지만 동시에 그 개방적 성격상 그 자체가 탈영토화의 잠재성을 내포하고 있다는 것을 알 수 있다. 새로운 공리의 추가는 자본주의사회체의 탈영토화다. 공리계의 운동은 재영토화인 동시에 탈영토화가 이루어지는 과정이다. 우리는 "자본주의가 자기가 한 손으로 탈코드화하는 것을 다른 손으로 공리화한다"(안오 p416)는 것을 알고 있다. 이처럼 공리계는 흐름을 조직하고 명령을 강제하는 방식이지만, 자본의 탈출구이기도 하다(진화 p367 참조). '중심부에서 주변부로의 이전의 공리'(안오 p427)에서와 같은 자본주의 내적 극한의 "이전 운동은 본질적으로 자본주의의 탈영토화에 속한다"(안오 p393)고 할 수 있다. 앞서 본 것처럼 자본주의의 내재성의 양상은 생산과 반생산을 모두 포함한다. 자본주의의 내재적 공리계는 탈영토화와 재영토화의 두 축을 모두 담당하고 있다. 그리고 이는 탈영토화와 재영토화가 동전의 양면과 같이 항상 동시에 이루어지는 과정이라는 들뢰즈/가타리의 사상에 정확히 부합한다. "흐름들이 자본주의에 의해 탈코드화되는 일과 공리화되는 일은 동시에 일어난다."(안오 p416) 자본주의사회체의 탈영토화는 잉여가치를 흡수하는 반생산 장치들에 의한 재영토화와 동시에 일어난다. 자본주의의 내적 극한의 이전 운동은 공리계의 추가와 제거의 과정과 일치하는 것이고, 공리계의 이러한 운동은 탈코드화와 탈영토화, 그리고 재영토화의 지속적인 이중운동의 과정이다.

요약하면, 들뢰즈와 가타리의 자본주의 분석은 단순하게 자본주의가 분열증과 공리계의 양의적 성질을 가진다고 정리할 수도 있지만 공리계 자체가 이러한 양가적 측면을 가진다고 해석할 여지도 있다는 것이다. 그렇다면 자본주의사회체는 자본주의 공리계로 불러도 상관없다. 분열분석에서 무의식적 욕망의 리비도 투자가 두 개의 극을 갖는 것과 마찬가지로 공리계도 두 개의 극을 가진다고 할 수 있다. 현대사회들의 사회 공리계는 두 극 사이에 붙잡혀 있고, 끊임없이 한 극과 다른 극 사이를 왕복한다. 현대사회들은 자기의 자본들을 탈코드화하거나 탈영토화하게 하는 한편, 온 힘을 다해 재코드화한다. 현대사회들은 편집증과 분열증 사이에 붙잡혀 있다(안오 p437 참조). 들뢰즈/가타리는 다음과 같이 말한다. "현대사회들은 한 극에 울타리를 치지만, 다른 극을 통해서는 흐르거나 흘러나온다. 현대사회들은 끊임없이 자기보다 지체되는 동시에 자기보다 앞선다."(안오 p438) 현대사회들은 끊임없이 퇴행과 진보를 반복한다. 영토화와 재영토화를 반복한다. 자본주의 공리계는 하나의 사회 공리계로서 새로운 잉여가치의 창출을 위한 새로운 '공리의 추가'는 하나의 탈영토화라 할 수 있으며, 그에 따른 새로운 '공리계의 구축'은 자본주의의 새로운 재영토화인 것이다. 종래의 맑스의 이윤율의 경향적 저하의 법칙에 기반한 논의와는 대조적으로 현대 자본주의기계는 이처럼 들뢰즈/가타리의 용어로 재해석된 상반된 경향의 법칙으로 설명될 수 있다.

핵심은 들뢰즈/가타리가 분열증을 절대적 탈영토화의 과정으로 보듯이 자본주의를 상대적 탈영토화라는 하나의 과정으로 본다는 것이다. 자본주의기계 또는 자본주의사회체는 공리계의 개방과 폐쇄 사이를 오가는 탈영토화와 재영토화의 영원한 이중운동 하에 있는 자본주의적 욕망의 과정이다. 들뢰즈/가타리의 유물론적 정신의학에서 볼 때 욕망은 기계이고 생산이다. 욕망적 기계, 욕망적 생산은 흐름의 생산과 그 절단들로 정의된다. 들뢰즈와 가타리가 탈코드화와 탈영토화의 흐름들의 결합, 이러한 흐름들로부터의 잉여가치의 생산으로 정의하는 자본주의는 자본주의 하의 욕망 그 자체다. 무의식적 욕망, 욕망적 생산으로서의 자본주의. 이것은 끊임없이 탈영토화와 재영토화를 반복한다. 현실의 구체화된 배치로서의 자본주의체제는 일시적이고 잠정적인 것에 불과하다. 일시적인 체제로 고정된 자본주의를 분석하는 근대경제학은 그 체제의 몰적인 변화나 파괴를 혁명의 수단으로 제시할 공산이 크다. 그러나 자본주의를 욕망적 생산의 과정으로 보는 들뢰즈 경제학은 혁명의 수단을 분자적 차원에서 찾는다. 무의식적 욕망을 혁명적 극으로 접근시키는 것, 즉 무의식적 욕망의 분열증화 내지 절대적 탈영토화가 그것이다.

자본주의 하의 욕망의 흐름

강규석 오늘은 자본주의를 작동시키는 근원적 추동력이라 할 수 있는 자본주의 하의 욕망의 흐름에 대해 공부하기로 하자. 여러분은 오늘 들뢰즈 경제학의 욕망경제학으로서의 진면목을 볼 수 있을 것이다. 욕망에 대한 들뢰즈와 가타리의 이론은 이미 잘 알고 있을 것이다. 우리는 자본주의 기계에서 작동하는 무의식적인 생산적 욕망을 논하고자 한다. 욕망적 흐름들은 어디에서나 흐른다. 여기서 흐름은 실제로 흘러가는 것이 아니라는 것도 잘 이해하고 있으리라 본다. 세상을 구성하는 가장 근원적인 것을 지칭하는 것으로 미립자들(particle), 강도들(intensité), 특이성들(singularité), 이러한 것들이 들뢰즈/가타리가 말하는 흐름에 속하는 것들이다. 영토기계에서도 전제군주기계에서도 욕망적 입자들, 욕망적 강도들, 욕망적 특이성들은 흐른다. 그러나 그곳에서의 흐름들은 코드화되거나 덧코드화되어 있다. 이와는 대조적으로 탈코드화된 흐름들, 탈영토화된 흐름들이 자본주의를 움직이는 잠재적 역량으로서의 욕망이다. 이러한 욕망적 흐름들이 자본주의적 사회체라는 조건과 형식, 즉 자본주의 공리계에 의해 포획되어 구체화된 것이 자본주의 하의 욕망 또는 자본주의적 욕망이다. 즉 자본주의사회기계에 의해 순화되고 내면화된 욕망이 자본주의적 욕망인 것이다. 이 과정에서 정신분석의 오이디푸스가 큰 역할을 수행한다는 것이 들뢰즈와 가타리의 주장이다. 그리고 정신분석과 자본주의에 대한 분석, 비판과 함께 욕망적 흐름의 해방의 길을 모색하는 것이 바로 그들의 분열분석이다. 해방과 혁명의 길은 자본주의적 욕망을 벗어나 우리가 가지는 원래의 참된 욕망을 찾아가는 끝없는 지난한 과정이다.

욕망은 기본적으로 무의식적 욕망으로서 비인칭적이고 잠재적인 역량을 의미한다. 욕망이 반동적 방향으로 진행되고 오이디푸스화하여 인물화된 재현적 무의식에 접근할 때 그것은 체제에 순응하는 자본주의적 욕망이 된다. 욕망이 해방의 방향으로 전개되어 체제와 관계없는 실재에 접근해 감에 따라 우리는 생산적 무의식으로서의 참되고 순수한 욕망에 다가갈 수 있다. 그러나 지금 말하는 해방과 혁명은 자본주의를 완전히 벗어나는 것이 아니다. 해방과 혁명은 욕망의 경계에 있다. 절대적 탈영토화, 해방으로서의 분열증은 자본주의기계의 외부 극한이라는 말은 이것을 의미하는 것이다. 해방은 자본주의적 욕망을 일거에 타파하는 것이라기보다는 욕망을 혁명적 극에 접근시키는 것, 분열증의 극으로 방향을 트는 것이다. 완전한 끝은 없다. 탈영토화와 재영토화의 영원한 이중운동만이 있을 뿐이다.

자본주의 하의 욕망의 흐름, 자본주의적 욕망과 참된 욕망의 관계, 사회적 생산으로서의 자본주의적 생산과 욕망적 생산의 관계를 설명하기 위해서 들뢰즈와 가타리는 욕망에 대한 일반적 억압-탄압의 체계를 제시한다. 사회기계가 욕망적 기계들에 행사하는 탄압(répression)이 존재한다. 들뢰즈/가타리는 "생산의 사회적 형식은 욕망적 생산에 대해 본질적 탄압을 행사"한다고 주장한다(안오 p208). "사회체의 문제는 언제나 욕망의 흐름들을 코드화하고 기입하고 등록하여, 막히거나 수로화되거나 규제되지 않는 그 어떤 흐름도 흐르지 못하게 하는 것이다."(안오 p69) "욕망을 코드화하는 것, 탈코드화된 흐름들에 대한 공포와 불안을 코드화하는 것, 그것이 바로 사회체의 일이다."(안오 p245) "유순한 주체들을 형성하기 위해, 또 탄압적 구조들 속에 포함되는 사회구성체의 재생산을 확보하기 위해, 탄압은 억압이 필요하다."(안오 p211) 들뢰즈/가타리가 설정하는 억압-탄압의 체계에서의 억압(refoulement)은 내면화된 탄압이다. "탄압이 의식적이기를 그치면서 욕망에 되어버려 그리 다의이다."(안오 p212) 사회적 탄압이 어떻게 억압을 통하여 욕망을 왜곡하는지, 그 과정을 보여주는 한 사례가 바로 정신분석의 가족주의에 의한 욕망의 오이디푸스화라고 할 수 있다(안오 pp211~217 참조). 생산으로서의 욕망이 결핍과 거세, 근친상간의 이미지로 왜곡된다. 어쨌든 무의식들의 "종합의 오이디푸스적 사용들, 오이디푸스화, 삼각형화, 거세" 이 모든 것의 근저에는 "사회적 생산, 사회적 재생산, 사회적 탄압의 모든 힘이 있다."(안오 p216) 요컨대, 사회체의 욕망에 대한 본질적 탄압이 존재하고, 그 탄압이 내면된 무의식적 차원에서의 억압이 있다는 것이 들뢰즈/가타리의 억압-탄압의 체계다. 자본주의의 경우는 어떨까?

문명적인 자본주의체제는 "원시 체제도 야만 체제도 우리에게 그 생각조차 하게 하지 못했던 탄압 장치를 조립한다"(안오 p559)는 것이 들뢰즈와 가타리의 생각이다. 자본주의가 예전의 체제들보다도 훨씬 더 욕망적 생산에 대해 탄압적인 이유를 그들은 죽음본능(instinct de mort)에서 찾는다(안오 p557 참조). 이 죽음본능은 프로이트의 죽음충동(Todestrieb)과는 다르다. 들뢰즈/가타리의 죽음본능은 죽음을 향한 충동이나 욕망이 아니다. 여기서 본능은 '삶의 조건'(안오 p557)이다. 죽음본능은 삶의 조건들 중 하나다. 즉 죽기 위한 것이 아니라 살아가기 위한 하나의 조건이다. 다만 '욕망을 짓 부수는 죽음본능'(안오 pp318,441)이다. 욕망적 생산에 대한 반생산으로서의 죽음본능이다. 예전의 체제들에서는 반생산이 초월적 심급에 속했다면 앞서 본 것처럼 자본주의체제에서의 반생산은 내재화되어 생산 과정 전체에 흡수되고 전파되어 생산과 얼키설키 뒤엉켜있다. "반생산은 체계 속으로 확산된다. 사람들은 반생산을 자신을 위해 사랑하는 것이다. 이것이 거대 자본주의 집합 속에서 욕망이 스스로 억압되는 방식이다."(안오 p574)

들뢰즈와 가타리는 "죽음본능은 정신분석과 자본주의의 혼인을 거행한다."(안오 p555)고 말한다. 이 문장에서의 죽음본능은 오이디푸스와 동일하게 봐도 무방하다. 자본주의 내재장에서의 죽음본능의 보편적 유출은 오이디푸스에서 옥토와 양분을 공급받는다(안오 pp451,452 참조). "오이디푸스는 연결들을 정지하고 흐름들을 마르게 하고 욕망에 죽음을 집어넣는다."(안오 p641) 죽음본능의 전파, 욕망적 생산을 억압하는 반생산 장치의 내재화는 무의식적 리비도 투자의 반동적 지표의 하나인 오이디푸스의 내면화를 의미한다. 자본주의적 오이디푸스 조작의 논리적 토대를 제공하는 것이 정신분석이다. 오이디푸스화는 정신분석이 발견한 무의식의 자본주의적 재현의 핵심 논리다. "모든 사회적 이미지를 제한된 가족의 허상들에 적용하는 일은 자본주의장의 반동적 투자에 속한다."(안오 p453) 사회적 리비도 투자의 반동적 지표의 하나로서(안오 p603 참조) 오이디푸스는 모든 사회구성체에서 있어 왔지만, 탈코드화된 흐름들에 의해 생산된 사회적 이미지들이 욕망에 의해 투자된 가족 이미지들로 실제로 복귀한다는 의미에서 오직 자본주의 구성체에서만 오이디푸스의 완전한 내면화가 이루어진다.

이로써 마침내 오이디푸스는 자본주의에서 욕망의 대표로 자리잡게 된다 (안오 pp448,449 참조). 들뢰즈/가타리는 이것을 오이디푸스가 "점유될 뿐 아니라 거주되고 체험"(안오 p448)된다고 표현한다. 그들은 전(前)자본주의적인 힌두인이나 에스키모는 오이디푸스를 꿈꿀 수는 있으나 그것이 콤플렉스까지 되는 일은 없다는 카디너의 지적에 큰 의미를 부여한다(안오 p307 참조). 오이디푸스가 "체계의 한가운데로 이주하고 그 자신이 욕망을 대표" 하는 것은 "자본주의 구성체 속에서만 실현된다."(안오 p308) 자본주의체제에서 죽음은 내재화된 본능이 된다. 반생산으로서의 죽음을 삶의 조건으로서 내면화하는 것이다. 자기 자신의 탄압을 욕망하고, 억압을 내면화한다. 욕망적 생산을 억압하는 반생산의 내재화, 죽음본능의 내재화다. 이로써 욕망을 으깨는 죽음본능의 기능이 작동한다.

이제 우리는 현대 자본주의체제에서의 사회적 생산과 욕망적 생산 사이의 관계에 대한 결론을 내릴 수 있다. 내재성과 탈코드화라는 특성 덕분에 현대 자본주의 재현의 체제에서 사회적 생산과 욕망적 생산 간의 본성의 동일성은 가장 크다고 할 수 있다. 하지만 양자간의 체제의 차이도 영토적 재현의 체제와 제국적 재현의 체제에 비하여 가장 크다. 마찬가지로 내재성과 탈코드화라는 특성 덕분에 반생산이 욕망에 침투하여 욕망을 짓부수는 죽음본능이 생산 전체를 가로질러 퍼짐으로써 욕망에 대해 다른 어떤 것보다도 더 강한 억압-탄압의 조작을 행할 수 있기 때문이다(안오 pp440~441 참조). 이는 자본주의체제의 양의성을 다시 한번 적나라하게 보여 주는 것이다. 자본주의는 혁명성과 반동성을 동시에 갖고 있다. 자본주의적 생산은 초재와 코드 및 덧코드화를 거부한다는 면에서 욕망적 생산과 가장 가깝다. 그러나 자본주의사회체는 내재적 공리계의 은밀하지만 정교하고도 강력한 능력으로 말미암아 욕망에 대한 탄압에 있어 다른 체제를 압도한다. 결국 자본주의 공리계는 죽음의 공리계를 형성한다. 전(前)자본주의 사회체와 달리 사적 소유와 사유화된 가족이 확립된 상황 하에서 사회적 생산의 주체인 노동은 생산수단과 생산물로부터 소외되고, 욕망적 생산의 주체인 무의식은 오이디푸스화한다. 이러한 노동-욕망의 이중 소외 속에서, 욕망을 짓부수고 으깨는 죽음본능이 탄압장치를 탈취하고 리비도의 순환을 관리하는 체계 속에서 살아있는 욕망은 단 하나도 없게 된다(안오 pp559~560 참조). 이러한 자본주의적 죽음의 공리계 하에서 억압의 오이디푸스적 덫과 그 모든 부속물을 해체하고 욕망적 기계들을 재가동시키는 것이 분열분석의 임무인 것이다(안오 p562 참조).

이 시점에서 우리는 끊임없이 제기되어 온 다음과 같은 문제들을 해명할 수 있다. 자본 자체에 대한 사랑, 탄압 자체에 대한 사랑, '한 자본가가 자신의 바닥에서 욕망하는 것은 무엇일까?', '인간이 타인들에 대해서뿐만 아니라 자신에 대해서도 탄압을 욕망하는 것은 어떻게 가능할까?' 같은 문제들이다. 그에 대한 답은 지금까지 논의한 무의식적 욕망의 독특한 형식과 기능들에서 찾을 수 있다(안오 p656 참조). 들뢰즈와 가타리는 자본주의를 정의하는 것은 자본가들의 이해관계가 걸린 이윤의 문제가 아니라고 한다. 자본주의를 정의하고 이윤을 조건 짓는 것은 무의식적-리비도적 본성을 가진 욕망의 투자이며 이것이 소자본가가 큰 이윤도 희망도 없이 자신의 투자들 전반을 통합적으로 유지하는 것을 설명해 준다고 한다. 그리고 더 나아가 자신의 이해관계의 전의식적 투자들이 자본주의의 방향으로 가지 않거나 가지 말아야 할 사람들이 자본주의에 대한 이해관계 없는, 즉 사심 없는 사랑으로서의 무의식적 리비도 투자를 유지하고 있다는 점을 밝힌다

(안오 p616~617 참조). 인간의 무의식 속에 자본 자체에 대한 사랑, 욕망이 있는 것일까? 나는 긍정적으로 본다. 획득되는 이윤의 양은 중요치 않다고 본다. 이해관계에 상관없는, 사심 없는 자본 자체에 대한 사랑이 확실히 우리의 생산적 무의식으로서의 욕망의 한 부분을 차지하고 있다는 것을 부정하기는 어려울 것 같다. 이것은 분열분석에서 배웠듯이 무의식적 투자들의 결합종합의 분리차별적 사용에 의해 '지배계급에 대한 일반적 복종'을 확보할 수 있다고 본 들뢰즈와 가타리의 생각이기도 하다.

학 생 선생님, 그래서 도대체 정신분석과 오이디푸스와 자본주의가 무슨 관계가 있다는 것입니까? 쉽게 좀 설명해 주세요.

강규석 자본주의사회체의 저 깊은 곳에서도 다른 사회체와 마찬가지로 무의식적 욕망이 꿈틀거리고 있다. 『안티 오이디푸스』식으로 말하면 욕망적 생산이 자본주의에 독특한 조건과 군집의 형식에 따라 자본주의적 생산으로 전화됨에 따라 자본주의사회체가 성립되고, 『천 개의 고원』식으로 말하면 욕망이라는 기계적 배치의 과정에 의해 자본주의라는 거대 기계가 구성된다. 다른 사회체, 다른 사회기계와 마찬가지로 욕망, 욕망적 생산, 생산적 무의식이 자본주의체제를 구성하는 근거이자 원천이다. 자본주의기계는 무의식적 욕망의 리비도 투자의 두 극 사이에서 반동적으로 향하거나 혁명적으로 향하기를 반복한다. 이 과정에서 정신분석은 자본주의의 반동적 방향에 적극 동참한다. 이론적으로 말하면 무의식의 결합종합의 분리차별적 사용에 정신분석이 적극 편승하는 것이다. 들뢰즈/가타리는 죽음본능이 정신분석과 자본주의의 혼인을 거행한다고 하는데, 이것은 자본주의의 독특한 조건이 정신분석이 파고들 여지를 만들어 주었다는 뜻이기도 하다. 즉 반생산을 생산 과정에 포함시키는 자본주의체제의 내재적 과정의 특성이 탄압-억압체계의 조작, 무의식의 가족화·오이디푸스화라는 무의식의 인물화와 재현화를 수월하게 할 수 있었던 것이다. 그들은 정신분석을 "자본 기계의 고유한 자폐증이며 생래적 변태"(안오 p520)라고까지 하는데, 이는 그만큼 자본주의가 정신분석의 조작에 적합하다고 할까, 혹은 취약하다고 할까 말할 수 있는 특성을 가지고 있음을 나타내는 표현이다.

요약하면, 오이디푸스는 무의식의 반동화의 하나의 지표가 될 수는 있다(안오 p603 참조). 그러나 정신분석은 반동적 투자의 지표 중의 하나에 불과한 오이디푸스로 무의식 전체를 덮는다. 무의식의 현상들을 모두 오이디푸스로 귀착시킨다. 정신분석은 오이디푸스를 강화하고 자본주의체제의 반동화 또는 오이디푸스화에 협력하고 그것을 조장한다. 오이디푸스로 욕망을 으깨고 짓부순다. 자본주의 공리계의 혁혁한 공로자가 된다. 그러나 자본주의사회체의 근간인 무의식적인 생산적 욕망은 그 자체로 혁명적일 수도 비오이디푸스적일 수도 있으며, 반동적일 수도 오이디푸스적일 수도 있다. 정신분석이 주장하는 오이디푸스가 자본주의의 본질이라고 할 수는 없다. 단지 무수히 많은 콤플렉스 중의 하나라고 할 수 있을 뿐이다. 정신분석의 의도를 분쇄하고 참된 욕망의 길로 인도하려는 것이 분열분석이다.

자본주의의 보편성과 지속성

우리는 이제 들뢰즈와 가타리가 그리는 자본주의사회체의 대체적인 윤곽을 파악한 만큼 자본주의에 대한 핵심적인 쟁점들을 차례로 풀어 나갈 수 있는 기초가 마련되었다고 생각한다. 추상기계로서의 자본주의 그리고 구체기계 혹은 배치로서의 자본주의를 최종적으로 명확히 규정하고 그 변환, 즉 자본주의 하의 생성 더 나아가 혁명을 논할 때가 된 것 같다. 우선 자본주의의 보편성과 그 지속성에 관한 문제부터 결론짓고 넘어가기로 하자. 앞에서 결합의 특이성, 즉 공리계의 개방성과 유연성이 자본주의의 보편성을 만든다고 했는데, 이 외에도 들뢰즈/가타리는 자본주의의 보편성을 자주 언급한다. 자본주의가 보편적이라는 것은 무엇을 의미하는 것일까? 들뢰즈/가타리가 사용하는 음화(陰畵, négatif, 영어로 negative)라는 표현에서 그 단서를 찾을 수 있다. "자본주의가 보편적 진리라면, 그것은 자본주의가 모든 사회구성체의 음화라는 의미에서다."(안오 p267)라고 그들은 말한다. 음화라는 말은 원래 사진 용어로 사물의 명암이 필름에 반대로 재생되어 나타나는 형상을 가리키는 것이다. 그런데 들뢰즈/가타리가 이 용어를 쓴 것은 정확히 자본주의의 보편성을 가리키기 위한 것이다. 음화라는 말은 여백 아니 더 이해하기 쉽게 여집합이라는 말로 대신할 수 있다. 기타 모든 것을 가리키는 말로서 말이다. 우리는 경제적이거나 사회적인 규제 방식을 얘기할 때 흔히 포지티브 방식과 네거티브 방식이라는 용어를 사용한다. 포지티브 방식은 규제되는 몇 가지를 일일이 열거하는 방식이고, 네거티브 방식은 열거된 몇 가지를 제외한 기타 전부를 규제하는 방식이다. 들뢰즈/가타리가 음화, 즉 네거티브라는 용어를 쓴 것은 바로 이러한 효과를 노린 것이라고 생각된다. 자본주의 공리계의 관점에서 부르주아계급의 계급으로서의 유일성, 보편성을 지적하기 위해 그들이 사용하는 음화, 즉 "계급은 카스트와 신분의 바로 저 음화다."(안오 p428)라고 할 때의 음화의 의미도 마찬가지다. 이 부분에서 그들은 계급 개념 자체가 코드들의 음화를 가리킨다는 것은 오직 하나의 계급밖에 없음을 내포한다고 명확히 밝히고 있다(안오 p429 참조). 요컨대 자본주의는 보편적이라는 말은 자본주의는 여타 사회구성체들의 여집합이라는 것, 다른 사회체들은 명멸이 가능하지만 자본주의는 항상 여백으로서 존재한다는 것, 그 지속성이 무한하다는 것을 의미한다. 이로부터 우리는 자본주의는 영원하며 역사의 끝이라고 결론을 내릴 수 있을까? 들뢰즈/가타리는 이 질문에 대해 긍정적인 것 같다. 그들의 다음과 같은 표현에서 그것을 알 수 있다. "역사 밖에 있는 것은 원시사회들이 아니다. 바로 자본주의가 역사의 끝에 있는 것이다. 바로 자본주의가 우발들과 우연들의 오랜 역사에서 귀결되는 것이며, 역사의 끝을 도래하게 한다."(안오 p267)

그러나 절대 오해하지 말아야 한다. 그들은 자본의 지배, 자본주의의 파시즘적 모습은 단호히 거부한다. 그리고 자본주의 하에서의 혁명적 실천을 위한 노력을 게을리하지 않는다. 자본주의를 탈코드화의 흐름의 결합으로 정의하고 그 보편성을 인정하더라도 구체적인 자본주의의 모습은 다양할 수밖에 없다. 우리는 들뢰즈 철학을 토대로 할 때 다른 개념들과 마찬가지로 자본주의를 한 가지로만 규정할 수는 없다. 탈코드화의 흐름들이 결합되어 이루는 자본주의의 모습은 수만 가지가 될 수 있다. 들뢰즈 경제학의 입장에서는 자본이 자본으로서의 성질을 가지는 경우, 즉 생산의 흐름들로부터 잉여가치를 획득하는 것이 인정되는 경우라면 무엇이든 자본주의라고 본다. 지금까지 자본주의 역사는 자본의 지배의 역사였다고 할 수 있지만 들뢰즈 경제학의 입장에서 볼 때 자본의 지배가 자본주의의 필요조건은 아니다. 우리는 탈코드화된 흐름들이 결합되어 잉여가치의 생산, 즉 자본의 증식이라는 자본의 욕망이 조금이라도 실현될 수 있는 체제라면 그 무엇이든 자본주의라고 본다. 사회주의체제도 자본주의의 한 양태에 불과하다. 일종의 국가독점자본주의로 볼 수 있다. 추상기계의 요소로서의 자본의 기능이 작동하는 한, 사회주의체제도 자본주의-추상기계의 하나의 현실화일 뿐이다. 들뢰즈/가타리에 의하면 현대의 모든 국가들은 동형성을 가진다. 중심 국가들에 대해 관료사회주의 국가들이라는 이형성과 제3세계 국가들이라는 다형성이 있지만(천고 p891 참조), 유일한 같은 외부의 세계시장에 따르는 자본의 실현 영역이라는 측면에서 원칙적으로 현대의 모든 국가는 동형적이라고 할 수 있다(천고 pp888·889 참조). 자본주의의 이러한 보편성은 자본주의의 지속성과 존립성에 직결된다.

들뢰즈와 가타리는 『안티 오이디푸스』에서 자본주의 공리계의 공리 중의 하나인 이윤율의 경향적 저하의 법칙을 가지고 이 문제에 접근한다. 이윤율 저하의 경향에는 종결이 없다. 이것은 이윤율이 끝없이 저하한다는 말이 아님을 주의해야 한다. 이윤율이 어떤 한계에 부딪히면 그 한계를 탈영토화의 운동에 의해 언제나 이전시킴으로써 잉여가치의 생산이 지속됨을 의미한다. 이윤율 저하의 경향이 어느 지점에서 극복되고 새로운 저하의 경향이 시작하기를 무한히 반복한다는 것이다. 이들은 단지 이전할 수 있는 내적 극한을 가질 뿐 최종적으로 도달 가능한 외부 극한은 없다는 식으로 이것을 설명한다. 이러한 논리를 근거로 하여 그들은 자본주의의 연속성과 존립성을 긍정한다(안오 pp389~393,398,402~403 참조). 자본의 축적은 영속적이며 끊임없이 재생산된다(안오 p394 참조). 결국 들뢰즈/가타리에게 경향적 저하의 법칙은 늘 극복되고 늘 재생산되기 때문에 결코 도달할 수 없는 극한들이라는 법칙, '외부 극한의 부재'(안오 p403)라는 법칙으로 추상화되기에 이른다. 그리고 그에 따른 직접적 귀결로서 탈영토화와 재영토화라는 두 운동의 동시성이 도출된다(안오 p437 참조). 이제 자본주의의 지속성을 더 명확하게 존재의 운동의 차원에서 규명해 보자.

우리는 앞에서 들뢰즈와 가타리가 맑스의 상반된 경향의 법칙, 즉 '이윤율의 경향적 저하와 잉여가치의 절대량 증가라는 이중운동'(안오 p71)을 그것의 따름정리로서 자본주의와 분열증의 이중운동, 공리계 또는 재영토화와 탈영토화의 이중운동으로 재해석하는 것을 볼 수 있었다(안오 p416 참조). 우리는 그들의 재해석으로부터 자본주의의 지속성에 관한 논의에 새롭게 다가갈 수 있다고 생각한다. 자본주의는 다른 사회구성체들이 코드화하고 초코드화했던 흐름들의 탈코드화를 시행하는 한에서 모든 사회의 음화로서의 극한이다. 하지만 자본주의는 모든 사회의 상대적 극한이다. 왜냐하면 자본주의는 극단적으로 엄격한 공리계로 코드들을 대체하기 때문이다. 반대로 분열증은 모든 사회의 절대적 극한으로서 자유로운 상태에서 흐름들을 탈영토화된 탈기관체 위로 지나가게 한다. 분열증은 자본주의 자신의 외부 극한 또는 자본주의의 가장 깊은 경향성의 종결점이지만, 자본주의는 이 경향성을 억제하거나 이 극한을 밀어내고 이전한다는 조건 아래서만 기능한다(안오 pp305~306,416,447 참조). 이로부터 자본주의 하의 혁명이 자본주의를 절대적 탈영토화로 밀어 넣는 것, 자본주의를 분열증화하는 것이라는 결론이 도출되는 것이다. 자본주의는 상대적 극한이고 분열증은 절대적 극한이다. 그러나 자본주의적 과정과 분열증의 과정은 둘 다 모두 무한한 과정이다. 자본주의가 상대적인 것은 욕망적 과정으로서의 분열증에 비해 상대적으로 그렇다는 것일 뿐이다. 분열증적 욕망뿐만 아니라 자본주의적 욕망, 인간적 그리고 기계적 잉여가치 생산의 욕망은 끝없는 과정이다. 자본주의의 지속성에 관한 들뢰즈와 가타리의 표현을 그대로 옮겨 보겠다. "자본주의에 관해 우리는 그것이 외부 극한을 갖고 있지 않다고 말하는 동시에 외부 극한을 하나 갖고 있다고도 말한다. 즉 그것은 분열증이라는 하나의 외부 극한을, 말하자면 흐름들의 절대적 탈코드화를 갖고 있지만, 또한 이 극한을 밀어내고 몰아내면서만 기능한다. 또 자본주의는 내부 극한들을 갖고 있으며 갖고 있지 않기도 하다. 즉 그것은 자본주의 생산과 유통의 특유한 조건들 속에, 말하자면 자본 자체 속에 내부 극한들을 갖고 있지만, 늘 더 방대한 규모로 이 극한들을 재생산하고 확대하면서만 기능한다. 자본주의 공리계는 포화 상태에 이르는 법이 없고, 예전 공리들에 언제나 새로운 공리를 추가할 수 있다는 점이 바로 자본주의의 역량이다. 자본주의는 내재장을 정의하며, 끊임없이 이 장을 채운다."(안오 p422) 자본주의를 분열증화하라는 말은 자본주의를 다른 것으로 대체하라는 말이 아니다. 일시적으로 시장경제나 사적 소유를 철폐하는 일이 가능하더라도 영원히 자본의 욕망을 근절하는 것은 또 다른 억압을 가져올 뿐이다. 니체의 말대로 과정을 가속화하는 것, 과정을 항상 활성화하는 것, 끊임없이 공리계의 탄압에 저항하는 것, 그것이 분열증화의 의미다.

정리해 보자. 자본주의기계는 상반된 경향성, 즉 독특한 양의성(兩義性) 혹은 양가성(兩價性)을 가진다(유동 p187 참조). 분열증으로서의 극과 공리계로서의 다른 극을 가지고, 이 두 개의 극 사이에서 끊임없이 진동한다. 탈영토화와 재영토화의 영원한 이중운동에 놓여 있다. 앞에서는 공리계 자체가 분열증과 편집증의 양 극을 가질 수도 있는 것으로 설명했지만 자본주의기계를 분열증과 공리계 사이에서 진동하는 사회체로 보는 것이 이해하는 데는 더 낳을 것이다. 전자의 설명은 자본주의 공리계를 자본주의와 동일한 것으로 보는 관점에서의 설명이고, 후자는 공리계를 자본주의의 수호 장치로 보는 관점에서의 설명이다. 한편으로 자본주의는 하나의 사회구성체로서, 문명사회로서의 현대사회를 대변한다. 자본주의는 욕망, 노동, 생산의 주체적이고 추상적 본질을 발전시키면서, 모든 장벽과 속박을 뛰어넘는 탈영토화를 전개하면서 자기 고유의 극한들을 돌파하는 분열증의 측면을 가진다. 이 측면에서 자본주의는 '생산을 위한 생산', 자기 목적으로서의 생산을 끊임없이 발전시키면서 진행된다. 다른 한편 자본주의는 특정한 생산양식으로서 '자본을 위한 생산', 자본의 구체적인 욕망과 목적의 실현을 위한 확대재생산 장치다. 내재적으로 작동하는 공리계로써 자신의 위기를 극복하는 재영토화의 과정을 지속한다. 여기서 생산, 노동, 욕망은 더 이상 그 주체적이고 추상적인 본질을 지키지 못하고 특정 인물이나 특정 대상 혹은 특정 목표와 연계되는 구체적 재현의 틀 속으로 잠기게 된다(안오 pp435~437,453~454,500 참조). 그리하여 현대사회는 이 양의성의 두 극 사이에서 끊임없이 왕복한다. "현대사회들은 의고주의와 미래주의, 편집증과 분열증 사이에 붙잡혀 있다."(안오 p437) 들뢰즈/가타리는 분열증이라는 말과 대조적으로 편집증이라는 용어를 사용하여 공리계의 반동적 성격을 표현한다.

　이러한 이중운동의 양상은 작게는 자본주의의 계속되는 경기변동으로 나타날 수도 있을 것이고, 크게는 칼 폴라니가 주장하는 거대한 전환의 모습으로 나타날 수도 있을 것이다. 들뢰즈 경제학에서 바라보는 경기변동에 관해 좀 더 얘기해 보기로 하자. 우선 호황과 불황이 분열증과 공리계의 양 극을 나타내는 것이라고 생각하면 안 된다. 탈코드화와 탈영토화로 잉여가치를 증대함으로써 이윤율의 저하를 방지하여 경기가 호황으로 간다고 볼 수도 있다. 하지만 이런 생각은 주류경제학의 경기변동론에서 주장하는 것과 다르지 않다. 경기변동의 한 사이클 내에서의 슘페터의 혁신과 유사하다. 단순한 호황과 불황의 반복을 경기변동으로 보는 기존의 경제학과는 달리 들뢰즈 경제학은 기본적으로 호황, 불황과 상관없이 자본주의사회체를 규정하는 미시적 흐름들의 반복, 즉 자본주의-추상기계 자체의 반복으로써 자본주의의 경기변동을 설명한다. 여기에서도 들뢰즈 경제학의 소수자 경제학으로서의 성격이 고스란히 드러난다. 매 순간의 세밀한 변화에서부터 수십 년, 수백 년에 걸치는 자본주의 역사의 거대한 전환까지 무한힌 변이의 과정을 들뢰즈 경제학은 포착하려 노력한다. 이에 비하여 성장률이나 부동산가격과 같은 특정한 변수들의 파동에서 일정한 법칙을 도출하고 그것에 경기사이클의 폭과 주기를 제시하고 이름을 붙인 것이 다수자 경제학으로서의 근대경제학이 그동안 이루어 온 성과다. 탈주와 유목의 경제학으로서의 들뢰즈 경제학의 사유로부터 정주의 경제학으로서의 주류경제학은 신선한 학문적 자극과 함께 커다란 영감을 얻을 수 있으리라 기대한다.

탈영토화와 재영토화의 영원한 이중운동은 잠재와 현실, 현실과 잠재 사이를 왕복하는 존재의 운동이다. 탈영토화와 재영토화, 탈코드화와 재코드화의 과정이 들뢰즈의 반복이고 니체의 영원회귀라는 것을 우리는 알고 있다. 사회를 포함한 모든 존재의 운동은 들뢰즈의 차이를 의미하는 탈영토화와 탈주에 의해 규정된다. 그러한 차이의 반복이 탈영토화와 재영토화의 영원한 이중운동인 것이다. 역사의 반복도 들뢰즈의 반복의 도식에 따른다고 할 수 있다. 정치적인 혁명과 반동 그리고 경기변동과 같은 경제적 순환, 기타 수많은 사회변동에서 우리는 들뢰즈의 반복을 볼 수 있다. 우리가 역사는 반복된다고 말할 때, 우리는 역사적 사건들 속에서 어떤 유사함이나 유비 등을 발견한다. 그러나 실제로 반복되는 것은 그러한 사건들의 발생 근거, 원천이라 할 수 있는 잠재적 사건이다. 『역사와 반복』을 쓴 가라타니 고진도 "역사에서의 반복은 같은 사건이 되풀이된다는 것을 의미하지 않는다. 반복이 가능한 것은 사건(내용)이 아니라 그 형식(구조)에서다."(『역사와 반복』, 가라타니 고진, 2004, 한국어판: 조영일 옮김, 도서출판b, 2008, p18)라고 말한 바 있는데, 그도 우리와 같은 취지로 역사의 반복을 인식하고 있는 것으로 보인다. 따라서 역사를 분석하고 서술함에 있어서도 겉으로 드러나는 몰적인 현상으로서의 사건에 주목하기보다는 잠재해 있는 분자적이고 미시적인 흐름들을 역사적 반복의 요소로서 파악하는 자세를 가져야 할 것이다(천고 p420 참조). 그 미시적 흐름을 대표하는 것이 그 사회를 구성하는 구성원 전체의 순수기억, 순수과거로서의 집단 무의식이다. 역사의 반복은 그러한 순수과거의 한 조각, 집단 무의식 속의 한 조각이 반복되는 것이라 할 수 있다. 현실의 역사적 사건은 그 반복되는 잠재적인 것이 가면을 쓴 것에 불과하다. 역사적 사건으로서의 경기변동도 마찬가지라고 할 수 있다.

　호황이 꼭 자본주의의 탈영토화와, 불황이 꼭 재영토화와 일치하는 것은 아니다. 경기변동의 요인은 여러분도 알고 있듯이 경제적으로도, 경제 외적으로도 수없이 많다. 경기변동은 수많은 탈영토화와 재영토화, 그리고 무의식적 욕망의 리비도 투자들의 무한한 상호작용의 결과 이루어지는 것이다. 자본주의사회체가 가진 잠재적 역량의 반복적 회귀. 이것이 호황과 불황을 포함하는 전체적인 하나의 순환을 자본주의의 반복으로 보는 들뢰즈 경제학의 경기변동에 관한 관점이다. 우리는 여기에서도 들뢰즈 철학에서의 반복이론의 중요성을 실감할 수 있다. 현실적 사건의 계열들을 유사하거나 동일한 것으로서 관계를 맺고 소통하게 하는 것은 잠재적 대상이다. 마찬가지로 현실의 사회체제들이 반복하면서 동일한 것으로서 정체성을 가지게 해주는 것은 구체적 사회기계들의 잠재성이라 할 수 있는 추상기계다. 우리는 자본주의-추상기계의 작동으로부터 자본주의의 반복으로서의 작은 공황들의 반복, 거대한 금융위기나 경제위기의 반복 그리고 자본주의 시조니 경향의 거대한 전환을 도출할 수 있다.

우리는 지금까지의 논의에서 들뢰즈 경제학과 기존의 다른 경제학 간의 극명한 차이를 볼 수 있었다. 들뢰즈 경제학은 하나의 구체적인 생산양식으로서의 자본주의를 분석하는 경제학이 아니다. 들뢰즈 경제학의 관점은 차원이 다르다. 그것은 광의로서의 자본주의기계, 즉 추상적이고 주체적인 생산과 욕망, 노동을 토대로 하는 자본주의 사회구성체를 분석대상으로 하는 욕망경제학, 리비도경제학이다. 생산, 분배, 소비가 단순히 화폐화된 재화와 용역의 교환으로부터 이루어지는 것이 아니라 사회 전체 차원에서의 비인칭적인 무의식적 욕망들의 종합, 즉 연결종합, 분리종합, 결합종합들의 결과로 이루어진다는 광범위한 시각에 토대를 두는 것이 들뢰즈 경제학이다. 따라서 세계사를 보는 관점도 맑스가 제시한 역사발전단계, 즉 생산양식의 변화에 따라 원시 공동체사회, 고대 노예제사회, 중세 봉건제사회, 자본주의사회, 공산주의사회의 순서로 역사가 발전한다는 변증법적 관점과는 다르다. 맑스의 관점에서 보는 자본주의는 변증법적 발전 과정에서의 하나의 역사적 단면에 불과하다. 들뢰즈 경제학에서는 세계사를 원시 영토기계, 야만 전제군주기계, 문명 자본주의기계 사이의 상호작용이라는 공시적 현상의 전개 과정으로 본다. 원시성, 야만성, 문명성은 모두 과거에도 있었고 현재도 존재한다. 사회적 생산과 욕망적 생산 사이의 본성의 동일성과 체제의 차이가 어떻게 전개되는가에 따라 그 사회체의 성격이 결정된다. 현대사회는 이 중에서 자본주의기계의 특성이 우위를 차지하고 있는 것일 뿐이다. 이러한 관점에서 들뢰즈 경제학은 다른 사회체들의 음화로서의 보편성과 지속성을 가지는 독특함을 자본주의에 부여한다. 들뢰즈와 가타리는 하나의 생산양식이 아니라 문명 기계라는 자격을 자본주의사회체에 부여한다. 사회를 생산양식이 아닌 기계적 과정으로 규정하는 그들의 기본적 논리가 관철된다. 코드화나 덧코드화로 대별되는 원시 내지 야만적 기계가 아니라 탈코드화와 탈영토화하는 경향을 가지는, 유일하게 문명이라는 수식어를 가지는 보편적 기계로서의 사회구성체가 그들이 규정하는 자본주의다. 원시 야만 문명의 세 범주는 완전히 사라지는 법이 없다. 언제든지 되살아나 우리의 삶에 영향을 미치고 지배할 수 있다. 들뢰즈/가타리의 사회체 구분은 역사적 구분이 아니라 기계적 흐름의 성향에 따른 것이다. 문명 기계로서의 자본주의는 다른 사회체의 음화로서 잠재적으로 혹은 현실적으로 항상 실재한다. 구체적 생산양식으로서의 자본주의는 일시적 잠정적으로 사라질 수 있다. 그러나 문명 기계로서의 자본주의는 영속적으로 존재한다. 다만 연속적으로 변이하면서. 자본주의적 욕망은 사라지지 않는다. 아니 사라질 수 없다. 인위적인 철폐는 다시 솟아오르는 욕망을 막을 수 없다.

구체적 배치로서의 자본주의기계는 연결접속들을 더 많이 열어 놓고 배가시킬수록, 또 강도들을 개체화하는 장치들을 가지고 내재성의 평면을 더 많이 그려 나갈수록 그만큼 더 살아있는 추상기계로서의 자본주의기계에 가까워진다. 하지만 자본주의기계가 창조적인 연결접속들을 공리계들로 대신할수록 그것은 추상기계로서의 자본주의기계로부터 멀어진다고 할 수 있다. 이처럼 연결접속을 증대시키도록 내재성의 평면을 그리는 능력에 따라 여러 모습으로 현실적 자본주의기계의 선별이 이루어진다(천고 p975 참조). 『안티 오이디푸스』에서는 아직 배치에 관한 구체적 사유에는 이르지 못한 채 탈기관체(CsO)의 개념을 기반으로 하여 사회기계 혹은 사회체를 분석하고 설명하는 데에 머물러 있다. 즉 토지, 전제군주, 돈-자본이라는 충만한 몸체를 기반으로 생산, 등록, 소비가 이루어지는 과정이 사회체의 운동이다. 우리는 들뢰즈와 가타리의 완성된 사유구도라 할 수 있는 배치의 존재론에 입각해 다음과 같이 자본주의를 규정할 수 있다. 20세기의 여러 유형과 그 뒤 세계화와 함께 세계적 거대 기계로서 성립한 신자유주의하의 자본주의체제 등 현실의 자본주의의 여러 모습은 추상기계로서의 잠재적 자본주의가 구체적 배치로서 현실화한 결과다. 존재의 운동은 탈코드화와 탈영토화로의 탈층화의 방향과 재영토화와 재코드화의 지층화의 방향으로 나가는 추상기계의 영원한 이중운동이다. 들뢰즈 경제학은 잠재적 추상기계로서의 자본주의기계를 설정하고 그 운동을 연구한다. 우리는 추상기계로서의 자본주의의 종식이 가능하지도 않고 필요하다고 생각지도 않는다. 자칫 자본 자체의 철폐를 위한 몰적 투쟁들이 욕망에 대한 새로운 유형의 억압을 초래할 우려가 있다고 생각한다. 우리는 자본 자체보다는 자본의 지배를 종식시키기 위해 끊임없이 배치의 변환을 모색하고 새로운 배치의 창조를 추구한다. 그에 따르는 구체적 투쟁의 모습은 사회 각 영역에서의 분자적 투쟁이 될 수밖에 없다고 본다. 그래야만 욕망의 배치가 변환될 수 있다고 보기 때문이다. 거시적 차원의 세력의 교체, 계급의 교체만으로는 진정한 욕망적 생산의 확립, 참된 욕망의 정립으로서의 혁명은 가능하지 않다. 들뢰즈/가타리의 실천의 최종 목표인 분자적으로 되기, 소수자-되기는 이것을 의미한다. 그러한 사회 도처에서의 저항과 투쟁의 과정에서 가장 강하게 탈영토화하는 성분이 탈영토화의 첨점 역할을 하게 될 것이다. 그곳에서 그 탈주의 속도에 따라 우리 사회는 연속적으로 변화해 갈 것이다.

추상기계가 작동된 결과 현실화한 구체적 자본주의

앞에서 들뢰즈와 가타리의 자본주의 정의에서 이미 언급했듯이 추상기계가 구체적으로 작동된 결과 현실화한 구체적 자본주의가 현재의 자본주의의 모습이라는 것이 우리의 결론이다. 추상기계로서의 잠재적 자본주의가 하나의 구체적 배치로서 현실화한 것이 작금의 자본주의체제다. 우리는 들뢰즈/가타리의 사유구도인 배치론 전체에서 이 결론을 도출할 수 있다. 들뢰즈의 잠재성의 철학이 그와 가타리의 사회사상에 연결되어 자본주의 분석에 있어서의 거대한 학문적 탈주와 생성이 이루어지는 순간이다. 잠재적 차원에서 작동하는 비물체적인 반복적 기계라고 했던 추상기계에 대해 좀 더 논의해 보기로 하자.

"추상기계는 각 지층 안에 감싸여 있으면서, 각 지층의 통합태 (Oecumène) 또는 조성의 통일성을 정의한다."(천고 pp143) 통합태라는 것은 각 지층에 통일성이나 공통성(oecuménicité)을 부여하는 잠재적 토대를 말한다. 각 지층에 정체성을 부여하는 잠재적 대상을 말하는 것이다. "추상기계의 각각의 구체적 배치는 하나의 다양체이며, 하나의 생성, 하나의 절편이다."(천고 p478) "영토적 배치가 이 배치를 탈영토화하는 운동에 휩싸일 때마다 반드시 하나의 기계에 시동이 걸린다. 기계는 탈영토화 과정에 있는 배치에 삽입되어 배치의 변화와 변이를 그려내는 첨점들의 집합이다."(천고 pp632~633) 이것이 추상기계다. 추상기계는 구체기계들로서의 배치들의 잠재성을 포괄한다(천고 p191 참조). "추상기계는 연속적 변주의 선을 그리는데 반해 구체적 배치는 변수들을 다루며 변주의 선들에 따라 변수들의 다양한 관계들을 조직한다."(천고 p194) 자본주의-추상기계에서는 자본주의적 변수들이 잠재태로서 연속적 변주의 상태에 있다. 이러한 변수들이 현실적으로 경직된 선들로 분화하여 상수적 관계로 고정되어 하나의 공리적 체계를 이룬 것이 구체적 배치로서의 자본주의체제인 것이다.

추상기계의 개념이 아직 확실히 정립되지 않은 『안티 오이디푸스』의 단계에서 들뢰즈와 가타리가 제시하는 충만한 몸체들이라는 말은 『천 개의 고원』에서의 추상기계들에 상응한다고 할 수 있다. 토지의 몸체, 전제군주의 몸체, 돈-자본의 몸체가 그것들이다. 원시적 영토기계는 토지의 몸체 위의 흐름들을 코드화함으로써 성립한다. 야만적 제국기계는 전제군주의 몸체 위의 흐름들을 초코드화 또는 덧코드화함으로써 성립한다. 문명 자본주의기계는 돈-자본의 몸체 위를 흐르는 흐름들을 탈코드화하는 데서 성립한다(안오 p439 참조). 분자적 흐름들을 코드화, 덧코드화하거나, 탈코드화 또는 탈영토화시키고 공리계에 의해 재영토화하는 것들이 추상기계를 작동시켜 구체적 배치를 생성하는 욕망의 재현의 요소들이라고 할 수 있다(안오 p440 참조). 구체적인 사회적 배치로서 현실화하는 영토기계, 제국기계, 자본주의기계 등의 사회체는 토지의 몸체, 전제군주의 몸체, 돈-자본의 몸체라는 잠재적인 추상기계들에 의해 그 정체성이 유지된다고 할 수 있다.

들뢰즈/가타리 사상의 핵심으로 돌아가 보자. 존재의 운동은 탈영토화와 재영토화의 영원한 이중운동이다. 사회의 운동과 변화도 마찬가지다. 우리는 추상기계의 이중운동에 의해 하나의 지층으로서의 사회구성체의 운동과 변화를 설명할 수 있다. "이중의 운동이 존재한다. 한편으로 추상기계들이 지층들에 작용하여 끊임없이 거기에서 무언가를 달아나게 하는 운동이 있다. 다른 한편으로 추상기계들이 실제로 지층화되고 지층들에 의해 포획되는 운동이 있다."(천고 pp276~277) 추상기계는 한편으로는 탈코드화와 탈영토화에 의한 탈주의 흐름을 그리기도 하고, 다른 한편으로는 덧코드화와 재영토화에 의한 견고한 절편을 구성하기도 한다. 변이의 추상기계와 덧코드화의 추상기계가 동시에 존재하며 전자의 작동으로 배치가 변환되고, 후자의 실행으로 하나의 배치가 형성되는 것이다. 양자는 동시에 실행되고 작동하며, 배치의 형성과 변화는 끊임없이 동시에 이루어지는 영원한 이중운동이다(천고 pp424,425 참조). 들뢰즈와 가타리가 『안티 오이디푸스』와 『천 개의 고원』에서 제시하는 많은 개념들과 운동은 양의적 성질을 가진다. 양가성 혹은 양면성을 가지는 것이다. 그 근저에는 존재의 이중운동이 자리하고 있다. 조이고 푸는 영원한 이중의 끈운동. 니체의 용어로 말하면 영원회귀의 운동이다. 모든 존재는 코드화 탈코드화, 그리고 영토화와 탈영토화의 이중운동에 사로잡혀 있다. 코드화와 영토화 또는 재영토화가 견고하게 조이고 묶는 운동이라면, 탈코드화와 탈영토화는 유연하게 풀어헤치는 운동이다. 무의식적 욕망도 양가성을 가지며, 추상기계도 다르지 않다.

이러한 설명은 문명 자본주의기계에도 그대로 적용된다. 들뢰즈와 가타리는 자본주의의 양의성에 대응하는 공리계의 성격을 다음과 같이 말한다. "공리계는 추상기계를 정지시키고 고착시키며 추상기계를 대체하려는 확고한 의지를 갖고 있다. 또한 그것은 구체적인 것을 위해서는 이미 너무 크고 실재적인 것을 위해서는 너무 작은 견고한 추상 수준에 스스로 자리한다."(천고 p276) 공리계는 보통 자본주의사회체의 재영토화 장치로 인식되지만, 공리계를 하나의 견고한 추상기계로도 볼 수 있다는 것이다(천고 pp424,976 참조). 현대사회들의 사회 공리계는 두 극 사이에 붙잡혀 있고, 끊임없이 한 극과 다른 극 사이를 왕복하는 추상기계로 볼 수 있다(안오 p437 참조). 그리고 어느 순간, 어느 시대에 구체적인 배치로서 하나의 현실적인 체제로서의 자본주의사회체가 구성된다. 현대사회는 하나의 추상기계로서의 세계적인 공리계가 여러 종류의 사회구성체를 분배하고 이들 구성체들 간의 관계를 규정하고 있다고 할 수 있다(천고 p871 참조). 자본주의 공리계의 운동은 자본주의-추상기계의 이중운동이다. 유연성과 개방성을 가지는 내재적 공리계가 탈영토화와 재영토화의 양 극 사이에서 진동함에 따라 구체적 배치로서의 자본주의 사회구성체는 발전과 쇠퇴를 반복한다. 지층화된 하나의 공리계로서의 자본주의 하에서 그 한계에 도달할 때마다 새로운 공리의 추가와 변동에 의해 한계를 극복하는 이중운동이 구체적인 배치로서의 자본주의사회체의 운동이다. 자본주의기계의 이러한 운동은 존재의 운동과 부합한다. 이 사실이 자본주의가 다른 사회체에 대하여 보편적 성격을 가진다는 것을 보여 주는 가장 뚜렷한 근거다.

추상기계를 기계로 상정하건 몸체로 상정하건 중요한 것은 그것은 잠재적인 것이고 그것이 구체적으로 현실화한 것이 근현대의 자본주의의 여러 모습들이라는 것이다. 이러한 모습들에는 뒤에서 논의할 현대 자본주의의 여러 유형들은 물론이고, 자본주의의 변종이라 할 수 있는 사회주의체제나 파시즘체제도 포함된다. 돈-자본이라는 충만한 몸체 또는 세계시장을 구성하는 세계적 공리계로서의 자본주의-추상기계는 이러한 광범위한 구체적 지층들 사이에 하나의 통일성을 구성한다(천고 p104 참조). 앞서 지적한 것처럼 자본주의가 시장을 위한 생산이라는 하나의 공리계를 발전시킴에 따라 모든 국가와 사회구성체들은 실현모델이라는 측면에서 동형적인 것이 되는 경향이 있다. 들뢰즈/가타리는 "중심에는 단 하나의 세계시장, 즉 자본주의 시장만이 있고 사회주의라고 불리는 나라들조차 이 시장에 참가하고 있다."(천고 p839)고 말한다. 다소간의 이질성이 존재하더라도 원칙적으로 모든 국가는 "유일한 같은 외부의 세계시장에 따르는 자본의 실현영역이다."(천고 p889) 들뢰즈/가타리는 유일한 세계시장이 결정적 요소라는 점에서 사회주의 국가들도 여전히 자본주의라는 공리계의 실현모델로 본다(천고 pp889~890 참조). 사회주의체제는 국가가 독점하는 자본주의체제로 볼 수 있고, 파시즘체제는 전체주의화한 자본주의체제라 할 수 있다. 현대 문명사회의 모든 사회구성체들은 자본주의-추상기계라는 하나의 동일한 추상기계가 작동되어 현실화한 구체적 배치들이다.

들뢰즈/가타리의 자본주의 정의, 즉 '탈코드화되고 탈영토화된 모든 흐름들의 결합'은 하나의 추상기계를 정의한 것이다. 이는 하나의 구체적 배치로서의 자본주의가 아니라 영원한 이중운동의 과정에 있는 양의적 자본주의를 정의한 것이다. "추상기계는 배치의 모든 탈영토화의 첨점들을 구성하고 결합한다."(천고 p270) 공리계에 의해 결합 또는 접합접속이 구체화된다. 돈-자본의 몸체라는 하나의 동일한 자본주의-추상기계의 작동에 의해 하나의 지층으로서 구체적으로 실현되는 자본주의의 여러 유형들에 있어서 통일성이 유지된다. 즉 추상기계의 작동 하에서 흐름들의 결합이 어떤 모습으로 일어나는가에 따라 구체적으로 여러 종의 자본주의체제가 발생한다고 볼 수 있다. 코드의 잉여가치에서 흐름의 잉여가치로의 변환을 핵심적 기능으로 하는 자본주의 추상기계가 오늘날과 같은 시장화, 상품화, 화폐화의 형식으로 현실화한 것이 현재의 구체적 배치로서의 자본주의제제나 이러한 시장화, 상품화, 화폐화가 구체적 제도로서 실현된 것들이 자본주의 공리계의 구체적 모습이다. 들뢰즈/가타리는 "자본주의의 진짜 경찰, 그것은 화폐와 시장"(안오 p405)이라고 말한다. 욕망을 자본주의체제 내에 얽어매 두려는 반생산 장치의 핵심이 그것들이다. 그 중에서도 화폐화가 자본주의 공리계의 핵심이다. "도처에서 화폐화가 자본주의적 내재성의 심연을 채운다."(안오 p423) 앞에서 화폐는 생산적 욕망을 하나의 단위 하에서 모두 교환하고 순환시키는 기적적인 장치라고 한 바 있다. 화폐화는 탈코드화와 탈영토화의 흐름들로부터의 잉여가치에 대한 자본의 포획이라는 재영토화 과정에서 핵심적 역할을 수행한다. 이로부터 시장화와 상품화도 기인한다.

이러한 자본주의체제의 변형과 발전이 배치의 변환이고 배치의 변환은 자본주의-추상기계의 작동에 의해 이루어진다. 들뢰즈/가타리의 이론에 의하면 추상기계는 형식화되지 않은 질료들와 비형식적인 기능들로 이루어져 있다. 이것들이 다름 아닌 한 배치의 잠재적 역량, 즉 탈영토화의 첨점들, 탈코드화와 탈영토화의 흐름의 역량들이다. 이러한 요소들의 연속적 변이와 조합들에 의해 내용과 표현의 구체적 형식화가 이루어지고 새로운 배치, 새로운 자본주의가 형성된다.

현실 자본주의의 모습들

강규석 오늘은 현실의 자본주의의 모습들을 간략하게 살펴보고 자본의 지배로부터의 해방이라는 숭고한 목표를 향한 자본주의기계의 변환, 즉 자본주의 하의 혁명의 문제를 다뤄 보기로 하자.

자본주의를 어떻게 규정하는가는 각자의 관점에 달린 문제다. 기본적으로 철학의 문제이며, 우리는 이러한 문제들에 대한 사유에 있어서 니체의 관점주의를 따른다. 자본주의는 근대의 관점에서 본다면 자본가 혹은 기업가가 주체가 되어 노동과 자원을 결합하여 생산을 하고 이윤을 추구하는 경제체제라고 할 수 있다. 자본의 지배가 인정되고 자본의 주도성을 필수적인 것으로 보는 관점이다. 그러나 탈근대의 관점에서 보면 자본소유자나 기업가를 중심으로 하여 자본주의를 규정하는 것은 용인될 수 없다. 자본소유자 또는 기업가는 체제를 이루는 하나의 부분일 뿐이다. 모든 중심주의를 부정하는 탈근대의 입장에서 볼 때 당연한 귀결이다. 자본의 주체성, 노동의 예속성이 파기되고 자본의 우위도 자본의 부정도 배격되는 그러한 관점을 취하는 것이 탈근대의 입장이다. 한마디로 자본주의는 자본이 생산과 분배에 있어서 하나의 역할, 일 영역을 담당하는 체제일 뿐이다. 들뢰즈 경제학은 자본을 초재적인 지배적 표준으로서가 아니라 내재성의 평면 위의 일원으로서 본다.

학 생 탈근대적 사상을 가진 모든 이들이 자본주의를 그런 식으로 보는 것은 아닌 걸로 아는데요. 자본주의를 자본가가 지배하는 체제인 것으로 전제해 놓고 그것을 비판하는 자세를 취하는 입장이 많지 않습니까?

강규석 얼마 전까지는 그렇다고 할 수 있었지. 그러나 자본주의를 근대적 의미의 자본주의와 탈근대적 의미의 자본주의로 확실히 분리하여 논의를 전개하는 것이 요즘의 사조다. 자본주의 자체를 새로이 규정하려는 것이다. 경제학이 탈근대의 사상을 적극적으로 받아들여 새로운 학문체계를 구축하려는 노력이 전 세계지으로 진행 중이다. 이제는 자본주의냐 아니냐의 문제가 그리 중요하지 않게 되었다. 하나의 체제를 어떠한 기표로 표상하느냐는 여전히 중요한 문제지만 탈근대적 사상이 주류를 이루고 있는 현대사회에서는 그 중요성이 예전과 같지 않다. 이름에 상관없이 들뢰즈 경제학은 근대적 의미의 자본주의에서 벗어나 탈근대적 의미로 자본주의를 재정의하고 인간의 자유와 평등을 신장시키고 인간과 자연, 인간과 세계의 조화를 이루는 데 최우선의 목표를 두고 있다.

우리는 자본주의를 하나의 경제적 생산양식으로서가 아니라 내재적으로 작동하는 포괄적이고 보편적인 사회구성체로 바라본다. 이런 관점을 토대로 할 때, 현대사회는 자본의 역할을 어떻게 이해하든 간에 자본주의사회라 할 수 있다. 현실의 자본주의의 모습은 다양하다. 정글자본주의라는 말도 있고 착한 자본주의라는 말도 있듯이 그 모습에 따라 자본주의에 대한 평가도 여러 가지가 있다. 특히 지난 한 세기를 통해 자본주의는 다양한 모습으로 발전해 왔다. 그 중에서도 영국과 미국을 중심으로 하는 시장주도형, 독일과 북유럽에서의 협상적 혹은 합의제적 유형, 그리고 일본과 아시아 신흥공업국들의 국가주도형 자본주의가 대표적이라 할 수 있다. 이 중 코포라티즘 경제라고도 불리는 독일과 스웨덴을 중심으로 하는 합의제적 유형이 노동자의 권리 강화를 기반으로 하여 바람직한 혹은 착한 자본주의에 가장 가까운 모습을 보여 주었다고 평가된다(『현대 자본주의의 유형 : 세계 경제의 성장과 정체』 데이빗 코우츠, 2000, 한국어판: 이영철 옮김, 문학과 지성사, 2003, p129 참조). 그러나 현실에 기초한 이러한 유형들은 모두 자본이 주도하는 사회이며, 더 나아가 자본이 사회의 여타 부문을 지배하는 체제들임에 틀림이 없다. 20세기 말 현실 사회주의의 몰락 이후 금세기 초까지 신자유주의라는 사조가 풍미하면서부터는 자본주의의 이러한 특성은 더욱 심해진 바 있다. 극단적인 시장자유주의가 자본주의와 동의어로 수십 년을 지배해 오면서 자본주의의 다양성도 허물어졌다. 따라서 자본주의에 대한 개혁의 소리가 높아지는 이 때 들뢰즈 사상을 기초로 그 길을 모색해 보는 것은 대단히 뜻깊은 일이 될 것이다. 우리의 해법을 도출하기 위해서 우선 들뢰즈 경제학의 관점에서 보는 근대 자본주의의 역사를 간략하게나마 살펴볼 필요가 있다.

생산수단에 대한 대가로 임금, 이자와 지대를 지급했던 사실은 어느 시대에서나 볼 수 있는 모습이다. 따라서 자본주의라는 시대가 시작되는 것은 부가가치, 혹은 잉여가치의 분배에서 생산수단으로서의 자본에 대한 대가인 이윤의 보장과 추구가 경제의 주된 동력으로서 확고히 자리잡은 시기가 될 것이다. 자본주의가 탄생하기 위해서는, 탈코드화된 흐름들만으로는 충분치 않고, 이 모든 흐름들의 확실한 결합이 필요했다는 것을 앞에서 본바 있다. 역사적으로 가장 선구적 역할을 담당한 것이 『천 개의 고원』의 탈영토화의 정리에서 언급되는 도시의 상업 부르주아였다. 이들이 탈영토화의 첨점으로서 가장 탈영토화된 흐름으로서 그 시대의 다른 흐름들을 결합하여 귀족, 교회, 직인들과 농민들까지 자기의 지배 하에 두게 되는 것이다(천고 p420 참조). 이러한 과정은 공리화의 전형적 모습이라고 할 수 있다. 내재적 흐름들을 결합하여 부르주아 우위의 하나의 공리계를 형성한다. 이 과정은 단순한 내재적 과정이 아니라 부르주아를 표준으로 자본의 지배를 공고히 하는 과정이기도 했다. 그리고 자본주의는 위기에 부딪힐 때마다 새로운 해결책을 찾아 새로운 공리를 부가하거나 기존의 공리를 제거하는 과정을 되풀이하면서 호황과 공황을 번갈아가며 경험해 왔다. 들뢰즈/가다리는 다음과 같이 예를 들어 설명한다 "제1차 세계대전 후에 세계적 경제공황과 러시아혁명의 영향을 통합한 자본주의는 노동자계급, 고용, 조합조직, 사회제도, 국가의 역할, 국외 시장과 국내 시장에 관한 공리를 다양화하고 새롭게 발명해 내야 했다. 케인즈 경제학과 뉴딜 정책은 이러한 공리의 실험실이었다. 마샬 플랜, 원조와 차관 형태, 통화 체계의 변형 등은 제2차 세계대전 후에 고안된 새로운 공리의 사례들이다."(천고 p885)

도시가 자본주의의 맹아 역할을 했지만 부르주아가 다수적 방식으로서 지배적 표준, 지배적 척도로 군림하는 체제로서의 자본주의는 궁극적으로는 초재적 존재의 대표격이라 할 수 있는 국가권력과 결탁함으로써 결정적 승리를 쟁취할 수 있었다. "자본주의는 도시 형태가 아니라 국가 형식을 통해 승리한다. 서구 국가들이 탈코드화한 흐름들에 대한 공리계의 실현 모델이 된다." 그리고 자본주의는 이에 만족하지 않고 근대국가를 넘어 "세계적 규모의 독립된 공리계로서, 그것은 유일한 도시, 거대 기계가 되어 국가는 이것의 일부분, 한 구역에 지나지 않게 된다."(천고 p836) 실제로 상업 부르주아는 자본주의 발전의 전제조건을 형성했음에도 불구하고 대개는 길드라는 동업조합으로 표상되는 특권들을 통해서 자본주의 발전을 방해하고 저지했다. 자신들의 교역 독점을 위해서 도시 외부에서 시장이 발전하는 것을 극력 저지했던 것이다(미앞 p194 참조). 따라서 도시는 자본주의 발전 과정의 초기에 있어서는 탈영토화의 첨점 역할을 했지만 재영토화가 이루어진 후에는 오히려 자본주의 발전의 장애가 되었던 것이다. 자본주의 체제의 본격적 출발점을 형성하는 본원적 축적 과정에서 국가권력은 그 과정 전체에 걸쳐 중심적인 추동력을 제공했다. 국가를 통해서만 부르주아지는 하나의 동질적 계급이 될 수 있었다. 국가라는 집행위원회가 없었다면 자본주의적 의미에서의 부르주아지도 없는 것이다. 그런 만큼 국가는 부르주아지의 유기적 구성부분이었다(미앞 pp216,218 참조). 공리화의 과정은 이렇게 국가장치의 작용과 불가분의 관계에 놓여 있다. 그리고 더 나아가 세계적 차원으로, 그리고 마침내 현재는 지구를 벗어나는 수준에까지 이르고 있다. 이처럼 욕망적 생산에 대항하는 반생산으로서의 자본주의 국가의 작용은 공리계의 내재적 과정에 처음부터 내포되어 있었던 것이다.

학 생　역시 자본주의의 발전이 단지 자연발생적이라 생각하는 것은 순진한 것이었군요. 부르주아의 이해를 관철하기 위해서 국가권력을 동원하여 인위적으로 시장을 창출해 낸 것이라고 봐야 할 것 같습니다. 이는 자본주의 시장질서를 자생적 질서(spontaneous order)로 보는 견해에 대한 좋은 반증이 될 수 있을 것 같습니다.

강규석　옳은 말이다. 하이에크를 중심으로 하는 시장자유주의자들을 논박할 수 있는 중요한 역사적 사실이다. 이제 자본주의는 테크놀로지의 발전과 더불어 국민국가를 넘어서 세계적 규모의 거대 기계가 되었다. 국가권력도 거대 다국적 기업을 중심으로 하는 자본의 힘을 당해 낼 수 없는 지경에 이르렀다. 자본의 지배가 세계적 규모로 확장되어 더욱 공고화되고 있다. 권력과 유착된 그리고 스스로 권력화한 자본의 모습을 우리는 나오미 클라인의 『쇼크 독트린』이나 장석준의 『신자유주의의 탄생』 같은 책들에서 생생히 볼 수 있다. 이제 자본은 기술의 발달로 지구를 넘어 우주로까지 그 힘을 확장시키는 단계에 도달했다. 머지않은 장래에 달과 화성에 이윤 획득을 위한 자본의 식민지가 건설될 것으로 보인다.

학 생　그렇다면 결과적으로는 자본주의에 패배했더라도 인류의 거대한 실험이라 할 수 있었던 러시아 사회주의 혁명은 어떤 의미를 가지는 것입니까?

강규석　앞서 잠시 언급했듯이 현실 사회주의라 불렸던 소련을 위시한 동구와 중국의 경제체제는 국가독점자본주의라고도 할 수 있는 아류 자본주의체제였을 뿐이라는 것이 많은 사람들의 생각이다. 힘의 새로운 작동 방식을 보여 주지 못하고, 힘의 의지로서의 욕망을 새로이 정립하지 못한 이상 중앙집권적 계획경제체제로의 형식적 변환만으로는 진정한 혁명이라 할 수 없다. 새로운 지배층을 형성한 소련의 노멘클라투라로 대표되는 프롤레타리아 상층부는 여전히 자본주의적 욕망에 사로잡혀 있었으며 자본주의의 표준이나 척도를 벗어난 삶의 방식을 제시하지 못했다. 몰적 자본가와 몰적 노동자의 계급투쟁을 통한 혁명은 이러한 과정의 반복을 가져올 수밖에 없다. 특히 오늘날의 노동자들은 이미 자본에 포섭되어 그 일부분이 되었다고 할 수 있다. 프롤레타리아라는 용어도 수많은 부류의 소수자를 포괄하는 의미를 가지는 다중이라는 개념으로 새로이 규정되어야 할 것이다. 혁명적으로-되기는 소수자-되기이고 분자-되기이다. 여성-되기도 몰적 여성으로서의 운동이 아니라 새로운 분자적 되기여야 한다. 몰적 여성 운동은 또 하나의 의미 없는 남성-되기일 뿐이다. 몰적 노동자계급의 정권 장악 투쟁은 또 하나의 자본가계급의 출현만을 가져올 공산이 크다. 지배의 구성원들만 교체될 뿐이지 그 사회의 성격은 질적으로 전혀 변화하지 않을 수도 있는 것이다.

　계급과 투쟁에 관한 이러한 주장은 들뢰즈와 가타리에 의해 다음과 같이 논리적으로 설명된다. 독특하고도 일관된 그들의 철학적 관점을 엿볼 수 있다. "이론적 대립은 두 계급 사이에 있지 않다. 이론적 대립은 다른 데 있다. 자본의 충만한 몸체 위에서 계급의 공리계에 들어가는 그런 탈코드화된 흐름과 이 공리계에서도 해방되며, 기관 없는 충만한 몸체 위를 흘러가는 탈코드화된 흐름들 사이에 이론적 대립이 있다. 계급과 계급 바깥에 있는 자들, 자본가들과 분열자들 사이에 이론적 대립이 있다. 이 둘은 탈코드화의 층위에서는 근본적으로 친밀하지만, 공리계의 층위에서는 근본적으로 적대적이다."(안오 pp429~430) 따라서 적대 세력 사이의 투쟁은 계급투쟁이기보다는 자본가들과 분열자 사이의 투쟁이어야 한다. 투쟁은 상호간의 대체나 교체여서는 안 되고 충만한 생성이어야 한다. 부르주아지만이 카스트와 신분의 음화로서의 유일한 몰적 계급이지 프롤레타리아라는 계급은 없다. 유일한 계급 부르주아지에 저항하는 것은 단지 분자적이고 소수자적인 다중만이 있을 뿐이다. 이러한 논리를 바탕으로 들뢰즈/가타리는 프롤레타리아가 그 객관적 이해관계에 맞게 국가기구를 탈취하는 의미의 사회주의 혁명에 대해 부정적이다. 앞서 말한 것처럼 그들 역시도 사회주의체제를 일종의 자본주의, 국가독점의 자본주의체제로 본다. 사회주의에도 시장은 존속하며, 부르주아지의 등가물인 관료제와 기술 관료제의 이익에 봉사하는 방식으로 체제가 유지된다. 레닌과 러시아혁명의 엄청난

성과는 사회주의 자체 속에서 국가자본주의가 부활하는 것을 막지 못했다는 것이 그들의 생각이다(안오 p431 참조). 투쟁은 진정한 욕망을 정립하기 위한 것이어야 한다. 자본 권력에 저항하는 것은 부르주아지 계급 바깥의 비-계급으로서의 분열자가 되는 것이다. 분열자는 이해관계가 아닌 자신의 진정한 욕망을 실현하는 자다. 부르주아와 동일한 욕망을 가지며, 그들과 동일한 방식으로 사고하고 행동하는 한, 프롤레타리아로 불린다 할지라도 노동지도, 빈민도 모두 다수파를 지향하는 소수파 부르주아일 뿐이다(미맑 pp147,148 참조). "자본의 공리에 따라 그것에 복속되어 산다면, 그가 어디서 무엇을 하던 그는 부르주아지라는 단일한 계급에 속한다"(미맑 p231)고 볼 수밖에 없을 것이다.

자본주의 하의 혁명

이제 우리는 문제를 새로이 제기해야 한다. 자본주의의 지속성 여부를 몰적 차원에서 "자본주의를 철폐할 수 있느냐?" 또는 "자본주의는 스스로 붕괴할 것인가?", 즉 "사적 소유나 임금노동을 철폐할 수 있느냐?", "자본주의는 계급투쟁으로 스스로 무너질 것인가?" 하는 식으로 묻는 것은 초점을 빗나간 것이라 할 수 있다. 문제는 분자적 차원에서 "자본주의에 고유한 욕망을 제거할 수 있느냐?" 하는 것이다. 일시적으로 어떤 제도를 철폐하고 투쟁으로 승리를 획득한다 해도 그 저변에 깔려 있는 욕망의 배치를 변환시키지 못한다면 자본의 욕망은 소멸하지 않는다. 그런데 자본의 욕망, 잉여가치를 생산하고 흡수하고 실현하려는 욕망, 이윤을 추구하는 욕망, 교환하려는 욕망, 화폐적 욕망 같은 것을 영구히 제거하는 것이 가능하기는 할까? 우리는 그것이 가능하지도 않고 필요하지도 않다고 본다. 우리는 자본주의에 대해 선험적으로 호오의 태도를 가질 필요가 없다. 우리는 존재하는 것에 대해 평가하고 우리의 지향하는 바를 향해 가장 바람직하다고 생각되는 방식으로 문제점을 고쳐 나가면 된다. 우리는 자본의 지배에 저항하면서 평등한 자유를 실현하기 위해 민주적으로 자본을 통제할 수 있는 시스템을 개발하고 그것을 지키기 위해 부단히 노력하면 된다.

들뢰즈와 가타리는 내재적으로 작동하는 체제로서의 자본주의가 층화되는 방식을 하나의 공리계의 성립으로 바라보며 그 지속성을 공리계의 개방성으로 설명하고 있다. 재차 강조하건대, 공리계는 탈코드화와 탈영토화의 흐름을 결합하여 "조직하고 명령을 강제하는 방식"이자 "자본의 탈출구"(진화 p367)이기도 하다. 그렇다면 내재적으로 작동하면서 스스로 그 탈출구를 개척해 나가는 자본주의 하에서 우리는 어떤 삶을 실천해 가야 할 것인가? 우리는 이미 알고 있다. 의미 있는, 그리고 가치 있는 생성/되기, 활기찬 리좀을 만들어가기, 충만한 탈기관체로 가기, 새로운 배치를 창조하기이다. 이러한 과정이 모두 욕망과 관련된 것임도 안다. 결론은 욕망의 해방, 참된 욕망의 정립이다. 핵심적 과제는 어디에서 그리고 어떤 속도로이냐 하는 것이다. 구체적으로 어디가 탈영토화의 첨점이며, 어느 정도로 탈주할 것인가가 관건이지 실천의 일반적 지침은 이미 마련되어 있다.

맑스는 자본주의의 필연적 몰락을 예언했다. 그러나 들뢰즈는 예언하지 않는다. 존재는 생성이며 생성은 우발성에서 시작하는 연속적 변이일 뿐이다. 정해진 목표를 향해 나아가는 변증법적 발전 법칙 같은 것은 없다. 필연적인 것은 모든 것은 변화한다는 사실 뿐이며 그 외의 필연성은 없다. 자본주의에 대해서도 들뢰즈의 생각은 마찬가지다. 자본주의의 미래에 대해 어느 정도 예측은 할 수 있겠지만 자본주의의 몰락과 새로운 대안의 건설로 이어지는 필연적 법칙을 주장하는 것은 들뢰즈 사상에 부합하지 않는다. 따라서 자본주의의 발전 법칙을 상정하고 그 몰락의 필연성을 맹신하면서 자본주의를 전복하고 새로운 체제를 만들기 위해 투쟁하는 방식은 들뢰즈의 관점에서는 받아들이기 어려운 실천론이다. 들뢰즈와 가타리의 실천은 맑시즘에서 주장하는 계급투쟁과 같은 몰적 혁명의 방식이 아니라 분자적 혁명이 되어야 한다. 들뢰즈/가타리의 윤리학은 생성/되기의 윤리학이고 모든 생성/되기는 분자-되기이자 소수자-되기이며 윤리학은 정치학의 기본이라 했다. 결국 들뢰즈/가타리의 실천은 소수자-되기를 기본으로 하는 소수자정치이며 새로운 배치의 창조는 되기의 정치, 즉 소수자 정치에 토대를 두는 방식일 수밖에 없다. 몰적인 것과 분자적인 것, 그리고 다수자적인 것과 소수자적인 것의 차이를 우리는 알고 있다. 배치의 변환에서 중요한 것은 그 규모나 양이 아니라 그 진정성과 속도다. 진정으로 인간의 욕망을 새로이 정립하는 배치의 변환인가, 그 변화의 속도는 어떠한가가 중요하다. 진정한 생성이라면 모든 것이 의미 있고 가치 있는 것이다. 진정으로 새로운 인간과 사회로 다가가는 것이라면 아무리 작아 보이는 것이라도 높이 평가되어야 마땅하다.

들뢰즈와 가타리의 표현으로 다시 돌아가 보자. 대규모의 몰적 집합은 분자적 절편화 작용에 의해 부단히 변형된다. 마치 항상 하나의 탈주선이 절편들 사이를 흘러 나가며 절편들의 중압집중화를 벗어나고 절편들의 총체화를 회피하고 있는 것처럼. 물론 처음에는 똑똑 떨어지는 빗물처럼 아주 미약한 것에서 출발할 수도 있다. 사회를 뒤흔드는 심층적 운동은 바로 이처럼 제시된다. 이것이 겉으로는 계급투쟁 같은 몰적 절편들 간의 대치로 표상되더라도 사정은 달라지지 않는다. 사회는 그 사회의 모순들에 의해 규정된다는 주장은 사태를 거시적으로 보았을 때나 올바른 주장일 뿐이다. 미시정치의 관점에서 볼 때 사회는 그 사회의 탈주선들에 의해 규정되며 이 탈주선들은 분자적인 것이다. 항상 무엇인가가 흐르거나 탈주하고 있으며, 이항적인 조직화와 공명장치와 덧코드화 기계로부터 달아난다. 들뢰즈/가타리는 탈주의 예로 젊은이, 여성, 미치광이 등 '풍속의 진화'라고 여겨지는 것을 들고 있으며 가브리엘 타르드가 주장하듯이 어떤 농민이 어떤 지역에서 이웃의 지주에게 인사를 하지 않기 시작했는지와 같은 미세한 흐름의 변화를 포착하는 것이 중요하다고 본다. 프랑스의 68혁명도 분자적인 것으로 똑같이 이야기할 수 있다. 거시정치의 견지에서 판단하는 모든 사람은 그 사건을 전혀 이해하지 못했다. 도대체 어떻게 배정할 수 없는 무엇인가가 탈주했기 때문이다. 하나의 분자적 흐름이 분출해서 처음에는 미약하지만 그 후에는 규정할 수 없는 상태로 커져 간다. 이러한 분자적 탈주와 분자적 운동은 몰적 조직으로 되돌아와 이러한 조직의 절편들과 성, 계급, 당파의 이항적인 분배에 수정을 가져오는 단초가 된다(천고 pp411~413 참조). 힘들의, 욕망들의 미세한 변화로부터 사회의 변화가 시작된다. 의지와 의지의 충돌, 욕망과 욕망의 만남으로 인한 힘들의 관계, 권력관계에서의 미묘한 변화를 포착해야 한다. 이러한 미세한 흐름들, 분자적 욕망의 흐름들에 있어서의 변화들이 혁명의 도화선이 되는 것이다.

이상의 논의에서 우리는 거시정치적 관점의 몰적 혁명이 왜 진정한 혁명이 되지 못하고 궁극적으로 들뢰즈 존재론에서의 풍요로운 반복으로 규정될 수 없는지를 이해할 수 있다. 몰적 혁명은 헐벗은 단조로운 반복이 될 공산이 크다. 더 나아가 폭력에 의한 중앙집권적 국가권력 장악의 시도는 집단 학살과 같은 커다란 재앙으로 귀결될 수 있다. 이러한 수단을 통한 혁명은 계급 지배적 속성을 그대로 유지할 수밖에 없다. 국가를 매개로 한 권력적 속성이 지속되고 자본주의적 표준을 대체하는 또 하나의 척도가 수립될 뿐이지 인간의 발전이라는 측면에서 개선되는 것은 거의 없다고 할 수 있다. 현실 사회주의의 모습에서 이러한 과정이 여실히 증명되었으며 추상적인 사고실험을 해 보더라도 사회 구석구석에서의 실질적인 변화가 이루어지지 않는 한 진정한 혁명은 이루어질 수 없다. 푸코의 지식 권력 계보학에서 볼 수 있듯이 권력은 편재되어 있고 분산되어 있다. 소유, 획득, 계약의 대상으로서의 권력이 아닌, 푸코가 말하는 미시적 요소들의 상호 작용으로 이루어지는 메커니즘으로서의 권력의 관계적 성질을 주시해야 한다. 따라서 삶의 모든 영역에서의 분산된 권력에 대한 저항이 필요하다. 자본권력과 유사한 대체 권력의 창출이 아니라 힘의 새로운 작동 방식을 만들어야 한다. 새로운 배치의 창조를 수반하지 않는, 질적으로 차이가 없는 집단이나 계급 간의 권력 교체는 의미가 없다.

그렇다면 세계적 차원의 공리계를 형성한 현실의 자본주의 하에서 우리는 어떻게 들뢰즈와 가타리의 사상에 부합하는 구체적 실천을 전개할 수 있을 것인가?

마이클 하트는 『안티 오이디푸스』를 읽으면서 들뢰즈와 가타리의 결론은 자본주의를 상대적 탈영토화에서 절대적 탈영토화로 밀어넣는 것, 즉 자본주의를 훨씬 더 탈영토화와 탈코드화의 과정으로 밀어넣어야 하는 것이라고 단정한다. "과정으로부터 철수하는 것이 아니라 니체가 말했듯이 '과정을 더욱 가속화' 하는 것 ……."(안오 p406, 진화 p367) 이는 앞서 흐름의 연결접속과 결합의 차이를 설명하는 데서 언급한 바 있듯이 탈코드화, 탈영토화의 흐름을 재영토화하는 "공리계의 결합에 맞서 혁명적 연결접속을 구축"(천고 p904)할 것을 주장하는 것이다. 들뢰즈/가타리는 절대적 탈영토화를 탈주선들을 연결접속하여 새로운 대지를 창조하는 것이라고 한다. 탈영토화가 다시 탈주선들을 차단하거나 절편화하는 등의 재영토화와 함께 작동할 때마다 탈영토화는 부정적이거나 상대적인 것이 된다고 할 수 있다. 상대적 또는 부정적 탈영토화는 대지를 덧코드화하며, 그리하여 탈주선들을 연접시켜 뭔가를 창조해 내는 대신 탈주선들을 결합시켜 이것들을 정지시키고 파괴한다(천고 pp969~970 참조). "자본주의적 탈영토화도 자본이 탈영토화하는 것을 다시 재영토화한다는 의미에서 상대적인 탈영토화다."(진화 p367) 이제 자본주의를 절대적 탈영토화로 밀어넣는 것, 자본주의를 훨씬 더 탈영토화와 탈코드화의 과정으로 밀어넣는 것이 무엇을 의미하는지를 알 수 있을 것이다.

분자적 흐름의 탈영토화와 탈주가 무한히 이루어지는 복잡한 현대사회에서 몰적인 대응에 의해 자본주의 사회공리계를 다른 사회체로 대체한다는 것은 한마디로 시대착오적이라 할 수 있다. 흐름들을 더욱 절대적 탈영토화로 밀어 넣는 수밖에 없다. 반동적인 파시스트화에 결연히 저항하고 재코드화와 재영토화에 따르는 다수자-이기에 안주하기를 거부하고 끊임없는 소수자-되기를 모색하고 분열증화의 과정을 영원히 지속시키는 것이 우리가 추구해야 할 일이다. 우리의 철학적 사상적 토대에 근거할 때 분자적인 영구 혁명만이 인간의 해방과 사회의 진보를 위해 추구해야 할 적절하고 실현 가능한 방안이라고 생각한다.

여기서 우리는 혁명의 분자적 실천에 관해 깊이 천착한 펠릭스 가타리의 주장에 주목해야 한다. 그의 주장에 의하면 "혁명 투쟁은 분명한 세력관계의 수준에만 한정할 수 없다. 혁명 투쟁은 자본주의에 오염된 욕망경제의 모든 수준, 즉 개인, 부부, 가족, 학교, 활동가집단, 광기, 감옥, 동성애 등의 수준에서 전개되어야 한다. 이는 욕망적 기계 한가운데에 위치하고 있는 파시즘, 즉 미시파시즘에 대한 투쟁이다. 투쟁의 적들은 모습을 바꾼다. 동맹자, 동지, 상관 혹은 심지어 자기 자신 조차도 적이 될 수 있다. 관료주의적 정치나 특권, 편집증적 해석, 기성 권력과의 무의식적 결탁, 억압의 내재까 속에 그 누구라도 언제 이' 때 빠지게 될지 알 수 없는 것이다"(분혁 p45) 가타리는 "투쟁은 우리 자신의 대열 속에서 우리 자신 내부의 경찰을 상대로 전개되어야" 함을 강조한다(분혁 p50). 따라서 우리는 끊임없이 분석을 행하면서 모든 수준에서 모든 권력의 전복을 수행하기 위한 집단적 배치를 형성해 나가는 것이 필요하다(분혁 p46 참조). 배치의 변환, 새로운 배치의 창조는 궁극적으로 이것을 목표로 하는 것이다.

결국 들뢰즈/가타리가 추구하는 궁극적 혁명은 자본주의를 전복하는 것, 즉 사유재산을 철폐하거나 임노동을 없애거나 시장경제를 폐쇄하는 것이 아니다. 그것은 자본주의를 분열증화하는 것, 다시 말해 분열증의 과정을 부단히 전개하는 것이다. 자본주의를 반동적으로 파시즘화하는 것으로부터 절대적 탈영토화로 밀어넣는 것이다. 혁명은 욕망의 흐름이 원하는 대로 흐르도록 하는 것이지, 어떤 고정된 목표를 위하여 흐름에 길을 내고 단속하는 것이 아니다. 우리 삶에는 시작도 기원도 없듯이 끝도 목적도 없다. 흐름을 흐르도록 내버려두는 것, 그것이 혁명이다. 이러한 생각을 정치적으로 구체적으로 실현하는 것이 자유민주주의다. 들뢰즈와 가타리가 자본주의가 모든 사회구성체의 음화라고 했듯이 우리는 자유민주주의가 모든 정치사상의 음화라고 말할 수 있다. 자유민주주의는 모든 정치사상을 품을 수 있는 보편성을 가지는 여백의 사상이자 탈코드화와 탈영토화의 사상, 즉 탈주의 사상이다. 자유민주주의는 정치·경제·사회·문화가 어떠해야 한다고 단정하지 않는다. 흐름을 자유로이 흐르도록 내버려둔다. 단지 구성원들이 자유로운 주인으로서 살기 위한 토대를 구축하는 것을 이념으로 삼는다. 나머지는 구성원이 자율적으로 하는 바에 모든 것을 맡긴다. 체제의 구성원들로 하여금 자신의 참된 욕망을 마음껏 실현할 수 있게 하는 사회, 어떠한 억압도 발붙일 수 없을 뿐만 아니라 어떠한 지정된 목표도 존재하지 않는, 모든 것을 품을 수 있는 사회가 자유민주사회다. 요컨대 자유민주주의는 정해진 콘텐츠가 주어져 있는 체제가 아니다. 콘텐츠는 민주적인 구성원, 즉 자유롭고 평등한 개개인이 만들어 나가는 것이다. 미리 정해진 것은 아무 것도 없다. 그리고 영원한 것도 없다. 고인 물은 썩는다는 말도 있듯이 아무리 좋은 민주적 제도라 해도 빈틈은 있으며 시대의 변화에 따라가지 못할 수도 있다. 당장은 건강한 자유민주사회라 하더라도 민주주의의 적대 세력들, 파시스트적이고 권위주의적인 세력들의 준동은 어느 때나 있게 마련이다. 우리는 더 충만한 민주주의를 향한 탈영토화와 탈주를 끊임없이 시도해야 한다.

구체적으로 들뢰즈와 가타리의 혁명은 욕망의 미시정치학을 현실로 구현하는 것이다. 다시 가타리가 제시하는 분자혁명의 길로 너 깊숙이 들어가 보자. 그에 의하면 욕망의 미시정치학은 극도로 다양한 사회집단들 안에서 복수의 목표를 수립한다. 이는 거대한 사회적 총체와 개인, 가족, 학교, 직장 등의 문제 사이의 전통적 단절을 거부한다. 대규모의 집합적 투쟁은 오직 부분적 투쟁의 축적에 기초해서만 진행될 수 있다. 본질적인 것은 무수히 다양한 분자적 욕망의 접속이며, 이것은 눈덩이 효과를 지녀 대규모 힘대결로 나아갈 수 있다(분혁 pp65~66 참조). 가타리는 "지배권력의 모든 기계, 다시 말해 부르주아 국가권력, 모든 종류의 관료제권력, 학교권력, 가족권력, 부부 안에서의 남근권력, 심지어 개인에 대한 초자아의 억압권력에까지도 대항해서 적극적으로 개입할 것"을 주문한다(분혁 p63). "중요한 것은 권위주의적 통일이 아니라 학교에서, 공장에서, 숙소에서, 탁아소에서, 감옥에서, 모든 곳에서의 욕망적 기계들의 무한한 꿈틀거림이다. 이 부문 운동들을 정리하거나 추제하하는 것이 아니라, 이것들을 함께 하나의 구도로 접속시키는 것이 문제다."(분혁 p83)

학 생 그래서 혁명은 자본주의 하의 혁명일 수밖에 없으며, 자본주의를 대체하거나 철폐하는 혁명은 있을 수 없다는 것이 들뢰즈와 가타리의 결론이군요.

강규석 자본주의인가 아닌가는 중요하지 않다. 자본의 지배, 자본의 억압이 문제다. 무엇보다도 자본주의 사회구성체의 작동 방식이 들뢰즈의 존재론에 부합한다는 점에서 그 지속성이 보장된다고 할 수 있다. 윤리적 가치를 따지기 전에 존재론적으로 자본주의는 지속적인 생명력을 가지는 것을 부인할 수 없다. 들뢰즈의 생성과 되기의 존재론에서의 내재적 운동의 전개 과정에서 우리는 탈주의 방향이 암적인 몸체로의 파시즘적 방향으로 치달을 가능성이 항상 존재한다는 점을 알고 있다. 그렇다고 해서 존재의 운동 자체를 부정할 수는 없는 노릇이다. 탈코드화와 탈영토화의 흐름들의 결합들로 정의되는 자본주의의 운동 방식도 마찬가지다. 들뢰즈와 가타리는 맑스의 분석에 충실하게 자본주의를 내재성의 평면에서 작동하는 시스템으로 본다. 자본은 내재적 법칙을 통해 작동한다(진화 p445 참조, 유동 p171 참조). 내재적이라는 것은 그 체제가 초재적인 요인이나 존재에 의해서가 아니라 내재적인 힘에 의해서 작동된다는 뜻이다. 이 내재적인 힘을 들뢰즈/가타리는 욕망이라고 하는 것이다. 자본주의를 움직이는 것도 이 욕망이다. 자본주의적 욕망이 자본을 작동시키고, 또 자본주의 외부의 욕망이 경제에 영향을 미친다. 이 외부의 욕망도 자본주의에 내재하기는 마찬가지다. 흔히 내재하는 외부, 내재적 외부라고 불리는 것들 중의 하나가 이것이다. 이것이 들뢰즈/가타리가 말하는 자본주의의 외부 극한으로서의, 절대적 탈영토화로서의 분열증의 극이다. 이들이 한편으로 분열증을 이러한 욕망의 좌절에서 오는 임상적 병증으로 규정할 뿐만 아니라, 다른 한편으로 분열증을 자본주의의 외부에서 항상 변형의 압력으로서 작용하는 하나의 극으로도 본다는 점이 중요하다. 맑스와 들뢰즈/가타리의 차이점은 맑스가 자본주의의 내재적 모순에 의해서 결국은 체제의 몰락이 불가피하다고 한 반면, 들뢰즈와 가타리는 탈영토화와 탈코드화라는 욕망의 탈주 또는 실현의 과정과 공리계의 작동에 의한 욕망의 내부화 또는 굴절의 과정이 영원히 반복된다고 주장한 점이다. 이러한 면에서 들뢰즈/가타리는 자본주의가 영속성을 가지는지, 자본주의 다음에는 무엇이 오는지에는 관심을 갖지 않는다. 다만 욕망의 혁명, 즉 욕망을 어떻게 정립해 갈 것인지, 욕망이 무엇을 혁신해 갈 것인지를 끊임없이 질문할 뿐이다. 그 과정에서 자본주의가 어떻게 변화해 갈지는 아무도 모르는 것이고, 섣불리 예상할 수도 없을뿐더러 예상할 필요도 없다. 우노 구니이치도 말하듯이 "자본주의는 한없이 욕망에 의해서 움직여지고 욕망을 자극하고 다양하게 하지만, 한편으로는 욕망의 실현을 지연하고 배제한다는 점에서 대단히 시니컬한 시스템이다. 이 체제는 욕망에 의해서 확장되고 거대화하고 가속되지만, 한편으로는 욕망을 변질시키고 피폐하게 하고 배제하고 비참한 것으로 만들어 간다."(유동 p176) 자본과 욕망의 다양한 관계, 양자의 상호작용의 결과 그리고 탈영토화의 지향점으로서의 분열증 등에 대한 논의로서의 자본주의 분석이 하나의 욕망경제학을 탄생시켰다. 그것이 들뢰즈 경제학이다.

지금까지 논의가 중복되고 다소 산만한 감이 없지 않았다. 정리하면 이렇다. 자본주의 하의 우리의 혁명적 실천의 목표는 한마디로 분자적인 영구 혁명이라고 표현할 수 있는데, 이는 우리의 일반적인 철학적 실천론의 주장과 다르지 않다. 결론은 소수자-되기다. 절대적 탈영토화로 나아가라, 분열증화하라, 참된 욕망을 정립하라는 것은 부단한 탈주, 끊임없는 소수자-되기를 실천하라는 것이다.

들뢰즈와 가타리의 자본주의관에 대한 비판과 대안적 주장들

학 생 저는 아직도 자본주의에 대한 대안을 찾을 수 없다는 것이 잘 수긍이 되질 않습니다. 들뢰즈와 가타리가 말하는 자본주의의 전개 과정이 존재의 전개 과정에 부합한다는 주장은 지나친 것 아닙니까? 제가 알기로는 들뢰즈는 진보와 보수 양쪽에서 모두 비판을 받는 것으로 알고 있습니다. 그가 한편으로는 자본주의를 비판하지만 다른 측면에서 보면 이처럼 자본주의를 옹호하는 태도를 보이기도 하기 때문인 것 같습니다. 제가 보기에도 가타부타 확실하지 않고 애매한 태도를 취하는 것 같은데요, 어느 것이 들뢰즈의 진짜 모습입니까?

강규석　학생은 아직도 들뢰즈와 가타리가 그리는 탈근대적 관점에서의 자본주의의 모습을 받아들이지 못하고 있는 것 같다. 우리는 우리에게 익숙한 몰적으로 굳어진 현실화한 자본주의체제가 아니라 분자적으로 운동하는 잠재적인 자본주의 몸체 혹은 자본주의 기계에 초점을 맞추어야 한다. 누차 말한 바와 같이 자본주의의 정체성은 추상기계로서의 자본주의다. 들뢰즈 경제학은 구체적 배치로서의 개별적인 자본주의체제보다는 추상기계로서의 돈-자본의 몸체의 운동을 일차적인 분석대상으로 삼는다. 따라서 들뢰즈/가타리가 보는 자본주의에 대한 관점은 기존의 경제학에서 보는 그것과는 근본적으로 다를 수밖에 없다. 그들의 자본주의에 대한 개념 규정, 즉 탈코드화와 탈영토화의 흐름들의 결합, 그리고 코드의 잉여가치로부터 흐름의 잉여가치로의 전환으로 자본주의를 정의하는 것에서부터 모든 것이 시작된다. 이로부터 자본주의기계의 운동은 존재의 운동과 부합하며, 자본주의사회체는 다른 모든 사회체들의 음화이며, 자본주의체제의 억압으로부터의 해방은 자본주의 하의 혁명일 수밖에 없다는 결론들이 필연적으로 도출되는 것이다. 왜 그들은 자본주의를 그렇게 정의하는 것일까? 궁극적으로 이는 그들이 세상을 바라보는 토대인 미시적·분자적 관점에서 유래한다고 할 수 있다. 그들의 욕망에 대한 관섬, 자본주의적 욕망에 대한 관점에서는 당연한 것이다. 생산적 욕망의 흐름이 사회체를 규정한다는 그들의 입장에서는 자본주의를 그렇게 정의할 수밖에 없는 것이다. 그들이 보는 자본주의는 자본의 지배, 부르주아계급의 이니셔티브 등과는 무관하다. 탈코드화와 탈영토화의 지속적 흐름들, 연속적 변이의 흐름들, 그리고 자본의 자기증식의 욕망, 잉여가치 획득의 욕망이 존재하는 한 그것은 자본주의인 것이다. 그러한 흐름들의 생산으로서의 무의식적 욕망이 사라지지 않는 한 자본주의의 완전한 철폐는 불가능하다고 보는 것이 들뢰즈와 가타리의 생각이다. 자본주의-추상기계는 잠재적으로 내재적으로 항시 작동한다. 그것은 현실화한 배치로서의 구체적 자본주의체제와 공존한다. 우리의 자본주의 분석은 추상기계와 구체기계의 영원한 이중운동에 대한 분석이다. 이것이 들뢰즈와 가타리의 미시분석, 미시경제학의 핵심이다.

따라서 들뢰즈/가타리의 자본주의 분석은 근대적 관점을 토대로 하는 진보와 보수라는 양 진영에서 볼 때는 비판의 대상이 될 수밖에 없다. 진보와 보수라는 일도양단식의 몰적 관점에서 본다면 비판의 여지가 있을 수밖에 없다. 그러나 그들을 근대적 관점에서 보는 자체가 잘못된 것이다. 하나의 추상적 사회체로서 자본주의기계를 바라보는 들뢰즈/가타리의 탈근대적 관점은 현실의 구체적 자본주의체제에 대한 다양한 근대적 시각들과는 분리해서 바라봐야 한다. 그들의 자본주의 분석은 보수나 진보라는 근대적 개념으로 재단할 수 없다. 이러한 개념들은 근대적 분석의 편의를 위한 도구일 뿐이다. 어느 정도 유용하게 쓰일 수 있는 경우도 있겠지만 나는 이 개념들을 중요하게 생각하지 않는다. 근대적 분류놀음의 단편일 뿐이다. 진보와 보수가 아닌 사람들을 중도라고 뭉뚱그려 말하는 것도 우스운 일이다. 한 사람이나 한 집단을 보수와 진보로 엄밀하게 나누는 것은 불가능하다. 각자에게 수천수만의 성(性)이 있듯이 각자의 정치사회적 성향도 일차원적으로 순서대로 나열할 수는 없다. 사람들은 보수와 진보의 성향을 동시에 가질 수도, 번갈아 가질 수도 있다. 굳이 나의 성향을 묻는다면, 나는 보수나 진보, 좌파나 우파가 아니라 상파다. 이는 농담이 아니다. 진정으로 나는 상파를 지향한다. 상하를 구분하는 기준은 윤리와 가치다. 윤리적이냐 비윤리적이냐, 또는 가치적이냐 몰가치적이냐가 중요하다고 본다. 들뢰즈가 말했듯이 윤리적인 존재는 다른 존재를 만나 기쁨을 주는 존재다. 다른 존재의 역량을 증대시키는 것이다. 나는 이것이 상파라고 생각한다. 상파는 고귀함을 추구한다. 자유와 평등이 조화를 이루는 민주주의를 지향한다. 상파는 비루함을 지양한다. 예속과 위계로 얼룩진 파시즘을 거부한다. 보수와 진보의 대립과 갈등은 지배계급의 divide and rule, 즉 분할통치나 이이제이의 수단으로 이용될 수도 있다. 사회적 현상들의 분석의 편의를 위해서는 보수나 진보의 개념이 필요한 경우도 있겠으나, 그 구분에 집착하는 것은 여러 부작용을 초래할 위험이 있다. 좌우의 한쪽이 아니라 상파가 되는 것이 중요하다.

다시 돌이켜보자. 탈근대의 관점에서 보는 모든 대상은 모호하며, 유동적인 본질을 갖고 있다, 보수나 진보처럼 명확하고 고정적인 본질을 가지는 것은 하나도 없다고 할 수 있다. 자본주의도 마찬가지다. 자본주의의 운동은 말 그대로 양의적이다. 탈영토화와 재영토화의 끊임없는 이중운동이다. 보수성과 혁명성이 동시에 존재한다. 자본주의 공리계는 억압적인 동시에 개방적이다. 잉여가치의 생산과 실현, 그리고 그것을 위한 공리계의 탄압과 함께 결정 불가능한 명제와 운동의 존재를 피할 수 없다. 즉 자본주의의 운동은 반동적인 억압 체계의 작동과 동시에 혁명적인 소수자-되기에 항상 열려 있다. 이것이 들뢰즈와 가타리의 기본 시각이다.

들뢰즈와 가타리가 자본주의를 바라보는 태도를 좀 더 구체적으로 알아

보자. "문명은 자본주의 생산에서의 탈코드화와 탈영토화로 정의된다."(안오 p414), "문명화된 현대사회들은 탈코드화와 탈영토화의 경과에 의해 정의된다."(안오 p434)와 같은 표현들에서 볼 수 있듯이 들뢰즈/가타리는 문명을 탈코드화와 탈영토화 자체와 동일시한다. 전(前)자본주의 사회체들에 미개 또는 야만의 수식어를 사용하는 반면에 자본주의사회체를 수식하는 데 문명이라는 긍정적 의미를 가지는 용어를 사용하는 것은 자본주의가 다른 모든 사회의 극한임을 강조하는 것이다(안오 p416 참조). 반면에 현실적인 자본주의체제에 대한 들뢰즈/가타리의 태도는 매우 부정적인 것이 사실이니 "인자적 사본주의, 자유 자본주의, 온정적 자본주의 등은 있었던 적이 없으며, 단지 이데올로기 속에만 있다."(안오 p615), "보편적 자본주의나 자본주의 그 자체란 없다. 자본주의는 모든 종류의 구성체들의 교차점에 있으며 언제나 본성상 새로운 자본주의이며, 동양적인 얼굴과 서양적인 얼굴을 발명하고 그 둘을 개조해 감으로써 최악의 자본주의를 만들어 간다."(천고 p45), "소수자들에게서 문제는 물론 자본주의를 쓰러뜨리고, 사회주의를 재정의하고, 세계적 규모의 전쟁기계를 다른 수단을 통해 반격할 수 있는 전쟁기계를 만들어 내는 데 있다."(천고 p902)와 같은 표현들에서 그것을 분명히 알 수 있다. 추상기계로서의 자본주의사회체에 대해서는 문명이라는 위상을 부여하지만, 구체적으로 영토화된 현실의 자본주의체제에 대해서는 통렬한 비판적 자세를 취하고 있는 것이다. 들뢰즈와 가타리는 현실 자본주의에 대한 근본적 혁신의 의지를 분명히 가지고 있다. 그들의 미시분석은 그러한 목적을 위한 것이다. 그러나 자본의 철폐와 같은 몰적인 방법은 그들이 추구하는 것이 아니다. 분자적 혁명이 그들의 목표다. 분자혁명은 시작도 끝도 없는 과정이다. 자본주의가 지속될지, 영원할지는 중요하지 않다. 자본의 운동은 존재의 운동의 일부다. 중요한 것은 탈주의 지속적 시도이고, 저항과 혁명의 영원한 의지다. 그래서 들뢰즈 경제학은 자본 자체의 종식보다는 자본의 지배의 종식을 추구하고 그 방법론을 연구한다. 생산수단의 사적 소유의 철폐나 시장경제의 폐지라는, 또 다른 권위적이고 억압적인 수단을 필요로 할 공산이 큰 목표보다는 자본에 대한 민주적 통제를 모색한다. 그것을 실현시킬 수 있는 가능성이 정보기술 발전과 함께 점점 더 커지고 있다.

다음으로 자본주의 이후를 상정하는 주장을 알아보기로 하자. 자본주의에 대한 대안을 주장하는 이론으로 가장 대표적인 것은 사회주의로부터 공산주의에 이르는, 맑스 사상에 기초한 주장들이라 할 수 있다. 하지만 이들 주장들은 너무나 잘 알려져 있고 그것들의 몰적 투쟁과 몰적 혁명의 관점은 이미 충분히 들뢰즈/가타리의 관점에서 논박되었다고 할 수 있다. 따라서 여기서는 들뢰즈의 사상에 호의적이면서도 자본주의에 대하여 그들만의 독특한 시각을 가지고 있는 안토니오 네그리와 마이클 하트의 주장을 위주로 알아보기로 하겠다.

그들의 주장은 한마디로 공통체주의라고 할 수 있다. 공통체주의는 들뢰즈의 사상을 기초로 하여 자본주의의 대안을 찾는 대표적 기획 중의 하나다. 공통체주의의 골자는 다중을 구성하는 특이성들의 기쁘고 행복한 마주침을 제도화한 내재적 장치들을 구성함으로써 공통적인 것에 대한 접근을 개방적이고 평등한 상태로 유지하는 체제를 실현하는 것이다. 이렇게 볼 때 그 용어들의 사용에 있어서는 물론이거니와 토대가 되는 사상도 스피노자에게서 영향을 받은 들뢰즈의 철학을 수용하고 있는 것이 확실하다. 들뢰즈의 열린 사고를 기초로 하여 자신들만의 창조적인 탈주선을 그리고 있는 것이다. 네그리와 하트의 구체적인 대안을 보여 주는 것이 『제국』『다중』『공통체』『선언』으로 이어지는 그들의 저작들이다.

이 중에서 자본주의의 운명에 관한 그들의 견해를 요약해 보자. 기본적으로 소유와 자유는 갈등관계에 있다는 것이 그들의 생각인 것 같다(『공통체 : 자본과 국가 너머의 세상(Commonwealth)』 안토니오 네그리/마이클 하트, 2009, 한국어판: 정남영/윤영광 옮김, 사월의책, 2014, p51 참조). 그러나 이들이 소유를 지탱해 주는 근대 공화국의 성격을 비판하면서 과연 어느 수준까지 소유를 부정하는지는 명확하지 않다. 이들이 공통적인 것의 생산을 중시하며 생산수단의 사적 소유와 공적 소유를 모두 비판하고 있지만 자본에 의한 가치 창출을 지금 당장 부정하는 것이 아님은 확실하다. 자본주의 붕괴론이나 사회주의적 처방에 대한 반대 입장을 볼 때 그러하다. 이들은 사회주의를 자본주의와 결코 대립하지 않으며 오히려 국가가 관리하는 자본주의적 생산체제라고 이해하고 있기도 하다(앞의 책 pp374,428 참조). 이들의 자본에 대한 기본 가정은 첫째, 자본의 지배가 영원하지 않을 것이며, 둘째, 자본은 자신의 지배를 추구하는 과정에서 나중에 언젠가 자본의 뒤를 이을 생산양식과 사회의 조건들을 창출할 것이라는 것이다(앞의 책 pp415~416 참조). 이 같은 점들로 볼 때 이들은 자본의 지배를 대체하는 새로운 생산양식의 도래를 기대하고 있는 것으로 볼 수 있다.

분명히 해 두어야 할 것은 이들이 자본 자체가 아니라 자본의 지배를 배척하고 있다는 것이다. 자본에 의한 가치의 창출이 자본의 지배에 의해서만 가능한 것이라고 본다면 자본 자체의 배척이나 자본의 지배를 배척하는 것이나 마찬가지가 될 것이다. 그러나 나는 자본에 대한 분배가 자본의 지배에 의해서만 가능하다고 보지 않으며, 또한 자본 자체와 즉 생산수단의 배타적 소유와 자유가 양립 불가능하다고 생각하지도 않는다. 아나키스트 프루동도 "소유는 도둑질이다."라고까지 했지만 소유를 완전히 부정하지는 않았다(『아나키즘 이야기』박홍규, 이학사, 2004, pp119~120 참조). 개개인의 자유와 평등이 확실히 보장된다면 자본에 의한 가치의 창출도 인정할수 있다고 생각한다. 소유를 완전히 없애는 것의 가능성 여부는 차치하고라도 소유를 없애려는 시도 자체가 자유에 대한 또 하나의 억압이 될 수도있다. 네그리와 하트의 주장은 새로운 생산양식이 가능하다는 것이다. 이것이 자본주의 생산양식과 양립 불가능하다고 볼 필요는 없다고 생각한다. 들뢰즈와 가타리가 규정하는 포괄적인 자본주의사회체는 네그리와 하트의 사유도 논리적으로 품을 수 있다고 본다.

자본주의 이후의 세계를 상상하는 많은 사람들이 새로운 인간의 탄생을 학수고대하지만 그것도 또 하나의 고정된 플라톤적 이데아를 모색하는 것은 아닌가 생각된다. 자본주의에 예속되지 않는 주체적 인간으로서의 변신이 필요한 것은 확실하지만 소유욕을 가진 인간을 사라져야 할 구태 인간으로 단정 짓는 것도 바람직해 보이지는 않는다. 네그리와 하트도 궁극적인 해방으로서의 혁명, 즉 새로운 인간의 창조는 성, 인종, 계급, 민족 등과같은 정체성의 자기 폐지임을 주장한다(『공통체』pp454~464 참조). 이러한 주장은 들뢰즈/가타리의 탈주 혹은 생성과 되기로서의 소수자정치의 주장과다르지 않다.

문제는 자본의 철폐, 생산수단의 사적 소유의 폐지보다는 자본의 지배를 종식시키는 것이다. 자본 자체의 종식이 없이는 자본의 지배를 종식시키는 것이 불가능하다고 생각하는 사람들이 많은 것이 사실이다. 그러나 현대의 탈산업사회에서 잉여가치 생산수단으로서의 자본 자체의 흐름이 부단히 탈코드화, 탈영토화하고 있다. 앞서 논의한 바 있듯이 이러한 자본의 흐름은 노동에 있어서 노동과 자유로운 행동의 구별이 점점 더 불명확해지고 소위 비물질노동이나 정동적 노동이라는 개념으로 노동의 흐름의 탈주가 진행되고 있는 것과도 상응한다. 생산의 주체 혹은 생산수단으로서의 자본과 노동의 명확한 구별이 불가능해지고 양자 모두 물질적인 것에서 한편으로는 지적이고 개인적인 것으로, 다른 한편으로는 네트워크화한 집단적인 것으로 탈물질화하면서 그 형식과 실체가 빠른 속도로 변하고 있다. 노동과 자본이 양 측면에서의 탈코드화와 탈영토화가 상호 중첩되고 영향을 주고받으며 새로운 배치가 전개되고 있는 것이다. 개방되고 진취적인 자유민주사회가 진척될수록 이러한 경향은 더욱 강화될 것이다. 이러한 상황에서 자본의 철폐는 점점 더 어려워진다고 할 수 있으며 그러한 시도는 개인의 자유와 민주주의에 대한 심각한 침해가 될 수도 있다. 한마디로 현대사회에서 자본 철폐의 이념은 자유민주주의와 양립할 수 없다고 생각한다. 새롭고 독특한 생산수단을 개발하여 다른 사람과 자유로운 계약을 맺어 생산된 생산물을 자유로이 분배하려는 의지를 근원적으로 차단하겠다는 것은 인간의 자유에 대한 커다란 억압이 될 것이 확실하다. 자본의 지배를 종식시키는 장치가 마련된다면 이는 실질적인 계약의 자유로 곧바로 이어질 것이다. 기본소득과 같은 제도의 보장이 그것에 크게 기여하고 있다. 결국 우리는 고정된 정체성을 가진 계급으로서의 자본이 아닌 하나의 특이성으로서 연속적으로 변이하는 유동적 개체로서 자본의 지위를 규정한다.

자본이 살아있다면 언젠가는 그 계급적 속성이 드러나 위계적인 반동적 체제를 모의할지도 모른다는 비판이 당연히 있을 수 있다. 그러나 어느 사회나 반동적 행태는 나타날 수 있다. 그리고 재영토화와 재코드화는 탈영토화, 탈코드화의 이면이라는 것이 존재의 진리이기도 하다. 재영토화와 재코드화가 반동적 모습으로 언제든지 나타날 수 있는 것이다. 자본의 몫으로 돌아가는 잉여가치의 획정이 불분명해지는 현대사회에서 자본의 사활이 걸린 잉여가치의 전유와 포획의 시도가 이뤄지고 있다. 하지만 자유와 평등이 확고히 뿌리박은 건전한 민주사회에서라면 얼마든지 그러한 움직임을 적절히 통제하고 일시적인 퇴행도 곧바로 바람직한 방향으로 되돌릴 수 있을 것이다. 가령 기본소득과 잔여수익분배청구권과 같이 노동자의 교섭력을 증대시키고 공정한 분배를 촉진하기 위한 제도적 장치들이 효과적으로 마련된다면 자본의 지배를 미연에 방지할 수 있을 것이다. 문제를 해결하는 데 있어 폭력적이고 억압적 방법을 도모하기보다는 각자의 자유를 증진하는 긍정적 방향으로 나아가는 것이 바람직하다. 각자의 자유를 증진하는 것은 쉽게 말해 각자의 취향을 존중하는 것이다. 경쟁적 취향을 가진 자도 있을 것이고, 협력적 취향을 가진 자도 있을 것이다. 각자의 취향에 따라 각자가 원하는 삶을 실현할 수 있는 공동체를 선택할 수 있게 하는 것이 궁극적으로 자본의 지배를 종식시키는 길이 될 것이다.

지금 남한에서는 이러한 방향으로의 발전이 충실히 이루어지고 있다. 아직 완전하지는 않지만 세계화와 함께 지역화가 동시에 이루어짐으로써 구성원들의 삶에 있어서의 선택권이 보장되고 있다. 첨단기술의 발전과 실질적이고 선진적인 민주주의의 발전이 결합되어 새로운 지역 사회구성체들이 속속 등장하고 있다. 이를 요즘에는 과거 남북아메리카 원주민들의 구성체들을 빗대어 새로운 부족체제 혹은 과거 그리스의 도시국가를 빗대어 새로운 폴리스체제로 부르기도 하는데, 이름은 중요치 않다. 민주주의가 공고히 됨으로써 자본의 지배를 벗어난 새로운 경쟁사회의 구성과 새로운 협력사회의 구성이 모두 자유롭게 되었다는 것이 중요하다.

학 생 그러나 자본의 철폐 없이 자본주의적 구성체와 비자본주의적 구성체 간의 관계설정이 어떻게 안정적으로 보장될 수 있을까요? 세계화와 함께 세계적 거대 기계로서의 자본주의체제가 확립된 마당에 자본의 지배를 벗어난 독립된 지역 사회구성체의 안정적이고 지속적인 발전이 가능하다고 보십니까? 그리고 그러한 다양한 구성체들이 지역적으로 존재하게 된다면 앞으로 국가의 역할은 어떻게 되는 건가요?

강규석 실질적 민주화가 지역 사회구성체들의 출현과 더불어 그 안정성과 지속성도 보장할 것이다. 정보의 민주화. 진정한 욕망의 정립. 이로부터 새로운 인간의 창출이 이루어지고 각자의 취향에 맞는 공동체를 스스로 구성할 수 있을 것이다. 새로운 인간은 천사와 같은 정형화된 인간이 아니다. 자기의 잠재적 역량을 최대한 발휘할 수 있는 자유로운 인간이다. 따라서 나는 맑스가 제시한 바 있는 '자유로운 개인들의 자발적 연합'이라는 말을 여기서 다시 새로운 의미로 주장하고 싶다. 어떤 고정된 목적을 실현하기 위한 것이 아니라 그들의 연합으로 무엇이라도 자율적으로 이루어 나갈 수 있는 열린 가능성을 추구하는 의미로서 말이다. 네그리와 하트도 자율적 인간의 실현체인 아우또노미아를 주장한다. 우리의 자율주의는 어떤 무엇이라도 가능한 미래로 열려 있다. 실질적인 민주화가 이루어진다면 자본주의적 생산양식에 의하든 그것을 부정하든 조화롭게 모든 구성체들이 공존해 나갈 수 있을 것이다. 때로 뒷걸음질칠 수도 있다. 그러나 우리는 자유와 평등이 보장되는 민주주의의 밝은 미래를 확신한다. 각국의 실질적 민주화의 진전은 거대 기계로 세계화된 자본주의체제 자체가 자본의 지배에서 벗어나게 하는 동력으로 작용할 것이다. 각국의 무역은 더욱 공정해질 것이며, 세계적 대기업들과 거대 금융자본들의 행태도 지금보다 더욱 강력한 민주적 통제 하에 놓이게 될 것이다. 이 과정에서 새로운 지도 국가로 떠오른 중국의 민주화가 어떻게 진행될 것인가가 가장 중요한 열쇠가 될 것이다. 지도 국가로서의 중국의 민주화는 국내적으로뿐만 아니라 대외적으로 다른 국가들과의 관계에 있어서도 민주적인 협력과 소통이 관철될 때 실질적인 민주화라는 칭호를 부여받을 수 있다고 생각한다. 국제 관계에서 과거의 패권 국가들과 같은 행태를 보인다면 중국을 실질적인 민주국가라고 할 수는 없을 것이기 때문이다. 지금까지 잘 진행되어 왔지만 앞으로의 중국 민주주의의 미래가 세계의 운명을 좌우할 것이다. 중국의 견실한 민주화와 함께 그동안 신자유주의 하에서 자본의 지배에 협력해 왔던 세계무역기구, 세계은행, 국제통화기금의 3대 기구 모두 유엔의 통제 하에 놓이게 된 것에서 세계적 민주화의 진일보한 모습을 볼 수 있다. 이러한 상황에서 지역적으로 출현하는 공동체들의 독립성도 시간이 갈수록 당연히 그 입지가 더욱 강화될 것으로 예상된다. 중국과 각국의 민주화의 진전이 그것을 보장할 것이다.

세계 단일 체제가 형성되지 않는 한 어떤 형태로든 간에 국가는 존재할 것이다. 그러나 개개인의 자유와 평등이 실질적으로 보장된 민주사회에서는 지배계급의 지배 도구로서의 국가는 존재할 수 없다. 자유로운 개인들이 각자의 취향과 선호에 따라 자신의 생활공동체를 선택할 수 있는 상황에서 공동체들 상호간에도 자유로이 연합할 수 있는 연합체가 생성될 것으로 예상된다. 강력한 페르시아의 침략을 막아 낼 수 있었던 그리스 도시

국가들의 연합체처럼 국가 내의 각 공동체가 실질적인 자치와 자율을 이루면서 외부로부터의 위협이 있을 경우에는 공동으로 대처하는 시스템이 구축되면 좋을 것이다.

자본주의 결론

　지금까지 논의한 자본주의에 대한 결론이다. 들뢰즈와 가타리의 철학과 사회사상을 토대로 하는 우리는 자본주의의 정체성을 그 잠재성인 하나의 자본주의-추상기계로서 규정한다. 자본주의-추상기계의 작동의 결과 구체적으로 현실화한 하나의 배치가 현실의 자본주의체제다. 탈코드화와 탈영토화의 흐름들, 그리고 그 흐름들의 결합, 이렇게 작동하고 운동하는 하나의 사회체로서의 문명 자본주의기계는 다른 모든 사회체의 음화 또는 극한으로서의 자격을 가진다. 우리는 이러한 독특성과 보편성을 가지는 자본주의기계에 대해서 지속성과 존립성을 긍정하지 않을 수 없다. 따라서 우리에게 필요한 것은 존재하는 자본주의에 대해 평가하고 문제를 발견하고 그에 대한 적절한 해결책을 찾는 일이다. 결과적으로 우리의 목표는 자본주의를 대체하는 혁명이 아니라 자본주의 하의 혁명일 수밖에 없다.

　자본주의 하의 혁명, 욕망의 진정한 해방은 자본의 철폐가 아니라 자본의 지배의 철폐여야 한다는 것이 우리의 결론이다. 자본의 지배를 종식시키기 위한 우리의 방법론은 자본주의를 절대적 탈영토화로 밀어넣어라, 자본주의를 분열증화하라는 것이다. 이는 정치적 언어로 말하면 완전한 자유민주주의의 실현을 위해 매진하라는 것과 같다. 자본주의를 절대적 탈영토화하는 것, 분열증화하는 것은 자본주의적 생산을 진정한 욕망적 생산으로 끊임없이 밀어넣어 자본주의적 조건과 형식에 순응하는 억압된 욕망을 해방으로 이끄는 것을 의미한다. 욕망의 해방, 참된 욕망의 정립으로 가기 위한 구체적 실천으로서 필요한 것이 자본주의 하에서의 영속적 소수자-되기라는 것이 들뢰즈와 가타리의 주장이다. 소수자-되기가 지배적 다수자에 대립하는 하나의 소수파가 되는 것도 아니고, 기존의 다수자를 대체하는 또 하나의 다수자를 구축하는 것도 아님을 우리는 잘 알고 있다. 소수자-되기는 탈주다. 들뢰즈/가타리가 의미하는 탈주는 다수자로부터 달아나는 것이 아니라 다수자의 내부에 구멍을 내어 새로운 흐름을 흐르게 하는 것이다. 되기, 생성은 끝없는 과정이다. 일회성으로 자본주의를 다른 체제로 바꾸는 것과는 다르다. 이는 또 하나의 다수자를 만드는 것에 불과하다. 그 체제에 순응하는 또 다른 억압된 욕망이 있을 뿐이다. 이름은 다를지 몰라도 자본주의기계의 또 다른 실현모델에 불과하다. 이것은 또 하나의 다수자-이기와 다를 게 없다. 의미 없는 헐벗은 반복일 뿐이다. 욕망의 배치에 아무런 실질적 변화가 없다. 풍요로운 반복을 위해서는 힘의 새로운 작동 방식을 창출해야 한다. 관건은 과정을 가속화하는 것이다. 과정을 멈추지 않는 것이다. 과정을 멈추지도 않고 과정을 공전시키지도 않고 과정에 목표를 주지도 말 것, 과정을 영원히 진행시키는 것이다(안오 p627 참조). 과정을 강제로 정지시킬 때, 과정을 의미 없이 공전시키거나 과정에 자의적인 구체적 목표를 부여할 때 우리는 질병으로서의 분열증에 빠지게 된다. 들뢰즈/가타리는 이러한 과정 장애들에 대응하여 신경증, 정신병, 변태의 세 가지 유형으로 병든 분열자의 모습을 그리고 있다(안오 pp58,598~600 참조). 그들은 끊임없이 '임상 존재로서의 분열자'와 '과정으로서의 분열증'(안오 p624)을 구별한다. 과정의 완성은 과정이 멈춰서 끝나는 것이 아니라 과정을 영원히 진행하는 것이다(안오 p628 참조).

자본주의는 이러한 하나의 과정이다. 정지된 체제가 아니다. 자본주의는 탈영토화와 탈코드화의 흐름이라는 영원한 과정이다. 그래서 다른 모든 체제의 극한 또는 음화라 불리는 것이다. 다만 재영토화와 공리화에 의한 자기증식, 확대재생산의 과정이라는 한에서 상대적일 뿐이다. 분열증이라는 외부 극한, 절대적 극한, 절대적 탈영토화, 궁극적 해방을 향하여 영원히 탈주하지만 거기에 도달할 수는 없다. 따라서 자본주의나 분열증이나 그 본질은 동적 과정이지 정적인 구조나 체제가 아니다. 이런 특성들로 인해 자본주의는 양의성과 양가성을 가지는 것이다. 공리화하는 자본주의와 분열증화하는 자본주의. 영원한 이중운동 하의 자본주의. 우리는 내재적 과정으로서의 자본주의를 영원히 벗어날 수는 없다. 그러나 자본주의를 분열증화하려는 시도, 즉 참된 욕망에 도달하려는 시도를 포기할 수도 없다. 우리의 삶은 이러한 자본주의의 양의성 하에서 연속적으로 변주를 이루어 가는 과정이라고 할 수 있다.

탈영토화와 재영토화의 영원회귀라는 이중운동. 이 과정 속에서 참된 욕망의 정립을 위한 소수자-되기는 우리 모두가 주인으로서 사는 것, 사회 각 분야의 민주화를 이루는 것, 즉 비파시스트적 삶으로 우리의 삶 전체를 채우는 것이다. 이는 매 순간의 일상 속에서 다수자가 아닌 소수자의 길, 즉 순응이 아닌 저항의 길을 선택하고 개척해 가는 것이다.

김유진　왜 순응하면 안 되는 것입니까? 왜 꼭 저항해야만 하는 것입니까? 순응해서 행복을 느끼면 되는 것 아닙니까?

강규석 학생은 행복하다는 것을 들뢰즈와는 다른 관점에서 바라보고 있다. 학생의 관점에 따라 행복하다고 느끼는 삶을 누리는 것은 학생의 자유다. 그러나 들뢰즈의 관점에서 보자면 지배적 체제에, 다수자의 기준에 순응하면서 내면화된 왜곡된 욕망에 따라 안락한 삶을 살아가는 것은 의미 없는 동일한 삶을 반복하는 것일 뿐이다. 들뢰즈/가타리는 '각자에게 자신의 성들을!'(안오 p493)이라고 외쳤다. 이는 '각자에게 자신의 욕망을!', '각자에게 자신의 역량을!'이라는 말과 다르지 않다. 이것은 독자적이고 특이한 삶을 살라는 들뢰즈/가타리의 가르침이다. 스피노자와 들뢰즈가 말하는 기쁨과 행복은 역량을 증가시키는 것 혹은 자신의 역량을 할 수 있는 최대한으로 밀어붙여 각자의 참된 욕망을 실현시키는 것이다. 이것이 그들에게 의미 있고 가치 있는 삶이다. 들뢰즈는 존재론적, 인식론적 중요성, 즉 의미와 가치를 독특하고 특이한 것들과 규칙적이고 평범한 것들의 할당과 평가에 연계해서 사유한다(차반 pp412,584 참조). 그리고 강도적 차이의 논리에서 배웠듯이 한 개체의 개체성은 그 독특성에 있다는 것이 들뢰즈의 결론이다. 우리가 가진 각자의 잠재적 역량은 대체할 수 없는 독특성을 갖고 있다. 동일한 것은 하나도 없다. 따라서 그 역량을 최대한 발휘하여 이루어지는 삶도 독자적이고 특이할 수밖에 없다. 순응하여 체제에 부합하는 규칙적이고 평범한 삶을 사는 것이 설령 개인적 차원에서 일말의 의미가 있다 하더라도 사회적 차원에서 볼 때는 높게 평가될 수가 없다. 사회의 기준이 요구하는 동일한 삶일 뿐이다. 우리 각자의 욕망을 실현하는 것이 아니라 타자가 정해 주는 삶을 사는 것일 뿐이다. 저항하는 것은 낡은 것을 거부하는 것이고, 새로운 것을 창조하는 것이며, 다수자가 아닌 소수자의 길을 가는 것이며, 동일성이 아닌 차이의 삶, 독특한 삶을 사는 것이다. 이것이 우리 모두의 역량을 증가시키고, 우리의 역량의 최대한을 발휘하도록 하는 것, 즉 우리의 참된 욕망을 실현시키는 것이다. 나도 그것이 의미 있고 가치 있는 것이라고 생각한다. 각자의 욕망과 의지, 각자의 잠재적 역량에 따른 독특한 삶이 귀한 삶이 아닐까? 들뢰즈도 위계를 설정함에 있어 각자의 역량의 절대적 크기가 아니라 그 역량을 어떻게 실현하는가, 역량을 증대시키는가 감소시키는가를 기준으로 삼는다. 그것이 고귀함과 비루함을 가르는 기준이다.

학 생 구체적으로 어떻게 사는 것이 독특하게 사는 것인지 아직 잘 모르겠습니다. 일상적 삶을 벗어나 보통의 사람들과 구별되는 두드러지고 튀는 삶을 살라는 말씀이십니까?

강규석 다른 사람들과 비교할 필요가 전혀 없다. 단지 여러분 역량껏 살면 되는 것이다. 여러분의 능력, 취향, 적성이 중요하다. 그리고 신중한 성찰이 있으면 된다. 들뢰즈와 가타리가 말하는 탈주와 소수자의 의미를 다시 잘 되새겨 보기 바란다. 탈주하는 삶, 소수자-되기의 삶이 들뢰즈/가타리가 말하는 독특한 삶이다. 탈주는, 소수자-되기는 다수자로부터 도망가는 것이 아니라 다수자를 달아나게 하는 것, 다수자에 균열을 내어 새로운 생성/되기를 이루는 것이라 했다. 이는 일상을 벗어나 사막의 유목민이나 산속의 도인처럼 사는 것이 아니다. 제자리에서의 여행, 도시의 유목민이라는 표현도 있듯이 우리에게 의미가 있고 중요한 것은 외연적인 운동이 아니라 강렬함으로서의 속도다. 이것이 들뢰즈가 말하는 하나의 특이성, 하나의 '이것임'으로서의 강도적 삶이다. 일상의 무수한 만남들 속에서 들뢰즈의 존재의 일의성과 비인간주의에 입각하여 그것이 사람이건 사물이건, 생명이건 비생명이건 존재하는 모든 것들에 대하여 예의를 갖추고 나와 상대의 역량의 실현과 그것의 증진을 위해 살아간다면 그것이 기쁘고 행복한 삶이자 고귀한 삶이라 할 것이다.

강의 마지막 날

강규석　이로써 이번 학기의 들뢰즈 경제학 강의를 마치고자 한다. 들뢰즈를 경제학자라 부르는 데 아직도 거부감을 가진 사람들이 있는가 본데 그의 사상이 경제학에 엄청난 영감을 주고 있는 것이 사실이다. 대표적으로 자본주의에 대한 분석에서부터 시작해서 노동에 대한 인식, 그리고 생태와 환경에 이르기까지 광범위한 영역에 이르고 있다. 그동안 경제학계를 지배해 왔던 커다란 두 줄기인 주류경제학과 맑스 경제학에 대해서 새로운 시각과 패러다임을 제공하기에 부족함이 없다고 생각한다. 사회가 탈근대 시대로 접어든지 오래고 그 변화의 양상에 가속도가 붙는 상황에서 경제학이 제 역할을 하지 못하고 있다. 새로운 시각과 철학을 기반으로 하는 경제학의 등장이 절실하다. 이러한 상황에서 들뢰즈가 경제학자냐 아니냐는 중요하지 않다. 들뢰즈/가타리가 강조하듯이 어느 지점에서 어떤 속도로 변화와 생성이 이루어지느냐가 중요하다. 본질이 아니라 생성이 중요하다. 이것이 탈근대의 사상이고 리좀의 철학이다. 근대적인 고정된 나무의 사상은 현대를 설명하는 데 한계가 있다. 우리는 탈근대의 관점에서 경제학을 연구한다. 그 과정에서 탈근대의 사상을 집대성하여 정리한 대표 철학자인 들뢰즈의 이름을 차용하여 들뢰즈 경제학이라 명명한 새로운 경제학을 탄생시켰다.

무엇보다도 들뢰즈 경제학은 무의식, 욕망, 리비도에 대한 분열분석이라는 새로운 방법론을 통하여 현대 자본주의 분석에 혁신적 변화를 가져왔다. 오이디푸스화라는 재현 작용에 의해 왜곡된 욕망상을 그려 냄으로써 자본의 지배를 정당화해 주는 정신분석을 비판하면서 분열분석을 그대안으로 제시하는 것이 욕망경제학, 리비도경제학으로서의 들뢰즈 경제학이다. 따라서 욕망의 해방을 지향하는 들뢰즈 경제학의 가장 큰 연구방향은 자본의 지배를 벗어나는 길을 찾는 것이다. 그리고 그 목적을 실현하기 위한 구체적 정책들 중 핵심을 차지하는 것이 바로 경제민주화다. 모든 경제학은 정치경제학이어야 한다. 정치와 분리된 경제학은 허구다. 들뢰즈 경제학도 사정은 마찬가지다. 경제민주화가 들뢰즈경제학의 핵심 목표이며 이는 또한 실질적인 자유민주주의를 구성하는 핵심 요소다. 자유민주주의의 건설은 정치만의 목표일 수 없다. 경제학의 궁극적 목표라 할 수 있는 경세제민도 자유민주주의를 실질적으로 건설하는 것과 하등 다를 바가 없다.

들뢰즈 경제학은 들뢰즈의 사상을 토대로 하여 후대의 학자들이 쌓아올린 학문적 성과다. 들뢰즈와 가타리로부터 많은 경제학적 비전과 모티브를 발견하고 추출할 수 있다. 이제는 들뢰즈 경제학이 성공적으로 정착되어 가고 있는 마당에 그들을 경제학자라 해도 지나친 말은 아니라고 생각한다. 나는 맑스와 프로이트를 결합하여 새로운 '자본론'을 쓰려 시도한 그들을 경제학자들이라고 불러 마땅하다고 생각한다. 그들의 정체를 한 가지로 단정해 말할 수는 없다. 그들은 끊임없이 탈주를 시도한, 정체성이 모호한 진정한 유목민들이었다. 그들의 시도가 경제학인 이유는 참된 욕망의 정립, 욕망의 해방, 경제민주화를 핵심으로 하는 실질적인 자유민주주의의 확립으로 나아가는 것이 궁극적으로는 효용을 극대화하는 것이고 비용을 극소화하는 것이기 때문이다. 비용과 효용에 대한 들뢰즈 경제학의 시각과 관점은 기존의 경제학의 그것들과 차원을 달리 한다. 강의 첫날에 들뢰즈 경제학은 사회공학적인 사회과학의 일 분과로서의 경제학이 아니라 포괄적인 경제적 사유체계라고 했던 것의 의미를 이제는 이해할 수 있을 것이다. 이런 차원에서 기본소득과 잔여수익분배청구권이 들뢰즈 경제학의 가장 대표적인 정책수단이다. 이것들이 자본의 지배를 벗어날 수 있게 하는 경제민주화의 가장 적합한 도구들이 될 수 있다. 사회 전체적인 보편적 차원에서 그리고 하부의 각 생산단위의 차원에서 각자의 자율성을 최대한 발휘할 수 있게 해 줌으로써 그들의 진정한 욕망 실현의 가능성을 높일 수 있다. 모든 지배적 행태가 종식된 경제민주화의 실현이 근대경제학의 아버지 아담 스미스가 말한 보이지 않는 손에 의한 진정한 효율성의 실현이 아닐까? 이것이 진정한 효용의 극대화와 비용의 극소화가 아닐까? 경제학의 이상인 완전경쟁의 실현이 아닐까? 진정으로 각자의 자유가 존중되는 공정한 시장경제의 실현이 아닐까? 실질적인 자유민주주의의 실현이라는 목표에는 근대경제학과 탈근대경제학 사이에 차이가 있을 수 없다.

들뢰즈 경제학을 받아들이고 않고는 여러분의 사유다. 기억해야 할 것은 들뢰즈 경제학은 정체성이 확실한, 고정된 범주로 한정할 수 있는 학문이 아니라는 것이다. 그것은 들뢰즈 철학의 실천적 결론이랄 수 있는 되기/생성의 윤리, 소수자의 정치학을 경제적으로 구현하기 위한 영속적인 탈주의 경제학이다. 여러분들도 창의적이고 개방적인 열정을 가지고 생성과 탈주의 경제학인 들뢰즈 경제학의 발전에 이바지해 주기 바란다.

아침 식사 후 그들은 강규석의 안내로 평양 시내 구경에 나섰다. 무더위가 사라져 대동강변의 공기는 싱그럽기 그지없었고 을밀대에서 바라보는 평양시의 풍경은 장엄하기 이를 데 없다.